Walter Pass / Gerhard Scheit / Wilhelm Svoboda

Orpheus im Exil

*In memoriam Adolph Baller
(1909–1994)*

Antifaschistische Literatur und Exilliteratur –
Studien und Texte 13

Herausgegeben vom Verein zur Förderung und Erforschung der
antifaschistischen Literatur, A-1020 Wien, Engerthstraße 204/14
Redaktion: Siglinde Bolbecher, Konstantin Kaiser

ORPHEUS IM EXIL

Die Vertreibung der

österreichischen Musik

von 1938 bis 1945

Walter Pass / Gerhard Scheit / Wilhelm Svoboda

Verlag für Gesellschaftskritik

Gedruckt mit Unterstützung des Bundesministeriums für Wissenschaft und Forschung und der Kulturabteilung der Stadt Wien.

Die Deutsche Bibliothek – CIP-Einheitsaufnahme

Pass, Walter:
Orpheus im Exil : die Vertreibung der österreichischen Musik 1938–1945 / Walter Pass/Gerhard Scheit/Wilhelm Svoboda. – Wien: Verl. für Gesellschaftskritik, 1995
   (Antifaschistische Literatur und Exilliteratur ; 13)
   ISBN 3-85115-200-X
NE: Scheit, Gerhard:; Svoboda, Wilhelm:; GT

Reihenkonzept: Astrid Gmeiner
Umschlaggestaltung: Katharina Uschan
ISBN 3-85115-200-X
© 1995. Verlag für Gesellschaftskritik Ges.m.b.H. & Co.KG
A-1070 Wien, Kaiserstraße 91
Alle Rechte vorbehalten
Druck: MANZsche Buchdruckerei Stein & Co., 1050 Wien
Gedruckt auf chlorfrei gebleichtem Papier

INHALT

Vorwort 7

TEIL I 11

IN CHARONS NACHEN
Musik im Exilland Österreich 1933–1938 13

Jimmy Berg und die Wiener Kleinkunstszene 15 – Der Schnitt durch den Schönberg-Kreis 22 – Alexander Zemlinsky oder der Verlust der Mitte 36 – Eric Simon und die Vielseitigkeit der Musik 39 – Hans Gál und die Kraft der Tradition 42 – Die Kneplers: Ball im Savoy und Rote Fahne 46 – Das Ende der Arbeitermusikbewegung 56 – Kurt Blaukopf und die Musiksoziologie 60 – Ernst Krenek und die »23« 69 – Marcel Rubins »Musik der Gegenwart« 73 – Antifaschistische Prominenz in Wien und Salzburg 77

DER HÖLLE ENTGANGEN
Österreichische Musik im Exil 1938–1945 81

Die Spuren der Wiener Schule: Schönberg, Eisler, Krenek 82 – »No more is that Vienna« – Jimmy Berg und die amerikanische Kulturindustrie 91 – Die Unbehaustheit der Musik: Leo Mueller, Walter Taussig und Eric Simon in Nordamerika 102 – Die geheilten Hände und das verletzte Gedächtnis Adolph Ballers 116 – Zwischen Arbeiterchor, Laterndl und Opera Group: Georg Knepler in London 120 – Internierte Musik: Hans Gál und Erwin Weiss 135 – Mozart und die Indios: Marcel Rubin in Mexiko 145 – Kurt Blaukopf: Die Entdeckung der österreichischen Besonderheit in Palästina 152

HÖLLENHUNDE BEWACHEN DEN OLYMP
Vertriebene und »Daheimgebliebene« nach 1945   *161*

Karl Böhm oder die politische Gleitfähigkeit 162 – Die Wiener Philharmoniker oder die »Unvergleichlichen« in der vergleichbaren Kunst des Überlebens 166 – Erich Kleibers Kampf gegen den Opportunismus 171 – Erich Leinsdorfs gebrochenes Verhältnis zur Heimat 182 – Remigration und Überleben 185

AMERKUNGEN   *189*

ABBILDUNGEN   *205*

TEIL II   *223*

LEXIKON
österreichischer Musiker und Musikerinnen im Exil   *225*

LISTE
österreichischer Musiker und Musikerinnen im Exil mit keinen oder wenigen weiteren Lebensdaten   *393*

Literatur und Quellen   *406*

Dank   *409*

Vorwort

Als die Nationalsozialisten, die Adolph Baller im Jahre 1938 überfielen, seinen Beruf erfuhren, begannen sie mit ihren Stiefeln auf seine Hände zu trampeln. – Baller war Pianist. Aber sie schlugen ihn auch mit einem Revolver auf den Kopf. Die Hände konnten geheilt werden, doch er verlor durch die Folterung das Vermögen, auswendig zu spielen.

Ein einziges Mal danach trat Adolph Baller, der in den USA zum Begleiter Yehudi Menuhins und zum gefeierten Kammermusiker geworden war, in Wien wieder auf. Die Kritiken dieses Konzertes aus dem Jahre 1962 waren hymnisch, von einer »Musiziertradition« war die Rede, die »seit über zwanzig Jahren abgerissen, nunmehr unversehrt wiedererstanden« sei. Sie war nicht unversehrt. Was in der feuilletonistischen Phrase zum Verschwinden gebracht wird, soll in diesem Buch rekonstruiert werden: Vertreibung und Exil.

Noch immer – trotz mancher wichtiger Einzeluntersuchung – gilt, was Kurt Blaukopf 1977 auf dem Internationalen Symposium zur Erforschung des Exils eingeklagt hat: daß mit der Musik im Exil »ein trauriges und zugleich ungeheuer bedeutsames Kapitel der österreichischen Kulturgeschichte noch der Erforschung harrt«. Die Spuren der Musik im Exil sind dabei nicht leicht zu finden: Sie sind verwirrend vielfältig und verstreut. Denn die Musizierenden sind fahrende Gesellen; der Musikbetrieb erfordert eine größere Beweglichkeit als etwa der Literaturbetrieb. Als der deutsche Faschismus Musiker und Musikerinnen zur Emigration zwang, war mitunter »nur« die Ursache – das politische Motiv und die damit verbundene Lebensgefahr – neu: das Ein- und Auswandern, das ständige Herumreisen selbst war für viele nichts Fremdes. Manche erfuhren 1938 während einer Tournee oder einem längeren Aufenthalt im Ausland, daß sie nun nicht mehr nach Hause kommen konnten.

Die Konzentration auf einige exemplarische Fälle des Musik-Exils im ersten Teil des Buches versucht den verschiedenen Seiten der Musik gerecht zu werden: Jimmy Berg, Hans Gál und Marcel Rubin sind Komponisten im engeren Sinn; Adolph Baller ist Pianist, auch er hat freilich einige Stücke komponiert; ähnliches gilt für Erwin Weiss; Georg Knepler, Leo Mueller und Walter Taussig waren bzw. sind als Dirigenten tätig, Knepler und Taussig genossen auch eine Kompositionsausbildung, der erstere komponierte auch ab und zu; Kurt Blaukopf ist Musikschriftsteller bzw. Musiksoziologe, erlernte aber ebenso das Handwerk des Kapellmeisters, und Eric Simon ist sowohl Solist als auch Orchestermusiker, Dirigent und – in späteren Jahren – Komponist. Baller, Gál, Knepler und Weiss waren überdies als Musikpädagogen tätig.

Die Trennung in E- und U-Musik sollte in der konkreten musiksoziologischen Darstellung einer Differenzierung in verschiedene, historisch genau bestimmbare musikalische Sphären weichen: Jimmy Berg etwa wirkte in der Wiener Kleinkunstszene an der Seite von Jura Soyfer, er war so etwas wie ein kritischer Unterhaltungsmusiker, als er nach Amerika vertrieben wurde; Erwin Weiss kam aus der Arbeitermusikbewegung der Sozialdemokratie; Marcel Rubin indessen schrieb hauptsächlich für den Konzertbetrieb, und Adolph Baller lehnte sogar in den Vereinigten Staaten jedes Angebot, Jazz zu spielen, strikt ab; Georg Knepler wiederum hat Karl Kraus am Klavier begleitet, bei der Uraufführung eines Brechtschen Lehrstücks in Berlin mitgewirkt, in Wien – bereits auf der Flucht vor Hitler – eine Abrahamsche Operette dirigiert und schließlich im Londoner Exil Arbeiterchöre und englische Barockopern geleitet; Eric Simon trat bereits in Wien mit seiner Klarinette in Jazzensembles ebenso auf wie in kammermusikalischen Konzerten – in Amerika unterrichtete er dann Benny Goodman im klassischen Fach. Kurt Blaukopf hat nicht zuletzt eben diese Differenzierung musikalischer Sphären als Soziologe zu seinem Gegenstand gemacht.

Einige der genannten Musiker fanden bisher in keiner wissenschaftlichen Publikation – nicht einmal in den Handbüchern und Lexika des deutschsprachigen Exils – Berücksichtigung. Doch gerade weil diese Musiker und Musikschriftsteller gleichsam am Rande des musikalischen Starwesens wirkten, geben sie mitunter Einblicke in das, was man den Alltag der Musik im Exil nennen könnte. Indem vor diesem Hintergrund auch die Werke und die Exilsituation weithin bekannter Musiker wie Schönberg, Krenek und Zemlinsky in die Darstellung einbezogen werden, vermag vielleicht der Schein »autonomer« Musik zu schwinden; und auch die Auffassung von der Isoliertheit der musikalischen Moderne wird etwas relativiert, wenn die Beziehungen zwischen den Berühmtheiten dieser Moderne und den weniger Bekannten – seien es nun Komponisten, Interpreten oder Musikschriftsteller – Beachtung finden.

Das Lexikon im zweiten Teil des Bandes dient einerseits als Informationsquelle für den ersten Teil und beansprucht andererseits die Selbständigkeit eines Nachschlagewerks, das in diesem Umfang und in dieser Form bisher nicht existierte.

An den Kriterien des Lexikons wird ein bestimmtes Dilemma des ganzen Projekts deutlich: die Frage nämlich, welche Indizien für eine »österreichische Herkunft« gelten sollten. Der charakteristischen Genesis der österreichischen Nation entsprechend, handelt es sich hier um ein schier unlösbares Problem. Wir entschlossen uns deshalb dazu, die Grenzen möglichst weit zu ziehen: Im wesentlichen fallen sie – was den Geburtsort betrifft – vor 1918 mit den Grenzen der Habsburgermonarchie zusammen, nach 1918 mit denen der Ersten Republik; ausgenommen sind dabei jedoch jene bekannten Musiker und Musikerinnen, die sich bewußt als »Nicht-Österreicher« verstanden – etwa Béla Bartók –, während andererseits Musiker und Musikerinnen anderer Nationalität mitunter einbezogen wurden, soweit ihr Schaffen mit dem österreichischen Musikleben in engem Zusammenhang stand, vor allem dann, wenn dieser Umstand wenig bekannt ist. Das Schicksal derer, denen die Flucht nicht gelang, die in Konzentrationslager verschleppt und ermordet wurden, sollte einem eigenen Buch vorbehalten bleiben.

Die an das Lexikon anschließende umfangreiche »Liste österreichischer Musiker und Musikerinnen im Exil mit keinen oder wenigen weiteren Lebensdaten« mag veranschaulichen, wie sporadisch das Exil der österreichischen Musik bisher erforscht wurde. Auch das vorliegende Buch ist eben nur ein Anfang.

Die ersten beiden Kapitel des ersten Teils wurden von Gerhard Scheit verfaßt, das dritte von Wilhelm Svoboda; der zweite Teil wurde von allen drei Autoren erarbeitet.

Das Buch beruht auf einem Projekt, das vom Bundesministerium für Wissenschaft und Forschung in Auftrag gegeben wurde.

Wien, im September 1994

Teil I

IN CHARONS NACHEN
Musik im Exilland Österreich 1933–1938

Österreich war zwischen 1933 und 1938 das denkbar schlechteste Exilland für Verfolgte des Naziregimes. Für viele Emigranten verhieß die Diktatur nach dem Vorbild des italienischen Faschismus von Anfang an keine sichere Zukunft. Schon im März 1933 – nahezu zeitgleich mit der deutschen Entwicklung nach dem Reichstagsbrand – hatte Dollfuß das Parlament ausgeschaltet und den Republikanischen Schutzbund, die Kampforganisation der Sozialdemokratie, verboten. Die Maiaufmärsche der Arbeiter wurden untersagt, und wenig später wurde die Kommunistische Partei verboten.[1] Diesen sukzessiven Abbau formal-demokratischer Strukturen begleiteten die immer deutlicher spürbare Übermacht der Nationalsozialisten in Deutschland und deren aggressive Anschlußpropaganda – die Ermordung Dollfuß' durch Nationalsozialisten im Juli 1934 wirkte wohl wie ein Menetekel – was das kleine Land nur als vorübergehende Station auf dem Weg ins Exil erscheinen ließ. Lieber wich man in die angrenzenden Demokratien aus, in die Tschechoslowakei, nach Frankreich, in die Schweiz, ging weiter nach England, in die USA oder in andere Länder. »Während sich in all diesen Staaten sehr rasch Hilfskomitees für Flüchtlinge etablierten, sich Exilzentren bildeten und Emigrantenzeitschriften gegründet wurden, gab es all das in Österreich nicht«[2], resümiert Paul Michael Lützeler. In Amsterdam etwa erschien *Die Sammlung*, in Paris *Das Neue Tage-Buch*, in Moskau *Das Wort*, in Prag die *Neuen Deutschen Blätter*, in Zürich *Maß und Wert*, in New York der *Aufbau* – nur in Wien konnte sich keine Emigrantenzeitschrift oder -zeitung etablieren; die anfänglich in Wien erschienene *Neue Weltbühne* mußte ihre Redaktion auf Grund der Restriktionen des austrofaschistischen Regimes in das gastlichere demokratische Prag verlegen.[3] Viele – und darunter besonders viele Musiker[4] – emigrierten dennoch nach Österreich, nicht nur weil es am nächsten lag. Es waren vor allem Emigranten, die einst nach Deutschland gegangen waren und nun in ihr Heimatland zurückgetrieben wurden: Hier konnten sie zumeist auf einen Bekanntenkreis zählen, bei dem sie zumindest vorübergehend Unterstützung fanden. Ein halbes Exil war dieses Land für sie, nicht ganz fremd, aber auch nicht allzu vertrauenserweckend. Noch bewahrten sie Jugendfreunde, Eltern und Verwandte, vielleicht sogar alte Kontakte im Literatur-, Kunst- und Musikbetrieb vor dem freien Fall in den leeren Raum des Exils.

Da waren vor allem die zahlreichen, aus Österreich stammenden Komponisten und Autoren von Operetten und Schlagern, soweit sie von den Nürnberger Rassengesetzen betroffen waren. Mit ihrer stark wienerisch akzentuierten Unterhaltungskunst hatten sie große Erfolge im gesamten deutschsprachigen Raum feiern können. Als Juden war nicht nur ihr Aufenthalt in Deutschland lebensgefährlich geworden, sie hatten mit der Etablierung des »Dritten Reichs« auch den bei weitem wichtigsten Markt für ihre Produkte verloren. Seit den zwanziger Jahren, schreibt Volker Klotz, »hatte Berlin die Uraufführungsproduktionen auch der österreichischen Operettenkomponisten mehr und mehr von Wien weggezogen. Noch früher hatte bereits Leo Fall viele seiner Werke dort herausgebracht, später dann auch Lehár seine pompöse Spätproduktion. Benatzky verlegte seinen Wohnsitz Mitte der zwanziger Jahre nach Berlin, so auch Paul Abraham anno 1931. Kálmán, bis zur Emigration dem Johann-Strauß-Theater und dem Theater an der Wien verbunden, bildete da eine Ausnahme. In jedem Fall brachte schon die deutsche Machtübergabe an die Nazis für österreichische Operettenkomponisten eine erste politisch begründete Zensur, bevor es fünf Jahre später dann zur zweiten kam im eigenen Land.«[5] »Im eigenen Land« gab es zuvor die schon erwähnte politisch begründete Zensur, denn der »Ständestaat« war der leichten Muse nur wohlgesonnen, wenn sie der Politik entsagte. Jura Soyfer wußte davon ein Lied zu singen – das zu einer Melodie von

Hermann Leopoldi gesungen werden kann: »Gehn ma halt a bisserl unter, / Mit tschin-tschin in Viererreihn, / Immer lustig, fesch und munter, / Gar so arg kann's ja net sein.«[6]

Im benachbarten Deutschland war die Situation in der Tat völlig anders: Weder gab es politische Schlupfwinkel, noch konnte die unpolitische Unterhaltung dem rassistischen Antisemitismus entkommen. Ab 1933 wurden die Werke von Offenbach und Oscar Straus, Leo Fall und Kálmán, Eysler und Granichstaedten, Gilbert und Ascher, Jessel und Abraham »ausgemerzt«. Für viele Komponisten und Librettisten wurde Österreich zum Wartesaal – auf dem Weg ins Exil oder ins KZ: Abraham, Benatzky, Stolz emigrierten in die USA; Hermann Leopoldi und Fritz Löhner (Pseudonym: Beda), einer der Librettisten von *Land des Lächelns* und anderer Lehár-Operetten, schrieben im Konzentrationslager Buchenwald gemeinsam das *Buchenwald-Lied*. Hermann Leopoldi wurde später freigelassen und konnte in die USA emigrieren, Fritz Löhner starb im KZ. Im Vorhof des Exils – oder des Konzentrationslagers – befanden sich so auch jene österreichischen Musiker und Komponisten, die nicht nach Deutschland gegangen waren – sie verloren ihre wichtigsten Rezeptionsbedingungen: den deutschen Musikbetrieb – Verlage, Operntheater und Konzertwesen. Es war immer das Dilemma der Künstler, Schriftsteller und Musiker in Österreich, von den viel mächtigeren deutschen Verhältnissen unmittelbar abhängig zu sein – auch wenn sie im Heimatland blieben. Ob es sich nun um Emmerich Kálmán oder Alban Berg handelte – die finanzielle Situation war die gleiche, als das »Dritte Reich« daran ging, alles auszuschalten, was seinen rassistischen oder kulturpolitischen Kriterien nicht entsprach.

Jimmy Berg und die Wiener Kleinkunstszene

In der Kleinkunstszene Wiens, die so etwas wie ein kulturelles Zentrum der politischen Opposition bildete, mußte man in den dreißiger Jahren zwar auch mit dem Zensor rechnen;

da es sich aber nur um kleine Bühnen handelte, wurden sie nicht allzu streng überwacht, und es konnte sich die Unterhaltung immer wieder – durchaus im Sinne Brechts – mit politischer Kritik vereinen.[7] In der *Literatur am Naschmarkt* wirkte Ferdinand Piesen als Komponist; er war Schüler von Max Deutsch, der seinerseits ein Schüler von Schönberg gewesen war. So lassen sich die Linien von der Zweiten Wiener Schule bis zur Kleinkunstszene verfolgen und zeigen an, daß eine starre Trennung zwischen sogenannter E- und U-Musik keineswegs existierte. Für Piesen bedeutete die Vertreibung – er emigrierte nach Frankreich – das Ende seiner Laufbahn als Komponist.[8] Der andere Komponist der *Literatur am Naschmarkt* war Herbert Zipper, Schüler von Felix Rosenthal und Joseph Marx, nach Hans Gál Leiter der Wiener Madrigalgemeinde und Mitbegründer des Wiener Konzertorchesters. Zipper unterschied zwischen seiner Existenz als Produzent von ernster Musik und seinem Dasein in der Kleinkunstszene: Er schrieb seine »Unterhaltungsmusik« unter dem Pseudonym Walter Drix. Unter anderem komponierte er die Musik zu *Das Lied vom Krieg* und *Der Tag der Musikpflege* von Hans Weigel, zur *Zeitungsoper* von Rudolf Spitz und die Bühnenmusik von *Der ewige Danubius* von Rudolf Weys sowie verschiedene Lieder nach Texten von Erich Kästner und Lothar Metzel. Nicht in der Kleinkunstszene, sondern im KZ schrieb Zipper auch Musik für Jura Soyfer; das *Dachau-Lied* ist seine wohl bekannteste Komposition. Später im Exil auf den Philippinen und in den USA war Zipper als Dirigent, vor allem aber als Musikpädagoge tätig.[9]

Jimmy Berg, der Hauskomponist der Kabarettbühne *ABC im Regenbogen*, war neben Piesen und Zipper gewiß der bedeutendste Musiker dieser Kellertheater-Kultur. Eigentlich war auch Jimmy Berg nach Wien emigriert; auch ihn hatte es ursprünglich nach Deutschland gezogen, weil dort der Musikbetrieb größere Möglichkeiten geboten hatte. Kurz vor 1933 ging er nach Berlin, wo er nicht nur komponierte, sondern auch zu bekannten amerikanischen Schlagern deutsche Texte verfaßte. Einer davon, *Wenn die*

Sonne schlafen geht, inzwischen ein Evergreen, wurde, wie Gertrude Berg berichtet, im deutschen Sender unterbrochen, als der Reichstagsbrand gemeldet wurde.

Jimmy Berg hieß eigentlich Simson Weinberg; später wurde aus Simson ›Schimmi‹ – nach einem beliebten Tanz in den 20er und 30er Jahren. Jimmy Berg wurde in Kolomea, einer Stadt in Polen, geboren, wo sein Vater, Samuel Weinberg im Auftrag seiner Firma, einer Weingroßhandlung in Wiener Neustadt, ein halbes Jahr arbeitete. Die Familie kehrte dann nach Wiener Neustadt zurück. Beim Ausbruch des Ersten Weltkriegs zog die Mutter mit Jimmy Berg nach Wien. Als Sechsjähriger begann er Klavierstunden zu nehmen. Später wurde er von Georg Marcus in Klavier und Kompositionslehre unterrichtet. Mit 16 Jahren komponierte er erste Lieder. Es zog ihn zu »leichter« Musik und Jazz; George Gershwin, Cole Porter und andere amerikanische Komponisten beeindruckten ihn am meisten. Der erste Schlager, den er bei einem Verlag unterbrachte, hieß *Oh Michaela!,* der Text war von Kurt Breuer und Hugo Wiener. Als er später einem Verleger in Berlin beim Vorspielen seiner Musik Textentwürfe zeigte, die er sich als Stütze und Anregung für die Komposition gemacht hatte, animierte ihn dieser, auch Texte ohne Musik zu schreiben. Von da an schrieb er beides: Texte und Musik, wie es der Musikbetrieb gerade erforderte. So verfaßte er später Texte für Hermann Leopoldi – eben jenen Komponisten, den Jura Soyfer parodierte.

Diese Paradoxie läßt schon erahnen, daß Jimmy Bergs Arbeit für die Kleinkunstbühne des *ABC*, insbesondere die Zusammenarbeit mit Jura Soyfer, dem Komponisten neue Dimensionen musikalischer Gestaltung eröffnete. Er produzierte auch hier abwechselnd Texte und Musik. Mit Jura Soyfer zusammen schrieb er mindestens fünf Texte, von denen leider nur zwei erhalten sind: *Fünf Ringe* und *Zigaretten*. Der Soyfer-Biograph Horst Jarka meint, »in der bitteren Aggressivität des ersten und der Sozialkritik des zweiten Textes manifestiert sich eine größere, Soyfer gemäßere Übereinstimmung als in den Texten, die er (Soyfer,

G.S.) mit Weigel verfaßte.« Gleichwohl betont Jarka, daß auch Jimmy Berg »Jura Soyfers politischer Radikalismus fern lag.«[10] Die damalige Freundin Jura Soyfers, Helli Ultmann (heute: Andis), mißt dieser Differenz rückblickend keine besondere Bedeutung bei: Jura Soyfer »hatte eine professionelle Beziehung zu Jimmy [...] keine intime, trotzdem eine freundschaftliche. [...] Jura und Jimmy hatten eine gute Zusammenarbeit und ließen einander in allem anderen im Kraut.«[11] Grundlage dieser Zusammenarbeit war wohl die realistische Einschätzung jener Gefahr, die vom nationalsozialistischen Norden her drohte. »Jimmy Berg war politisch nie ›links‹ eingestellt«, schreibt Gertrude Berg, die spätere Frau Jimmy Bergs, »er war gar nicht glücklich, daß Jura Kommunist war, wie er mir öfter erzählt hat. Soviel ich sagen kann, war er eher ein Social Democrat, aber nie Mitglied der Partei. Er war natürlich sehr gegen Hitler und alles, was damit zusammenhing. Hitler bedeutete nicht nur eine politische Einstellung, sondern eine unmittelbare, existentielle Gefahr, die uns Juden von Anfang an drohte. Ich glaube, daß sich Jimmy der faschistischen Gefahr im allgemeinen und für uns im besonderen, sehr bald bewußt wurde. Er war 1933 in Berlin, als Hitler zur Macht kam, und konnte daher die dramatische Entwicklung an Ort und Stelle beobachten. Er kehrte nach Wien zurück, fürchtete aber von da an, daß auch Österreich früher oder später Hitlers Macht unterliegen würde. Beim Putschversuch von 1934 hat es sich ja gezeigt, daß Hitler in Österreich durchaus willkommen war.«[12]

Wichtiger als die Texte, die Jimmy Berg mit Jura Soyfer zusammen verfaßte, war die Musik, die er für ihn schrieb, vor allem jene zu *Astoria, Weltuntergang* und *Broadway-Melodie 1492*. »In der Kleinkunst«, meint Jarka, »kommt der Musik ganz besondere Bedeutung zu; sie bestimmt das Fluidum des Abends, und die Rezensionen zeigen immer wieder, wie sehr der Erfolg eines Programms auch Bergs Talent und Einfallsreichtum zu verdanken war.«[13] In verschiedenen Rezensionen aus den Jahren 1935 und 1936 wird tatsächlich besonderes Augenmerk auf die Musik Jimmy

Bergs gelegt, wobei ihr scharf akzentuiertes Tempo öfters hervorgehoben wird, das Ensemble und Publikum nie zu Atem kommen lasse; kluge Rezensenten weisen auf die unmittelbar szenische Bedeutung der Musik für die Ensembleleistung hin. Es wird auch angedeutet, daß Jimmy Bergs Musik sich an Weill orientierte – so schreibt etwa der *Wiener Tag*, das Ensemble habe »in Jimmy Berg einen von Kurt Weill stark angehauchten Hauskomponisten und exakten musikalischen Leiter«[14].

Der Einfluß von Weills Musik – insbesondere jener der *Dreigroschenoper* – ist in diesen Kompositionen für das *ABC* kaum zu leugnen; und beim ersten Hören ordnet man Jimmy Berg etwa zwischen Benatzky und Weill ein, denn das Wiener Melos bricht sich an der herben Harmonik des Jazz der zwanziger und dreißiger Jahre. Jimmy Berg fehlt fast immer jene aggressiv-ironische, gleichsam sarkastische Tönung, die für Weill oder für viele Partituren von Hanns Eisler charakteristisch ist. Wie sich Soyfers Stücke von denen Brechts unterscheiden, so Bergs Musik von jener Weills und Eislers: Soyfer verwendet die epische Distanz, die bei Brecht das Mitfühlen mit den Darstellern boykottiert, nur punktuell; bei ihm vermag das Publikum öfters über sich selbst zu lachen und sich eben dadurch selbst zu kritisieren.[15] Nicht Brecht, sondern Nestroy war der Ahnherr der Komik in den Kellertheatern; und Nestroy war – wie Gertrude Berg betont – auch das erklärte Vorbild von Jimmy Berg. Im Unterschied zu Jura Soyfer war Jimmy Berg der zeitgenössischen Unterhaltungskunst eng verbunden, und es fehlte ihm deshalb an der für Soyfer so charakteristischen Intransigenz gegenüber ihren Wirkungen: Daß sie das Publikum verdumme und entpolitisiere, darin zumindest waren sich Brecht, Weill, Eisler und Soyfer ganz einig. Man könnte diese Differenz zwischen Soyfer und Berg auch als eine der Nestroy-Rezeption beschreiben: Soyfer stand der Karl Krausschen Auffassung offensichtlich näher als Berg, der dessen Strenge in der Beurteilung des Unterhaltungsbetriebs gewiß nicht teilte.

Manchen Songs aus dem *Weltuntergang* mangelt es an satirischer Schärfe, wo der Text es erfordern würde. So hätten die Worte zu dem »Wiener Gassenhauer« *Geh' ma halt a bissel unter* eine modernere, dissonanter komponierte Musiksprache erfordert, um nicht zu harmlos zu klingen. (Man denke dabei an die Musik, die Hanns Eisler zu Nestroys *Höllenangst* schrieb.) Jimmy Berg hatte offenbar gewisse Skrupel, den Schlager Hermann Leopoldis (*Überlandpartie*), auf den sich Jura Soyfer mit seinem Text parodistisch bezieht, dem Spott preiszugeben, zu nahe stand er selbst dieser Art von Musik – und so ist eine gleichsam sanfte Parodie daraus geworden, die sich im wesentlichen damit begnügt, die Melodie mit einigen Mollakkorden zu konterkarieren. (Im Refrain etwa erklingt nach reinen F-Dur-Akkorden zu dem Wort »unter« plötzlich ein dissonanter a-Moll-Akkord.

Dabei arbeiteten Jura Soyfer und Jimmy Berg sehr eng zusammen, sodaß vermutlich der Autor den Komponisten ebenso anregen konnte wie der Komponist den Autor. Jimmy Berg: »»Es war nicht immer so, daß mir Jura, der wußte, daß ich selbst Erfahrungen und Erfolge als Textdichter hatte, einfach Verse hinlegte und ich sie herunterkomponierte. Immer wieder bestimmten wir gemeinsam die richtigen Stellen für Chansons und deren stilistische Färbung und Rhythmus, und oft krempelte ich seine Versmaße (nie den Inhalt) mit seiner Zustimmung um. Der klassische Fall war das Schlußlied für den Weltuntergang. Er brachte mir den Text: ›Ich liebe diese Erde voll Hunger und voll Brot. / Ich liebe diese Erde voll Leben und voll Tod ... etc.‹ Ich konnte damit für unsere Zwecke nichts anfangen und sagte ihm: ›Entweder wird in diesem Zwei-glatt-zwei-verkehrt-Rhythmus ein Lied im Schubert-Stil‹ – und dafür hatten wir keine Stimmen zur Verfügung – ›oder eine schlagerartige Schnulze.‹ Er saß bei mir am Klavier, ich experimentierte, spielte mich mit dem Text herum und kam in ein paar Minuten auf die Ihnen bekannte Lösung: ›Voll Hunger und voll Brot ist diese Erde. / Voll Leben und voll Tod ist diese Erde ...‹ Jura war nicht nur einverstanden, er war begeistert.«[16]

Im *Lied von der Erde* freilich waren sich Komponist und Autor ganz einig: »Die Welt ist so schön, wie sonst nichts auf der Welt« – so lautete ein Text von Jimmy Berg. Der Unterschied zum Jargon der Schlager und Operetten liegt im Widerspruch, den das *Lied der Erde* festhält: Hunger und Not, Leben und Tod. Von ihm erfaßt, schrieb Jimmy Berg Harmonien, die sich kaum in einem seiner vielen Schlager und Wienerlieder finden. Akkordverbindungen, wie die am Beginn des Lieds zu den Worten »[...] hab' ich die Erde gesehn« oder jene vor dem Eintritt des Refrains zu den Worten »[...] warfen Wellen von Lüge und Haß / Ich sah sie voll Armut verlaust und beglückt«[17], lassen Berührungen mit der modernen Musik der zwanziger Jahre erkennen. Zu der Frage (Fritz Jahns) »Ja, warum geht vom Heurigen ka Rutschbahn ins Bett«[18], die Jimmy Berg etwa zur gleichen Zeit vertonte, klingen sie freilich seltsam.

Gleiches gilt für die Vagabundenlieder aus *Astoria*, die zum Schönsten von Jimmy Bergs Kompositionen gehören. Im ersten beginnt Berg zu den Worten »Der Sommer ist verglommen« mit einfachen Dreiklängen; die zweite Text-Sequenz, worin der Winter noch näherrückt, ohne freilich beim Namen genannt zu werden – »Der Herbst hat ausgeweint« – bringt nun statt einer einfachen Wendung nach Moll eine charakteristische Dissonanz ins Spiel: Zu einem h-Moll-Akkord erklingt weiterhin das g aus den ersten Takten, und es entsteht eine Reibung (zwischen fis und g), die allerdings gemildert ist durch den Abstand von zwei Oktaven. So entsteht, nach dem volksliedhaften ersten Takt, im zweiten eine aus dem Jazz der zwanziger Jahre bekannte Harmonie, die der spätromantischen Musiksprache eine gewisse Lässigkeit oder Coolness abgewinnt. Erst im dritten Takt, wenn der Winter selber eintritt – »Nun ist der Winter kommen der bitterböse Feind« – geht auch diese Lässigkeit verloren: Seine zwei Akkorde brechen aus dem Genre der Unterhaltung aus (G-d-h-f^1-a^1-h^1; E-H-gis-f^1-ais^1 [oder gis^1?] -h^1-d^2). Doch schon im vierten Takt hat sich die Musik wieder »erfangen«: Sie gleitet zurück ins unterhaltende Idiom, um es in den nächsten Takten erneut zu verlassen.

So enthalten die ersten vier Takte dieses Vagabundenlieds den ganzen Reichtum von Jimmy Bergs Kompositionen. Er reicht vom einfachen Volkslied über den Unterhaltungs-Sound der zwanziger Jahre bis zur Annäherung an die Harmonik der musikalischen Moderne. Und gerade die Beweglichkeit, mit der Jimmy Berg zwischen diesen Sphären der Musik hin und her wandert, macht das Singuläre seiner Kompositionen für Jura Soyfer aus. An ihnen ist die musikalische Moderne nicht spurlos vorübergegangen. Hört man bei den musikalischen Wanderungen seiner Vagabundenlieder genauer hin, so wird man nicht erstaunt sein, daß Jimmy Berg Alban Bergs *Wozzeck* überaus schätzte.[19]

Der Schnitt durch den Schönberg-Kreis

In unserem Lande zur Jahreswende
Und wenn eine Arbeit fertig ist und zum Tag der Geburt
Müssen wir dem Guten Glück wünschen
Denn in unserem Lande der Lautere
Braucht Glück.

Wer niemanden schädigt
Kommt in unserem Lande unter die Räder
Aber die Vermögen
Werden nur durch Schurkerei erworben.

Um zu einem Mittagessen zu kommen
Braucht es der Tapferkeit
Mit der sonst Reiche gegründet werden.
Ohne dem Tod ins Auge zu sehen
Hilft niemand einem Elenden.

Wer die Unwahrheit sagt, wird auf Händen getragen
Wer dagegen die Wahrheit sagt
Der braucht eine Leibwache
Aber er findet keine.

Arnold Schönberg in Bewunderung
Bertolt Brecht, Santa Monica September 1942

Am 18. Juni 1933 schrieb Arnold Schönberg an Anton von Webern über seine Emigration aus Berlin: »Ich selbst habe niemals ernstlich es für möglich gehalten, daß man mich in meiner Stellung belassen könnte. Aber, selbst wenn man mich gelassen hätte: was wäre das gewesen? Ich darf nicht aufgeführt, nicht verlegt, nicht erwähnt werden! Ist das für einen Komponisten eine Existenzmöglichkeit. Aber abgesehen davon: kann man solche Beleidigungen einstecken? – Seither hast Du wohl gelesen, daß ich beurlaubt bin. Leider aber weiß ich noch gar nichts über die finanzielle Lage, und wenn auch Furtwängler sich in höchst anständiger Weise für mich einsetzt, so ist es noch keineswegs gesichert, daß eine befriedigende Lösung gewählt werden wird. Du weißt doch, daß heterogene Kräfte gegeneinander wirken. Wer weiß, wer in meinem Fall die Oberhand behält. Allerdings habe ich mit Staunen erfahren, welche große Achtung man mir in den der Regierung nahestehenden Kreisen entgegenbringt, und ich weiß, daß mein Abgang vielfach sehr bedauert wird. Aber ich hätte nicht bleiben können!«[20] Schönberg machte sich wenig Illusionen über den neuen deutschen Staat; was nachträglich so selbstverständlich erscheinen mag, war es für die Zeitgenossen keineswegs. Man denke nur daran, wie der von Schönberg so wenig geliebte Schönbergverehrer Theodor W. Adorno irrte: Nach Leo Löwenthal konnte Adorno »gar nicht glauben, daß ihm, dem Sohn von Oskar Wiesengrund [...] jemals etwas geschehen könnte, denn es war doch klar, daß das Großbürgertum von dem Hitler bald die Nase vollhaben werde. Und diese Art naiver Unkenntnis der wirklichen Welt, insbesondere der Welt Deutschlands und der komplizierten christlich-jüdischen und dann der schließlich nicht mehr so komplizierten nichtjüdisch-jüdischen Verhältnisse in Deutschland, ist etwas, was man wissen muß, um das Schicksal Adornos ganz zu verstehen.«[21] In diesem biographischen Zusammenhang sind wohl auch Adornos verzweifelte und illusionäre Anpassungsversuche bis 1934 zu sehen. »In seinen Artikeln für die gleichgeschaltete Presse übernimmt er Phrasen des Nationalsozialismus, um einen Rest musikalischer Vernunft vor der Zerstörung zu retten. Das sinnlose Unterfangen läßt mitunter den Eindruck entstehen, als ob Adorno Ratschläge zum Aufbau des Musiklebens beisteuern wollte.«[22] So heißt es in einer Kritik einer Kálmánschen Operette, die deutlich das Vokabular der Nazis übernimmt: »Es wäre vielleicht doch wichtiger, Produkte dieser Art auszumerzen, als von den Programmen Mahlersymphonien abzusetzen.«[23] Adorno glaubte allen Ernstes, daß es auch im Nationalsozialismus möglich und notwendig sei, die neue Musik zu verteidigen, »und deshalb engagierte er sich, bis er dennoch emigrieren mußte, für Lieder und Chöre, in denen sich die seiner Ansicht nach fortgeschrittenen Techniken des Komponierens mit den politischen Bestrebungen des Faschismus verbanden«.[24] Solche Illusionen hatte der als naiver Tonsetzer verschriene Schönberg jedenfalls nicht. Vor allem waren ihm 1933 die christlich-jüdischen und nichtjüdisch-jüdischen Verhältnisse schlagartig klargeworden. Damit ist weniger seine Rekonvertierung zum jüdischen Glauben gemeint, die Schönberg in Paris vollzog (Marc Chagall war ein Zeuge der Zeremonie), als die sofortige und durch nichts getrübte Gewißheit über das Schicksal der Juden in Deutschland, die er – ganz ähnlich übrigens wie Hannah Arendt – sofort auch als Zwang zur Politik begriff: »Ich beabsichtige in den Ver. Staaten v. NA und später auch in anderen Ländern eine große Propaganda bei allen Juden zu machen, um sie zunächst dazu zu bewegen, so viel Geldmittel aufzubringen, daß eine allmähliche Auswanderung der Juden aus Deutschland dadurch bezahlt werden könnte.«[25] An Anton von Webern schrieb er am 4. August 1933: »Ich habe mich in dieser langen Zeit gründlich darauf vorbereiten können und mich, wenn auch schwer und mit vielen Schwankungen, schließlich definitiv von dem gelöst, was mich an den Okzident gebunden hat. Ich bin seit langem entschlossen, Jude zu sein [...] Nunmehr bin ich vor einer Woche auch offiziell wieder in die jüdische Religionsgemeinschaft zurückgekehrt [...] Es ist meine Absicht, mich aktiv an solchen Bestrebungen zu beteiligen. Ich halte das für wichtiger als meine Kunst, und ich bin entschlossen – wenn ich für solche Tätigkeit geeignet bin – nichts anderes mehr zu machen als für die nationale Sache des Judentums zu arbeiten. Ich habe damit auch bereits begonnen und habe in Paris für meine Idee fast überall Zustimmung gefunden. Mein nächster Plan ist, eine große Tournee durch Amerika zu machen, aus welcher vielleicht eine Weltreise werden wird, um Hilfe für die Juden in Deutschland zu werben.«[26] Dabei war sich Schönberg keineswegs so sicher, ob er Nordamerika als endgültigen Ort seines Exils wählen sollte. Es gibt keine Hinweise, daß Schönberg an eine Emigration nach Palästina gedacht hat, obwohl er sogar einmal – vielleicht um zu provozieren – sein Engagement für das Judentum als »national-chauvinistisch« bezeichnet hatte.[27] In einem Brief an Hans Nachod erklärte er, kein Zionist zu sein, sondern eine jüdische Einheitspartei, offenbar als Weltpartei, gründen zu wollen. Hingegen überlegte er 1934 ernsthaft, in die Sowjetunion zu gehen, ja er hat sogar einen ausführlichen Entwurf zur Gründung eines Musikinstitutes verfertigt, dessen Direktorsposten er für sich selber vorsah. Die Mittelsperson für die Emigration in die Sowjetunion war Schönbergs Schüler Hanns Eisler, dem er den Entwurf auch schickte – nach Skovbostrand, dem vorläufigen Exilort Bert Brechts. Am Schluß seines Begleitbriefes erkundigt er sich nach Karl Rankl: »Wieso ist er Kapellmeister in der Nazi-Stadt Graz?«[28] In einem Brief an Fritz Stiedry beschreibt Schönberg die Ursachen seiner russischen Pläne: »Eisler hat mich durch meinen Sohn fragen lassen, ob ich nicht nach Rußland wolle, und ich habe ihm einen Entwurf geschickt zur Errichtung eines Musikinstitutes, zur Weiterleitung, die er anbot, an die Behörden. Ich möchte Sie nun bitten, wenn Sie in die Lage kommen diese Sache zu fördern. Ich habe hier nämlich nicht viel zu verlieren. Man möchte mich zwar überall engagieren, und ich habe mit vielen Leuten verhandelt. Aber niemand hat heute Geld und niemand kann eine Gage bieten; nämlich überhaupt keine. Große Institute haben das Kompositionsfach überhaupt aufgelassen – so schwer ist hier die Krise. Nach Californien gehn wir wegen des Klimas und weil es billiger ist.«[29]

Fritz Stiedry riet in seinem Brief aus Wien eher ab und beurteilte die Möglichkeiten in der Sowjetunion eher skeptisch. Er war gewissermaßen beruhigt, als Schönberg in einem weiteren Brief andeutete, den Plan wieder fallenzulassen: »Auf Ihren ersten Brief habe ich mit sehr viel Menschen gesprochen bei sehr viel Menschen viel Begeisterung für den Plan gefunden, Sie in Rußland wirken zu sehen. Andere hatten leider Angst. Die mediocren nämlich. Ich habe nicht sehr die Fäuste auf den Tisch geschlagen, weil ich, wohl überlegt, nicht glaube, daß Sie sich in Rußland wohl fühlten. Sie müßten unbedingt, bevor Sie einen so schwerwiegenden Entschluß, wie den ständig dort tätig zu sein, verwirklichten, sich mit eigenen Augen über die Verhältnisse dieses Landes unterrichten. Zuweilen ist vieles, was nicht nur interessiert, sondern enthusiasmiert. Manches ist aber auch anders, und es ist durchaus individuell, was der oder jener mehr sieht oder empfindet: Das Positive oder Negative. Nach ihrem zweiten Brief ist ja diese Frage apokryph, was mir höchst angenehm zu lesen war.«[30] Stiedry wußte, wovon er sprach. Er war Künstlerischer Leiter des Leningrader Philharmonischen Orchesters und eben erst in Leningrad aufgetreten, um zur Feier von Schönbergs 60. Geburtstag dessen Orchester-Variationen zu dirigieren – und zwar zweimal, um das Publikum mit dem neuen Werk vertraut zu machen (einmal vor der Pause, und einmal am Ende des Programms – davor und dazwischen Mozarts große g-Moll-Symphonie und Schumanns Klavierkonzert).

War Schönberg gegenüber dem Nationalsozialismus illusionsloser als alle anderen Vertreter der Wiener Schule, so machte er sich über die Sowjetunion falsche Vorstellungen. Allerdings sollte man nicht vergessen, daß sich die stalinistische Wendung in der Sowjetunion von außen noch kaum erkennen ließ. Die Moskauer Prozesse begannen erst 1936. Viele Interpreten, die in Deutschland nicht mehr auftreten konnten und wollten, reisten bis Mitte der dreißiger Jahre in die Sowjetunion, um dort am Musikleben Anteil zu haben, neben Fritz Stiedry etwa Erich Kleiber, Eugen Szenkar, Paul Breisach, Herbert Zipper und Erich Simon. Die Einstellung zur musikalischen Moderne war zu dieser Zeit in der Sowjetunion überaus offen: 1927 war Alban Bergs *Wozzeck* in Leningrad mit großem Erfolg aufgeführt worden; und in dem Jahr, in dem Schönberg seinen Entwurf verfaßte, wurde nicht nur sein 60. Geburtstag mit dem erwähnten Konzert unter Fritz Stiedry in der Leningrader Philharmonie gefeiert, in Leningrad erschien auch Iwan Sollertinskis Studie über Schönberg[31], die von großer Verehrung für den »Vater der Zweiten Wiener Schule« zeugt und zugleich eine sehr sachkundige Auseinandersetzung mit der aktuellen Musik darstellt. Die politischen Gewichte wurden jedenfalls in diesem Buch noch anders als in Schdanows späteren Denunziationen verteilt: »Der Originalität seiner Tonsprache nach gehört Arnold Schönberg zur ›äußersten Linken‹ der westlichen Gegenwartsmusik. Im Vergleich zu ihm erscheint selbst ein Strawinsky konservativ [...] Gleichzeitig aber ist Schönberg alles andere als ein Futurist in gelber Joppe, der das Publikum vorsätzlich mit extravaganten Klängen reizt und auf dessen Fahne geschrieben steht: ›épater le bourgeois‹. Ganz im Gegenteil – Schönberg ist ein tiefgründiger, ernsthafter und geradlinig-ehrlicher Musiker, der, jeder Reklame abhold, niemals der Mode folgend und ständig gegen den Strom schwimmend, beharrlich einem selbstgesetzten Ziel zustrebt.«[32] Voller Einsicht und Sensibilität ist die Einschätzung der politischen Situation Schönbergs nach Hitlers Machtantritt, die als »neue Etappe in Schönbergs Leben« bezeichnet wird, auf Belehrungen aber vollständig verzichtet: »Die faschistische Diktatur mit ihrem Terror gegen die Arbeiterklasse und die linken Schichten der Intelligenz, mit ihrem barbarischen Antisemitismus und den Repressalien gegen die progressive Kunst bereitete Schönberg und seinen Gesinnungsgenossen eine – wie sich denken läßt – starke Ernüchterung. Zum ersten Mal sah sich der überfeinerte und in seinem engen Kreis von Verehrern eingekapselte Komponist, spiritus rector der deutschen Musikerintelligenz, in der Situation eines politischen Emigranten und gezwungen, in

Amerika um Asyl nachzusuchen. Seine von Politik anscheinend so weit entfernten Werke wurden dem Boykott unterworfen und offiziell verboten. Wir wissen zur Zeit noch nicht, wie sich die Emigration auf Weltanschauung und Schaffen des Komponisten ausgewirkt hat: Es ist indes bekannt, daß er die erbittertste und unversöhnlichste antifaschistische Position bezog. Man darf aber annehmen, daß Schönberg heute Musik und Politik nicht mehr wie früher für unvereinbar hält.«[33]

Es verwundert nicht, daß Arnold Schönberg eine Rückkehr nach Wien offensichtlich ausschloß, daß er bei seiner Emigration eher an Stalins Rußland als an seine Heimatstadt dachte. In Wien wurde sein 60. Geburtstag keineswegs mit einem großen Konzert gefeiert. Schönberg wußte um die strukturelle Abhängigkeit des österreichischen Musiklebens vom deutschen – und vor allem kannte er den Wiener Antisemitismus. Die Trennung aber von Alban Berg und Anton von Webern, die beide in Wien blieben, bewirkte eine gewisse Entfremdung im Verhältnis zwischen dem Lehrer und seinen beiden Schülern und Freunden. Dieser Riß im Vertrauen zu den beiden nicht-jüdischen Freunden ist nicht schwer nachzuvollziehen: In einem Brief an Webern schreibt Schönberg am 1. Jänner 1934: »Seit wenigstens 5–6 Wochen war ich Deinethalben und wegen Berg sehr aufgeregt und (ich muß sagen) nicht nur deprimiert, sondern geradezu verzweifelt; insbesondere aber Deinethalben! Denn ihr habt mir beide fast 2 Monate lang [...] kein Wort geschrieben. Und da wir Juden ja in dieser Zeit es hundertmal erlebt haben, daß Unglaubliches geschehen ist, daß heute plötzlich Nazi worden waren, die noch gestern Freunde waren, so konnte ich mir euer Schweigen [...] gar nicht anders erklären, als daß auch Ihr dort euch angeschlossen habt [...] Nun ist vor einigen Tagen endlich ein Brief von Berg gekommen, der auf meine direkte Frage (scherzhaft) klar ›Nein‹ sagt.«[34] Doch die Zweifel an den Freunden ließen Schönberg nicht ruhen – offenbar wurden ihm zumindest über Webern immer wieder Gerüchte zugetragen. Am 20. Juni 1937 schrieb er an ihn: »Liebster

Freund, es ist meine Absicht, dir mein Violin Konzert zu widmen. Ehe ich jedoch diese Widmung in Druck gebe, muß ich dir eine Frage stellen. Es sind wiederholt in den letzten Monaten Gerüchte zu mir gedrungen, welche ich nicht geglaubt habe und welche mir von verschiedenen Seiten, zuletzt durch Kolisch als unwahr bezeichnet worden sind. Trotzdem verlangen es die Umstände, daß ich hierüber vollste Gewißheit habe und die kann ich nur durch die direkte Antwort auf eine direkte Frage bekommen. Ist es wahr, daß du Anhänger oder Mitglied der Nazi-Partei worden bist? Es gibt wenig, das mir mehr Freude bereiten könnte, als wenn du diese Frage mit nein beantwortetest. Aber du wirst einsehen, daß ich unmöglich eine Widmung an den Anhänger einer ›Weltanschauung‹ drucken könnte, die mich und meinesgleichen als minderwertig anschaut. Ich sehe deiner Antwort mit größter Spannung entgegen und nehme als sicher an, daß dich meine Frage im erwünschten Fall nicht beleidigt: du wirst wissen welche Enttäuschungen unsereins mitzumachen hatte und verstehen, daß man hienach sich darauf einstellen mußte, auf alles gefaßt zu sein.«[35]
Webern antwortete unverzüglich: »Ich denke, Du mußt mein ›Nein‹ gehört haben, als ich Deinen Brief las! Nimm es aber noch schriftlich entgegen: Nein, Nein, Nein!! Es ist mir rätselhaft u. völlig unbegreiflich, von wo aus diese Gerüchte gehn [...] u. worauf sie sich gründen! Wie beleidigen sie mich! Sie treffen mich ganz schwer; denn damit, daß man mir solche Dinge unterschieben will, leugnet man mein Leben, meine Arbeit! [...] Wer wagt es, sich zwischen Dich u. mich zu stellen? Es gehört zu dem Ungeheuerlichsten, das ich mir denken kann. Nach diesen bald vier Jahrzehnten!«[36]

Die Gerüchte mögen vielleicht von Verwandten Weberns ihren Ausgang genommen haben: Sein Sohn war illegaler Nationalsozialist geworden – was Webern später im »Dritten Reich« zugute kam, als er um finanzielle Unterstützung durch die Goebbels-Stiftung »Künstlerdank« ansuchte. Die Mitteilung des Gaupersonalamtsleiters gab schließlich den Ausschlag, daß das Ansuchen positiv beantwortet wurde: »Dr. Anton von Webern war vor dem Umbruch soz. eingestellt, bekennt sich aber jetzt zum NS-Staat und ist Leser der NS-Presse. Ein Sohn ist politischer Leiter und war illegaler Nationalsozialist, eine Tochter ist Mitglied des BdM [...] In politischer Hinsicht ist derselbe unbedenklich.«[37]

Philip Herschkowitz war vom Februar 1934 an bis zum September 1939 Schüler Anton von Weberns und, wie er sich selbst erinnert, zuletzt der einzige Schüler des in Wien verbliebenen Vertreters der Wiener Schule. Herschkowitz stammte aus Rumänien. Das gutbürgerliche jüdische Elternhaus in Jassy verließ er 1927 und zog nach Wien – der Musik zuliebe. Er lernte 1929 Alban Berg kennen und wurde für kurze Zeit dessen Schüler, edierte dessen Werke für die *Universal Edition*. Vor allem aber blieb er bis zuletzt einer der engsten Freunde Bergs. In einem Interview aus dem Jahre 1987 berichtet Herschkowitz, daß Webern die Bezeichnung »österreichische Musik« nachdrücklich ablehnte: Für Webern – und übrigens auch für seinen jüdischen Schüler – konnte einzig von »deutscher Musik« gesprochen werden, wenn die Linie Bach – Mozart – Beethoven – Wagner – Mahler – Schönberg gemeint war. Auch Schönberg hatte sich früher als deutscher Musiker verstanden, niemals als österreichischer. Sein plötzlich emphatisches Bekenntnis zum Judentum mußte Befremden bei Webern und Berg auslösen. Während Berg sich in seinen letzten Jahren offenbar einer österreichischen Position annäherte, angeregt vermutlich durch den Kontakt zu dem Kreis um die Zeitschrift *23*, blieb Webern auf dem verlorenen Posten eines kulturell definierten Deutschnationalismus. Herschkowitz kann sich nicht daran erinnern, von Webern jemals eine politische Äußerungen gehört zu haben, das erstaunt umso mehr, als er auch nach dem »Anschluß« Unterricht bei Webern genommen hat – und zwar kostenlos. (Wie vielen Bukowiner Juden war es ihm nicht möglich, nach Rumänien zurückzukehren. Später emigrierte er über Rumänien in die Sowjetunion, wo er als Privatlehrer die Tradition der Zweiten Wiener Schule verbreiten half. Unter anderen lernte Alfred Schnittke bei ihm.) Für den Webern-Schüler Herschkowitz ist es Gewißheit, daß der über alles verehrte Lehrer kein Nationalsozialist war: »Wäre er das gewesen, wovon man spricht, dann glaube ich nicht, daß er mir Stunden gegeben hätte.«[38]

Peter Stadlen, der ebenfalls bestrebt scheint, Webern zu entlasten, hat eher zur Trübung des Bildes beigetragen, das sich die Nachwelt von Webern machen kann. Er zitiert Webern, der im Oktober 1937 zu ihm gesagt habe: »Wenn die Nazis kommen, werde ich zum Goebbels gehen und ihm sagen, daß er falsch beraten ist und daß Zwölftonmusik kein Kultur-Bolschewismus ist.« »Davon werden Sie ihn vielleicht überzeugen, Herr Doktor«, erwiderte ich, »aber Sie können ihn doch niemals überzeugen, daß Schönberg kein Jude ist?« »Nein«, sagte Webern, »aber daß er trotzdem ein anständiger Mensch ist!«[39] Wie sagt doch der Herr Karl über Herrn Tennenbaum: »... sonst a netter Mensch.«

Eduard Steuermann hat nach dem Krieg keine Werke mehr von Webern gespielt: »Er könne es Webern nicht verzeihen, daß es ihm im Laufe eines Gesprächs über die Möglichkeit eines Anschlusses nicht einfiel hinzuzufügen: ›aber was wird dann aus Dir?‹«[40] Selbst Stadlen muß aufgrund der Briefe von Webern an Josef Hueber eingestehen, daß Webern zu Beginn des Krieges »vorübergehend unter den Bann Hitlers und des Mythos von einem friedlichen Weltreich« geriet.[41]

Wie immer man Weberns politisches Verhalten im »Dritten Reich« einschätzt, er konnte sich, soviel steht fest, weder vor noch nach 1938 zu einem offen antifaschistischen Standpunkt durchringen. Dies hätte nämlich bedeutet, das Land zu verlassen. Seine innere Emigration nach 1938 ist aber auch nicht mit jener von Karl Amadeus Hartmann zu vergleichen, dessen antifaschistisches Engagement deutlich aus jenen Kompositionen spricht, die für die Schublade verfaßt werden mußten.[42] Weberns Werke wurden im »Dritten Reich« nicht aufgeführt, und er selbst verstummte. Dies allein aber genügte Schönberg auch später, um ihm das Vertrauen nicht zu entziehen.

Am 30. November 1934 dirigierte Erich Kleiber in Berlin die Uraufführung der *Symphonischen Stücke aus der Oper*

Lulu, die, fertigkomponiert, später ebenfalls in Berlin und unter Kleibers Leitung hätte herauskommen sollen. Die Aufführung war ein Erfolg – die Presse antwortete jedoch mit heftigen Angriffen gegen das Werk.[43] Kleiber demissionierte vier Tage nach dem Konzert als Berliner Generalmusikdirektor und verließ Anfang 1935 Deutschland. Berg wurde in Deutschland nicht mehr aufgeführt – die *Symphonischen Stücke* indessen kamen in Prag, Genf, Brüssel, London, Boston und New York zur Aufführung. Der 50. Geburtstag des Komponisten am 9. Februar 1935 wurde in den meisten Zentren der musikalischen Welt mit repräsentativen Darbietungen seiner Werke begangen – nicht aber in Deutschland und Österreich. Weder in der Staatsoper noch in irgendeiner der großen Konzertinstitutionen Wiens erklang eines seiner Werke, nur leise, in den kleinen Kreisen kammermusikalischer Präsentation war dies möglich: Derartige Alban-Berg-Feiern wurden vom Frauenklub, von der *Universal Edition*, vom Rundfunk (RAVAG), vom Verein für neue Musik und einem Volksbildungshaus veranstaltet. Wie sehr Berg unter den veränderten kulturpolitischen Verhältnissen in Deutschland und Österreich litt, kommt nirgendwo deutlicher als in seinen Briefen zum Ausdruck. Schönberg war von Berlin aus nach Frankreich, dann nach Nordamerika ins Exil gegangen. An den Musikkritiker Willi Reich schrieb Berg darüber in einem Brief vom 3.11.1933, der die Redakteure der *23* vermutlich zu einem Artikel und überhaupt zu einer schärferen polemischen Vorgangsweise inspirieren sollte: »Österreich hat sich Schönberg gegenüber genau so dreckig benommen, wie eh und je. Und deshalb muß man ihm unter die Nase reiben, wie sich Amerika Schönberg gegenüber benimmt. Es genügt nicht, daß man hier weiß – aus den Zeitungsnotizen usw. – Schönberg sei als einer der hundert flüchtenden jüdischen Künstler nach Amerika gekommen, sondern das, was längst fällig war, ist eben jetzt eingetreten, weil Schönberg frei ist. – Daß es längst fällig war, beweist der Empfang, die diversen Lehraufträge, Konzerte, usw. Und jetzt Hinweis auf Wien: wo hier die Lehraufträge für den Österreicher A. Sch. sind, wo die Konzerte, Empfänge usw. und was stattdessen unterrichtet und aufgeführt wird [...] Und grade weil ihr in der Führung der ›23‹ scheinbar doch Rücksicht nehmen müßt auf Deutschland (wegen der dort verbliebenen Künstler), bleibt als Hauptaufgabe des Dreinfahrens ja nur das österreichische Problem.«[44]

Das österreichische Problem – es drohte die Komponisten in politische Zusammenhänge zu verstricken, die ihnen fremd waren. In einem Brief an Schönberg versucht Berg wieder Distanz zur Politik zu gewinnen: »Unsere Kunst, die als nicht bodenständig gilt, und damit unsere materielle Existenz ist genau so bedroht wie anderswo, wo man dem ›Kulturbolschewismus‹ ›an den Leib rückt‹, und man denkt und spricht eigentlich von nichts anderem als davon, wie man dieser Einstellung begegnen könnte. Leider ist man darin sehr gehandicapt und zwar dadurch, daß das augenblicklich kaum geht, ohne daß es, von gegnerischer Seite, mit Politischem verquickt wird, also etwas, was wir doch gerade nicht wollen (und auch nicht gewollt haben).«[45] Und doch besitzt Berg politische Einsicht, wenn er wenig später, in seinem letzten Brief an Schönberg, zwischen der österreichischen Misere und der deutschen Katastrophe zu differenzieren weiß: »Schließlich geht es mir moralisch nicht gut, was Dich von Einem, der plötzlich entdecken mußte, daß er in seinem Vaterland nicht bodenständig und auf diese Weise überhaupt heimatlos ist, nicht wundernehmen wird, um so mehr, als solche Dinge ja nicht reibungslos und nicht ohne tiefgehende menschliche Enttäuschungen vor sich gehen konnten und eigentlich fortdauern. – Aber es ist gewiß nicht angebracht, daß ich solches gerade Dir erzähle, der all dies ja in einem gigantischen Ausmaß erlebt hat und wogegen meine Erfahrungen nur von Taschenformat sind. Schließlich lebe ich in meiner Heimat und darf meine Muttersprache sprechen ...«[46] Heimatlos in der Heimat lebend, machte sich Berg unter den Komponisten der musikalischen Moderne wohl keine allzu großen politischen Hoffnungen über dieses Land. Dennoch gibt es einen Punkt, in dem diese paradoxe Situation zwischen zwei faschistischen Systemen seinen Blick trüben konnte: die Frage des Antisemitismus.

Im Dezember 1935 hörte Alban Berg, bereits schwer krank, zum ersten und letzten Mal Musik aus *Lulu*: Oswald Kabasta dirigierte die *Symphonischen Stücke* bei einem Konzert mit den Wiener Symphonikern. Wenige Wochen später, am 24. Dezember, starb der Komponist. Helene Berg versuchte einen der Freunde und musikalischen Gefährten Alban Bergs dafür zu gewinnen, die unvollendet gebliebene Oper fertigzustellen. Schönberg lehnte ab, weil er zu seiner eigenen Überraschung und Enttäuschung auf bestimmte, in seiner Sicht antisemitische Töne und Worte Bergs in dem Particell gestoßen war. Berg hatte zur »Charakterisierung« eines jüdischen Bankiers die Regiebemerkung »mauschelnd« der Wedekindschen Textvorlage hinzugefügt – und das Wort »Gemauschel« auch als musikalische Vortragsbezeichnung verwendet.[47] An den Berg-Schüler Erwin Stein schrieb Schönberg dazu 1936: »[...] ich bin gern bereit, anzunehmen, daß Berg das aus allerdings schwer verständlicher Gedankenlosigkeit getan hat, obwohl es in der Zeit weitgehendster Judenverfolgungen kaum glaubwürdig erscheint, daß einer an das gar nicht denkt, was seine Freunde es denken macht. Aber Gedankenlosigkeit zugegeben: so erscheint mir Mauscheln heute gewiß eher ehrwürdig, als Symptom von Schufterei, wo ich soviele Ehrwürdige kenne, die mauscheln und von sovielen weiß, die durch nichts anderes als durch ihr Mauscheln der Ehre eines Martertodes würdig befunden worden waren. Soll ich mich nun daran inspirieren, zur Instrumentation einer Musik, die eine besondere Art von Gemeinheit bereits durch den Umstand gekennzeichnet findet, daß diese Person ein Jude ist, die da mauschelt?«[48]

Heute wird Schönbergs Argumentation gegen die Fertigstellung der Oper meist als Idiosynkrasie interpretiert. Doch die Empfindlichkeit, die Schönberg an diesem Punkt zeigt, ist keineswegs übertrieben, und sie trifft einen blinden Fleck im politischen Bewußtsein und moralischen Empfinden Alban Bergs, der vermutlich durch den moderaten Umgang mit den Juden im austrofaschistischen Österreich entstehen konnte. Vielleicht hätte Berg die fragliche Szene umgeschrieben, wäre er Zeuge der Exzesse nach dem »Anschluß« im März 1938 geworden. Als ihm Webern jenen Brief Schönbergs zu lesen gab, worin dieser seinen Übertritt zur jüdischen Religionsgemeinschaft kundtut und überdies erklärt, er habe sich »definitiv von dem gelöst«, was ihn »an den Okzident gebunden hat«, war dies für Berg eine unfaßbare Mitteilung: Der Brief von Schönberg, so gesteht er gegenüber Webern, »hat mich tief erschüttert. Selbst wenn ich seine Abkehr vom Okzident menschlich für möglich halte (ich glaub's ja nicht, oder zumindest seine Zuwendung zum Orient halte ich nicht für möglich), so besteht für mich die unerschütterliche Tatsache seines musikalischen Schaffens, für die es nur eine Bezeichnung gibt: deutsch.«[49] Auch zwischen Berg und Schönberg war also ein Riß entstanden – und beide Seiten haben ihn verspürt.

Schönberg sprach in dem Brief, worin er die Fertigstellung der *Lulu* ablehnte, von »Zutaten Bergs, welche ihm leider bei den Nazis nicht genützt haben. Ob er sichs davon versprochen hatte?«[50] Tatsächlich stehen die antisemitischen Zutaten in merkwürdiger Koinzidenz mit gewissen, bisher kaum beachteten Illusionen Bergs über das Musikleben in Nazi-Deutschland. So schreibt er in einem Brief vom 15.5.1933 an seine Frau, Hindemith hätte ihm Aussichten auf eine Funktion an der Berliner Musikhochschule eröffnet: »Selbst wenn wir nicht daran denken, so einen Antrag anzunehmen (obwohl er jetzt, wo S. nicht mehr in Berlin sein dürfte, viel diskutabler als früher wäre), wäre es ein kolossaler Triumph für mich und etwas zum Ausspielen gegen die Wiener Regierung, wenn die wirklich mit einem Antrag käme.« Und einen Tag später heißt es, wiederum in einem Brief an Helene Berg: »Wie ich indessen vom ›Reden‹ hörte, will die deutsche Regierung ja Hindemith auserschen, das gesamte Musikleben zu reorganisieren. Auch fragte der Kritiker Strobel, mit dem ich in Florenz recht intim wurde, so ganz intensiv dort den Reich, ob ich auch bestimmt ganz reinrassig sei.«[51]

»Ich will die Möglichkeit haben, ihm das selbst zu vergessen«[52] – so lautet Schönbergs persönliches und doch allgemeines Motiv, die *Lulu* nicht fertigzukomponieren. Mag sein, daß auch Alexander Zemlinsky, an den Helene Berg zuvor herangetreten war und der anfangs davon begeistert schien, aus dem selben Grund die Arbeit an dem Particell zurückwies. Die unvollständig gebliebene Fassung der *Lulu* wurde schließlich 1937 uraufgeführt – in Zürich.

Alexander Zemlinsky oder der Verlust der Mitte

> *Er war mein Lehrer, ich wurde sein Freund, später sein Schwager, und er ist in den vielen Jahren, die seither vergangen sind, derjenige geblieben, dessen Verhalten ich mir vorzustellen versuche, wenn ich Rat brauche.*

Arnold Schönberg, *Gedanken über Zemlinsky*, 1942[53]

1933 kehrte auch Zemlinsky in seine Heimatstadt Wien zurück. Aus Berlin vertrieben, suchte er hier die alten Verbindungen zu Verwandten und Freunden. Er ließ sich im 19. Bezirk nieder – in unmittelbarer Nachbarschaft von Hugo Botstieber, dem Generalsekretär der Wiener Konzerthausgesellschaft, Egon Wellesz und Yella Hertzka, der Witwe von Emil Hertzka, dem langjährigen Direktor der *Universal Edition*. 1872 in Wien geboren, hatte Zemlinsky am Wiener Konservatorium studiert und war 1907 von Mahler als Kapellmeister an die Hofoper berufen worden. Er war Lehrer und Freund Schönbergs, mit dem er einst den *Verein schaffender Tonkünstler* organisiert hatte. Er blieb ein Vermittler zwischen Spätromantik und Zweiter Wiener Schule, als eine Vermittlung gar nicht mehr möglich schien.

Nach Wien kam er, wie Ernst Hilmar schreibt, »ganz leise, ohne öffentliches Aufsehen«[54]. Man bot ihm an, das 1932 von Hermann Scherchen initiierte *Wiener Konzertorchester* zu dirigieren. »Dieses Orchester, aus Scherchens ›Orchesterstudio‹ hervorgegangen, also ein Orchester von stellungslosen Musikern, machte sich u.a. die Pflege der neueren Musik zur Aufgabe, und dies zu einer Zeit, in der es zusehends schwieriger wurde, politisch unabhängig zu agieren und dem diktierten Geschmack [...] nicht konforme Programme zu bieten.«[55] Dem stand allerdings die schwierige ökonomische Situation des Konzertunternehmens gegenüber, die eine eher populäre Programmgestaltung erforderte. Zemlinsky bemühte sich in seinen Konzerten um ein ausgewogenes Progamm – Konformes und weniger Konformes wechselten einander ab, doch das Konforme überwog: Beethoven und Mahler, Mendelssohn und Hindemith, Weber, Franz Schmidt und Schumann. Von Hindemith wurde die 1930 entstandene *Konzertmusik für Klavier, zwei Harfen und Blechbläser* mit Eduard Steuermann als Solisten aufgeführt. Außerhalb dieser privaten Initiative aber konnte Zemlinsky erst gar nicht mit einem Engagement rechnen. »Als Dirigent hatte Zemlinsky – hätte er es gewollt – in Wien für die nächsten Jahre nur wenig Aussichten, denn überall, ob im Rundfunk, im Konzerthaus, im Musikverein oder sonstwo hatten partei-ideologisch makellose Orchesterleiter ihren festen Sitz, ob sie nun Oswald Kabasta, Karl Böhm, Leopold Reichwein oder auch nur Guido Binkau oder Anton Konrath hießen.«[56] Es ist allerdings nicht so leicht zu ermessen, inwieweit Zemlinsky der austrofaschistischen Kulturpolitik tatsächlich als suspekte Person galt. Seine engen Beziehungen zur musikalischen Moderne (Schönberg, Scherchen), seine ehemalige Tätigkeit an der als links verschrieenen Kroll-Oper und seine Abstammung – nach den Nürnberger Rassengesetzen ein »Vierteljude«, mit einer »Volljüdin« verheiratet – dürften ihm jedenfalls nicht gerade nützlich gewesen sein.

Zu seinen letzten öffentlichen Auftritten in Wien zählte die Smetana-Feier im Mai 1934, bei der Zemlinsky die Wiener Symphoniker dirigierte. Veranstaltet hatte sie die *Österreichisch-Tschechoslowakische Gesellschaft* – und dies ist wiederum symptomatisch für die paradoxe Exilsituation: In Wien lebend und komponierend, wurde Zemlinsky vorwiegend im nicht-deutschen Ausland zur Kenntnis genommen und aufgeführt. Die in Wien entstandene *Sinfonietta* wurde im Frühjahr 1935 in Prag unter der Leitung von Heinrich Jalowetz mit großem Erfolg uraufgeführt. Die Oper *Der Kreidekreis* war ebenfalls weder in Deutschland noch in Österreich, sondern in Zürich zum erstenmal aufgeführt worden – am 14. Oktober 1933 im Beisein des Komponisten. Es folgten allerdings noch Aufführungen in Berlin, Nürnberg und Stettin. Bei der Stettiner Aufführung kam es zum Skandal: Der Polizeipräsident verbot die Oper nach der Premiere – mit der Begründung, daß der Text (nach Klabund) dem »sittlichen Empfinden des deutschen Volkes« widerspreche.[57] In Prag und Bratislava erlebte das Werk große Erfolge. In Österreich wurde es am Stadttheater Graz aufgeführt – eine Rundfunk-Aufzeichnung blieb das einzige, was in Wien von dieser Oper zu hören war. Während Zemlinsky im übrigen von der RAVAG, dem österreichischen Rundfunk, nicht berücksichtigt wurde, lud ihn der Prager Sender zu einem Konzert mit eigenen Kompositionen ein. Ab 1936 verschwand der Name Zemlinsky schließlich aus der österreichischen Öffentlichkeit. Es war dies das Jahr des Juliabkommens, worin die Weichen für den »Anschluß« Österreichs an Nazi-Deutschland gestellt wurden. Einige Monate nach dem Untergang Österreichs entschlossen sich Zemlinsky und seine Frau Louise zur Flucht – sie mußten die »Reichsfluchtsteuer« entrichten, sodaß ihnen – wie Louise Zemlinsky berichtet – nur »je fünf Mark zum Überleben«[58] blieben. Über Prag und Paris gelangten sie schließlich in die USA. Die psychischen und körperlichen Strapazen der Flucht hinterließen am 68jährigen ihre Spuren. Er kam bereits krank in New York an und machte bis zu seinem Tod im Jahre 1942 kaum mehr einen Versuch, im dortigen Musikleben Fuß zu fassen. Noch zu seinen Lebzeiten war jedoch in der *Carnegie Hall* unter der Leitung von Dmitri Mitropoulos die *Sinfonietta* erklungen.

Eric Simon und die Vielseitigkeit der Musik

Scherchen hatte zwar die Gründung des *Orchesterstudios* und späteren *Wiener Konzertorchesters* initiiert, ihr eigentlicher Organisator war jedoch Erich Simon, der sich später im amerikanischen Exil Eric Simon nennen sollte. Simon hatte zunächst an der Universität Wien Jus studiert und danach bei der *Universal Edition* als Volontär (Hertzka war damals noch deren Direktor) gearbeitet, wo er nach eigener Aussage als »Mädchen für alles« tätig war. »In erster Linie aber war ich der Assistent von Erwin Stein, der die Orchesterabteilung gehabt hat und den Orchesterverleih. Die *Universal Edition* war ja der erste Verlag, der die Idee hatte, Sachen zu verleihen und damit viel bessere Geschäfte gemacht hat als mit dem Verkauf der Stimmen.«[59] Zugleich war Simon auch Editor der von der *Universal Edition* herausgegebenen Zeitschrift *Anbruch*. In dieser Funktion kam er in freundschaftlichen Kontakt mit Komponisten wie Béla Bartók und Alban Berg. Unmittelbar nach seiner Tätigkeit bei der *Universal Edition* gründete Simon mit seinem Freund Hans Horowitz, der sich später im Exil Henry Hold nannte, eine eigene Konzertedition.

Simon hatte seine musikalische Ausbildung auf rein privater Grundlage absolviert: Klavier lernte er sechs Jahre lang zu Hause mit seiner Cousine, einer Schülerin von Richard Robert, der auch Rudolf Serkins Lehrer war. Dann ging er zu Franz Mittler, der ebenfalls keine Professur innehatte. Zur gleichen Zeit begann er Klarinette bei Viktor Polatschek zu lernen, der damals erster Klarinettist der Wiener Philharmoniker war. Polatschek wurde später, noch vor dem »Anschluß« Österreichs, von dem Dirigenten Koussevitzky nach Boston geholt und wirkte dort lange Jahre als erster Klarinettist des Boston Symphony Orchestra. »Es war damals für ihn ein schwerer Entschluß, wegzugehen, Hitler war ja noch nicht da, und es war keine Lebensstellung, die man ihm anbot. Aber letztlich war es ein Glück. Er hat Koussevitsky kein Probespiel vorspielen müssen, er spielte in einem Konzert das Mozart-Klarinettenkonzert. In einem Boston-Symphony-Konzert – das war sein Probespiel. Das also war Polatschek.«[60] Eric Simon lernte aber auch Saxophon und gründete in Wien eine Jazzband. »Geld haben wir kaum verdient. Aber die Erfahrung war das Wesentliche. Ich habe dadurch die Literatur kennengelernt. Wir hatten über 100 Nummern. Ich bin kein Spezialist in Jazz, aber ich habe doch die Erfahrung. Ich studierte auch Jazzklavier.«[61] Dirigieren lernte Simon bei Hermann Scherchen, »später machte ich einen Sommerkurs in Salzburg, am Mozarteum, bei Clemens Krauss – sein Assistent war Herbert von Karajan. Das war der ›Unterläufer‹. Da habe ich Karajan sehr gut kennengelernt. Während des Kurses wurden ungefähr sechs Leute ausgesucht – jeder machte eine Szene aus irgendeiner Oper. Und ich bin ausgesucht worden für zwei Szenen aus ›Aida‹.«[62] Als Scherchen nach Wien kam, wurde Simon sein Assistent – und er war es auch, der Scherchen zu einem Kurs nach Straßburg begleitete. Unter den Studenten waren zwei andere Wiener: der Komponist Theodor Berger und Otto Bildmann. »Wo immer Scherchen hinkam, ist kein Gras gewachsen. Da mußte was geschehen. Als er nach Wien kam, haben wir etwa für ihn dieses *Wiener Konzertorchester* gegründet. Scherchen hat gesagt: ›Ich will übermorgen die 1. Sinfonie von Ernst Krenek dirigieren. Schaffen sie mir ein Orchester.‹ Er konnte nichts zahlen. Das Konzert fand im großen Saal des Konzerthauses statt, und Scherchen hat auch nichts verlangt für das Dirigieren. Später veranstalteten wir ein anderes Konzert im großen Saal – mit dem Strawinsky-Klavierkonzert [...] – und plötzlich hat Scherchen eine große Geldsumme verlangt. Und da sagten wir uns, wir brauchen den Scherchen nicht, wir machen selber mit dem *Konzertorchester* etwas. Dafür zahlten wir dann insgesamt viel weniger Geld, als Scherchen verlangt hatte – er war in dieser Hinsicht unethisch, hat sich Geld auch ausgeborgt und nicht zurückgezahlt. Das erste Konzert war mit Václav Talich, einem großartigen Dirigenten, der davor noch nie in Wien war. Dem haben wir 400 Schilling gezahlt, Scherchen hat ja eine unmögliche Summe verlangt. Dann engagierten wir Nicolai Markov, der war damals in Dänemark. Wir gründeten ein Konzertbüro, und für Leute, die dafür bezahlten, gaben wir Konzerte. Solokonzerte – Peter Stadlen. Mit Zemlinsky machten wir einige wunderbare Konzerte. So hat Paul Wittgenstein das Ravel-Klavierkonzert für die linke Hand gespielt, und danach kam das ›Lied von der Erde‹. Das war nach 1933. Ein wirklich schönes Konzert war auch der ›Pierrot Lunaire‹ mit Erika Wagner und Fritz Stiedry als Dirigenten. Von dem war ich auch der Assistent. Auch er war eine komplizierte Person.«[63] Wenn Eric Simon hier in der Mehrzahl spricht, so meint er sich und seinen Freund und Kollegen Herbert Zipper; beide Musiker zeichnen sich durch eine beachtliche Vielseitigkeit aus.

Wie es Eric Simon und Herbert Zipper bei keinem bestimmten Instrument oder Orchester und bei keinem bestimmten Beruf hielt, so auch nicht in einem bestimmten Land. In der Saison 1935/36 ging Herbert Zipper nach Moskau, um als Gastdirigent des Moskauer Radiosymphonieorchesters zu arbeiten, während sich Eric Simon bei der Moskauer Philharmonie engagieren ließ. Zu dieser Zeit gingen nicht wenige jener Musiker, die in Deutschland ihre Arbeit verloren hatten, in die Sowjetunion: Unter ihnen befanden sich Erich Kleiber, der frühere Generalmusikdirektor der Berliner Staatsoper; Fritz Stiedry, früherer Musikdirektor der Berliner Städtischen Oper; Eugen Szenkar, früherer Dirigent an der Kölner Oper; Paul Breisach, früherer Generalmusikdirektor in Mainz. »Man hat damals Musiker wie Ingenieure gebraucht«, erzählt Eric Simon. »Das Wort hieß damals: Spezialisten. Viele neue Orchester sind damals in der Sowjetunion gegründet worden, in Swerdlowsk, in Tiflis, in Wladiwostok. Um Musiker für dort zu bekommen, wurde viel mehr bezahlt. Dadurch sind Stellen freigeworden, und ich bin nach Moskau gefahren, wie in die Vereinigten Staaten – als Tourist. Zu der Zeit war der Dirigent der Moskauer Philharmonie Eugen Szenkar, der vorher Generalmusikdirektor in Köln war. Der war auch deswegen engagiert worden, weil es sonst noch keine anständigen Dirigenten gegeben hat. Ich bekam einen Vertrag als zweiter Klarinettist in der Moskauer Philharmonie, spielte dann aber eine Zeitlang erste Klarinette. In einem Konzert etwa mit der ersten Symphonie von Aram Chatschaturjan übernahm ich die erste Klarinette. Dabei sind Chatschaturjan und ich sehr enge Freunde geworden [...] Im Sommer ist die Moskauer Philharmonie aufgeteilt worden, um in zwei Kurorten im Kaukasus zu spielen. Und ich spielte zwei oder drei Monate dort. In Moskau war damals die 6-Tage-Woche – also fünf Tage arbeiten und einen Tag frei. Auf Urlaub haben wir eine 5-Tage-Woche gehabt, also vier Tage arbeiten und einen Tag frei. Wir hatten jeden zweiten Tag eine Probe – es war also wirklich Urlaub. Bleiben wollte ich aber nicht [...] Ich wollte eigentlich nur noch eine Saison dort bleiben – das war der Sommer 1936, aber ich bekam dafür nicht mehr das Visum. Ein Jahr später hat es geheißen: geh' – oder bleib' hier als Naturalisierter.«[64] Zurückgekommen nach Wien, wußte Simon freilich bald, daß auch hier kein Bleiben mehr war. Der Unterschied bestand nur darin, daß er sich in der »Ostmark« niemals »naturalisieren« konnte.

Hans Gál und die Kraft der Tradition

Als am 13. Dezember 1934 am Zürcher Schauspielhaus die Uraufführung von Ödön von Horváths Komödie *Hin und Her* stattfand, saß Hans Gál am Dirigentenpult: Er hatte die Musik zur Komödie geschrieben. Wie der Autor des Stücks war auch er aus Deutschland vertrieben, wie für Horváth war auch für Gál Zürich nur ein Zwischenstop der beginnenden Emigration. Hans Gál hatte viel verloren in Deutschland: Er war seit 1929 in Mainz als Direktor der Städtischen Musikhochschule tätig gewesen, einem Institut, das damals an die tausend Schüler und siebzig Lehrer zählte. Diese Jahre waren für ihn, wie Eva Fox-Gál, seine Tochter, schrieb, »höchst anregend und vielseitig. An der Hochschule setzte er sich voll ein, er leitete selber die Chöre und Orchester, dazu die Dirigentenklasse und die Kontrapunkt-, Harmonie- und Kompositionskurse, und hatte immer noch ein paar Klavierschüler. Außerdem war er, mit Ernst Toch und Alban Berg, im Vorstand des Allgemeinen Deutschen Musikvereins, der die alljährlichen Tonkünstler-Feste zeitgenössischer Musik veranstaltete. Dabei ließ der Strom seiner eigenen Kompositionstätigkeit keineswegs nach, wie es die ›Ballettsuite‹ für Orchester (Op. 38), das Märchenspiel ›Der Zauberspiegel‹ (Op. 38), das 1930 als Weihnachtsspiel im Breslauer Theater uraufgeführt wurde, die ›Serenade‹ für Violine, Bratsche und Violoncello (Op. 41), das Violinkonzert (Op. 39) und vor allem eine neue Oper ›Die beiden Klaas‹ (Op. 42) zeigen. Er war jetzt allgemein anerkannt und galt weithin als einer der angesehensten Komponisten seiner Generation.«[65]

Für Hans Gál bedeutete die Machtübernahme der Nationalsozialisten in Deutschland das Ende dieser fruchtbaren Zeit, das Ende auch seines Aufstiegs in der musikalischen Öffentlichkeit. Mainz verhielt sich dabei dem neuen Regime gegenüber zu wenig loyal. So wurde die Stadt im März 1933 buchstäblich von Worms aus besetzt. Hans Gál wurde wegen seiner jüdischen Herkunft sofort gekündigt, Aufführungen und Veröffentlichungen seiner Werke waren nicht mehr möglich. Die Oper *Die beiden Klaas*, die Fritz Busch bereits in Dresden vorbereitet hatte, konnte nicht mehr zur Aufführung gelangen. »Die Ironie des Schicksals schien diese Oper mit besonderer Akribie zu verfolgen. 1933 vollendet, als Gál auf der Höhe stand, wetteiferten die bedeutendsten Opernhäuser um die Uraufführung. Geplant war schließlich eine Doppelpremiere, mit gleichzeitigen Uraufführungen in Hamburg und in Dresden, die noch im Jahre 1933 hätten stattfinden sollen, wären sie nicht den politischen Umständen zum Opfer gefallen. Danach wurde das Werk von Bruno Walter für eine Uraufführung an der Wiener Staatsoper ins Auge gefaßt, aber es erhoben sich seitens der Direktion Bedenken: die Oper sei anstößig und könne die öffentliche Moral verletzen – deutliche Vorläufer der Nazi-Verfolgung ›entarteter‹ Kunst. Sie wurde jedoch von der Wiener Volksoper aufgenommen und war Anfang 1938 in Vorbereitung, wurde aber abgesetzt, als die Volksoper wirtschaftlich zusammenbrach – kurz bevor die Nationalsozialisten Österreich an Deutschland ›anschlossen‹. Sie wurde endlich 57 Jahre später posthum zum 100. Geburtstag des Komponisten in York (in englischer Übersetzung) ohne jegliche Katastrophe und mit viel Erfolg zur Uraufführung gebracht.«[66]

Dabei entsprach Gáls Musik nicht unbedingt dem, was die Nazis als »entartete« Musik verstanden und verfolgten: Seine musikdramatische Konzeption unterschied sich wesentlich von der Opernproduktion im Umfeld der Zweiten Wiener Schule. Hans Gál wollte im Prinzip nichts Geringeres, als eine neue Periode der komischen Oper initiieren. Sieht man von der rassistischen Verfolgung ab, so wurde sein Werk nicht so sehr aus im engeren Sinn musikalischen und ästhetischen, denn aus ideologischen Gründen von den Nazis verboten. Hierin gleicht sein Schicksal dem von Weills *Dreigroschenoper* und Kreneks *Jonny spielt auf*. Subversiv waren *Die beiden Klaas* für die sich formierende faschistische Politik, sagt Eva Fox-Gál, »da diese ganze Oper eine Satire ist gegen die verlogene Moral und die Politik, wie sie damals herrschten […]«.[67]

Hans Gáls erster Schritt in die Emigration war also auch eine Rückkehr. Er übernahm in Wien wieder die von ihm im Jahre 1927 gegründete Madrigalvereinigung und die Konzerte der Bachgemeinde. Finanziell konnte er sich durch Privatstunden einen gewissen Rückhalt schaffen. Vor allem aber komponierte Gál in diesen Jahren des Wiener Exils die Kantate *De profundis* (Op. 50), »nach deutschen Gedichten des 17. Jahrhunderts für Soli, Chor, Orchester und Orgel«. Die Poesie des Dreißigjährigen Krieges, zumal Gedichte von Gryphius, nahm Gál zur textlichen Grundlage, um die politischen Ereignisse der Gegenwart musikalisch zu gestalten. »Dem Andenken dieser Zeit, ihres Elends und ihrer Opfer« ist die Kantate gewidmet. Der politische Bruch, so tief er auch empfunden wurde, konnte den Komponisten nicht dazu bringen, mit der Tradition zu brechen. Im Gegenteil, Gál antwortet auf die Apokalypse mit den bewährten Mitteln tonaler Musiksprache. Die Komposition spürt nicht den modernen expressiven Momenten der Texte nach, wie dies etwa Benjamin in seinem *Trauerspielbuch* getan hat. Sie scheint vielmehr darauf konzentriert, die Wunden irdischer Katastrophen zu heilen. »Das Merkwürdige ist«, sagt Eva Fox-Gál, »daß diese apokalyptische Lyrik dem Lebensgefühl meines Vaters total entgegengesetzt ist, das eher dem Goetheschen Humanismus entspricht. Er war ein richtiger Lebensbejaher. Er benutzt nun diese Texte, aber die Musik ist lebensbejahend, ein Glaubensbekenntnis an die Gültigkeit der musikalischen Tradition. Das kann für heutige Hörer sogar befremdend wirken, weil man einen Schrei erwartet, etwas Expressionistisches – und stattdessen fängt das Werk geradezu objektiv an, in klassischer Form, und entwickelt sich erst im Laufe der fünf Sätze zu einer dann doch sehr persönlichen Aussage. Aber da muß man durch verschiedene Hüllen sich durcharbeiten, die vielleicht zunächst befremden.«[68]

Wilhelm Waldstein hat darauf hingewiesen, daß so gut wie alle Sätze dieser Kantate in Dur enden. »Sie sind wie Variationen über dasselbe Thema, jeder gelangt zu dem gleichen Ergebnis des Jasagens zu dieser Welt und diesem Leben mit allen seinen Bitternissen, des letzten Einverständnisses mit Schöpfer und Schöpfung durch demütige Hingabe.«[69] So endet schon der erste Satz, *Von der Vergänglichkeit* (nach Gryphius), der in e-Moll beginnt, in H-Dur und exponiert das immer wiederkehrende Erlösungsthema. Ihm folgt ein Tanzsatz *Auf grüner Erde*, ein Loblied auf das irdische Leben in der Form eines »archaisierenden Springtanzes«[70]. Es folgt ein *Totentanz* im vierten Satz, doch nicht Strindberg, sondern Bach gibt darin den Ton an: »Wie das Gras auf grünen Auen wird vom Mäher abgehauen ...«, singt der Chor, und mit großer polyphoner Kunst werden sodann die Stimmen gegeneinander geführt, um einen einzigen Sinn zu verkünden: »Hoffen kann kein Schwert noch Degen/Kronen, Zepter Waffen, Lanzen müssen alle mit ihm tanzen.« Doch auch hier wendet Gál zuletzt das a-Moll des Schlusses in einem Nachspiel nach A-Dur. Der letzte Satz *Zum Frieden* beginnt mit Fanfaren in

C-Dur und endet in einem »breitströmenden Abschiedsgesang« in E-Dur. Wieder ist der Text polyphon, in der Form eines Kanon und Fuge kombinierenden Chorsatzes, vertont: »Hoffnung ist ein fester Stab und Geduld ein Reisekleid.« Nach dem Einmarsch deutscher Truppen in Österreich floh Hans Gál mit seiner Familie sofort nach England, zunächst mit der Absicht, nach Amerika weiterzuziehen.

Die Kneplers – Ball im Savoy und Rote Fahne

Ein Kompositions-Schüler von Hans Gál war Georg Knepler, auch er ein Österreicher, der zunächst nach Österreich emigrieren mußte. Seine Biographie liest sich überdies fast wie ein Lexikon der österreichischen Emigration. Nach den ersten Jugendjahren führt sie auch näher hin zu den Knotenpunkten der politischen Entwicklung. Vor allem aber verdient seine Familie besondere Aufmerksamkeit. Sein Vater war Paul Knepler (ursprünglich Knöpler; geboren 1879), der zunächst als Verleger hervorgetreten war. In der Wallishausserschen Buchhandlung waren einst die Werke Grillparzers erschienen; Paul Knepler, der neue Inhaber, spezialisierte sich nun nach der Jahrhundertwende auf Viennensia und auf Schriften aus dem Umkreis der Psychoanalyse. Für den Operndirektor Gustav Mahler publizierte er die veränderte Text-Fassung der *Hochzeit des Figaro*. Später begann Paul Knepler, der ein musikalischer Autodidakt war, Operetten zu schreiben: »Er konnte seine zahlreichen Einfälle – er hatte ungeheuer viele, meist ganz banale, so in der alten Wiener-Walzer-Tradition, sie waren beinahe immer im Dreiviertel-Takt, und manche sogar recht ansprechend und gefällig –, aber er konnte sie kaum aufschreiben, kaum die Melodie, und er konnte nicht daran denken, das zu harmonisieren und zu instrumentieren. Da hatte er einen Ghostwriter […] und mit dessen Hilfe hat er den Text und die Musik zu einer Operette, *Josephine Gallmeyer* hergestellt.«[71] Diese Operette wurde 1921 im Wiener Bürgertheater mit großem Erfolg aufgeführt. »Nach ein paar Jahren«, so berichtet Georg Knepler, »hat mein Vater eine zweite Operette in gleicher Weise produziert – sie hieß *Wenn der Holunder blüht*. [...] Das dachte ich schon damals: Es war sehr viel schlechter und kitschiger als die *Josephine Gallmeyer*, und ich habe wahrscheinlich in der Zwischenzeit bereits begonnen, eine kritische Distanz zur Operette einzunehmen, und das war vermutlich sogar gefördert durch den Niveauabfall von *Josephine Gallmeyer* zu *Wenn der Holunder blüht*. Die besten Stellen in den Werken meines Vaters waren immer die, wo er sich an Schnitzler anlehnte. Ich weiß nicht, ob ihm das bewußt war, ausgesprochen hat er's bestimmt nicht, aber Schnitzler war so sein geheimes Vorbild. In einer späteren Operette kam eine Szene vor, die sehr charakteristisch ist für die Dramaturgie meines Vaters und die deutlich die Anlehnung an Schnitzler zeigt. Der Held war ein Mann, von dem man erfuhr, daß er eine tragisch endende Liebesaffäre gehabt hatte. Die Frau, die er über alles verehrt hatte, hat ihn verlassen. Und im zweiten Akt meldet sie sich an; diese Frau, die er schon seit Jahren nicht mehr gesehen hat, kommt wieder zu ihm. Und inzwischen ist sie eine berühmte Sängerin geworden, und das weiß er – meint, sie käme nun zurück zu ihm. Es stellt sich aber heraus, daß sie nur kommt, um ihn zu bitten, ob er ihr nicht seinen Wagen zur Verfügung stellen könnte (was natürlich ein Pferdewagen war). Das tut er natürlich und verabschiedet sich von ihr und bleibt allein und einsam zurück. Das ist so eine typische Szene für manche andere in den Werken meines Vaters.«[72]

Die kritische Distanz zum Operettenwerk des Vaters, dessen Entstehung hier der Sohn im Gespräch rekonstruiert, ist charakteristisch für die Entzweiung von Unterhaltungsmusik und Moderne nach der Jahrhundertwende. Für Paul Knepler war die Liebe zu Mahlers Musik und die Verehrung für Franz Lehár noch durchaus eine selbstverständliche Einheit. Für seinen Sohn indessen bedeutet die aktuelle Operette bald Verrat an allen »guten« Traditionen der Musik, zu denen allerdings auch Offenbach zu zählen ist. Für die Generation kritischer Intellektueller, die wie Georg

Knepler bei Karl Kraus in die Schule gegangen sind, gilt jene Geschichte der Leichten Musik, wie Adorno sie festgehalten hat: »Was nach Offenbach und Strauß kam, hat ihr Erbe schnell vergeudet. Nach ihren unmittelbaren Nachfolgern, die noch etwas aus besseren Tagen hüteten, wie Lecocq, kamen die abscheulichen Ausgeburten der Wiener, Budapester und Berliner Operette. Dem Geschmack bleibt es überlassen, ob man vom Budapester Schmalz oder von der Puppchen-Brutalität mehr abgestoßen wird. Aus dem schmutzigen Strom tauchte nur gelegentlich etwas locker Anmutiges auf wie manche Melodien von Leo Fall oder ein paar authentische Einfälle von Oscar Straus.«[73]

Wie eng sich die vorangegangene Generation der Komponisten jedweder Art mit der sogenannten klassischen Musik verbunden fühlte, dokumentiert das Subjekt der dritten Operette, die Paul Knepler schreiben wollte: Paganini. Als er den Text soweit fertiggestellt hatte, um ihn wie die vorangegangenen in Musik zu setzen, wurde ihm geraten, ihn doch Lehár zu zeigen. »Lehár sah den Text – es war zufällig an seinem Geburtstag – und er begann sofort zu komponieren. [...] er fand es den besten Text, den er seit langem bekommen hatte. Er drückte sich auch später noch so aus: Das sei ein Geburtstagsgeschenk vom lieben Gott gewesen, das Libretto von *Paganini*. Von da an hat mein Vater nicht mehr komponiert, aber er hat immer noch Melodien erfunden und auch aufgezeichnet.«[74] *Paganini*, mit der Musik von Lehár, wurde zwar 1925 am Johann-Strauß-Theater in Wien uraufgeführt, doch den Durchbruch erlebte das Werk erst bei der Berliner Premiere 1926. Wie Lehár versuchte auch Paul Knepler in der folgenden Zeit in Berlin zu reüssieren. Noch im Dezember 1933 konnte er dort das »Romantische Singspiel« *Die lockende Flamme* mit der Musik von Eduard Künneke herausbringen (Mitarbeiter am Text war Ignaz Michael Welleminsky), dessen Handlung wie Offenbachs berühmte Oper um E.T.A. Hoffmann angesiedelt war. Es geht darin, wie Volker Klotz schreibt, »um den Widerstreit von überspannter Phantasie und einem philiströsen Alltag, der gleichfalls, wenn auch anders überspannt, auf ebendiese

Phantasie antwortet. Die wackeren Berliner Bürger fühlen sich, verschreckt oder begeistert, herausgefordert durch geniale Außenseiter wie Hoffmann und seinen Schauspielerfreund Devrient [...] So behauptet ›Die lockende Flamme‹, gegenüber Offenbach, ihre Eigenständigkeit, aber auch ihre listig relativierte vorgestrige Romantik, wenn sie Pathos zugleich stützt und bricht durch komödiantischen Milieurealismus.«[75] Fast alle Operetten, die Paul Knepler entworfen hat, spielen in der Vergangenheit, und fast alle haben berühmte Künstler zum Gegenstand: Es sind Operetten des sentimentalen Rückblicks auf eine vermeintlich heile Kulturwelt, die in der Gegenwart nicht gefunden werden konnte – und schon gar nicht in der Zukunft.

Für Lehár schrieb Knepler später noch ein weiteres Libretto, und zwar zu dessen letztem Werk *Giuditta*; die Premiere dieser Operette fand 1934 statt – in der Wiener Staatsoper mit Jarmila Novotna und Richard Tauber in den Titelpartien. Das Ereignis bedeutete nicht nur für die Wiener Staatsoper einen großen finanziellen Erfolg, es wurde von fast allen Rundfunkstationen der Welt übertragen. Abgesehen von dieser triumphalen Aufführung, verlegte Paul Knepler die Aufführungen seiner neuen Operettenproduktionen nach Zürich an das dortige Stadttheater: 1933 *Der verlorene Walzer* (nach dem Tonfilm *Zwei Herzen im Dreivierteltakt*) mit der Musik von Robert Stolz; 1935 *Drei Walzer* mit der Musik von Oscar Straus, Johann Strauß Vater und Johann Strauß Sohn; 1936 *Kaiserin Josephine* mit der Musik von Emmerich Kálmán. Noch vor 1938 gelang es Paul Knepler, mit den berühmten Brüdern Alfred und Fritz Rotter in Geschäftsverbindung zu treten. Dieses Brüderpaar beherrschte in dieser Zeit das Theaterwesen, und wer mit ihnen Verträge abschließen konnte, machte gute Geschäfte. »Das waren gangsterartige Erscheinungen, zwei große dicke ›Scheusäler‹, so richtige Karl-Kraus-Figuren, die den Operettenmarkt beherrschten«, erinnert sich Georg Knepler. »Sie hatten Theater in verschiedenen Städten [...] Ich weiß nicht, wie das zustande kam, jedenfalls: Sie entdeckten meinen Vater und haben ihm auch Aufträge gegeben, aber da kam Hitler, und diese Zusammenarbeit kam zu einem schnellen Ende. Ich erinnere mich, einer von den Brüdern Rotter wurde ermordet, von einem Nazi. Meine Eltern gingen in die Emigration.«[76]

Auch der ältere Bruder von Paul Knepler, Hugo Knepler – also Georg Kneplers Onkel – war vor dem »Anschluß« eine wichtige Größe im Musikleben Wiens. 1872 in Wien geboren, absolvierte er zunächst die Handelsakademie und ergriff denselben Beruf, den auch sein jüngerer Bruder vor seiner Verlegertätigkeit ausübte: Bankangestellter. Es war bei beiden der Wunsch der Eltern, doch auch diesmal ging er nicht in Erfüllung. Nach dem Börsenkrach von 1905 wechselte Hugo Knepler die Branche und wurde Musikalienhändler. Drei Jahre später erwarb er die Konzertdirektion Gutmann, die ihren Sitz im Gebäude der Wiener Staatsoper, unter den Arkaden, hatte. Dieses Unternehmen und jenes des Buchhändlers Hugo Heller, dessen Geschäft auf dem Bauernmarkt lag, waren die beiden führenden Konzertagenturen Wiens. Hugo Knepler leitete es 22 Jahre erfolgreich – zu seinen Mitarbeitern zählten Carl Voss und Arthur Hohenberg. Es waren hauptsächlich Solisten und Virtuosen, die von der Konzertagentur Gutmann vermittelt wurden: Bronislaw Hubermann, Eugen D'Albert, Arthur Schnabel, Erica Morini, Jascha Heifetz, Pablo Casals. Doch Hugo Knepler managte auch die Tänzerinnen Wiesenthal, den Dirigenten Arthur Nikisch, die Sängerin Maria Jeritza – und er trat auch mit Richard Strauss in eine zugleich freundschaftliche und berufliche Verbindung. Während des Ersten Weltkriegs vertrieb die Konzertagentur Gutmann allerdings auch Karten für die Auftritte der berüchtigten Kriegsberichterstatterin Alice Schalek im Wiener Konzerthaus.

Hugo Knepler war außerdem Zauberkünstler. »Er wurde bei Gericht herangezogen«, erzählt Georg Knepler, »bei Prozessen als Sachverständiger im Falschspielen. Ich will nicht sagen, daß er selbst das gemacht hat, aber er kannte die Tricks. Was uns als Kinder natürlich mehr imponiert hat, waren seine Zauberkunststücke.«[77] Am Höhepunkt seiner Laufbahn schrieb Hugo Knepler sogar ein Buch, worin er seine Erfahrungen mit Künstlern weitergeben wollte; die Anekdotensammlung erschien 1931 im Fiba-Verlag (Wien-Leipzig) unter dem Titel *O diese Künstler. Indiskretionen eines Managers.* »Seine Pleite«, so der Neffe, »begann mit zwei großen Unternehmungen. Das eine war *Das Mirakel* von Vollmöller, und das andere war die Aufführung von *Aida* auf dem Fußballplatz ›Hohe Warte‹. Beides ging schief.«[78] Doch die eigentliche Katastrophe ereignete sich nach 1938. Hugo Knepler flüchtete nach Frankreich, später nach Monte Carlo. In den letzten Kriegsmonaten, so berichtet Georg Knepler, beging er die Unvorsichtigkeit, »Nizza zu besuchen. Da waren die Nazis, und da haben sie ihn geschnappt. Ich weiß leider nicht mehr, von wem wir das hörten, aber jemand hat ihn gesehen, als er in der Eisenbahn, von Nazis flankiert, irgendwohin fuhr, und er mit ihnen seine Kunststücke machte. Er hat also versucht, sich da irgendwie gut Wetter zu machen. Und hat ihnen ein Geldstück aus der Nase gezogen oder so etwas dieser Art getan. Eine grauenhafte Szene.«[79] Hugo Knepler wurde im Jahre 1944 in Auschwitz ermordet.

Schulkollegen von Hugo Kneplers Neffen Georg Knepler im Akademischen Gymnasium in Wien waren u.a. Hans Weigel, der ins Schweizer Exil ging, Walter Taussig und Eric Simon, die beide Zuflucht in den USA fanden. Knepler studierte Klavier bei Eduard Steuermann, der 1936 in die USA auswanderte; einer seiner Mitschüler bei Hans Gál war der Komponist und Musikschriftsteller Fritz Deutsch, der sich im amerikanischen Exil Frederic Dorian nennen sollte; Musikwissenschaft studierte Georg Knepler an der Universität Wien bei Guido Adler, dem 1938 die publizistische Tätigkeit verboten wurde, und bei Egon Wellesz, der nach Oxford emigrierte. Nach dem Studium, das er 1932 mit einer Arbeit über Brahms abgeschlossen hatte, wirkte Knepler als Kapellmeister in Mannheim, Wiesbaden und Wien. Am Staatstheater Wiesbaden war zu dieser Zeit als Chefdirigent Karl Rankl tätig, der 1933 ebenfalls in sein Heimatland emigrieren mußte; er arbeitete dann als Operndirigent in Graz und ging 1937 nach Prag an das *Neue Deutsche Theater*. 1939 emigrierte er nach England. Die Begegnung mit Rankl in Wiesbaden vermittelte Knepler wohl erste wichtige politische Einsichten, fiel sie doch mit dem Eindruck einer in Deutschland immer stärker werdenden nationalsozialistischen Bewegung zusammen. Wie für fast alle österreichischen Linksintellektuellen dieser Generation hatte freilich schon der »heilige Haß« des Karl Kraus eine Art Vorschule der Politik bedeutet – umso mehr vielleicht, als Knepler in unmittelbare Nähe des Satirikers gelangt war: Er begleitete Kraus am Klavier bei den Offenbach-Lesungen.[80] In Berlin – kurz vor Hitlers Machtübernahme – wurde Knepler im Umkreis von Eisler, Helene Weigel und Brecht vollends politisiert. Ohne festes Engagement dirigierte er in jener Berliner Zeit Arbeiterchöre, begleitete Helene Weigel am Klavier und musizierte mit Eisler. Bei der Einstudierung der *Maßnahme* wirkte Knepler an der Seite von Karl Rankl als Chordirigent mit (hier lernte er übrigens auch Ernst Hermann Meyer kennen).

Noch im Februar 1933 erschien sein Artikel *Einstimmiger oder mehrstimmiger Chorgesang* in der Zeitschrift *Kampfmusik*[81], der noch große Hoffnungen in die Kraft der proletarischen Kultur setzt. Knepler widerspricht darin der damals in kommunistischen Kreisen vorherrschenden Auffassung, die Bedeutung der Musik müsse auf ein bloßes politisches Transportmittel beschränkt werden: »Nicht selten wird der Standpunkt vertreten, daß [...] überhaupt die augenblickliche Situation des Klassenkampfes zur Pflege des Kunstliedes keine Zeit lasse, daß alle Kräfte nur der Propaganda dienen dürfen [...] Es bestünde also nur Bedürfnis nach einstimmigen, von der Masse leicht mitzusingenden Kampfchören. Besonders radikale Vertreter dieses Standpunktes fügen noch hinzu, gutes Singen und musikalische Qualitäten seien überhaupt nebensächlich, ja sogar überflüssig.« Wider diese Ansicht argumentiert Knepler für einstimmigen und mehrstimmigen Gesang: »Gewiß, ein Lied, das von den Massen mitgesungen werden soll, muß leicht und einfach sein. Warum aber sollten wir die reicheren

Möglichkeiten, die unsere geschulten Arbeiterchöre bieten, nicht nützen?« Knepler sieht darin 1933 vor allem die Möglichkeit, einer Verbürgerlichung der proletarischen Musikpraxis entgegenzuwirken: »Wollen wir dieser Gefahr begegnen, dann müssen wir die Möglichkeit haben, dem Bedürfnis nach schöner Musik etwas entgegenzustellen, das kräftig genug ist, die Konkurrenz des bürgerlichen Musikbetriebes mit seinen unendlichen Möglichkeiten zu bestehen. Dazu ist das einstimmige Kampflied nicht imstande. Von den Mitteln der Musik: Melodie, Rhythmus, Harmonie und Polyphonie (Mehrstimmigkeit) verzichtet es vollständig auf die Polyphonie und beinahe so gut wie vollständig auf die Harmonie, die nur durch die Klavierbegleitung notdürftig vertreten ist. Es verzichtet also auf wichtige Mittel und damit Wirkungen und wird so nicht nur leichter und einfacher, sondern eben auch wirkungsloser.«

Es ist erstaunlich, wie sehr die Argumentation Georg Kneplers hier jener Jura Soyfers gleicht, der im Dezember 1932 vor einer Verarmung der proletarischen Kultur, allerdings auf das Theater bezogen, gewarnt hatte: »Können und dürfen wir dem Proletariat, der unterdrückten, freudlosen Klasse, die im Theater Zerstreuung und Buntheit, Humor und Bewegung sucht, dieses Vergnügen rauben? Gewiß nicht! Aber darf wieder die geistlose Lustigkeit und weltfremde Romantik der Bühne dem Proletariat die Welt des Sozialismus rauben? Die Tendenzbühne muß der zweifachen Verpflichtung Genüge tun.«[82] Wie Jura Soyfer schöpft auch Georg Knepler alle seine Argumente aus der »Klasse-gegen-Klasse-Konzeption«: Es geht nicht um ein Bündnis gegen den Faschismus, sondern um den Kampf der revolutionären Arbeiterschaft gegen die bürgerliche Welt. Kein einziges Mal erwähnt Knepler die Nationalsozialisten – als sein Artikel erschien, waren sie bereits an der Macht und Knepler selbst in der Vorhölle. Als er nach dem 22. Jänner 1933 Helene Weigel bei einem Vortragsabend begleitet, werden sie plötzlich unterbrochen und festgenommen; Knepler kann Brecht rechtzeitig alarmieren, und auf diese Weise gelingt es, ihre Freilassung zu erreichen. Nach dem

Reichstagsbrand verließen Brecht und Weigel fluchtartig Deutschland, wenig später ging Georg Knepler nach Österreich.[83] »Es war für mich auch eine Remigration in die Gonzagagassse, von der ich aufgebrochen war.«[84]

Bald darauf wurde Georg Knepler der »Klasse-gegen-Klasse-Konzeption« untreu und machte einen Ausflug in den bürgerlichen Musikbetrieb Wiens, nahm den Taktstock im Dienste des ›Klassenfeindes‹ in die Hand und dirigierte am Stadttheater mehrere Aufführungen der Operette *Ball im Savoy* von Paul Abraham. Es blieb sein einziges größeres Engagement in Wien. Während er einerseits Abrahams Musik dirigierte, verteilte er andererseits die *Rote Fahne*. Er beteiligte sich am Widerstandskampf der illegalen KPÖ gegen das Dollfuß-Regime. War Knepler in Deutschland nur der *Roten Hilfe* und der *Internationalen Arbeiterhilfe* beigetreten, so wurde er nun Mitglied der Kommunistischen Partei Österreichs – »in Wien trat ich dann in die KPÖ ein […] und verteilte […] Zeitungen, auf denen stand: Hitler bedeutet Krieg, was also nicht ganz falsch war. Ich war völlig unerfahren und unerzogen in illegaler Arbeit, hatte ein paar *Rote Fahnen* in der Aktentasche, und statt sie direkt abzuliefern, wo ich sie hätte abliefern sollen, ging ich vorher noch in die Zentralbibliothek, hieß das glaube ich, eine Leihbibliothek, untergebracht im Alten Rathaus. Das Alte Rathaus war aber schon bewacht, und ein Heimwehrmann sagt: ›Wos hom's denn do in der Tosch'n?‹ – und da war es also geschehen. Da wurde ich dann zunächst in Polizeihaft und dann ins Landesgericht gebracht […] während des Februaraufstandes saß ich im Gefängnis. Also ich trat in die Partei ein im April '33 und hatte ein paar Monate Tätigkeit innerhalb der Partei und wurde vor dem Februar '34 verhaftet – die Bewachung hing schon zusammen mit dem vorauszusehenden Aufstand. Alle haben das vorausgesehen, bloß ich nicht, ich ging mit der Tasche mit den *Roten Fahnen* spazieren.«[85] Die Eltern von Georg Knepler engagierten den Anwalt Jacob Ahrer, »der war früher einmal Justizminister gewesen, ein korrupter Anwalt, der gegen ungeheure Summen solche Aufgaben übernommen hat« (Georg Knepler). Mit dessen Hilfe wurde das Verfahren niedergeschlagen, und der politische Häftling kam nach einigen Wochen wieder frei.

In dem beengten und von Arbeitslosigkeit ausgehöhlten Musikleben Österreichs, das zudem immer deutlicher von Nazideutschland mitbestimmt wurde, war an eine Laufbahn als Kapellmeister, die Georg Knepler nach wie vor anstrebte, nicht zu denken. »Und da lebte ich also wieder bei den Eltern – ohne Einkommen und ohne große Aussicht, irgend etwas an meinem Zustand verändern zu können. Ein Engagement war aussichtslos [...] Was ich wollte, Kapellmeister werden, freischaffender Musiker, konnte man damals nur in Deutschland [...] In Österreich gab es damals zwei Opernhäuser: die Volksoper und die Staatsoper. Schon in Graz, glaube ich, gab es keine ständige Oper. Österreich kam nicht in Frage. Aber in Deutschland gab es schon damals Dutzende Operntheater. Aber, daß ich dort kein Engagement bekommen würde, war sogar schon vor Hitler klar, weil schon vor Hitler die Intendanten die Frage gestellt hatten: ›Sind sie Jude?‹ Meistens mit dem Zusatz: ›Es interessiert mich zwar persönlich nicht, aber ich muß diese Frage an sie richten.‹ [...] In Österreich war das Problem nicht der Antisemitismus, sondern ein wirtschaftliches. Es war so gut wie aussichtslos, als freischaffender Musiker irgendwohin zu kommen. Und die Sorge meiner Eltern, daß ich politisch wieder was anstelle. Ich hatte da so einen kleinen Gummistempel mit Hammer und Sichel drauf, mit dem wir also auf Häuserwände gestempelt haben. Und meine Mutter hat das gefunden und macht mir eine Szene – ob ich nicht wüßte und so weiter. Und da sagte ich: ›Wo ist es denn jetzt.‹ Und sie antwortete: ›Wo es hingehört: im Klosett.‹ Also es war keine haltbare Situation. Und ich entschloß mich auszuwandern. Ich habe eine Zeitlang überlegt, nach Spanien zu gehen, habe sogar begonnen spanisch zu lernen, und dann sagte eine Freundin, sie ginge nach London mit ihrem Freund und ob ich nicht Lust hätte, auch zu kommen. Das war im März '34, wenn ich nicht irre, nein im Sommer, im Juni '34 ging ich nach London. Meine Emigration war gewissermaßen ökonomisch bedingt, wenn ich irgend etwas erreichen wollte auf meinem Gebiet, konnte ich mir in Österreich keine Zukunft ausmalen.«[86] In London erst sollte Georg Knepler an seine vielseitigen musikalischen Aktivitäten aus der Zeit vor 1933 anknüpfen können.

Das Ende der Arbeitermusikbewegung

Der von Dollfuß geführte »Ständestaat«, der sich als der »bessere deutsche Staat« definierte, verhielt sich gegenüber den Emigranten nicht nur indifferent oder abweisend – er veranlaßte auch viele zur Emigration. Dem gescheiterten Aufstand der Arbeiterbewegung im Februar 1934 – die Sozialdemokratie schätzte ihre Verluste auf 1.200 Tote und 5.000 Verwundete – folgten neun Hinrichtungen und etwa 10.000 Einkerkerungen, die Auflösung der Sozialdemokratischen Partei, der Freien Gewerkschaften und aller verwandter Organisationen. Hunderte Angehörige des Schutzbundes flohen ins Ausland – in die Tschechoslowakei, nach Frankreich und in die Sowjetunion – unter ihnen auch führende Vertreter der österreichischen Sozialdemokratie wie Otto Bauer und Julius Deutsch. Die österreichische Sozialdemokratie hätte, wäre sie nicht zerschlagen worden, den Exilierten aus Deutschland zweifellos eine gewisse Stütze geben können; man denke nur etwa daran, was die schwedische Sozialdemokratie für Emigranten aus Deutschland und Österreich leisten konnte.

Einen Tag vor dem Ausbruch der Februarkämpfe hatte das letzte Arbeiter-Symphoniekonzert stattgefunden. Erwin Leuchter dirigierte Johann Sebastian Bach, Volksliedbearbeitungen von Paul Amadeus Pisk, *Tagesneuigkeiten* von Darius Milhaud, das Cellokonzert von Artur Honegger – und Eislers *Solidaritätslied*. David Josef Bach schrieb dazu rückblickend: »Auf dem Programm war die ganze Musik zu dem Film von Hanns Eisler, die mit dem Solidaritätslied endet. Der Verleger hatte die Aufführung verboten. Wir erklärten aber, daß das Lied auch ohne seine Erlaubnis aufgeführt werden würde. Die Arbeiter kamen, und als das Lied der Solidarität erklang, sprang das Publikum bei den ersten Takten von seinen Sitzen. Am nächsten Tag erfolgte jener Schlag des Faschismus, der Österreich von dieser Vorhölle in den Abgrund des Nationalsozialismus führte.«[87] Dies bedeutete auch das Ende der österreichischen Arbeitermusikbewegung.

Schon unmittelbar nach dem 7. März 1933 hatte massiver Druck auf die Arbeitergesangsvereine und andere kulturelle Organisationen der Arbeiterbewegung eingesetzt. Erwin Weiss, der von frühester Kindheit an in der Sozialdemokratie organisiert war und später die Musik für die Agitprop-Gruppe der *Roten Spieler* machte, berichtet etwa, daß er zusammen mit einer ganzen Gruppe bereits im Sommer 1933 vorübergehend festgenommen worden war, »wegen Beleidigung der Dollfuß-Regierung. Ich habe damals gesagt: ›Um Gottes Willen, was wollen Sie von mir, ich hab' doch nur Klavier gespielt.‹«[88]

Das Verbot von Versammlungen unter freiem Himmel bewirkte, daß kaum noch größere Konzerte gegeben werden konnten. Reinhard Kannonier schreibt über diese Situation: »Die Arbeiter-Sängerzeitung unterlag wie alle anderen Presseorgane der Arbeiterbewegung scharfer Zensur, Vereinslokale wurden nach Waffen durchsucht, wertvolles Notenmaterial beschlagnahmt oder vernichtet. Eine Reihe von Vereinen, die im Herbst/Winter 1933 oder Anfang 1934 aufgelöst wurden [...], konnten zwar im Sommer oder Herbst 1934 ihre Tätigkeit wieder aufnehmen – allerdings unter völlig veränderten Bedingungen. Die beschlagnahmten Vereinsgelder blieben ebenso verschwunden wie Archive und Noten.«[89] Nur in kleinen Zirkeln, in Gesangs- und Geselligkeitsvereinen, die nicht selten wie in der Frühzeit der Arbeiterbewegung illegale politische Arbeit übernahmen, lebte die Arbeitermusikbewegung noch einige Jahre fort; »wie in den 70er und 80er Jahren des vorigen Jahrhunderts trafen die behördlichen Schikanen kulturelle Organisationen weniger als politische und gewerkschaftliche. So nimmt es nicht Wunder, daß Sozialdemokraten,

Kommunisten und Schutzbündler Arbeitergesangvereine als Tarnung benutzten.«[90]

Für die meisten aber bedeutete der Februar 1934 das vorläufige Ende jeder politischen Betätigung auf musikalischem Gebiet. »Wien war eine Stadt in Trauer«, erinnert sich Erwin Weiss. »Die Leute waren mit einem Schlag ›mentally‹ obdachlos. Alles wurde verboten, die ganze Kultur.«[91] Im Unterschied etwa zu Jura Soyfer wechselte Weiss weder zur Kommunistischen Partei, noch versuchte er in der Wiener Kleinkunstszene Fuß zu fassen. Er war Mitglied der verbotenen Revolutionären Sozialisten und organisierte Konzerte, um Spenden für die Sozialdemokratische Partei aufzubringen. Er studierte Dirigieren an der Musikakademie bei Felix Weingartner und Josef Krips; und er war gerade am Höhepunkt seiner pianistischen Fähigkeiten, als die Nazis in Wien einmarschierten. Ihm gelang, was Jura Soyfer das Leben kostete: die Flucht in die Schweiz.

Mit der Auflösung der großen Organisationen der Arbeitermusikbewegung war auch eine Möglichkeit musikalischer Praxis für Exilanten aus Deutschland vernichtet worden. Die fragile Verbindung zwischen musikalischer Moderne und Arbeiterbewegung, die immerhin Komponisten wie Anton von Webern als Dirigenten ein unregelmäßiges Einkommen ermöglicht hatte, war endgültig zerschnitten. Noch im März 1933 hatte Webern in einem Arbeiter-Symphoniekonzert Eislers *Lied vom Kampf* aufgeführt, eine Montage von Stücken aus der *Maßnahme* und der *Mutter*. Die Reise Eislers zu dieser Aufführung nach Wien geriet zur ersten, kurzen Station seines eigenen Exils. Auch Eisler war in gewissem Sinn ein Österreicher: In Leipzig geboren, war er in Wien aufgewachsen und hatte bei Schönberg studiert. Hier mußte er nun erfahren, daß seine Berliner Wohnung bereits durchsucht worden war.

David Josef Bach, Musikkritiker der *Arbeiter-Zeitung* und Organisator der Arbeiter-Symphoniekonzerte verlor alle seine Arbeitsmöglichkeiten. Es war Arnold Schönberg, der sich für ihn einsetzte. Aus den USA schrieb er 1935 an ihn: »Die goldenen Zeiten sind hier vorüber (nur nicht für die Film-Leute, die noch immer in Gold schwimmen), aber das weiß man leider in Europa nicht. Trotzdem bin auch ich der Ansicht, daß Du solange als möglich hier bleiben solltest, auf die Gefahr hin, daß Du Dich durch kleine Einzelverdienste so lange über Wasser hältst, bis etwas Geeignetes sich findet.«[92] Es fand sich nichts: Als Bach 1938 aus Österreich endgültig vertrieben wurde, versuchte Schönberg sogar dort, wo man noch im Gold zu schwimmen schien, bei Filmregisseur Ernst Lubitsch, etwas für ihn zu erreichen: »Lieber Dr. Lubitsch, ich schreibe Ihnen im Interesse meines lieben alten Freundes Dr. D.J. Bach [...] Durch den Dollfuß-Putsch verlor er seinen Job, bekam aber eine kleine Pension. Jetzt aber wurde er ein Opfer des Hitler-Regimes und verlor alles.«[93]

Der Schönberg-Kreis, dessen lockere Verbindung zur Arbeiterbewegung in diesen Briefen aus dem Exil noch nachwirkt, unterhielt andererseits enge Beziehungen zu Karl Kraus. Schönberg erinnert sich, Kraus seine *Harmonielehre* mit folgender Widmung geschickt zu haben: »Ich habe von Ihnen vielleicht mehr gelernt, als man lernen darf, wenn man noch selbständig bleiben will ... «[94] Die österreichische Kultur der zwanziger und dreißiger Jahre bestand – wie Alfred Pfabigan bemerkt – aus einer Vielzahl einzelner Gegenwelten, »die sich in der Regel um eine Idee und eine charismatische Persönlichkeit gruppierten«[95]. Pfabigan nennt Sigmund Freuds Psychoanalytische Vereinigung, die Adlersche Abspaltung und den Schönberg-Kreis. Auch die Architektengruppe um Adolf Loos und der Kreis um die Reformpädagogin Eugenie Schwarzwald, nicht zuletzt der Wiener Kreis um den Philosophen Moritz Schlick wären hier zu erwähnen. Miteinander im Bündnis oder aber in Konkurrenz zueinander rangen zwei weitere Gegenwelten um die kulturelle Hegemonie: die Sozialdemokratie und Karl Kraus. Mit dem Februar 1934 war die Sozialdemokratie endgültig entmachtet, und Karl Kraus verlor – durch seine Sympathien für Dollfuß – seinen Einfluß auf einen großen Teil seiner Öffentlichkeit: Die linken Intellektuellen wandten sich enttäuscht von ihm ab. Vorausgegangen war dieser Abwendung die Irritation über sein Schweigen zu Hitlers »Machtergreifung«, das unterschiedlich bewertet worden war. Als Kraus schließlich mit einem dreihundertseitigen Heft der *Fackel* beantwortete, »warum die Fackel nicht erscheint«, waren die Fronten festgelegt: Der Satiriker, der so vielen Linken soviel bedeutete, wandte sich scharf gegen seine eigenen Verehrer aus dem linken Lager und begrüßte das Dollfußregime als Bollwerk gegen den deutschen Faschismus. »Das war wohl der komplizierteste Fascisierungsprozeß, den es bisher gegeben hat«, schrieb Jura Soyfer, dem doch Kraus als »der reinste aller Bürger« galt.[96]

Kurt Blaukopf und die Musiksoziologie

1935 erschien in Wien das kleine Buch *Die Endkrise der bürgerlichen Musik und die Rolle Arnold Schönbergs*.[97] Ein gewisser Hans E. Wind versuchte darin, beflügelt vom messianischen Hegelianismus des Georg Lukács, die marxistischen Musiktheorien von Adorno und Eisler an Radikalität zu übertreffen. Bemerkenswert ist zunächst, daß ein solches Buch überhaupt unter den Verhältnissen der Diktatur erscheinen konnte. Ernst Krenek konnte sogar eine differenzierte Rezension des Buches in der *Wiener Zeitung* publizieren, dem offiziellen Organ der Österreichischen Regierung; er kritisiert darin den »Doktrinarismus« des Werkes, würdigt aber die Fragestellung.[98]

Im Gegensatz zu Krenek und anderen näheren oder entfernteren Trabanten der Wiener Schule geht Wind von einer fundamentalen Krise der modernen Musik aus, die jene im Grunde schon überwunden sehen: »Die vorliegende Arbeit stellt eine Analyse der verworrenen Situation der modernen Musik dar. Sie erklärt diese Situation, indem sie aufzeigt, wie sie entstand und entstehen mußte: die Krise als Resultat einer widerspruchsvollen Entwicklung.« Vor allem aber geht es dem Autor um die Bestimmung der Krise als Endkrise, darum, die »Keime des Neuen in der Krise« aufzuzeigen, »die Krise als umwälzende Endkrise«.[99]

Keinerlei Besonderheit der Studie ist, daß Schönberg eine Schlüsselrolle in der Situation der neuen Musik zugeschrieben wird; doch schon im Vorwort fällt der scharfe und kritische Ton auf, mit dem der Gründer der Wiener Schule ins Spiel gebracht wird: Hier ist zu lesen, daß er »zwar Führer und Wegbereiter war, aber – nur bis an die Grenzen der bürgerlichen Musik selbst. Dort beginnt seine Musik notwendigerweise chaotisch zu werden. Wir sagen: notwendigerweise, denn das Chaos ist kein willkürliches, sondern gesetzmäßig durch die Krise hervorgerufen.«[100] Nur im Vorwort nennt der Autor zwei Komponisten, die bereits über Schönberg und die Grenzen der bürgerlichen Musik hinausgegangen seien: Wladimir Vogel und Stefan Volpe.

In der Einschätzung Schönbergs trennt sich der Autor der »Endkrise« von seinen wichtigsten Gewährsmännern auf musikalischem Gebiet: Hanns Eisler und Theodor W. Adorno. In der Rezeption ihrer Positionen arbeitet er vor allem die Bestimmung der Krisenhaftigkeit der gegenwärtigen Situation der Musik heraus. Dabei stützt er sich auf einen damals unpublizierten Vortrag Eislers – und dieser Umstand sollte ihm noch Kalamitäten einbringen – und auf Adornos Aufsatz *Zur gesellschaftlichen Lage der Musik* aus der *Zeitschrift für Sozialforschung*; für einzelne Spezialbereiche gewinnen verschiedene Gedanken Lu Märtens und Max Webers Bedeutung. Die philosophischen Vaterfiguren bleiben indes eher im Hintergrund: Hegels *Ästhetik* und Lukács' *Geschichte und Klassenbewußtsein*.

Weder Adorno noch Eisler waren bereit, Schönberg als Exponenten einer Krise darzustellen. Beide standen ebenso wie Krenek und die Autoren der *23* in näherer oder entfernterer Verbindung mit Schönberg selbst und seinem engsten Kreis: Eisler war sein Schüler, Adorno der Schüler des Schönberg-Schülers Alban Berg. Es war nicht persönliche Rücksichtnahme allein, sondern auch die Anerkennung der Autorität, die sie band. Und man kann sagen, daß die Musiktheorien, die Eisler und Adorno zur selben Zeit entwickelten, im wesentlichen Versuche sind, die krisenhafte Situation der Musik mit der unbedingten Autorität von

Schönbergs Lösung in Einklang zu bringen. Beide nahmen zwar die gesellschaftliche Isolation der neuen Musik als Symptom einer Krise wahr, doch ebenso galt ihnen Schönbergs Musik als unüberbietbares Instrument der Aufklärung und der Selbstreflexion.[101] Der Autor der »Endkrise« scheint derartige persönliche und weltanschauliche Bindungen nicht besessen zu haben. Doch die Schönbergkritik ist nicht das Wesentliche seiner Position: Es liegt vielmehr in der Perspektive des Klanges. Der Klang gilt ihm als das Hegelsche Ganze der Musik. Die »Vernichtung und Verwirklichung der Avantgarde« könne nur erfolgen, wenn die Harmonik im Klang aufgehoben wird, sodaß »der Klang das übergeordnete Höhere ist, die Harmonie aber eine seiner Teilfunktionen, ganz wie die Melodie in der harmonischen Musik, und auch weiterhin eine Teilfunktion der Harmonie [...] ist. Der Klang ist also nicht gesetzlos. Er hebt die Harmonie auf in dem dreifachen Sinne, daß er sie als selbständige Erscheinung vernichtet, sie zugleich zum Moment seiner selbst macht und sie dadurch auf eine höhere Stufe hebt.«[102] An Schönbergs »Methode zur Komposition mit zwölf Tönen« aber kritisiert Wind die mechanische Negation der Harmonik, die undialektische Aufhebung also: die bloße Vernichtung. »Seine ehrliche Bemühung, über die Harmonik hinauszugelangen, führte ihn auf eine mechanische Negation der Harmonik. Darin wird er noch bestärkt durch seine eigene gesellschaftliche Lage, die ihn innerhalb der Kammermusik stecken bleiben läßt.«[103]

Die Herrschaft der Harmonik über die Musik setze sich mit der Herrschaft des Bürgertums in Europa durch, das hat der Verfasser der »Endkrise« in den einzelnen historischen Kapiteln seines Buches herauszuarbeiten versucht, ehe er zur Krise der Avantgarde gelangt. Die Aufhebung der Harmonik würde auch die Aufhebung des Bürgertums bedeuten, mit dieser Behauptung endet die Studie. Der Klang fungiert in der Theorie der »Endkrise« demnach als Äquivalent des Kommunismus: Die Kunst, so der emphatische Schlußabschnitt, »wird nicht eine Trösterin, eine Ablenkung von der grauen Wirklichkeit sein; sondern sie wird bewußt und getreu das wirkliche Leben widerspiegeln: Die Logik der Entwicklung, den Heroismus und die Romantik des Kampfes und die glänzende Schönheit des Sieges. So wird die Musik der Zukunft, an Faßlichkeit den bürgerlichen Schlager übertreffend und damit auch ihn aufhebend, die harmonische Logik des bürgerlichen Realismus, die Dynamik des heroischen Stils, den Elan der Romantik und die Klangfülle des Impressionismus in sich vereinigen. Die Gesellschaft der Zukunft wird durch Umwälzung des gesellschaftlichen Zweckes der Musik den scharf antagonistischen Charakter der spätbürgerlichen Musik beseitigen. Damit wird die Schönbergsche Musik vernichtet und verwirklicht. Sie wird vernichtet in ihrer borniertern Einseitigkeit, in ihrer mechanischen Negation der Harmonik; sie wird verwirklicht, insoferne sie auf die Aufhebung der bürgerlichen harmonischen Musik und auf die Schaffung einer Klangmusik hinzielt.«[104]

Hans E. Wind ist ein Pseudonym; der Name des Autors der »Endkrise« lautet Kurt Blaukopf. Er war 21 Jahre alt, als er diese Abrechnung mit der bürgerlichen Moderne schrieb. Es lohnt sich, jenen Spuren nachzugehen, die ihn zu diesen in Österreich durchaus singulären Positionen führten. Blaukopf war ein Schüler von Stefan Volpe, Walter Bricht und Hermann Scherchen. »Bricht war ein Schüler von Franz Schmidt«, erinnert sich Kurt Blaukopf. »Das weiß ich, denn ich mußte bei ihm Franz Schmidt hören und wissen. Er hat mich auch in Theorie unterrichtet. Er war nicht nur mein Klavierlehrer. Elementarunterricht in Instrumentation und auch kleine Kompositionsübungen. [...] Hermann Scherchen – das ist eine Institution gewesen. [...] Scherchen war am Anfang noch nicht politischer Emigrant. Er hat hier vor Hitlers Machtantritt Kurse im Dirigieren gegeben. [...] Ich weiß, daß er zum Beispiel an einem Abend gesagt hat: ›Nein, morgen bin ich nicht da, da fliege ich nach Berlin.‹ Der ist damals schon geflogen. Wirklich ein rasender Kapellmeister.«[105] An dem Kurs von Scherchen nahmen neben Blaukopf Rolf Liebermann, Hans Weigel und Philip Herschkowitz teil. Scherchen führte ein strenges Regiment: Am Abend verlangte er etwa von seinen Schülern, bis zum nächsten Morgen den zweiten Satz der ersten Symphonie von Beethoven auswendig zu lernen. »Und keiner hat dann eine Partitur am Tisch liegen haben dürfen. Und dann hat er gesagt: [...] du singst die erste Geige – und ich war das zweite Horn. Bitte, ich habe die ganze Symphonie gelernt, aber nicht die Hornstimme. Sagt er: ›Wie kann man die ganze Symphonie lernen, wenn man die Hornstimme nicht lernt. Du singst das zweite Horn. Aus.‹«[106]

Die politischen Anstöße kamen aus anderen Zusammenhängen: »Es gab einen kleinen Kreis von musikalisch, literarisch, politisch wachen Leuten. Am Rand gehörte dazu der Individualpsychologe Wexberg, aber ich sage nur am Rande, das andere waren alles jüngere Leute. Und da wurden Diskussionen über kunst- und kulturwissenschaftliche Themen geführt; da wurde das, was an den Universitäten verzapft wurde, kritisiert. Und die Erschießung von Schlick war natürlich für uns ein ganz großes Signal, vielleicht für die Intellektuellen stärker noch als die deutsche Orientierung der Regierung Schuschnigg ab '36. Das hat man heute noch nicht begriffen, daß das damals in diesen Kreisen viel schwerer wog. Und in diesem Kreis gab es Veranstaltungen, die sich an die halblegalen Vorfeldorganisationen der Sozialdemokratie wandten. Es wurde also verschiedenes einstudiert; ich erinnere mich noch an eine Gruppe, die aus dem Kreis hervorgegangen ist und die im Bayerischen Hof im 2. Bezirk, Ende April, Szenen aus der ›Mutter‹ von Brecht aufgeführt haben.« Dabei wurde gelegentlich extemporiert, was die anwesende Staatspolizei tätig werden ließ: »Im Text heißt es sinngemäß: ›Und da sage ich euch, da müßt ihr auf die Straße gehen und für eure Rechte demonstrieren.‹ Und der Kerl extemporiert: ›Und dann sage ich Euch, da müßt ihr heute in fünf Tagen am ersten Mai auf die Straße gehen und demonstrieren.‹ Na, mehr hat er nicht gebraucht. Aber wir haben ihn beim hinteren Ausgang hinausgebracht. Vorne hat die Staatspolizei gewartet. Ein berühmtes österreichisches Prinzip. Das ist ein Beispiel für diese Veranstaltungen. Dann gab es interne Veranstaltungen, Vorproben bei Wexberg, wo wir den ›Lindberghflug‹ einstudiert haben mit der Musik von Weill und mit der Musik von Hindemith. Immer mit dem Ziel, das dann auch irgendwo in Veranstaltungen Gleichgesinnter aufzuführen.«[107]

Erstaunlich an dem frühen musiksoziologischen Versuch Blaukopfs ist auch der Umstand, daß die Theorien von Lukács, Adorno und Eisler in der unmittelbaren Nachbarschaft des Wiener Kreises Wirkung zeigen konnten. Blaukopf stand der philosophischen Schule von Moritz Schlick durchaus nahe. Er war auch eng mit Leo Wilzin befreundet, der damals das erste Buch über Musikstatistik publizierte[108]; Adorno hat es in einer unveröffentlicht gebliebenen Rezension als einen »Schulfall« des Neopositivismus scharf kritisiert.[109] Auf der anderen Seite war es freilich ebenfalls Adorno, der etwas beunruhigt wurde durch die radikalisierende Rezeption seiner eigenen Gedanken in Blaukopfs Broschüre; wie er Krenek mitteilte, wurde er von dem »begabten aber verworrenen Buch von H.E. Wind« in dem Wunsch bestärkt, seine »Dinge so vorzulegen, wie ich selber es einigermaßen verantworten kann«.[110] Bei all dem erscheint es merkwürdig, daß Blaukopfs Erstling in jenen Zeitschriften nicht besprochen wurde, an deren Positionen seine Kritik offenbar adressiert war: die *23* und die *Zeitschrift für Sozialforschung*. Diese Auseinandersetzung fand, wie Blaukopf selbst berichtet, an anderen Orten statt: »Sie wußten ja nicht, wer ich bin; das war ja unter Pseudonym erschienen. Willi Reich hat mich einmal angerufen zu Hause, kurz danach – ich kannte ihn auch nicht, ich wußte nur: Willi Reich, das ist wer. Und er fragt mich, ob er mich sprechen kann – und ins Hotel de France auf der Ringstraße, im Kaffeehaus unten, hat er mich hinbestellt. ›Haben Sie des g'schrieben?‹ fragt er mich, und ich sage: ›Ja.‹ ›Was fällt ihnen eigentlich ein! Wie kann man denn ... und überhaupt Schönberg begraben?‹ Im Jahre 1935, das war ein Sakrileg. So war's ja aber nicht gemeint. Und den zweiten Anstand, den ich hatte, war eine Drohung mit einem Urheberrechtsprozeß. Weil ich aus einem unveröffentlichten Manuskript von Hanns Eisler zitiert habe. Hanns Eisler nahm sich einen Anwalt, und dieser Anwalt war der Anwalt von Karl Kraus. Das muß man sich vorstellen. [...] und da saßen wir also, Dr. Samek, Eisler, ich glaube, der Erwin Ratz war auch dabei, mein Anwalt Dr. Ernst Konrad, der lebt jetzt in England. Und mein Anwalt hat etwas sehr Geschicktes gemacht, er hat durch eine Art Kreuzverhör, von dem die nichts gemerkt haben, entdeckt, daß sie schon seit 53 Tagen Kenntnis von dieser Urheberrechtsverletzung haben. Ich glaube, 48 Tage sind das Limit für die Geltendmachung – ab Kenntnisnahme. Und da ist der Eisler in die Knie gegangen, und es kam zu einem denkwürdigen Gespräch zwischen Hanns Eisler, mit dem ich dann nach dem Krieg sehr gut war, auch im selben Schachklub war, und mir. Damals hat er mich ins Nebenzimmer gerufen und folgende entsetzlichen Worte gesagt: ›Wenn wir jetzt in Moskau wären, würde man Sie an die Wand stellen und erschießen.‹ Wörtlich. Ich habe mir das gemerkt. Und er fügte hinzu: ›Aber da ich weiß, daß Sie nichts Böses tun wollten, biete ich Ihnen meine Hand an.‹«[111] Die merkwürdige Reaktion Hanns Eislers auf das »linksradikale« Büchlein, das Blaukopf heute selbst als »saufrech« bezeichnet, dürfte wohl damit zusammenhängen, daß jenes Pseudonym Hans E. Wind auf ihn, Eisler, bezogen werden konnte; als Gegner seines Lehrers Schönbergs zu gelten, das wollte Eisler offenbar mit allen, wirklich allen Mitteln verhindern.

Noch vor 1938 schloß Blaukopf die Konzeption seines zweiten Versuchs zur Musiksoziologie im wesentlichen ab. Dabei treibt er die Fragestellung des ersten weiter und verlängert gewissermaßen die Reichweite der Analyse: Statt der Herrschaft der Harmonik verfällt nun die Herrschaft des 12stufigen Tonsystems, die Grundlage also der modernen Harmonik, seiner Kritik. Schon das Vorwort läßt jedoch eine methodische Umorientierung erkennen: »Die erst Anregung zu dieser Arbeit, die 1933 begonnen wurde, gab die Lektüre von Max Webers klassischem Fragment zur Musiksoziologie. Die Tonalitätstheorie Joseph Yassers bildet nach Ansicht des Verfassers den zweiten Hauptpfeiler, der das Gebäude der allgemeinen Soziologie der Musik zu stützen geeignet ist.« Adorno und Wilzin – zwei unvereinbare Positionen – werden am Rande genannt: Sie hätten die »Notwendigkeit einer Darstellung der allgemeinen Probleme der Musiksoziologie noch gestärkt.«[112] Es geht Blaukopf nun um die »kritische Auflösung jenes Fetischismus, der alle Musik vergangener Epochen nach den Konventionen unserer ›gleichschwebenden 12 stufigen Temperatur‹ beurteilt. Durch diesen Fetischismus wird eine historische Würdigung der Musik anderer Zeiten und anderer Völker verhindert. Aber noch eine weitere, praktisch bedeutendere Folge hat diese Verabsolutierung unseres Tonsystems. Sie verunmöglicht das Verständnis des Transformationsprozesses, in dem sich unsere Musik nun schon seit Dezennien befindet.«[113] Wieder ist die Krise der neuen Musik der Fluchtpunkt der Untersuchung, und wieder ist die Methode historisch: »Tatsache ist jedenfalls, daß die Herrschaft des gegenwärtigen Tonsystems schon seit geraumer Zeit von den Komponisten als Hemmschuh der schöpferischen Entwicklung empfunden wird.«[114] Auch hier kritisiert Blaukopf die mechanische Negation des herrschenden Systems, die er in der Einführung von Viertel-, Sechstel- oder Achteltonsystemen am Werke sieht. Sie begnüge sich »mit dem bloßen Zerbrechen der erstarrten Formen des Systems.«[115] Wieder enthält die musiksoziologische Analyse eine Spitze gegen die bürgerliche Kultur des 19. Jahrhunderts und gegen ihren Fortschrittsbegriff, der noch für die Avantgardekunst des 20. Jahrhunderts und insbesondere die Wiener Schule sinngebend ist – doch die Spitze ist diesmal etwas verborgen: »Wenn das ›gefrorene‹ Tonsystem unserer Tage ›aufgetaut‹ werden soll, dann wird es nötig sein, jenes freie, schöpferische Verhältnis zum Tonmaterial wieder zu gewinnen, das den Musikern des 18. Jahrhunderts noch eigen war. Dieses freie Verhältnis des Komponisten, der in seinem Tonmaterial kein für alle Zeiten fertiges Mittel, sondern ein seinen schöpferischen Zwecken dienstbar zu machendes Medium erblickt, ist erst in den letzten 150 Jahren so sehr abhanden gekommen. Mehr und mehr wurde die zwölftönige Skala aus einem Vehikel des Fortschritts der Modulation zu einer Zwangsjacke der künstlerischen Phantasie. Es bedeutet durchaus keine Verkennung der bedeutenden geschichtlichen Rolle der zwölfstufigen Temperatur, wenn auf ihre retardierende, ja deformierende Rolle für die Musikgeschichte hingewiesen wird. Schon der Sieg der gleichschwebenden zwölfstufigen Temperatur bedeutete einen Verlust an ästhetischen Werten, die der vortemperierten Musik eigen waren, einen Verlust an Feinheiten und Reinheiten, den die Menschheit in Kauf nehmen mußte, wenn sie den einzigartigen Gewinn der harmonischen Musik einheimsen wollte.«[116]

Noch immer ist der Klang die Perspektive von Blaukopfs Kritik, doch sie tritt nicht mehr so deutlich hervor; die in der »Endkrise« noch klar erkennbare Bedeutung des Klanges als Äquivalent des Kommunismus in der Musik ist kaum mehr zu erahnen. Dennoch ist der Blick auf die Zukunft der Musik gerichtet, und die gesellschaftliche Abhängigkeit jeder musikalischen Erneuerung wird nicht geleugnet; der messianische Impuls aber ist stark abgeschwächt: »Sowohl in Amerika wie in Rußland beschränken sich diese Versuche noch auf einen kleinen Kreis von Spezialisten und auf das Laboratorium. Kein Zweifel: zur Verwirklichung dieser theoretisch erfaßten Möglichkeiten bedarf es noch anderer Voraussetzungen ›außermusikalischer‹ Natur. Wie nie zuvor in der Geschichte der Musik ist jeder weitere Fortschritt, jede weitere Eroberung des Klangreiches durch den schöpferischen Menschen von gesellschaftlicher Musikplanung auf internationaler Stufenleiter abhängig.«[117] An der Abschwächung des messianischen Impulses, wie sie in solchen Zitaten ablesbar ist, haben gewiß die Erfahrungen des Exils mitgeschrieben: Blaukopf konnte seinen zweiten Versuch zur Musiksoziologie nicht mehr in Österreich publizieren, er mußte das Manuskript mit in die Emigration nehmen. Es erschien schließlich in einem neuen Österreich im Jahre 1950 im Verlag Willy Verkaufs.

Ernst Krenek und die 23

Der in Wien verbliebene Schönberg-Kreis hielt Karl Kraus weitgehend die Treue. Die *23* war 1932 nach dem Vorbild der *Fackel* konzipiert worden, Berg selbst wirkte an der Konzeption mit. Die Redaktion besorgten der Berg-Schüler Willi Reich, der Rechtsanwalt Rudolf Ploderer (er beging im September 1933 Selbstmord) und Krenek, der seit 1928 wieder in Wien lebte. »Rückhaltlose Bewunderung« für Karl Kraus bekundete man im ersten Heft – und das war ein Programm. Die Zeitschrift, die nach dem Berichtigungsparagraphen des österreichischen Pressegesetzes benannt war, nahm sich »musikalische Kriminalistik« vor, um eine »Reinigung und Entgiftung der künstlerischen Atmosphäre der Stadt«[118] zu erreichen. In dieser Formulierung kommt eine Differenz zur *Fackel* zum Vorschein, die sich erst nach dem Februar 1934 deutlicher ausprägte: Man wollte von der Haltung des großen Satirikers ein positives, praktisch durchführbares kulturpolitisches Programm abziehen – ein Programm, das die musikalische Avantgarde in Wien etablieren sollte. Stärke und Schwäche der *23* hängen mit dieser paradoxen Bindung an Karl Kraus zusammen. Während sich die traditionsreichere, ebenfalls in Wien beheimatete Musikzeitschrift *Anbruch* über verschiedene Zwischenstadien hinweg an den »offiziell vertretenen und geförderten Provinzialismus«[119] anpaßte, blieb die kulturpolitische Haltung der *23* durchaus konsequent. Es war wohl Krenek, der den größten Einfluß auf die Konzeption der Zeitschrift gewann, vielleicht weil er der einzige war, der überhaupt ein »musikpolitisches« Konzept hatte, nachdem die Linke in Österreich zerschlagen war – ein Konzept, das die musikalische Avantgarde – im Sinne des italienischen Faschismus – als Staatskunst des »Ständestaats« durchzusetzen beanspruchte.

Krenek selbst hatte sich erst nach der Erfolgs-Oper *Jonny spielt auf* und nach dem neuromantisch inspirierten *Reisebuch aus den österreichischen Alpen* der Kompositionstechnik der Wiener Schule angenähert. Auch in dieser scheinbar rein musikästhetischen Entwicklung ging von Karl Kraus eine geradezu katalytische Wirkung aus: Krenek lernte, wie Claudia Maurer Zenck schrieb,»das Wesen der neuen Musik als moralisch-intellektuelles Problem sehen, indem er Kraus' beispielhafte, unerbittliche Verfolgung der Sprachgesetze verallgemeinerte und auf sein Gebiet übertrug. [...] Gerade die Identifikation mit dem verehrten Vorbild aber führte dazu, daß Krenek sich der Wiener Schule (vor allem Berg und Webern, deren Kraus-Verehrung schrankenlos war) innerlich näherte; sie förderte seine kompositorische Entwicklung.«[120] Noch 1933 konkurrieren offenbar mehrere politische Interpretationen der musikalischen Avantgarde; charakteristisch dafür die ausführliche positive Besprechung dreier Vorträge im Mai 1933 in der *23*[121]: Krenek hatte im *Werkbund* über »Material und Formfragen der neuen Musik« gesprochen, Schönberg im *Kulturbund* über »Neue und veraltete Musik oder Stil und Gedanke« und Eisler im *Bund der Freunde der Sowjetunion* über die »Krise der bürgerlichen Musik«. Später tritt Kreneks Auffassung entschiedener in den Vordergrund, wonach »die neue Musik eher das Symbol einer neuen religiösen Haltung und theologischen Bindung darstelle, also das Gegenteil von marxistischem Denken«[122]. Diese Bindung an die Ideologie des »Ständestaats«, nach deren Maßgabe Krenek die Neue Musik verstanden wissen will, ist für die Produktivität der Zeitschrift und ihrer Redakteure – im Unterschied zur *Fackel* – von wesentlicher, wenn auch schwer verständlicher Bedeutung.

Krenek ist zu den wenigen Anhängern des Dollfuß-Regimes zu zählen, die einen entschiedenen Kampf gegen den Nationalsozialismus führten. Im Unterschied zu Kraus war es ihm dabei möglich, sich nach links hin zu öffnen, soweit über den gemeinsamen Gegner kein Zweifel bestand. Mit Adorno führte Krenek einen intensiven Gedankenaustausch, Adornos Beiträge – abgedruckt unter dem Pseudonym Hektor Rottweiler – gewinnen überdies von Jahrgang zu Jahrgang mehr Gewicht in der *23*. In der letzten Nummer (September 1937) schreibt auch Siegfried Kracauer einen Beitrag. Er bespricht Kreneks eben erschienenen Band *Über neue Musik* – und es zeugt für die auch in ästhetischen Belangen offene Konzeption der Zeitschrift, daß sich Kracauer kritische Bemerkungen über Kreneks Ansichten, ja überhaupt die Lage der neuen Musik betreffend, zu machen erlaubt: Wo »die neue Musik sich als der Monolog des zu sich gekommenen Individuums enthüllt, bemächtigt sich meiner ein Zweifel, der dem Verhältnis der betreffenden Musik zur Welt gilt. Nicht so, als ob ich soziologische Kategorien zu verabsolutieren und dem autonomen Ich den Eigenwert mit der Begründung abzusprechen gedächte, daß es nichts weniger als ein klassenbedingtes Phantom und seine Wahrhaftigkeit bloß eine Ideologie sei – aber ich frage mich allerdings, wie dieses Ich in der dünnen Luft solcher Unbedingtheit atmen und existieren kann. Da es sich nicht mit der Welt einläßt, sondern sich, völlig undialektisch, aus ihr entfernt, muß es die Inhaltlichkeit verlieren und zum Punkt zusammenschrumpfen. Gewiß ist mit der Konstituierung eines so exklusiven Ichs ein großartiger Maßstab gegeben; nur weiß ich nicht recht, von welchen Substanzen es sich auf die Dauer ernähren soll. Dieses Individuum scheint mir fast darauf angewiesen, sich selbst zu verzehren und in einem grenzenlosen Relativismus zu vergehen – wenn anders es sich nicht zusehends in die Mystik hineindehnt.«[123] Hans Ferdinand Redlich geht vielleicht noch weiter, wenn er sich in einem früheren Jahrgang dem Werk Schönbergs kritisch – wenn auch theoretisch weniger fundiert – nähert. Sein Aufsatz problematisiert die gesellschaftliche Isolation von Schönbergs Kunst und den Glauben des Komponisten »an einen permanenten Kunstfortschritt«, der wesentlich dem 19. Jahrhundert angehöre.[124] In einem anderen Heft wiederum macht Joseph Roth – weder in der Politik noch in der literarischen Praxis sonderlich revolutionär gesinnt – der Musik Kreneks eine förmliche Liebeserklärung: »Ich liebe die Musik Ernst Kreneks, und ich liebe seine Sprache [...]« Und Roth beteuert, »daß die Musik Ernst Kreneks mein Ohr sozusagen geweckt hat. Es ist wach geworden, und es hat gelernt zu differenzieren.«[125]

Die Auseinandersetzungen um die musikalische Avantgarde in der Zeit des Exils gestalten sich offenbar nicht nach jenen Schnittmustern, wie sie die Literaturwissenschaft zur Expressionismusdebatte entworfen hat.

Die *23* präsentierte sich jedenfalls als ein weit ausgefächertes Bündnis gegen Nazi-Deutschland. In dem Streit zwischen Thomas Mann und den treudeutschen und bierernsten Verteidigern Wagners – Strauss, Pfitzner, Knappertsbusch – stellt sie sich entschieden auf die Seite des ironischen Verehrers, der selber in jenen Jahren erst den Weg zum Antifaschismus fand und von Karl Kraus nicht eben sehr geschätzt wurde. Polemiken gegen Furtwängler und Richard Strauss, gegen die Umstrukturierung des Musikbetriebs in Deutschland sind häufig. Aber auch die – von Karl Kraus fanatisch befehdeten – Salzburger Festspiele haben Platz in diesem Bündnis. Im Oktober 1934 schreibt Rudolf Réti einen sehr wohlwollenden Bericht über den vergangenen Festspielsommer – anerkennend, daß Salzburg zum Sinnbild für die Opposition gegen Hitler-Deutschland geworden sei. Er sieht darin eine »vielleicht weltgeschichtlich bedeutsame Aufgabe, österreichische Kunst zu machen, ja, diesen Begriff vielleicht überhaupt erst durch die Tat hier sich entwickeln und klären zu lassen.«[126]

Das Band, womit die Musik in der *23* an den Staat geknüpft war, stellte »nur eine lockere Relation her«, konstatiert Maurer Zenck, »das hatte den Vorteil, daß Krenek es verhältnismäßig leicht zerreißen konnte, als der Staat sich so entwickelte, daß er mit ihm nicht mehr übereinstimmte.«[127] Es bekam den ersten Riß, als im Jahre 1934 die Wiener Uraufführung der Oper *Karl V.* hintertrieben wurde. Krenek hatte das großangelegte Werk für die Wiener Staatsoper und zwar im Auftrag von Clemens Krauss geschrieben, und es war von ihm selber als eine Art Festspiel zur Erneuerung Österreichs gedacht. Das ständestaatliche Festspiel kann aber auch als die erste abendfüllende Oper der Zwölftontechnik gelten, und eben diese Eigenschaft wurde ihm letzlich zum Verhängnis. Es ist heute schwer, die Intrige gegen das Werk zu rekonstruieren. Vermutet wird, daß sie von jenen Kreisen in der Heimwehr und der Vaterländischen Front ausging, die innerhalb des »Ständestaats« der nationalsozialistischen Ideologie am nächsten kamen. Doch auch der Vorstand der Wiener Philharmoniker, Hugo Burghauser, später von den Nationalsozialisten verfolgt und vertrieben, soll seine Finger mit im Spiel gehabt haben[128]; ihm ging es um den Sturz von Clemens Krauss. *Karl V.* wurde schließlich 1938 in Prag unter der Leitung von Karl Rankl uraufgeführt.

Das Abkommen, das Hitler im Juli 1936 mit Schuschnigg schloß, der nach der Ermordung Dollfuß' Bundeskanzler und Staatsführer geworden war, ließ Krenek als politische Stimme verstummen. Spätestens seit diesem Zeitpunkt machte er sich mit dem Gedanken vertraut, ins Ausland zu gehen. Erst 1938 entschied er sich endgültig für die Emigration in die USA. Allzu groß dürften seine Hoffnungen auf den österreichischen Staat zu keinem Zeitpunkt gewesen sein: »Heute ist die Lage jedenfalls so«, schrieb er 1934 – die IGNM (Internationale Gesellschaft für Neue Musik) betreffend[129], »daß die Gesellschaft von einem Gegner bedroht wird, dem sie selbst bereitwillig Vorschub geleistet hat, eine Situation, die übrigens typisch ist für alle Erfolge des Nationalsozialismus.«

Marcel Rubins »Musik der Gegenwart«

Obgleich die *23* versuchte, eine Art geistiges Zentrum für die vom Nationalsozialismus verfolgten Intellektuellen zu bilden, verhinderte sie nicht eine gewisse Segmentierung; vermutlich resultierte dies aus den Konkurrenzverhältnissen musikalischer Öffentlichkeit – und nicht zuletzt aus den ästhetischen Differenzen zwischen den verschiedenen Strömungen der Moderne. Auch die Musiksphäre zerfiel in einzelne Kreise; da gab es etwa die Veranstaltungsreihe *Musik der Gegenwart*, die Paul Amadeus Pisk, Komponist und vormaliger Musikkritiker der *Arbeiter-Zeitung*, gegründet hatte. Als er 1936 in die USA emigrierte, übergab er die Leitung des Unternehmens Marcel Rubin und Friedrich Wildgans. Vor jedem Konzert wurden einleitende Worte gesprochen, die dem Publikum Komponisten und Werk näher bringen sollten. Werke vor allem der französischen Moderne – von Erik Satie und Olivier Messiaen – wurden hier erstmals in Österreich aufgeführt; als Gedenkveranstaltung wurde ein Konzert Alban Berg und seinen Schülern gewidmet. In der *23* indessen sucht man vergebens nach einem Hinweis auf Rubin und Wildgans. Auf der anderen Seite läßt sich aus der programmatischen Erklärung von Rubin ein vitalistisch formulierter Vorbehalt gegenüber der Dominanz der Zweiten Wiener Schule deutlich heraushören: Die Wahl der aufzuführenden Werke soll dem »Grundsatze der Lebendigkeit« folgen. In ihm sehen die Veranstalter eine »Ablehnung der Gleichsetzung des Begriffs ›moderne Musik‹ mit einer einzigen Stilrichtung; denn die moderne Musik ist in Wahrheit reich und vielgestaltig und ist neu nicht vermöge einer besonderen Technik, deren sich auch der Unlebendigste bedienen kann, sondern kraft des in ihr verkörperten Lebens.«[130] Solche Differenzen sind heute schwer zu entziffern – im Rückblick der einstmaligen Exponenten verschwimmen sie meist, zugleich sind sie überdeterminiert; es mag sein, daß darin auch die Idiosynkrasien zwischen der Sozialdemokratie und Karl Kraus nachwirkten. Andererseits könnte man von einer Art nationaler Differenz sprechen: Marcel Rubin kam sehr früh in Berührung mit der französischen Moderne. Ursprünglich hatte er in der ersten Hälfte der zwanziger Jahre bei Franz Schmidt in Wien Kontrapunkt studiert: »Ich habe Schmidt als Kontrapunkt-Lehrer ungeheuer geschätzt. Ich hätte nie und nirgends so gut Kontrapunkt lernen können wie bei ihm in Wien, aber ich wollte nicht seinen Weg als Komponist gehen. Ich habe geschwankt zwischen Berlin und Paris. Und Egon Wellesz, [...] der eine Art väterlicher Freund für mich war, der auch meine Art gekannt hat, hat mir eher zu Paris geraten. Deswegen bin ich nach Paris gegangen.«[131] Dort wurde Darius Milhaud Rubins Lehrer, und Rubin war damals sein einziger Schüler. Während der sechs Jahre, die Rubin in Paris blieb, trat er auch zu der *Gruppe der Six* und zu Cocteau in nähere Beziehung. 1931 kehrte er nach Wien zurück; der Vater, der den Aufenthalt in Paris finanziert hatte, legte ihm nahe, Jus zu studieren, um künftig für den Broterwerb gewappnet zu sein. Nach der Promotion absolvierte er zunächst sein Gerichtsjahr und arbeitete als Konzipient einer großen Rechtsanwaltskanzlei. Daneben aber ging er seinem Hauptberuf nach. Er leitete zusammen mit Wildgans eine Konzertreihe und komponierte. Zwischen 1932 und 1938 entstanden das Tanzstück *Die Stadt wartet*, die *2. Symphonie*, sowie die Liederzyklen *Vier Gedichte nach Rimbaud* und *Gegenwart* (sechs Lieder nach Goethe). *Die Stadt wartet* wurde am 5. März 1933 im Volksbildungshaus Stöbergasse durch die Choreographin Gertrud Kraus realisiert, die auch das Konzept des Stücks entworfen hatte. Der Komponist stand selbst am Pult. Elias Canetti schrieb dazu Texte, die die einzelnen Szenen verknüpften.[132] Die *2. Symphonie* sollte im Frühjahr 1938 unter der Leitung von Hermann Scherchen uraufgeführt werden; Rubin mußte sie stattdessen mit in die Emigration nehmen.

Wodurch sich Rubins Werk in diesen Jahren von der französischen Moderne unterschied, war vor allem das soziale, in vermitteltem Sinn politische Engagement, von dem seine Werke inspiriert waren. Die Weltwirtschaftskrise hat in Marcel Rubins Musik dieser Jahre ihre Spuren hinterlassen: *Die Stadt wartet* ist nach einem Märchenmotiv von Maxim Gorki konzipiert. Kaum läßt sich bei diesem Tanzstück von einer Handlung sprechen; eher ist es ein sozialer Zustand, der hier szenisch erzählt wird. Das epische Subjekt der Erzählung ist ein Knabe. Er nähert sich der Stadt, da er von ihrem Leid weiß und sich berufen fühlt, ihr zu helfen. An der Stadt bauen – wie am Turm zu Babel – viele Menschen, ohne jemals zu einem Ende zu gelangen. »Glück erscheint ihnen nur als fernes, nie zu erreichendes Traumgebilde. Der Knabe hört den ›Schrei nach Glück‹, tritt zu den Menschen und wird einer der ihren. Mit einer Darstellung der gemeinsamen Erwartung einer besseren Zukunft endet das Werk.«[133] Aber auch in der »absoluten« Musik der 2. *Symphonie* haben sich die sozialen Widersprüche der Epoche eingegraben: In der Nachtmusik des zweiten Satzes, die an der Stelle des Scherzos steht, exponiert die Klarinette eine klagende Melodie, die Rubins eigener Vertonung von Kästners *Weihnachtslied, chemisch gereinigt* entnommen ist. »Morgen Kinder wird's nichts geben ...« – so lauten die Worte zu dieser Melodie. Der weitere Verlauf des Satzes konfrontiert diese Kantilene in immer neuen Formen mit einem Marsch: Die beiden Motive gehen ineinander nicht auf, doch sie erklingen zur gleichen Zeit; das letzte Wort aber behält der Marsch, der nach einer Generalpause mit zwei Takten den Schlußpunkt setzt. Rubin hat die Symphonie zwei Jahre vor dem Beginn des Zweiten Weltkriegs abgeschlossen.

Friedrich Wildgans, der Freund Rubins und Mitgestalter der Reihe *Musik der Gegenwart* ist wie Eric Simon ein Beispiel für die Universalität musikalischer Menschen. Auch er studierte Klarinette bei Viktor Polatschek, Joseph Marx unterrichtete ihn in Musiktheorie und Komposition. Er lehrte von 1934 bis 1936 am Salzburger Mozarteum, später wurde er Klarinettist des Staatsopern-Orchesters und Korrepetitor des Burgtheaters. Wie sein Vater, der zu seiner Zeit sehr berühmte Dichter Anton Wildgans, fühlte er sich der katholischen Soziallehre verbunden, was in vielen ›geistlichen‹ Kompositionen einen Niederschlag fand. Denkt man an Friedrich Wildgans späteres Schicksal, dann wird die Nähe zu Viktor Matejkas Standpunkt deutlich: Friedrich Wildgans wurde 1940 nach einer Denunziation verhaftet. Man warf ihm vor, einer Widerstandsgruppe der *Österreichischen Freiheitsbewegung* anzugehören. In der Untersuchungshaft vertonte er den *Wahlspruch* seines Zellengenossen Josef Bacak, der wegen Verbreitung kommunistischer Flugblätter verhaftet worden war, in Form einer kleinen vierstimmigen Fuge: »Was mich nicht unterkriegt, das macht mich stärker.«[134] Wildgans konnte keine Tätigkeit im Widerstand nachgewiesen werden. »Er wurde ›nur‹ wegen ›Nichtanzeige einer hochverräterischen Gruppe‹ zu eineinhalb Jahren

Kerker verurteilt. In Wirklichkeit war Wildgans der Verfasser zahlreicher antinazistischer Flugblätter, die mit dem Pseudonym ›Der Berghofbauer‹ gezeichnet waren.«[135]

Antifaschistische Prominenz in Wien und Salzburg

In Wien und insbesondere in Salzburg hatte die repräsentative Kultur in den wenigen Jahren zwischen 1933 und 1936 einen eminent politischen Charakter angenommen. An der Grenze zu Deutschland gelegen, wurden die Salzburger Festspiele geradezu eine Provokation des »Dritten Reichs«. Viele ausübende Künstler und Musiker, die aus Deutschland vertrieben worden waren, konnten in Österreich weiterhin arbeiten. Die Nationalsozialisten boykottierten die Festspiele, Goebbels untersagte Furtwängler und Strauss – lezterer war immerhin einer der Gründer der Festspiele – die Teilnahme.

Die Stars des österreichischen Musiklebens waren Emigranten aus Deutschland: Bruno Walter wurde zum wichtigsten Reisedirigenten der Wiener Philharmoniker, er leitete nicht weniger als 27 der insgesamt 43 Auslandsauftritte des Orchesters. Der Vorstand der Philharmoniker, ein treuer Diener von Dollfuß und Schuschnigg, sah darin zu Recht eine politische Bedeutung. Er wurde nicht müde, »seinen Kollegen klarzulegen, daß man mit derartigen Aktivitäten vor allem in London und Paris ›einer patriotischen Pflicht‹ nachkomme«.[136] Otto Klemperer wiederum dirigierte zwischen 1933 und 1936 nicht weniger als elf Abonnementkonzerte der Philharmoniker. Die zentrale Rolle sowohl am Pult dieses Orchesters wie auch im Musikleben des ganzen Landes nahm in diesen Jahren Arturo Toscanini ein. Der italienische Maestro verweigerte seit 1933 aus Protest gegen das Naziregime jeden Auftritt in Deutschland und konzentrierte nun seine Tätigkeit auf Österreich. Sein Engagement für das österreichische Musikleben war ein politisches Signal, ebenso wie sein Auftritt beim Eröffnungskonzert des von Bronislaw Huberman gegründeten *Palestine Or-*

chestra im Jahre 1936. In Europa wollte er besonders Salzburg zur ›kulturellen Bastion gegen die Barbarei‹ ausbauen, die sich in Bayreuth und Nazideutschland etabliert hatte und mit der er keinen Kompromiß zu schließen bereit war. Dabei gleicht seine Haltung ein wenig jener von Karl Kraus: »Wie dieser in der Sprache, glaubte Toscanini in der Musik an die Möglichkeit eines rein geistigen Widerstands, auf eine gesellschaftliche Basis vertrauend, die man als das kleinere Übel hinnahm und die doch nur das größere vorbereiten half.«[137] Mehr als Karl Kraus trauerte Toscanini um denjenigen, der das kleinere Übel geschaffen hatte: Er führte am 1. November 1934 in der Wiener Staatsoper Verdis *Messa da requiem* zum Gedenken an die Ermordung Dollfuß' auf. Die Charaktere von Kraus und Toscanini blieben von solcher Anpassung an das kleinere Übel merkwürdigerweise unberührt. Durch ihren Kompromiß mit dem österreichischen Ständestaat verloren sie nichts von ihrer kompromißlosen Haltung gegenüber Nazideutschland. »So konnte Toscanini mit echtem Pathos Furtwängler vor die Entscheidung stellen, entweder in Bayreuth oder in Salzburg zu dirigieren.«[138]

Toscanini mußte bald erleben, daß andere die nötigen Kompromisse schlossen und ein prominenter Abgesandter des »Dritten Reichs« vorausgeschickt wurde: Nach dem Juliabkommen von 1936, im Festspielsommer 1937, durfte Furtwängler wieder in Salzburg dirigieren, und es wurde Beethovens *Neunte* gegeben. *Alle Menschen werden Brüder* wurde gesungen, und *alle* Deutschen – die in Deutschland *und* die in Österreich – waren gemeint; der aber nicht dazu gehört, »der stehle weinend sich aus diesem Bund«.

Die deutschen Sender übertrugen nur dieses eine Konzert vom gesamten Festspielprogramm. »Verquicken wir ruhig Kunst und Politik, wie Toscanini sie verquickte«, schrieb Anton Kuh darüber 1937. »Aber der Deutsche, dieser gutmütige Stellungspflichtige jeder Weltanschauung, die über ihn mit Bajonetten Gewalt bekommt, läßt sich ja in seinen Käfigen immer nur zu gern mit der Musik als der neutralen, überpolitischen Speise füttern, die ihn vergessen macht, daß er Häftling der Politik ist.«[139] Unter diesem Aspekt wußte Kuh die unterschiedlichen Interpretationsweisen Furtwänglers und Toscaninis zu vergleichen, wozu ihm eben die Salzburger Festspiele 1937 die letzte Gelegenheit boten: »Statt eines verzückten Flammenbeschwörers mit Rückfahrtskarte ins Dritte Reich: die fast grimmige Sachlichkeit dieses freien Mannes, für den Musik idealer Militarismus ist: kampfbereite, tönende Exaktheit [...] So klang die Wiedergabe dieser etwas allzu gründlichen, abstrakten Symphonie des Deutschen Brahms wie eine rauschende Polemik mit der Furtwänglerschen Neunten vom Sonntag zuvor. Denn dort hatte in der Person des Dirigenten das entgegengesetzte, heutig-deutsche Element auf dem Podium gestanden: die wallende und wogende, titanisch gestikulierende Nebligkeit.« Für Anton Kuh war es Gewißheit, daß Furtwänglers »mystische, ungenaue Bombasterei mit der Phraseologie des heutigen Deutschlands trefflich übereinstimmt«. Sogleich nach dem endgültigen Kniefall Schuschniggs vor Hitler im Februar 1938 in Berchtesgaden sagte Toscanini für die Festspiele ab, während weniger politisch denkende Musiker wie Bruno Walter noch die Illusion hatten, Österreich könne in irgendeiner Form unabhängig bleiben. Wie immer man darum Anton Kuhs politische Einschätzung des Dirigierstils Furtwänglers betrachten mag, mit seiner Prophezeiung hat er recht behalten: »Jedenfalls werden wir in Salzburg entweder ihn oder Toscanini am Salzburger Opernpult sehen; beide zugleich keinesfalls.«

DER HÖLLE ENTGANGEN
Österreichische Musik im Exil 1938–1945

Mit der Auslöschung Österreichs im Jahre 1938 geht eine Epoche europäischer Musikgeschichte zu Ende. Wien und Salzburg wurden an den Musikbetrieb Nazideutschlands angeschlossen. Die großen Stars der österreichischen Musikkultur der dreißiger Jahre konnten oder wollten in diesem Land nicht mehr auftreten. Zahlreiche Unterhaltungsmusiker und Operettenkomponisten verloren einen Zufluchtsort, nachdem sie aus Deutschland bereits vertrieben worden waren. Vertrieben wurde aber auch die Moderne. Mochten einzelne ihrer Vertreter – wie etwa Webern – auch im Lande geblieben sein, ihre Musik verschwand aus der Öffentlichkeit. Sie hatte schon in den Jahren zuvor eine immer geringere und unter dem Druck Nazideutschlands beengte Rolle gespielt, doch sie war vorhanden gewesen und für Kenner nicht zu überhören: Die Zeitschrift *23*, der Kreis um Krenek und die verschiedenen Konzertreihen neuer Musik, vielfältige theoretische und praktische Auseinandersetzungen um die musikalische Avantgarde wie der musiksoziologische Vorstoß von Kurt Blaukopf; es hatte sogar eine Kleinkunstszene existiert, in der politische und kulturelle Opposition möglich war und wunderbare Zauberstücke wie die von Jura Soyfer und Jimmy Berg entstehen konnten. Niemand kann wissen, was aus all diesen Ansätzen hätte werden können.

Die meisten Musiker aus Österreich gingen nach Amerika, einige nach England; Frankreich bildete fast immer nur eine Durchgangsstation. Musik ist zwar mitunter durch nationale Traditionen bestimmt, im Vergleich zur Literatur aber weniger an sie gebunden, vor allem in ihrer Ausübung und Verbreitung. Der Musikbetrieb ist im Gegensatz zum Theater- und Literaturbetrieb durchwegs international organisiert. Schon vor 1938 unternahmen nicht wenige österreichische Musiker Tourneen nach Amerika. Der Wiener

Dirigent Walter Taussig wurde sogar bei einer solchen Reise von den Ereignissen des Jahres 1938 überrascht – das Exil konnte sozusagen auf Tournee beginnen. Viele hatten schon früher Kontakte mit dem Musikleben außerhalb Europas geknüpft, da nach 1933 das deutsche für sie verschlossen war. So ging etwa Georg Knepler bereits 1934 nach England, weil er sah, daß an eine Kapellmeisterlaufbahn im kleinen Land Österreich nicht zu denken war.

Die Spuren der Wiener Schule:
Schönberg, Eisler, Krenek

Arnold Schönberg hatte sich vor 1933 als deutscher Musiker verstanden, nicht als österreichischer. Zuweilen erreichte sein Deutschnationalismus wagnersche Dimensionen, etwa wenn es um die Vormachtstellung der deutschen Musik ging, die durch die Methode der Komposition mit zwölf Tönen gesichert werden sollte. Doch näher lag Schönbergs deutsches Selbstverständnis gewiß jenem von Robert Musil: Es war einzig durch die jeweilige Kunst definiert, durch deren Traditionen und nicht durch irgendwelche politischen Ambitionen, wie sie Richard Wagner noch gehegt hatte. Auf dem Schriftstellerkongreß von 1935 wehrte sich etwa Musil dagegen, als »österreichischer Dichter« zu gelten. Verbunden mit dieser Abwehr ist ein deutliches Bekenntnis zum A-politischen, wobei Musil origineller Weise Politik mit Hygiene vergleicht: »Auch die Hygiene geht jeden an, und doch habe ich mich niemals über Hygiene öffentlich geäußert, weil ich zum Hygieniker ebenso wenig Talent spüre wie zum Politiker oder Geologen.«[1] Bei Schönberg erscheint eine solche Abwehr des Politischen nachgerade als ontologisches Schicksal der Musik: »Wir, die wir in Musik leben«, schrieb er 1948, »haben in der Politik keinen Platz und müssen sie als etwas Wesensfremdes ansehen. Wir sind a-politisch und können höchstens trachten, stillschweigend im Hintergrund zu bleiben.«[2] Angesichts von Schönbergs durchaus politischem Engagement für das Judentum nach

1933 ist diese Bemerkung (aus dem Jahre 1948) einigermaßen zu relativieren. Dieses Engagement war freilich zugleich ein religiöses – wie bei Schönberg jede politische Äußerung und Tat ein stark religiöses Moment aufwies. Religion und Ethik ließen ihn aus dem Hintergrund immer wieder hervortreten. Dies gilt insbesondere für sein musikalisches Schaffen. Zwei jener drei Kompositionen seines Exils, die man getrost auch heute noch als antifaschistisch bezeichnen kann, leben von der Beziehung zum Judentum, die Schönberg unter dem Eindruck des deutschen Faschismus intensivierte: *Kol Nidre* und *A Survivor from Warsaw*. Das letztere, op. 46 aus dem Jahr 1947, kann wohl als das bedeutsamste Werk des Musik-Exils überhaupt gelten.

»Musik solle sich lieber mit Engeln als mit Offiziersdienern beschäftigen«[3], hatte Schönberg gegen das Sujet von Alban Bergs *Wozzeck* angeblich eingewandt; nun beschäftigte sich seine mit dem Ghetto, mit den Nazi-Schergen und den jüdischen Opfern. Schönberg hat im op. 46 einen Moment des Aufstandes im Warschauer Ghetto komponiert. »Dieser Aufstand Anfang 1943 war ein Fanal: erstmals schlugen Resignation und Verzweiflung der jüdischen Bevölkerung in aktiven, bewaffneten Widerstand gegen die Faschisten um. Bezeichnenderweise hat Schönberg seinem religiös-idealistischen thema probandum zuliebe eine Episode schon nach der brutalen Niederschlagung des Aufstandes ausgewählt, die eben jenen politischen Kern ausspart.«[4]

Als Sprecher, nicht als Sänger, berichtet der Überlebende in *A Survivor from Warsaw*, wie eine Gruppe von Juden zum Appell zusammengetrieben wird, um in die Vernichtungslager abtransportiert zu werden. Er selber wurde bewußtlos geschlagen und für tot gehalten – nur dadurch konnte er überleben. Die Situation mündet in einen Zählappell, die Juden erkennen ihre aussichtslose Lage – mit der Hoffnung auf physisches Überleben verlieren sie zugleich ihre Furcht: »Angst schlägt um in Heroismus.« Dessen Ausdruck ist das jüdische Gebet, das mit einer unerhörten Steigerung gesungen wird. »Erst im gemeinsamen Chorgesang erkennen sich die Juden, vorher als gegeneinander Vereinzelte dargestellt, als wirkliches Kollektiv. Das Zählen als bloß additive, wenn auch schon ordnende Reihung – vom Standpunkt der Faschisten aus organisatorische Vorbereitung zum Massenmord –, wird vom Standpunkt der Juden aus Vorbereitung des Umschlags in ein solidarisches Kollektiv. Zugleich aber werden durch solche Aktivität die Opfer, deren Partei Schönberg ergreift und die vorher bloß passive Objekte von Leiden waren, zu aktiven Subjekten von Widerstand. Musikalisch ist die Geschlossenheit des Kollektivs durch die Unisonoführung ins Extrem gesteigert. Daß der Chor ein reiner Männerchor ist – obwohl der Text auch von Frauen und Kindern spricht – verstärkt diesen Charakter; verweist aber auch auf die zugrundeliegende patriarchalische Religiosität.«[5] Kaum jemals hat eine Komposition solche großen Wirkungen aus der Konfrontation verschiedener Sprachen und Nationen gewonnen: Das Hebräisch des Chors steht gegen das Englisch des Berichts und das zitierte Deutsch der Nazi-Schergen. Und nie klang in einem Musikstück die deutsche Sprache abstoßender als hier.

Die Konfrontation der verschiedenen nationalen Sphären und die im Judentum gewonnene Kollektivität, die Angst zu Widerstand werden läßt, schafft eine für Schönbergs Schaffen ungewöhnlich dramatische Atmosphäre: »Mit seiner fast szenischen Drastik ist das epische Stück wesentlich dramatischer als die ›monodramen‹ der expressionistischen Phase mit ihrer lyrisierenden Auflösung in solipsistische Subjektivität.«[6] Von den L'art-pour-l'art-Konzepten der Jahrhundertwende hat sich Schönberg jedenfalls weiter denn je entfernt: »Kunst ist der Notschrei jener, die an sich das Schicksal der Menschheit erleben. Die nicht mit ihm sich abfinden, sondern sich mit ihm auseinandersetzen. Die nicht stumpf den Motor ›dunkle Mächte‹ bedienen, sondern sich ins laufende Rad stürzen, um die Konstruktion zu begreifen. Die nicht die Augen abwenden, um sich vor Emotionen zu behüten, sondern sie aufreißen, um anzugehen, was angegangen werden muß.«[7]

In anderer Weise charakteristisch ist die Entwicklung des Schönberg-Schülers Hanns Eisler. Er war schon in den zwanziger Jahren nach Berlin gegangen. Seine Bindungen an Österreich waren – ähnlich wie bei Theodor W. Adorno – eigentlich Bindungen an Wien, im Grunde Bindungen an zwei Persönlichkeiten: Arnold Schönberg und Karl Kraus. Als die Volksfront-Politik den nationalen Weg zu propagieren begann, schloß er sich ganz dem deutschen Antifaschismus an. Sein am größten angelegtes Werk aus dem Exil heißt nicht zufällig *Deutsche Symphonie*. Und später, in den fünfziger Jahren, als er sogar erwog, nach Österreich zurückzukehren, verfiel er fast einem großdeutschen Vorbehalt; anläßlich von Ernst Fischers 60. Geburtstag schrieb er: »Man müßte fast bedauern, daß ein Mann mit so genialischen Zügen, mit einem enzyklopädischen Wissen in einem doch kleinen Land wie Österreich arbeitet. Aber das ist falsch. Auch kleine Länder brauchen große Männer.«[8]

Während Schönberg innerhalb des Judentums politischen Halt fand und Eisler im deutschen Kommunismus den politischen und kulturellen Winter Kaliforniens überstehen wollte, gingen Ernst Krenek – dem bekennenden Österreicher unter den Dodekaphonikern – alle politischen Zusammenhänge verloren, in denen er sich einstmals gegen den Nationalsozialismus engagierte. Dodekaphonie und Religion hatten bei ihm ursprünglich mit einem entschiedenen politischen Engagement korrespondiert. Kreneks Hinwendung zu Schönbergs Methode war in den frühen dreißiger Jahren von einem starken ethischen Impuls ausgelöst worden und war mit seiner Rückkehr zur katholischen Kirche aufs engste verbunden; Krenek war sich der Beweggründe sehr bewußt, an Friedrich T. Gubler schrieb er 1934: »Ich bin mit vollster Überzeugung zur katholischen Kirche zurückgekehrt und in diesem Punkt mit mir durchaus zufrieden. Der Missionär, dem diese vollkommene Bekehrung (zu einem freilich kaum je ernsthaft preisgegebenen Glauben) zu verdanken ist, heißt Adolf Hitler.«[9] In dieser religiösen Form erhielt der ethische Impuls eine stark ausgeprägte nationale Komponente; die Liebeserklärung von Joseph Roth an seine Musik ist in diesem Sinn zu verstehen: Krenek und Roth waren sich einig in der Bedeutung der österreichischen Nation für die Ethik des Widerstands gegen den Nationalsozialismus. Am Neujahrstag 1938 schreibt Ernst Krenek auf einer Reise in Kalifornien ein Gebet ins Tagebuch: »Gott segne dieses Jahr. Hilf, lieber Gott, daß alles gut wird! Gib, daß wir lebendig, gesund und zufrieden bleiben! Auch daß meine lieben Eltern lebendig, gesund und zufrieden bleiben, daß wir sie lebendig, gesund und zufrieden wiedersehen! Bewahre mein liebes Vaterland frei und unabhängig, bewahre es vor der Herrschaft der Nat.Soz. und der Deutschen, bewahre es vor Krieg und Bürgerkrieg! Bewahre die Welt vor Krieg, bewahre uns den Frieden! Segne meine Arbeit, Amen.«[10]

Bei Krenek stand die Bindung an die österreichische Nation ursprünglich mit einer bestimmten, gleichsam autoritären Auffassung der dodekaphonischen Methode in Zusammenhang. Es ging ihm »um ein abstraktes Prinzip, das dem untergeordneten Einzelnen seinen Sinn gab. Als Krenek miterlebte, wie die Moral, die sich die Politik zum Herrn gewählt hatte, von dieser ausgehöhlt wurde, anstatt zu einer Feste des Widerstands gegen die verkörperte Unmoral ausgebaut zu werden, gab er den Gedanken der umfassenden, auch künstlerischen Einheit auf; allerdings waren die ethischen Maßstäbe, denen er sich persönlich unterstellte, nicht gefährdet – sie bewährten sich und fanden ihren unmißverständlichen Ausdruck im Gang ins Exil. Damit aber war der schmachvolle Untergang der geheiligten Werte besiegelt [...]«[11] Die geheiligten Werte, deren Untergang Claudia Maurer Zenck konstatierte, sind wohl die der nationalen Identität, denn wie sie selber sagt, blieben die ethischen Maßstäbe für Krenek intakt – nur verloren sie ihren autoritären Bezugsrahmen und damit aber auch jeden anderen politischen. »Nie wieder verknüpfte Krenek Politik und Kunst. Die Unsicherheit der Situation schlug sich nieder: Als Komponist war er sich der Notwendigkeit zur Veränderung bewußt; als Mensch war er von Pessimismus zerrissen, anfällig für den Trost der Vergangenheit; als Theoretiker schwankte er zwischen Neuerung und dem auch restaurativen Blick zurück.«[12]

Liest man die amerikanischen Tagebücher von Krenek, so erscheint die Darstellung von Kreneks Situation im Exil, die Claudia Maurer Zenck gibt, beinahe verharmlosend. Mag sein, daß sie die Bedeutung der österreichischen Katastrophe des Jahres 1938 für Kreneks Bewußtsein etwas unterschätzt. Zunächst reagierte Krenek freilich mit Verdrängung. Am 21. März 1938 notiert er: »Die grotesken schmachvollen Berichte aus Wien lassen mich kalt. Das ist hinter mir, wie ein altes Jahrhundert.« Doch schon im nächsten Satz reflektiert Krenek die Verdrängung: »Weiß ganz gut, daß das nur ein gewaltsamer Verdrängungsprozeß ist, weil ich es sonst nicht aushielte. Ob ich es durchhalten kann, weiß ich nicht.«[13] Wenige Tage später schreibt er: »Die Vorstellung, daß ich die Währinger und Wien nicht mehr sehen soll, offenbar noch nicht voll realisiert, sonst wäre sie unerträglich. Dabei will ich den Ort wahrhaftig nicht mehr sehen; freilich um mich zu schützen, stelle ich mir ihn wahrscheinlich gräulicher entstellt vor, als er ist. Aber es ist doch stark das geistige Bild des Landes, was mein Gefühl bestimmt. Wahrhaftig, ich möchte nicht hin. Aber die Eltern [...] Wenn ich allein hier herumgehe, kommen ganz schnelle, intensive Bilder, wie von Träumen. Orte, Straßenecken dgl. Alles immer gleich verdrängt.«[14] Mit dem Verlust Österreichs findet sich Krenek am Abgrund der Gleichgültigkeit wieder: »Mir fällt fast zu allem, was ich erlebe, ein kritisches Gegenteil ein, das die Tageswerte relativiert und mich außerhalb ihrer loziert. Mir geht nichts mehr nahe. Ich glaube, daß der innere Prozeß, der mit der Vernichtung Österreichs anfing sich hierin vollendet.«[15] Die amerikanischen Tagebücher haben den Blick zurück gerichtet: Krenek denkt darin über seinen Weg nach, immer wieder reflektiert er seine Entwicklung von den Jugendjahren bis zum großen Erfolg von *Jonny spielt auf* und den vielen Mißerfolgen danach. Als größter unter diesen aber erscheint ihm sein Engagement für Österreich: Am 28. Mai 1941 schreibt er: »Meine Haltung gegenüber der Hitlerei hat sich sicherlich nicht geändert, aber etwas hat sich geändert – ich weiß nur nicht genau, was es ist. Ich vermute, daß ich mich mit der Sache Österreichs vollständiger identifiziert hatte, als ich es jemals wieder mit irgendeiner anderen Sache könnte. Vermutlich kann solch eine seelische Anspannung wie die, unter der ich von 1933 bis 1938 lebte, nicht wiederholt oder auf einen anderen Gegenstand übertragen werden. Auch war das Gefühl des Bedrohtseins in Österreich viel stärker als hier, trotz der offiziellen Anstrengungen, die Bedrohungen sichtbar und handgreiflich zu machen. Ich möchte wissen, ob mein geringerer Enthusiasmus für die amerikanische Sache der Tatsache zuzuschreiben ist, daß meine emotionalen Fähigkeiten in dieser Richtung in der österreichischen Erfahrung erschöpft worden sind, oder ob das primitive Gefühl hineinspielt, daß Amerika schließlich nicht im selben Sinne mein Land ist, wie es Österreich war (wenigstens noch nicht), oder ob ich generell skeptischer gegenüber ›Sachen‹ geworden bin, oder ob ich möglicherweise skeptischer gegenüber der Sache der Demokratie bin als ich es gegenüber der Sache des Katholischen Universalreiches war, oder wie immer man die Leitidee Österreichs während seiner letzten Jahre nennen mag.«[16] Schließlich geht Krenek mit seinen nationalen Illusionen hart ins Gericht: »Die österreichische Sache war definitiv von Anfang an eine verlorene Sache, eine völlig phantastische Ideologie, und vielleicht daher anziehender für mich als die Sache der Demokratie, die so eng mit sehr greifbaren materiellen Rücksichten verquickt ist und in manchen Fällen als ein widerwärtiges Gemisch von hochfliegenden Ideologien und ganz trivialen materialistischen Gesichtspunkten erscheint.«[17] Seine Nähe zur austrofaschistischen Ideologie erscheint dem Komponisten rückblickend als ein typischer Intellektuellentraum. Und Krenek geht so weit, in Frage zu stellen, ob Österreich jemals sein Land gewesen sei, ob er überhaupt jemals einer Nationalität zugehört habe; am 30. September 1941 notiert er: »Manchmal überlege ich, ob meine Lage in vielen Fällen vielleicht deshalb so problematisch und konfus ist, weil ich niemals zu einer Nationalität gehört habe. Ich habe an solchen spontanen und eindeutigen Reaktionen, die soviele

Menschen an den Tag legen, nicht teil. Das ist nicht aufs streng politische Gebiet beschränkt. Das Gefühl von Zugehörigkeit zu einer bestimmten Gruppe läßt einen nach gewissen festgelegten Mustern reagieren, und dann paßt man in irgendeinen Kreis hinein.«[18]

So erklärt Krenek selbst seine panische Angst vor der Zukunft: Immer wieder schreibt er über die Todesangst, die er empfindet; und doch berichtet er im nächsten Moment schon wieder von vollkommener Gleichgültigkeit, die sich seiner bemächtigt habe. Am 28. April 1941 heißt es: »Das Merkwürdige ist, daß mich Hitlers Erfolg immer weniger aus der Fassung bringt.« Doch es ist eine Gleichgültigkeit der Verzweiflung: »Wenn dieses Land in den Krieg eintritt, sind wir meines Erachtens nach vollkommen verloren und werden ausgelöscht. Wenn es das nicht tut, ist Großbritannien verloren und wir auch. Ich meine jedoch, daß Großbritannien sowieso verloren ist, und so gibt es nichts als Untergang und Zerstörung.«[19] Der Pessimismus bezieht sich nicht bloß auf die weltgeschichtliche Lage, er reflektiert zugleich Kreneks schwierige Situation in den Musikverhältnissen der USA; sein finanzieller Rückhalt sind Lehraufträge, doch die bleiben unsicher. »Schrecklich, fast unerträglich deprimiert. Ich bin von der Unsicherheit meiner Zukunft so vollständig terrorisiert, daß ich in einem Zustand wirklicher Verzweiflung bin. Ich glaube, dies hat wenig mit dem objektiven Stand meiner Angelegenheiten zu tun, der übrigens wohl ziemlich schlecht ist. Ich merke mit wachsender Besorgnis, wie sehr ich in dieser Welt ein Fremder bin, irgendwie auf Probe, zeitweilig gerade eben toleriert aufgrund irgendwelcher künstlicher Annahmen von Nützlichkeit, wie immer.«[20] Die Einsamkeit als Künstler führte auch zu einer merkwürdigen Überreaktion, als er einen kritischen Artikel über Dodekaphonie las: »Mr. Allen von Stanford University schickte mir einen Artikel, den er für Modern Music verfaßt hatte. Darin unternimmt er es zu beweisen, daß die Zwölftontechnik ein Symbol und eine Parallele des Totalitarismus ist und Hitler nur zu froh, daß wir, indem wir diese Technik lehren, Verwirrung in der demokratischen Welt verbreiten. Wenn das durchgeht, bedeutet es das unwiderrufliche Ende von allem. Ich kann mich ebensogut gleich aufhängen, und das werde ich wahrscheinlich auch tun. Das bedeutet die Freigabe der Menschenjagd auf mich und einige andere Leute – hauptsächlich auf mich, Deportation, Konzentrationslager.«[21] Der Autor Warren D. Allen zog seinen umstrittenen Artikel schließlich zurück.

Kreneks Reaktion erinnert an jene von Arnold Schönberg auf Thomas Manns *Doktor Faustus*, doch im Unterschied zu Schönberg empfand Krenek die Parallele von Dodekaphonie und Faschismus als unmittelbare persönliche Bedrohung. Schon einige Zeit vor dieser Eintragung hatte Krenek begonnen, an einer Novelle zu schreiben (*Die drei Mäntel des Anton K.*), die er wieder liegenließ, weil sie »allzusehr in eine Kafka-Imitation ausarten würde«.[22] Mit dem Gegensatz von Angst und Gleichgültigkeit rang Krenek auch in seinem musikalischen Schaffen: »Ich habe Schwierigkeiten, einen ausdrucksvollen lyrischen Stil zu komponieren (so wie er mir in den Kafka-Liedern zu schreiben gelang). Entweder wird es ganz stark expressionistisch, oder es ist trocken und ausdruckslos.«[23]

In keinem seiner Werke nach dem »Anschluß« – die *Kafka-Lieder op. 82* sind auf seiner ersten Amerika-Reise 1937 entstanden – vermochte er die Angst in Widerstand zu wenden, wie es Schönberg gelang. Claudia Maurer Zenck hat die Komposition der *Lamentatio*, die Krenek Anfang der vierziger Jahre schrieb, als »Weg in die Sprachlosigkeit« interpretiert: »Die Unfähigkeit, Sprache zum Sprechen zu bringen, Sinn noch der sprachlichen Musik abzuringen, bildet die Triebkraft« dieses Werks.[24]

Merkwürdig ist, daß sowohl Schönberg als auch Eisler und Krenek zu bestimmten Zeitpunkten ihres Lebens nach 1945 zumindest daran dachten, nach Wien zurückzukehren. Die Angebote, die ihnen aus Österreich gemacht wurden, waren freilich denkbar unseriös.[25] Wären sie seriöser gewesen – und hätten alle drei Komponisten sich zur Rückkehr entschlossen und als Zeugen der Vergangenheit inmitten der postfaschistischen Gegenwart gelebt –, es wäre in der Öffentlichkeit und im Musikleben der Zweiten Republik gewiß nicht so leicht von der Hand gegangen, die NS-Vergangenheit zu verdrängen, um das »wiederauferstandene« Österreich als Insel der Schuldlosen zu feiern.

»No more is that Vienna« – Jimmy Berg und die amerikanische Kulturindustrie

Mit dem »Anschluß« verlor auch Jimmy Berg sein ganzes künstlerisches Wirkungsfeld, denn das Ende Österreichs bedeutete das Ende der Wiener Kleinkunstszene. Jimmy Berg gelang die Flucht, die Jura Soyfer beinahe gelungen wäre. Beide waren sich gleichermaßen der nahenden Gefahr aus Deutschland bewußt gewesen, doch es waren Zufälle, die den einen retteten und den anderen nicht.

Berg hatte 1935 in Wien Otto Eisenschiml, einen amerikanischen Industriellen österreichischer Herkunft kennengelernt, der bei einem Besuch im *ABC* sein Lied *Vorstadtpark* (Text: Walter Lindenbaum) gehört hatte und davon begeistert war. Er wollte Jimmy Berg ein Affidavit schicken, lange vor dem »Anschluß«. »Als mein Mann dann die Gefahr näher und näher kommen sah, schrieb er an diesen Herrn Eisenschiml, der ihm prompt ein Affidavit schickte«, erinnert sich Gertrude Berg. »Seines war das erste von vielen. Herr Eisenschiml half noch 150 Menschen zur Ausreise.«[26]

Seine letzte Vorstellung im *ABC* spielte Berg am 10. oder 11. März 1938; er verließ Wien Ende Mai 1938 – und er ließ viele seiner Noten zurück. In den USA versuchte er sie später aus dem Gedächtnis zu rekonstruieren. Die erste Station seiner Flucht war die Schweiz, im August 1938 kam er in London an, Ende November konnte er in die USA einwandern. »Er versuchte natürlich in seinem Beruf zu arbeiten. Am Anfang ging es nicht schlecht. Er wurde von dem damaligen Bürgermeister von New York interviewt. Der Bürgermeister ›Jimmy Walker‹ stellte Jimmy im Radio vor: ›Hier spricht Jimmy Walker zu einem Jimmy aus Wien.‹

Daraus, glaube ich, entwickelte sich eine Tournee mit einer Gruppe von Künstlern aus dem *ABC*, die in einigen Städten – Boston, Providence usw. – Vorstellungen gaben.«[27] Die Revue von 1939 hieß *From Vienna* und hatte ihren größten Erfolg im Herzen des amerikanischen Unterhaltungsbetriebs – am Broadway, in *Irving Berlin's Music Box*. Mit ihr wollten vor allem jene Künstler aus der Wiener Kleinkunstszene, die nach New York geflüchtet waren, unmittelbar an ihre Wiener Produktionen anschließen. Viktor Grünbaum kann als Initiator dieses Versuchs gelten, als Direktor und Regisseur fungierte Herbert Berghof; die Gruppe, der unter anderem Elisabeth Neumann, Walter Engel, Lothar Metzl, Illa Roden, Maria Pichler, Kitty Mattern, Paul Lindenberg, John Banner und Fred Lorenz angehörten, nannte sich *Viennese Theatre Group* (oder auch *Refugee Artists Group*), obwohl sie nicht nur aus Künstlern der Wiener Kabarettszene bestand: So wirkte etwa die Tänzerin Lotte Goslar mit, die ein langjähriges Mitglied der *Pfeffermühle* gewesen war.

Das Programm *From Vienna* bestand im wesentlichen aus einem Potpourri erfolgreicher Nummern aus der Wiener Zeit, natürlich in englischer Übersetzung – u.a. Jura Soyfers *Lechner-Edi schaut ins Paradies*. »Das Experiment war gelungen, weil sich auf Initiative von Beatrice Kaufman Broadway-Prominente wie Irving Berlin, Edna Ferber, Sam Harris, Moss Hart, Al Jolson, George S. Kaufman, Gertrude Lawrence und viele andere mit den verjagten Kollegen solidarisierten: Sie sicherten deren Arbeit, indem sie Geld und Ratschläge gaben, Englischlehrer besorgten und ihnen das Music Box Theatre am Broadway zur Verfügung stellten.«[28] Manfred Georg schrieb über das Unternehmen eine sehr einfühlsame, aber nicht unkritische Besprechung im *Aufbau*: »Während die braunen Brandstifter durch die Wiener Straßen tobten und die Donaustadt in wenigen Wochen aus einem (freilich schon etwas lädierten) Paradies in eine Räuberhöhle verwandelten, saßen eine Anzahl Leute, die sich nicht unterkriegen lassen wollten, beisammen und beschlossen, das, was sie bisher gemacht hatten, in New York weiterzuführen. Zwischen ihnen und der Erfüllung ihrer Pläne lagen Grenzen, Visen, überhohe Mauern behördlicher Vorschriften. Aber sie brachen durch. Schließlich war eine große Zahl derer, die in Wien jene Kleinkunst geübt hatten, die selbst die Tage der ständestaatlichen Reaktion überdauert hatten, beisammen in New York. [...] Der Erfolg der Wiener ist ein herzlicher. Der Kritiker der ›New York Times‹ repräsentiert sehr gut die Gefühle seiner amerikanischen Landsleute, wenn er schreibt: ›Man ging heraus, seltsam erwärmt und gerührt, mit einem Kloß in der Kehle.‹ Und wie sollte man auch nicht! Wenn man sieht, welches Talent und wieviel Persönlichkeit hier in diesem kleinen Rahmen schon von den Opfern der europäischen Barbarei repräsentiert wird. Dabei sind die Wiener viel zahmer, als es heute noch ihre Schweizer Kollegen in Zürich und Basel sind, oder bis zur Okkupation die Tschechen waren. Aber die freie, selbstverständliche Menschlichkeit, die aus ihren Kurz-Szenen, Liedern und Satiren atmet [...] die Musikalität der weichen Luft des Donauraums – all das vereint sich zu einer glücklichen und charmanten Mischung.«[29]

Im März 1940 brachte die Truppe, ebenfalls mit Erfolg, ein zweites Programm zur Aufführung – es trug den Titel *Reunion in New York* und bezog amerikanische Themen ein. Danach zerfiel die *Viennese Theatre Group*. Mag sein, daß sie an die ersten beiden Erfolge nicht mehr anknüpfen konnte, weil die Emigranten-Themen bei den Amerikanern an Attraktion einbüßten. Ein Grund für die Auflösung war vielleicht auch, daß Herbert Berghof, der künstlerische Leiter, an Piscators englischsprachiges *Studio Theatre* der *New School for Social Research* ging.

Einen zweiten, vielleicht noch größeren Erfolg hatte Jimmy Berg 1940 mit der Revue *DC Melody* in Washington (Die Abkürzung DC bezog sich auf District of Columbia). Sie wurde vom *Washington Civic Theatre* aufgeführt (im *Wardman Park Theatre*), dessen neuer Direktor niemand geringerer als Erwin Piscator war. Die Aufführung stand unter dem Ehrenschutz von First Lady Mrs. Eleanor Roosevelt. Maria Ley Piscator und Leon Askin betreuten die Inszenierung, Jimmy Berg schrieb die meisten Lieder des Programms, so auch den Titelsong *DC Melody*, der Star der Produktion war Ethel Barrymore-Colt. In allen großen Zeitungen wurde davon berichtet; den größten Erfolg erntete Barrymore-Colt mit einem Lied von Jimmy Berg, betitelt *Ballerina* – den Text hatte Peter Hammerschlag verfaßt.

Die Integration der Wiener Kleinkunst in den amerikanische Unterhaltungsbetrieb kam jedoch bald ins Stocken. Auch der Erfolg von *DC Melody* konnte nicht wiederholt werden. Vielleicht war die Gründung des Jüdisch-Politischen Cabarets *Die Arche* durch Oscar Teller und Erich Juhn im Jahre 1943, also relativ spät, bereits eine Reaktion auf die Schwierigkeiten, in der amerikanischen Unterhaltunsbranche Fuß zu fassen. Doch darüber hinaus war gewiß der Ausbruch des Krieges, die damit weltweit gewordene Bedrohung des Judentums, die von Deutschland ausging, wesentliches Motiv zur Gründung der Bühne.

Im Unterschied zum ersten Versuch der *Viennese Theatre Group*, die Wiener Kleinkunst neu zu etablieren, wurde in der *Arche* meist auf deutsch gespielt. Es scheint, als hätte man die Hoffnung aufgegeben, das große amerikanische Publikum zu erreichen, den Broadway erobern zu können – stattdessen konzentrierte man sich auf das Emigranten-Publikum. Jimmy Berg schrieb Texte und Musik, er war – wie einst im Wiener *ABC* – der musikalische Leiter der Bühne. Neben ihm wirkten als Musiker Franz Mittler, der von 1930 an der ständige Klavierbegleiter von Karl Kraus gewesen war, und Fritz Spielmann; zum Ensemble gehörten weiters Victor Schlesinger, Hugo F. Koenigsgarten, Kitty Mattern, Erna Trebitsch, Vilma Kürer, Arthur Hoff, Ellen Schwanneke – und unter dem Pseudonym Gertrud Hill die Frau von Jimmy Berg: Gertrude Berg, geborene Hammerschlag. Gespielt wurde an verschiedenen Orten: im Clubhaus der *Hakoah*, im *Master Theatre* und im *Pythian Theatre*; aber auch Gastspiele außerhalb von New York (in Boston, Chicago, Baltimore und Philadelphia) wurden gegeben.

Durch Vermittlung von Koenigsgarten kamen hier auch Texte der Londoner Exilbühne des *Laterndl* zur Aufführung. Die Auswahl der Autoren läßt im übrigen erkennen, daß es dem Theater in der Mischung von Politik und Unterhaltung um die Anknüpfung an Wiener Traditionen ging: Anton Kuh, Alfred Neumann, Friedrich Torberg, Walter Mehring, Richard Beer-Hofmann, Fritz Gruenbaum, Fritz Loehner-Beda u.a. Doch deutlich ist daneben die Besinnung auf das Judentum zu erkennen, wie sie insbesondere durch die herangezogenen Texte von Scholem Alejchem und Jizchok Leib Perez zum Ausdruck kommt; nannte sich die Bühne ja auch *Jüdisch-politisches Cabaret* und nicht etwa *Österreichisch-politisches Cabaret*. Nach den Erfahrungen von 1938 galt die jüdische Gemeinschaft hier als die einzig sichere Arche. Treffend beschrieb der *Aufbau* die Konzeption des Theaters anläßlich des Programms *Gesäuertes und Ungesäuertes*: »Ein jüdisches politisches Kabarett hat vielerlei Aufgaben. Es soll unterhaltend, es soll kritisch, es soll erzieherisch und es soll kämpferisch sein. Das neue Programm der ›Arche‹ erfüllt diese Aufgaben. Die ›Arche‹ ist nicht nur kritisch andern gegenüber, sondern auch mitleidlos gegen die Schwächen seines dankbaren Publikums [...] Die Gebrauchsphilosophie innerhalb und außerhalb des Judentums bringt mit Text und Musik Jimmy Berg auf die Formel ›Man stellt sich um‹. Diese Worte, von Oscar Teller richtig betont, klagen leidenschaftlicher an als Ellen Schwanneke in ihrem Vortrag des guten Gedichts ›Die Schuldigen‹ von Victor Schlesinger. [...] Die ›Arche‹ geht einen Weg, der vielleicht schon in Europa hätte gefunden werden müssen. Sie beweist ihren aus der mitteleuropäischen Zivilisation kommenden Zuhörern, daß es eine lebendige jüdische Kunst von hohem Range gibt. Eine Kunst, die man nicht nur aus Snobismus als Kuriosum besichtigen muß. [...] Fritz Spielmann, liebenswürdig wie immer, singt eine neue Schöpfungsgeschichte und von den künftigen Tagen, da er einen Trauermarsch für Hitler komponieren wird. Die Spitzen von Jimmy Berg und Hans Haller werden von Spielmann Dank seinen [sic!] vielen Talenten ins exakt Schwarze getroffen. [...] Im ›Wiener Ringelspiel‹ von H. Koenigsgarten

(Musik wieder von Jimmy Berg), ist die klügste Pointe, daß im Kreise der Eroberer Wiens der Nazi nicht erscheint. Aber der, der ihn verjagt: der amerikanische Soldat. Es treten auf: ein alter Römer, ein Kaffeetürke und ein napoleonischer Franzose [...] Aber der Hakenkreuzler erscheint nicht. Die ›Arche‹ will sich und ihrem Publikum nicht mit einem Nazitier die Freude verderben. [...] Im musikalischen Potpourri ›Der Auszug aus Ägypten‹ [...] zeigen Hoff, Kemp, Teller und Schlesinger durch eine mehr oder minder angenehme Blume mit Zaunpfahlwinken, was die ›Arche‹ will, und warum, und wozu. Sie treffen den Nagel auf den Kopf und schlagen ihn in des Pudels Kern, wenn sie singen, daß sie nicht zum Herrenvolk gehören, aber zum ›Volk des Herrn‹. Gehen Sie in die ›Arche‹. Lassen Sie sich etwas aufrütteln. Und neben dem Lachen vergessen Sie das Nachdenken nicht.«[30]

Gertrude Berg betont rückblickend die moralische Bedeutung der *Arche* für die Künstler-Emigranten aus Österreich – sie half den Vertriebenen im Alltag des Exillandes zu überleben. »Die Vorstellungen fanden nur Freitag-, Samstagabend und Sonntag Nachmittag statt, weil alle Beteiligten Tagesbeschäftigungen hatten, denn wir mußten doch Geld verdienen. Was bei den Vorstellungen hereinkam, reichte nicht aus, aber es gab uns allen eine große Befriedigung, denn die Vorstellungen waren immer gut besucht und erfolgreich.«[31] Die *Arche* bestand drei Jahre lang, von 1943 bis 1945, zuletzt nannte sie sich *Kleine Bühne – The Fine Art Theatre*.

Mit dem Ende des Naziregimes in Deutschland und Österreich schwand auch das wichtigste politische Motiv des Unternehmens. Zudem integrierten sich wohl die Emigranten, die das Publikum der Bühne bildeten, mehr und mehr in das amerikanische Leben, spürten immer weniger Bedarf nach einer deutsch- bzw. österreichisch-jüdischen Bühne und konsumierten auf den gigantisch wachsenden Märkten der amerikanischen Unterhaltungsindustrie. Die Kleinkunstform aus Wien war solcher Konkurrenz nicht gewachsen. Eine letzte Erinnerung an sie war der *Jura Soy-*

fer Abend der *Austro American Youth* und des *Austro-American Council – Die Freiheitsstatue um 5 Schilling* im *Master Theatre* am 30. März 1946, bei dem neben Jimmy Berg Leon Askin, Susi Gross, Elisabeth Neumann, Herbert Berghof und Robert Klein-Lörk mitwirkten. F.C. Weiskopf sprach einführende Worte. Jimmy Berg spielte nicht nur seine eigenen Kompositionen für das *ABC*, auch das Dachaulied in der Vertonung Herbert Zippers wurde aufgeführt. Bei der Wiederholung des Abends am 10. Mai 1946 hielt Berthold Viertel einen einführenden Vortrag.[32] Auch sonst überschneiden sich die Wege von Jimmy Berg und Berthold Viertel auf mancherlei Weise. Eine persönliche Beziehung entstand durch die Schauspielerin Elisabeth Neumann, die einstmals in Wien und nun in New York gemeinsam mit Jimmy Berg wirkte und auch mit Jura Soyfer eng befreundet war; sie wurde im amerikanischen Exil Berthold Viertels Lebensgefährtin. Politisch und kulturell begegneten sich Viertel und Berg nicht nur in den Veranstaltungen der *Austro American Youth* und des *Austro-American Council*, sondern sozusagen auch exterritorial bei den Veranstaltungen der *Tribüne für freie deutsche Literatur und Kunst*. So wirkte Berg etwa beim ersten Kleinkunstabend der *Tribüne* mit Musik und Worten mit; neben ihm traten Oskar Maria Graf, Peter Preses, Fritz Brügel, Liesl Neumann und Kadidja Wedekind auf. Im Unterschied zu Berthold Viertel hatte Jimmy Berg engere Beziehungen zu den österreichischen Sozialdemokraten. Er trat auf bei Veranstaltungen des *Austrian Labour Committee* – etwa bei der »Republik-Feier« im November 1944 unter dem Vorsitz von Julius Deutsch – und des *Austro American Trade Union Committee for Victory*. Für diese Organisation führte er gemeinsam mit Robert Klein Loerk bei einem Programm zur Erinnerung an den 12. Februar 1934 Lieder des *Oesterreichischen ›Underground‹* auf.

Kennzeichnend für Jimmy Berg ist wohl, daß er sich an keine bestimmte politische oder kulturpolitische Gruppe band, vielmehr Kontakte zu verschiedenen, politisch differierenden Organisationen hatte. So trat er bei der *Tribüne* und dem *Austro-American Council* auf, bestritt die musikalischen Programme der *Austrian-American League* und des *Austrian Labor Committee* – aber auch Unterhaltungsabende der Freimaurer-Logen *Humanitas Lodge (Masonic Temple)* und *Freedom Lodge (Free Sons of Israel)* und schrieb *Songs for Children of the United Nations*.

Abgesehen davon, daß Jimmy Berg politisch ungebunden war, ergab sich diese weitgestreute Aktivität natürlich auch aus seiner finanziellen Situation. Denn Jimmy Berg gelang es nicht – wie etwa seinem deutschen Kollegen und Vorbild Kurt Weill –, im amerikanischen Unterhaltungsbetrieb wirklich Fuß zu fassen. Das Leben für ihn und für seine Frau Gertrude, die er in New York kennengelernt hatte, war wie das der meisten anderen Emigranten von finanziellen Nöten geprägt – und von der Angst um die Verwandten: Während es Jimmy Bergs Vater gelungen war, nach England zu flüchten und von dort dem Sohn nach Amerika nachzufolgen, wurden die nächsten Verwandten von Gertrude Berg von den Nazis ermordet oder in den Tod getrieben. »So lebte ich jahrelang zwischen Hoffen und Bangen. Aber ich mußte natürlich versuchen, Geld zu verdienen. Ich konnte kaum Englisch und mußte eben Fabrikarbeit annehmen und sehen, mich über Wasser zu halten. Jimmy hat sich auch sehr geplagt. Aber wir waren jung und gesund und sehr dankbar, hier leben zu können. [...] Wir Emigranten haben uns hauptsächlich am Wochenende getroffen, aber manchmal haben wir auch wochentags abends zusammen gegessen. Oft hat diejenige, die gerade arbeitslos war, für einige von uns gekocht, und wir haben natürlich für unseren Anteil gezahlt. Nach dem Nachtmahl haben wir nicht selten noch Heimarbeit gemacht; z.B. Wachsblumen zu einem Brautkranz geflochten; ich erinnere mich, wir verdienten 45 Cent per Stück. Wir waren meistens guter Dinge und voller Hoffnung für die Zukunft. Natürlich überschattete die Sorge um unsere Lieben und der Krieg unser Leben. Geteiltes Leid ist halbes Leid. Wir formten damals enge Freundschaften, die wir bis heute aufrechterhalten haben.«[33]

Das Publikum für Jimmy Berg blieb im wesentlichen diese relativ kleine Gemeinschaft der Emigranten aus Österreich und Deutschland – vor allem aber aus Wien. Selbst wenn er – wie in späteren Jahren – englische Texte schrieb und vertonte, so waren es doch wienerische Texte und wienerische Noten. »Dann begann Jimmy für Leute, die ebenso wie er aus Österreich oder Deutschland kamen – Vortragskünstler, Kabarettisten, Sänger – Lieder, Chansons oder Potpourris zu schreiben. Für Fritz Spielmann schrieb er nur die Texte, weil er seine eigenen Melodien schreiben wollte. Aber den meisten schrieb er beides, Text und Musik, auf den Leib. Es war anfangs nur auf deutsch, später mit Englisch gemischt, was oft zu sehr komischen Reimen führte. Er schrieb wie am laufenden Band, vielleicht hundert Nummern. Anfang 1950 schrieb er dann Schlagerlieder mit einem amerikanischen Textdichter, hatte aber bei den Verlegern nicht viel Glück. Oft und oft stand er am Rande eines großen Erfolges, der aber immer wieder durch irgendwelche Umstände zu nichts wurde [...] Jimmy hat anscheinend zu wienerisch komponiert. Er wollte seine Musik nicht ›konstruieren‹, wie er mir einmal erklärt hat. Er wollte nach seiner Empfindung komponieren. Das Benehmen der Verleger war oft verletzend, sodaß Jimmy manchmal ganz geschlagen nach Hause kam. Erst ließ man ihn stundenlang warten, als er endlich zum Vorspielen kam, begann der Verleger zu telephonieren und hörte überhaupt nicht zu. In Wien ging das noch ganz anders vor sich.«[34]

Für das *Vienna Café* (50 West 77th Street) kreierte Jimmy sogar ein eigenes wienerisches Genre – *the short operetta*: eine Kombination von Kleinkunst und Operettenmusik, die zwischen nostalgischer Erinnerung und parodistischer Lust eigenartig changierte, wie schon die Titel zeigen mögen: *Johann Strauss goes to New York – A short Musical by Jimmy Berg, Music – Johann Strauss*; *Das weisse Rössl am Central Park* und *Franz Schubert in One-Girl-House*. Darsteller und Publikum waren auch hier zum Großteil Emigranten: Bei den zuletzt genannten zwei Operetten-Parodien wirkten etwa Fritz Spielmann (als Schubert Franzl) und Peter Preses, der Mitautor des *Bockerer*, mit. Der letzte Versuch von Jimmy Berg in diesem Genre dürfte das Remake *The White Horse Rides Again* im November 1947 gewesen sein. Auch diesen Versuchen war kein dauerhafter Erfolg beschieden: »Die Texte waren oft zweisprachig geschrieben, weil viele von unseren Leuten erst Englisch lernen mußten. Später gliederten sich die Einwanderer mehr und mehr in die hiesige Unterhaltungskultur ein, und so verschwand allmählich das Interesse an dieser, aus Wien mitgebrachten Art der Unterhaltung.«[35]

Da die großen Erfolge sich nicht einstellten und da die kleinen für den Lebensunterhalt nicht ausreichten, gab Jimmy Berg schließlich das Leben als freier Komponist und Autor auf. »1944 begann Jimmy für die ›Stimme Amerikas‹ politische Chansons zu schreiben und bekam später eine Stellung als writer, editor und Sprecher. Er hatte jahrelang ein Programm – genannt: ›Der Schallplatten Reporter vom Broadway‹ – das enorm beliebt war. Er erhielt Hunderte Briefe von Zuhörern, die Beifall, Anerkennung und oft Begeisterung zum Ausdruck brachten. Er arbeitete 25 Jahre lang für die ›Voice of America‹.« Gertrude Berg ist überzeugt: »Jimmy Berg hätte es unter ›normalen‹ Umständen gewiß zu einem erfolgreichen Komponisten und Textdichter gebracht. Hier ging es leider nicht, wie wir erhofften. Wir haben eine mögliche Rückkehr nach Wien gründlich besprochen und nach reiflicher Überlegung abgelehnt.«[36]

Dies war das besondere Dilemma des Unterhaltungskünstlers Jimmy Berg: Seine Produktivität bestand im wienerischen Idiom seiner Musik und seiner Texte. Doch gerade die Grundlage dieses Idioms war durch die Herrschaft des Nationalsozialismus vollkommen entwertet worden. Der kulturelle Kreis, in dem sich Jimmy Bergs Kunst enfalten konnte, war nach 1945 nicht mehr vorhanden und konnte auch nicht mehr herbeibeschworen werden. Hier zeigen sich deutliche Unterschiede zu der Einschätzung anderer Emigranten, etwa von Hans Weigel, der ein guter Freund von Jimmy Berg war. Gertrude Berg spricht von einem »furchtbaren Schock«, der ihre und Jimmy Bergs

Einstellung zu Österreich und seiner Kultur für immer verändert habe: »Wir waren stolze Wiener. Ich besonders habe alles, was Wien zu bieten hatte an Kunst und Kulturellem vergöttert. Jimmy hat nach 1938 sein Wienerisch behalten und war daher bei seinen Sendungen sehr beliebt. Für ihn war der Verlust der Muttersprache, in der er dachte, schrieb und komponierte, wie eine Amputation. Sein Humor war wienerisch, irgendwie bodenständig. Natürlich hat er besonders darunter gelitten, daß er dort, wo er künstlerisch zu Hause war, unter den gegebenen Umständen nicht mehr leben konnte.«[37]

Es gibt ein Lied von Jimmy Berg aus dem amerikanischen Exil, er hat den Text dazu gemeinsam mit Betty Haworth geschrieben, in dem er diesen Schock thematisierte: Das im Englischen falsche »No more« erinnert dabei eben an jene Heimat, die nicht mehr existiert.

No More Is That Vienna ...

Shadows now replace
Loveliness and grace.
Cold the dawn is, and grey,
Beneath these sullen skies
Romance is turned to sighs
And all enchantment dies
Away.
Naught but echoes false
Of the laughing waltz
Linger on in my brain.
Ghostly and silent too
The life that once I knew
That gay and sweet and true.

Refrain ...

(Chorus:)

NO MORE IS THAT VIENNA
Which once I called my own,
I wander, far, alone,
I have to forget.

NO MORE IS THAT VIENNA
To which I said good bye
I could not question ›why‹
I have to forget.

The Danube's misty, moonlit shore,
The tender night, and you,
Maybe it was a dream – no more,
And dreams are never true ...

NO MORE IS THAT VIENNA
Which once I called my own
I wander, far, alone,
I have to forget.[38]

Die Unbehaustheit der Musik: Leo Mueller, Eric Simon und Walter Taussig in Nordamerika

Über die Stardirigenten des Exils existieren biographische Studien in großer Zahl und von unterschiedlicher Qualität. Daß Bruno Walter, Otto Klemperer, George Szell und Erich Kleiber in den Jahren zwischen 1933 und 1945 nicht bloß Tourneen außerhalb Deutschlands unternommen haben, dürfte sich inzwischen herumgesprochen haben. Kaum Beachtung fand bisher das Schicksal weniger bekannter Dirigenten, die ebenfalls und mit derselben Gnadenlosigkeit vom NS-Regime verfolgt, vertrieben oder ermordet wurden. Leo Mueller und Walter Taussig sind zwei Dirigenten des Exils, die für viele andere stehen – und deren Lebenswege und künstlerische Persönlichkeiten doch so unverwechselbar sind wie die der großen Stars.

Leo Müller, das »ue« wurde zur Chiffre des Exils, hatte an der Akademie für Musik und Darstellende Kunst in Wien studiert; Hauptfach Klavier (bei Hoffmann) und nicht Dirigieren, die theoretischen Fächer lernte er bei Joseph Marx. Mueller wurde – ehe er einen Abschluß machte – für ein Jahr an die Volksoper engagiert, als Korrepetitor. Danach ging er an die Prager Oper, wo er als Korrepetitor, später Chordirektor und Dirigent eng mit Hans Wilhelm Steinberg und später mit George Szell zusammenarbeitete. Mit beiden blieb Mueller im amerikanischen Exil in enger freundschaftlicher Verbindung. In Prag blieb Mueller für insgesamt neun Jahre und mit einer Unterbrechung: Ende 1934 reiste er in die Sowjetunion – »Mich hat im Jahr '34 der Leiter der Leningrader Philharmonie gefragt, ob ich nicht kommen wollte. Ich bin dann am Tag von Kirows Tod angekommen – am 1. Dezember –, und ich war im nachhinein ganz froh, daß dort nichts geklappt hat, so wie sich dann die Lage entwickelt hat. Es war schon damals eine Zeit der Säuberung [...].«[39]

Bereits einige Jahre vor dem »Anschluß« richtete Mueller seine Zukunftspläne nach politischen Gesichtspunkten aus: Die Meinung, Musiker wären weltfremde Leute, bewahrheitet sich bei ihm genausowenig wie bei Georg Knepler, Jimmy Berg oder Ernst Krenek. Anfang 1937 bekam er zwei Angebote gleichzeitig, eines aus Amerika und eines aus Basel. Letzteres hätte ihn künstlerisch »[...] mehr interessiert. Aber ich dachte mir, diesmal wird's die Schweiz auch erwischen. Wenn sie sich auch im Ersten Weltkrieg raushalten konnte [...] Ich war fast neun Jahre in Prag, aber dann habe ich mir gedacht: Jetzt muß ich weg und woanders eine Stelle bekommen [...] Und das war rein politisch motiviert [...] aus politischen Gründen entschied ich mich gegen Basel. Ich habe mich verrechnet, aber ich glaubte damals wirklich, lang wird's nicht dauern, bevor der ›gute‹ Mann auch in die Schweiz kommt – und was mach' ich dann. Dann bin ich in der Tinte, richtig in der Tinte [...] mir blieb doch vieles erspart. Ich habe in dieser Beziehung wirklich Glück gehabt, daß ich weder in Österreich noch in der Tschechoslowakei erwischt wurde. Das heißt, ich hatte noch die Freiheit. Da ich ein Engagement vorweisen konnte, hatte ich das Visum bekommen.«[40] Im Oktober 1937 emigrierte Leo Mueller nach Amerika.

Politisch zu denken hatte er vor allem von seinem Vater gelernt, einem tschechischen Apotheker. »Mein Vater war ein typischer Intellektueller des 19. Jahrhunderts, und der hat einen sehr gesunden und auch einen sehr guten sozialen Sinn gehabt.«[41] In Amerika hatte Leo Mueller zunächst größeres Glück als andere Emigranten: Er konnte sofort in seinem Beruf arbeiten – mit den Sängern Kerstin Thorborg, Emanuel List und Jussi Björling; und seine weiteren wechselnden Engagements in den USA geben einen guten Eindruck von den Fährnissen und Überraschungen, von den glücklichen und unglücklichen Zufällen, wie es sie offenbar im Musikerleben in besonderem Ausmaß gibt, und die ein Zuhause zu finden fast unmöglich erscheinen lassen; Musiker sind gut geschulte Emigranten: »Ich habe also doch das erste Jahr recht gut überstanden, viel besser als manch andere Emigranten, d.h., ich mußte kein Geschirr abwaschen – das hätte auch passieren können. Noch vor Ausbruch des Krieges gingen manche dieser Leute, mit denen ich arbeitete, wieder nach Europa zurück. Ich hatte plötzlich nichts, keine Arbeit mehr, und wieder durch einen besonderen Zufall eröffnete sich eine Gelegenheit: Jemand, den ich kannte, eine Sängerin, eine Wienerin, fragte mich, ob ich nach San Francisco kommen will. Sie brauchte jemand, der Italienisch kann. Ich fragte mich, wie kann ich reisen? Ich hatte schon in Prag den Führerschein, und ich hatte in New York auch den Führerschein gemacht. So sind wir dann im ›Projekt‹ gereist: Wir haben die Kosten für das Auto geteilt. So bin ich nach Kalifornien gekommen, nach Los Angeles, und mit der Arbeit hat alles geklappt. Erstens habe ich New York damals gehaßt schon wegen des Klimas, und ich war froh, daß ich nach Kalifornien kam. Da gab es ein erträgliches Klima, ein gutes Klima und schöne ›Mäderln‹. Da habe ich gesagt – da bleibe ich, was immer geschieht, ich gehe nicht mehr nach New York zurück. Und es war ganz gut. Ich habe dann wieder auch im Film ein bißchen mitgearbeitet, mit Jessner [...] und hatte sogar einige Male Gelegenheit zu dirigieren.«[42] Die Gelegenheit erhielt Leo Mueller durch Roosevelts New-Deal-Programm: Um der Arbeitslosigkeit einigermaßen Herr zu werden, wurden verschiedene kulturelle Produktionen staatlich unterstützt; Orchestermusiker, die kein Engagement fanden, konnten sich für mehrere Produktionen zusammenschließen. Doch die staatliche Unterstützung ermöglichte keine dauerhafte Zusammenarbeit; so dirigierte Leo Mueller damals drei Vorstellungen *Don Pasquale* und eine *Fledermaus*. »Auch eine Schule war interessiert, das City-College. Dort war ein sehr tüchtiger und begabter Opernmann aus Berlin, der mich haben wollte, aber das ging nicht, weil ich a) noch kein amerikanischer Staatsbürger war und b) kein Diplom vorweisen konnte, daß ich irgend etwas gelernt habe. Also das hat nicht geklappt, aber das Orchester, das sie hatten, hat dann einige Aufführungen auswärts gemacht, und die hab' ich dirigiert; auswärts – das heißt: nicht im Rahmen des College. Dann lernte ich einen Filmkomponisten kennen, Dimitri Tiomkin, er hat für einige gute Filme die Musik gemacht, er war sehr erfolgreich damals, er war Russe und ein guter Pianist, er war ein Busoni-Schüler, der jemand suchte, der beim 2. Rachmaninow-Klavierkonzert als zweites Klavier mit ihm übt. Also ich war das – durch einen reinen Zufall. Ich hatte ihn davor nie gesehen; er wollte zunächst Unterricht im Dirigieren nehmen [...] er war sehr nett, er hat mich unterstützt. Denn er hatte ja noch einen anderen Pianisten zur Verfügung, auch einen Russen, der wirklich ein sehr viel besserer Pianist war als ich; [...] Und dann hat er mich auch mit Film-Timing irgendwie beschäftigt. Er hat mich also für Dinge beschäftigt, für die man eigentlich niemanden gebraucht hat; er hätte auch ohne mich auskommen können. [...] Ich mußte irgendwie leben. Dann war noch etwas: Klemperer, der damals der Direktor des Los Angeles Symphony Orchestra war, hatte seinen Konzertmeister beauftragt – ein sehr bekannter Geiger, den ich kannte, ein Pole – ein Jugendorchster zu gründen. Er ruft mich an und sagt: ›Hören Sie, der Klemperer möcht' eigentlich gern', daß wir ein Jugendorchester bilden, hätten Sie Interesse, das mit mir zu machen?‹ Antwortete ich: ›Sehr gerne.‹ Also wir machen das. Es hat sehr gut angefangen, wir hatten sehr gute junge Leute, und das ging sehr schön. Wir hatten bereits ein Engagement, aber dann kam der Krieg. Und dann war das Orchester einfach nicht mehr zu halten. Die Leute sind eingezogen worden u.s.w. Also das war weg. Dann kam Pearl Harbor, dann war noch mehr weg, weil Amerika direkt in den Krieg eingetreten war. Meine Frau, eine in den USA geborene japanische Sängerin [Tomiko Kanazawa, G.S.], folgte, um dem Internierungslager zu entgehen, einer Einladung einer meiner Freunde nach New York. Da durch den Eintritt der USA in den Krieg meine Arbeitsmöglichkeiten in Los Angeles sehr herabgemindert waren, folgte ich nach einigen Monaten nach. Das war '42.˙ In Los Angeles hatte ich den Erich Wolfgang Korngold kennengelernt. Meine Frau hat etwas von ihm gesungen. Und er hat damals in New York gerade eine *Fledermaus* in Englisch für den Broadway vorbereitet und mich als Bühnenpianist engagiert.«[43] Bei dieser Produktion lernte Mueller Max Reinhardt kennen, und er hatte Gelegenheit, dem berühmten Regisseur bei der Verfeinerung und Veredelung der *Fledermaus*-Inszenierung zu beobachten. Doch für Leo Mueller drehte sich das Karussell der Engagements bald weiter: »Ein früherer Kollege von mir, ein Tscheche, mit dem ich in Prag zusammen hervorragend gearbeitet habe, machte tschechische Sendungen, die nach dem besetzten Gebiet gesendet wurden – da wirkten hauptsächlich Voskovec und Werich mit, die einst ausgezeichnetes Theater in Prag gespielt hatten, ich kannte sie nicht persönlich. Und dieser Freund war dann verhindert und hat mich empfohlen. So habe ich eine Zeitlang diese Sendungen gemacht als musikalischer Leiter und Begleiter [...] Das waren politische Sendungen. Und das war schon auch interessant. Es war auf der Ebene eines politischen Kabaretts.«[44]

Nachdem Leo Mueller diese Sendungen 1942 und 1943 musikalisch betreut hatte, wurde er zum Militär eingezogen. »Und wieder, durch jemand, den ich kannte, bekam ich eine besondere Möglichkeit: Ich habe bei der Vorgängerorganisation des CIA, das *Office of War Information* hieß, deutsch[en, G.S.], französisch[en, G.S.], manchmal auch ein bißchen italienisch[en Funkverkehr, G.S.] abgehört. Bis zum Ende des Krieges. Die Leute, die das gemacht haben, hatten die Möglichkeit, im amerikanischen Staatsdienst weiter zu bleiben, wenn sie eine sehr gute Klassifikation hatten. Ich hatte nicht die allererste Klassifikation, aber ich hatte die zweithöchste und konnte bleiben.«[45] Leo Mueller hat ernsthaft erwogen zu bleiben und den Musikerberuf »an den Nagel zu hängen«: Es war eine feste Anstellung. Doch die Musik läßt sich offenbar nicht so einfach an den Nagel hängen: Er ging schließlich im Herbst 1945 an die *Metropolitan Opera*. »Der Chordirektor war damals ein gewisser Kurt Adler, der war aus Atzgersdorf, sehr guter Musiker, Assistent von Szell in Berlin, und Szell hatte ihn auch nach Prag gebracht; und dieser Kurt Adler fragte mich: ›Wir brauchen einen zweiten Chordirigenten …?‹ Es hat sich gerade gut getroffen. Ich war vier Jahre an der Met und habe auch Korrepetition gemacht. Aber damals hat auch die Karriere meiner Frau angefangen, die viel im Norden Europas gesungen hat, auch in Ungarn ziemlich viel und auch in Wien. Und da wollte ich auch nach Europa zurück. Ich bin von der Met weggegangen, es war also wirklich langweilig geworden …«[46]

Perioden der Langeweile gab es auch im amerikanischen Exil von Walter Taussig kaum. Taussig, ein Mitschüler von Georg Knepler, Erich Simon und Hans Weigel am Akademischen Gymnasium, hatte an der Musikakademie bei Franz Schmidt Harmonielehre, Kontrapunkt und Komposition studiert; in seiner Klasse waren Herbert von Karajan, Kurt Herbert Adler – nicht zu verwechseln mit jenem Kurt

Adler, der Chormeister an der Met war –, Walter Bricht und Ella Kugel, die Tochter des Leiters der Konzertdirektion Georg Kugel. In der Dirigentenklasse waren Dirk Fock und Robert Heger seine Lehrer, Oboe lernte Taussig bei Alexander Wunderer, dem erste Oboisten der Wiener Philharmoniker.

Auch Walter Taussig schlug die Kapellmeisterlaufbahn ein. Das bedeutete zunächst: Engagements an kleinen deutschen Bühnen, später Tourneen nach Italien, Konstantinopel, Kairo – letztere zusammen mit Richard Tauber. Mit einem Opern-Ensemble machte Taussig schließlich eine Tournee durch die USA und Kanada (mit der *International Opera Guild* unter der Leitung von Sol Hurok). »Die Abschiedsvorstellung war in der *Carnegie Hall*. Und als wir herauskamen, lasen wir die Schlagzeile: ›Troops marching into Austria‹. Es war der 11. März 1938. Ich bin im Oktober 1937 weggegangen aus Österreich – auf Tournee. Die Schiffskarten für die Rückfahrt waren schon gelöst. Wir waren hier nur mit einem Visitor-Visum ausgestattet. So hieß es zurückfahren. Nun war die Truppe ganz international zusammengestellt, und von Österreich waren nur ein paar Mitglieder, und die meisten davon waren von der Okkupation Österreichs nicht unmittelbar betroffen, sozusagen ›rassenmäßig‹. Wir mußten also zurück. Auf dem Schiff bekam ich dann ein Telegramm meiner Eltern: ›Besuche die und die Freundin in Paris‹. Das hieß: Geh nicht weiter als Paris. Dann war ich in Paris – und dort habe ich buchstäblich gehungert. Es gab dort diese schönen Bestimmungen: Eine carte d'identité bekommt man nur, wenn man einen Job hat, einen Job bekommt man nur, wenn man die carte d'identité hat. Ich habe mich dann doch mit Stundengeben irgendwie halten können. Ich war ungefähr ein halbes Jahr in Paris. Und dann hat ein Cousin aus Holland uns die Überfahrt nach Kuba ermöglicht, und wir sind dann von dort regulär in die USA eingewandert. In Kuba war es sogar sehr schön. Schon bald konnte ich dort Konzerte dirigieren in Havanna – philharmonische Konzerte [...] In Havanna übrigens war einer meiner Nachfolger bei den Philharmonikern Erich Kleiber. Sie müssen sich vorstellen, in Europa hatte man Jahre auf ein Visum warten müssen nach Amerika. In Kuba waren es nur ein paar Monate. Wir waren sehr glücklich – wir waren zwei oder drei Leute, die das Visum bekamen.«[47]

Auch Walter Taussig entspricht nicht der landläufigen Vorstellung des weltfremden unpolitischen Musikus. Der »Anschluß« kam für ihn nicht überraschend – und ähnlich wie bei Leo Mueller war der jüdische Vater der wichtigste Seismograph: »Mein Vater, er war damals ein Kaufmann, später dann hat er bei der Presse gearbeitet; er mußte als Kaufmann immer wieder in die Provinz fahren und ist jedesmal deprimierter zurückgekommen. Er war deprimiert über das politische Bewußtsein der Leute, was sie dachten, was sie ersehnten. Die Situation war ziemlich klar für uns. Wann genau es passieren würde, das wußte man nicht. Aber es war sicher, daß eine Katastrophe bevorsteht.«[48] Nur in den Fragen der Berufswahl irrte der Vater, wie sich nun nach dem Eintritt der Katastrophe zeigte: »In Wien hatte mir mein Vater gesagt: ›Du mußt irgend etwas Anständiges auch studieren.‹ Und so hatte ich also drei Semester an der Universität Philosophie studiert, ich habe es nicht länger ausgehalten […] Es hat sich aber hier herausgestellt: Die Rechtsanwälte unter den Exilanten konnten gar nichts machen; die Ärzte mußten eine hochnotpeinliche Prüfung in Englisch machen. Ich als Musiker aber konnte Stunden geben!«[49] Die Eltern und die Schwester konnten schließlich nach England emigrieren; nach dem Tod des Vaters gingen Mutter und Tochter in die USA. »Der Vorteil in Amerika ist natürlich, daß man alles sofort anfangen kann ohne Arbeitsbewilligung. Aber es war sehr unsolid. Da gab es einen *Musicans Emergency Found*, die haben für Leute wie uns gesorgt und Engagements vermittelt. Bei Schulkonzerten konnte man also etwa ein paar Dollar verdienen. Alles, was vielversprechend aussah, zerrann. Da war eine Opern-*Company* gegründet worden, es fanden Proben statt, und es kam nicht einmal zur ersten Aufführung. Kein Geld da.«[50] Doch es gab auch solidere Unternehmungen – vor allem was die künstlerischen

Möglichkeiten betraf. So arbeitete Taussig als Assistent von Fritz Busch in New York bei der *New Opera Company*. »Das war eine *Company*, die von sehr reichen Damen unterstützt wurde. Auch Dorati war einer der Dirigenten. Diese Unternehmung hat aber auch nicht sehr lange gedauert.«[51] Die Engagements wechselten bis 1946. 1945 bekam Taussig die amerikanische Staatsbürgerschaft, und ein Jahr später seine erste feste Anstellung an der Oper in Chicago, 1947 an der San Francisco Opera, wo er gemeinsam mit Steinberg und Breisach arbeitete – und 1949 schließlich an der Met, wo er noch heute dirigiert.

Nach Österreich zurückkehren wollte er nicht mehr, obwohl es bei ihm offenbar keine prinzipielle Frage war wie bei anderen Emigranten, etwa bei Jimmy und Gertrude Berg. »Wir haben immer betont, wir verwechseln nicht Hitler mit Goethe. Es gab soviele *refugees*, die niemals mehr ein deutsches Wort gesprochen haben und nicht einmal gedacht haben, noch einmal nach Deutschland oder Österreich zu fahren. Das war bei uns anders. Mein Freund Hans Weigel hätte es sehr gerne gehabt, wenn ich wieder nach Österreich zurückgekehrt wäre. Ich war ja dann 18 Jahre bei den Salzburger Festspielen tätig und habe das auch sehr genossen. Aber noch einmal auszuwandern ... da war ich zu faul oder zu stur, ich weiß es nicht.«[52]

Auch bei Eric Simon war der Vater der klug Vorausblickende: Er hat die Familie noch drei Wochen vor dem »Anschluß« veranlaßt zu emigrieren. »Ich hätte in der zweiten Mahler-Symphonie spielen sollen – aber plötzlich war ich nicht mehr da. Sie hat ohne mich stattgefunden. Wir wollten in die USA und haben sofort nach dem ›Anschluß‹ über Zürich den Antrag gestellt. Wir bekamen die April-Quote für die USA, am 16. Mai 1938 sind wir dann eingewandert. Und so war ich also hier und habe bald einen Job bekommen. Ich bin Assistent von Stiedry geworden.«[53] Fritz Stiedry war der Leiter, Eric Simon der Assistant Conductor des Orchesters der *New Friends of Music*, eines mittelgroßen, neugegründeten Ensembles, in dem einige Emigranten aus Europa mitwirkten, so etwa der Geiger Felix Galimir. Man konzentrierte sich auf Werke für kleinere Besetzungen, und in dieser Art war das Orchester damals einzigartig in den USA. Auf eine andere Neuheit verweist stolz ein Prospekt des Vereins: »Disregarding tradition, gender was not a factor in the choice. The posts of first flute, oboe and French horn were won by women.«[54] Schon beim ersten Konzert der *New Friends of Music* in der Saison 1938/39, am 23.10.1938 in der *Town Hall*, tritt Eric Simon auf; er spielt das »Harpsichord« bei der auf zwei Konzerte aufgeteilten Aufführung der *Brandenburgischen Konzerte* unter der Leitung von Fritz Stiedry. Doch dies war keineswegs sein erster Auftritt als Musiker im Exil. Zuvor nahm er auf der Zwischenstation in Zürich an einem *Abend österreichischer Kultur* mit Ensemblemitgliedern des Zürcher Schauspielhauses teil, der noch am 2. Mai 1938 stattgefunden hatte: Bei dieser »Wohltätigkeitsveranstaltung für die Flüchtlinge aus Österreich« (deren Erträge den Hilfswerken Caritas-Verband Zürich, Jüdische Flüchtlingshilfe, Schweizer Hilfswerk für deutsche Gelehrte, Schweizer Hilfswerk für Emigranten-Kinder, Flüchtlingshilfe der Sozialdemokratischen Partei und Notgemeinschaft deutscher Wissenschaftler im Ausland zugute kam) nahmen neben Eric Simon, der zusammen mit Georg Robert, Klavier, und Frédéric Mottier, Cello, Beethovens *Trio op. 11* spielte, Therese Giehse, Wolfgang Langhoff, Leopold Lindtberg, Wolfgang Heinz, Jo Mihaly u.a. teil. Vorgetragen wurde aus Texten von Beer-Hofmann, Werfel, Hofmannsthal, Schubert, Kainz, Schnitzler, Grillparzer, Nestroy, Raimund, Stifter, Ginzkey, Rosegger und Gottfried Keller. Neben Beethoven erklang Musik von Schubert und Mozart; Jo Mihaly tanzte eine Choreographie mit dem Thema *Pogrom*.

Mit Fritz Stiedry hatte Simon bereits in Wien musiziert, und zwar spielte er 1937 den Klarinettenpart von Arnold Schönbergs *Pierrot Lunaire* in einem Ensemble unter seiner Leitung; organisiert wurde die Aufführung von dem von Simon selbst geleiteten *internationalen konzert-büro*, das 1936, nach Simons Aufenthalt in der Sowjetunion, aus dem *Wiener Konzertorchester* hervorgegangen war. Ein Prospekt des Büros kündigt die Aufführung des Stücks auch für die Saison 1938/39 an. Tatsächlich spielte Simon das Stück dann wieder am 17. November 1940 – in der *Town Hall* in New York. Erika Wagner übernahm in Wien und New York den Sprechpart des Stücks; zwei Stimmen waren prominenter besetzt als in Wien – mit Emigranten aus Wien: Rudolf Kolisch spielte Geige und Bratsche, Eduard Steuermann Klavier. Am prominentesten war freilich der Dirigent: Der Komponist selber leitete die Aufführung. Und die US-amerikanische Presse widmete diesem Ereignis große Aufmerksamkeit. Die *New York Times* (Olin Downes) schrieb: »The appearance of Arnold Schoenberg, when he conducted the performance of his ›Pierrot Lunaire‹ yesterday afternoon at the concert of the new friends of music in Town Hall, was one of the most impressive experiences that a musical audience has had in seasons in this city [...] For Mr. Schoenberg proved an absolute master conductor of his own music. He has no poses, he is unthinkable as virtuoso leader or a poseur of the baton strutting his hour. He is concerned solely with his task, and he is technically able to project his precise intention by means of simple, economical, unmistakeable movements. He impressed his music upon the audience as immediately as he effaced himself from any conspicuousness. The sheer precision and power of his thought governed the interpreting artists.«[55]

Doch wie zuvor in Wien beschränkte sich die Tätigkeit von Eric Simon auch in Amerika nicht auf ein Ensemble oder ein Instrument oder eine Funktion im Musikbetrieb. Erstens spielte er seine Klarinette auch in anderen Ensembles, so etwa im *Chamber Orchestra* der *New School of Social Research* unter der Leitung von Rudolf Kolisch; dabei war Arnold Schönberg keineswegs der einzige Komponist, mit dem er musizierte: Mit Béla Bartók (und Rudolf Kolisch) spielte er am 24. April 1942 *Contrasts for Violin, Clarinet and Piano* im Rahmen einer Veranstaltung der amerikanischen Sektion der *Internationalen Gesellschaft für Neue Musik*. Mit Ernst Krenek am Klavier führte er am 11. März 1941 die *Vier Stücke für Klarinette und Klavier* von Alban Berg auf (im *Vassar College* in Poughkeepsie bei New York, wo Krenek unterrichtete); später, im Oktober 1944 spielte er dasselbe Stück zusammen mit Dmitri Mitropoulos an der *Hamline University* in St. Paul, Minnesota; also weit weg von New York. Initiator war wiederum Krenek, der nun dort lehrte. Die Bergschen Stücke »dauern doch nur 7 1/2 Minuten. Krenek hatte mich extra dafür nach Minnesota geholt, da bin ich 1 1/2 Tage mit der Bahn gefahren. Mitropoulos hat mich am Klavier begleitet. Ich bin noch nie so lange gefahren für so wenig Musik. Ich hab' zu Krenek gesagt: ›Vielleicht finden sie, wenn ich schon komm', noch etwas, was ich spielen kann.‹ Und so spielte ich auch noch die 7 1/2 minütige Honegger-Sonatine.«[56] John K. Sherman schrieb darüber im *Star Journal*: »Eric Simon, new clarinetist, and Dimitri Mitropoulos, pianist, were next in Honegger's sonatina for clarinet and piano – a deligthful excursion into Gallic subtleties and suavities. This produced a skilful union of Simon's fastidious style and Mitropoulos' alert, intense keyboard art.«[57]

Zusammen mit dem jungen Leonard Bernstein trat Simon im Jänner 1943 auf – und zwar bei einem Konzert der *League of Composers* mit einem *Program by Composers in the Armed Forces*. Mit Paul Wittgenstein konzertierte Simon im Juni 1943 bei einem *Evening of Austrian Art and History*, veranstaltet vom *Austrian Institute* in New York. Sie spielten das *Bach-Brahms Chaconne Quintett* von Franz Schmidt (Schmidt hatte es Paul Wittgenstein gewidmet).

Zweitens spielte Eric Simon keineswegs nur sogenannte klassische Musik. Als erster Klarinettist in *Porgy and Bess* ging er ein Jahr lang auf Tournee durch ganz Amerika. Drittens spielte Eric Simon nicht nur Klarinette oder begleitete am Klavier bzw. Cembalo, er dirigierte auch selbst – etwa Mitglieder des *Boston Symphony Orchestra*. Und er war – viertens – auch kompositorisch tätig. Er instrumentierte Werke von Schubert (*Variationen für Klavier*, vierhändig), Schumann *(Carneval)*, Brahms *(Vier ernste Gesänge)*, Mussorgski *(Lieder und Tänze des Todes)*; Dmitri Mitropoulos, Alfred Wallenstein, Vladimir Golschman u.a. brachten Simons Orchester-Fassungen zur Aufführung. Seine Lieder-Orchestrierungen wurden von Marian Anderson, Ezio Pinza, Alexander Kipnis u.a. verwendet. Als Leiter des *Minneapolis Symphony Orchestra* schrieb Dmitri Mitropoulos an Eric Simon über die Orchestrierung von Brahms' *Vier ernsten Gesängen*: »I enjoyed very much play- and reading the orchestration you made of the ›Four Serious Songs‹ because it is extremely well-done and absolutely in the spirit of Brahms. I wish to congratulate you for your so respectful orchestration and I hope I will have the opportunitiy to play some other arrangements soon. Very sincerely yours D.M.«[58]

Vor allem aber war Eric Simon – fünftens – ein Lehrer. Er unterrichtete an der *New School for Social Research*, am *Mannes College of Music* und an den *Dalton Schools*. Sein berühmtester Schüler im Fach Klarinette war zweifellos Benny Goodman: Eric Simon unterrichtete ihn im klassischen Fach.

Im Unterschied zu Jimmy Berg handelt es sich bei Leo Mueller, Walter Taussig und Eric Simon gewissermaßen um Musiker im engsten Sinn des Wortes. Sie dachten durchaus politisch, doch für Aktivitäten in politischen Zusammenhängen finden sich in ihrem Musikerleben kaum Beispiele. Im Unterschied auch zu Jimmy Berg hatten sie keine Schwierigkeiten, im musikalischen Betrieb der USA Fuß zu fassen; sie waren alle weitgehend im »klassischen Fach« tätig, in dessen Praxis es keine grundlegenden Differenzen zwischen amerikanischer und österreichischer Tradition gab. Dies mag auch ein Grund dafür sein, warum weder Taussig noch Simon nach Wien zurückkehrten und Leo Mueller erst sehr spät. Bei Eric Simon zumindest kamen noch andere Gründe hinzu: »Die Nazis in Wien haben sich ärger benommen als die Nazis in Deutschland. Das ist zweifellos richtig. Die Wiener wollen, wie schon Schiller im

›Wallenstein‹ sagt, ihr Spektakel haben. Die Wiener waren wirklich roh – wann immer ein Unfall war, haben sie sich sofort herumgestellt. Die Nazis haben sich natürlich ein paar besondere Sadisten ausgesucht ... Meinem Freund Adolph Baller, dem Pianisten und Begleiter von Yehudi Menuhin, ist zum Beispiel folgendes passiert: Die Nazis haben Säure auf das Trottoir geleert und ihn zum Aufwaschen aufgefordert. Und dann haben sie gefragt, was er von Beruf ist. Hat er gesagt: Pianist. Sie haben ihm die Finger gebrochen. [...] Ich war immer nach Aufführungen im *Café Museum*, und daher haben mich die Kellner gekannt. Im Jahre 1946 war ich wieder da – genauso wie der Oberkellner – aber im Kaffeehaus ändert sich ja nichts. Und ich hab' zufälligerweise sogar dem Sohn des Besitzers des *Café Museum* Saxophonunterricht gegeben. Nun kommt der Kellner wie üblich und hat ein Glas Wasser und Zeitungen gebracht. Und dann schaut er mich so an und sagt: ›Herr Doktor war'n schon lange nicht mehr da.‹ Was soll ich dazu sagen. Mir ist die Spucke weggeblieben, wie man so in Berlin sagt. Hab' ich ihm gesagt: ›Wissen's, da sind ein paar Sachen in der Zwischenzeit passiert.‹ Und dann der Hausmeister, der Holitzky. Wir haben in der Brucknerstraße 6 gewohnt, und der Herr Holitzky war noch da, als ich zurückgekommen bin. Wie ich gehört habe, hat Herr Holitzky unsere Wohnung vollständig ausgeräumt – unsere ganze Einrichtung ist versteigert worden. Nun, der Herr Holitzky sieht mich wieder und sagt: ›Na, mit dem Hitler haben wir uns aber fein ang'schmiert.‹ Das ist doch wirklich surrealistisch – und so waren die Wiener immer irgendwie. ›Mit dem Hitler haben wir uns aber fein ang'schmiert‹ – das müssen sie sich jeden Tag ein paar Mal vorsagen, damit sie wissen, was das eigentlich wirklich bedeutet.«[59]

Die geheilten Hände und das verletzte Gedächtnis
Adolph Ballers

Eric Simons Bericht über das Schicksal seines Freundes Adolph Baller im Jahre 1938 zeigt anschaulich, daß die Erinnerung einzelner (wie sie von der oral history gesammelt wird) in Details oft trügt – und im Ganzen doch die Wahrheit zu treffen vermag, indem sie etwa verschiedene Erlebnisse zu einem einzigen verdichtet. Adolph Baller selbst beschrieb nämlich 1968 den Überfall der Nazis etwas anders (wobei er nicht vergißt hinzuzufügen, er könne sich nicht mehr an alle Details dieser »doch sehr schweren Zeit erinnern«): »Nach dem Anschluß Österreichs an Deutschland im Jahre 1938 bin ich auf meinem Weg nach Hause (ich habe damals bei Herrn und Frau Matzner in der Unteren Weißgerberstraße 48 gewohnt) von einigen SS Männern aufgehalten worden und in ein Auto gesteckt worden. Im Auto bin ich blutig geschlagen worden, hauptsächlich in die Augen. Ich bin in ein Haus gebracht worden, wo der Fußboden mit Blut bedeckt war, von den Leuten, die vor mir gefoltert worden sind. Wenn ich mich richtig erinnere, waren in dem Zimmer mindestens 15 SS Männer.«[60] In einem Interview, das Baller 1992, zwei Jahre vor seinem Tod, Evelyn Fielden vom *Northern California Oral History Project* gab, spricht er von »Stormtroopers«, also SA Männern. Hier auch erwähnt er, was er in seinem Bericht von 1968 vergessen hat, weil es selbstverständlich war: Bevor die Nazis ihn überfielen, fragten sie, ob er Jude sei. »And I said yes, I am.« In seinem Paß entdeckten sie die Berufsbezeichnung »Pianist« – »So they stepped on my hands.«[61] – In dem autobiographischen Bericht von 1968 heißt es: »Ich mußte mich nackt ausziehen und auf den Boden legen. Dann sind sie mit ihren genagelten Stiefeln auf mich getreten; sowohl auf meine Hände als auf meinen Rücken. Sie haben mich mit dem Revolver am Kopf gehaut; ihre brennenden Zigaretten haben sie auf meinem Körper ausgedrückt. Nach alldem kam ich in einen Keller, wo ich die ganze Nacht verbracht habe. Zeitlich in der Früh mußte ich mit meinen offenen

Wunden den SS-Leuten die Stiefel putzen. Nach zwei bis drei Stunden sind andere SS-Leute gekommen und ihr Benehmen ist ganz auffallenderweise freundlicher geworden. Inzwischen hat sich der polnische Gesandte für mich eingesetzt, und das scheint der Grund des freundlicheren Benehmens gewesen zu sein.«[62] Adolph Baller war 1909 in Brody – als Sohn eines Textilkaufmanns – geboren worden, damals gehörte diese Stadt noch zur Habsburgermonarchie, nach dem Ersten Weltkrieg kam sie zu Polen. So hatte er noch 1938 einen polnischen Paß, er rettete ihm vermutlich das Leben.

Seine Mutter schickte ihn nach dem Ersten Weltkrieg nach Wien zum Klavierstudium. Er begann bei Malwine Brée, der ersten Assistentin von Theodor Leschetizky, und setzte später seine Studien bei Angelo Kessissoglu und Hugo Kauder fort; sein Studienkollege und Freund war Josef Mertin, mit dem er später auch an Josef Reitlers Neuem Wiener Konservatorium (dem späteren städtischen Konservatorium) wirkte. »Ich habe auch ein kinderloses Ehepaar in Wien kennengelernt, daß sehr an mir interessiert war und meine pianistische Laufbahn geldlich unterstützt hat. Und ich habe auch seit meinem zwölften Lebensjahr bei ihnen gewohnt. Sie haben in Wien, 3. Bezirk, Untere Weißgerberstraße 48, bis zum Anschluß gewohnt. Herr Matzner ist in Amerika gestorben. Frau Elsa Matzner [...] hat seit ihrer Emigration aus Wien schwere Gemütsdepressionen und ich habe sie bis vor wenigen Jahren teilweise erhalten, da sie durch die Wiedergutmachung aus Wien schöne Beträge bekommen hat.«[63]

Adolph Baller galt in den zwanziger Jahren als sogenanntes Wunderkind. Er gab Konzerte mit den Wiener Symphonikern, auch mit den Wiener Philharmonikern unter Hans Knappertsbusch bei den Salzburger Festspielen. Die *Arbeiter-Zeitung* schrieb am 10. Februar 1926 über einen seiner Solo-Abende: »Der 14jährige Wunderknabe Adolf Baller überragt an technischem Können und an Empfindsamkeit viele ausgereifte Pianisten. Im Vortrag eines Präludiums und einer Fuge von Marx und Klavierstükken von Debussy zeigte er, daß er auch den Aufbau schwieriger Werke zu gliedern vermag; Liszt-Stücke erwiesen seine Virtuosität, die Chaconne von Bach in der Bearbeitung von Busoni seinen Formensinn. Er ist schon jetzt als starke Persönlichkeit zu werten.« 1931 wurde auch Adolph Baller das Wiener Musikleben zu eng; er ging nach Berlin, um sich bei Alexander Borowsky fortzubilden. »Das Leben im allgemeinen und das Musikleben in Berlin hat mir damals auch außerordentlich gut gefallen, und ich hatte die Absicht, meinen Wohnsitz in Berlin aufzuschlagen.«[64] Die Nationalsozialisten machten diesen Vorsatz 1933 zunichte – Adolph Baller ging zurück nach Wien, wo er den Verfolgern nur mehr knapp entgehen konnte. Vermutlich dank der Intervention des polnischen Gesandten, der wiederum von Ballers Freundin Edith Strauss-Neustadt, einer in Wien geborenen Geigerin, auf die Lage des Pianisten aufmerksam gemacht worden war, ließen ihn die Folterer frei. »Kein Spital hat sich getraut, mich aufzunehmen. Doch zum Schluß ist es Herrn und Frau Matzner gelungen, mich in einem Privatspital, Sanatorium Loew [...] unterzubringen. Der Direktor des Sanatorium Loew hat mich nur unter der Bedingung angenommen, wenn ich sagte, daß ich über Stiegen hinuntergefallen wäre. Ich bin eingeliefert worden mit: einigen Löchern am Kopf, einer Nierenquetschung, der verbrannten Haut (durch die Zigaretten), einem verrenkten Bein, einem gebrochenen Finger (rechter Zeigefinger) und mit beiden Händen schwer verletzt, mit unzähligen offenen Wunden von den Nägeln der Stiefel, mit denen die SS-Leute mir auf die Hände getreten sind [...] Ich blieb lange im Sanatorium Loew. Alles ist abgeschwollen, nur meine Hände nicht. Der damals sehr bekannte Arzt und Orthopäde Professor Haas war glücklicherweise fortschrittlich genug und wollte meinen gebrochenen Finger nicht in Gips geben, und hat Handbäder und Massagen verschrieben, die mir eigentlich meinen Finger gerettet haben, und ich konnte fünf Wochen, nachdem ich aus dem Spital draußen war, Klavier üben – aber nur leise.«[65]

So bald als möglich verließ Adolph Baller Wien und ging zunächst nach Budapest; nach einiger Zeit konnte ihm Edith Strauss folgen. Sie heirateten noch in Budapest und emigrierten von dort über Jugoslawien nach Nordamerika. »Ich war hier unbekannt und mußte am Anfang (in New York) Chöre begleiten und alles annehmen, was mir angeboten wurde. Natürlich habe ich Jazzangebote immer abgelehnt.«[66] Als er von einer Radiostation engagiert wurde, einige Konzerte zu spielen, mußte er plötzlich eine weitere Folgewirkung seiner Folterung erkennen: Er mußte die Konzerte »aus Noten spielen«, »da ich in diesem Moment draufgekommen bin, daß mein Gedächtnis durch diese entsetzlichen Erfahrungen gelitten hat, und ich dadurch gezwungen war eine andere Laufbahn in der Musik einzuschlagen. Ich bin der Begleiter des Geigers Yehudi Menuhin geworden, und war es für viele Jahre ...«[67] Yehudi Menuhin selbst schreibt in seiner Autobiographie lange über die 1939 beginnende Freundschaft und Zusammenarbeit mit Adolph Baller: »Usiu, wie wir ihn liebevoll nannten, war gebürtiger polnischer Jude, ein echtes Produkt der Wiener Musikkultur, einer der besten Musiker, die ich je traf.«[68] Die Beziehung zu Menuhin war künstlerisch und persönlich sehr eng. Die Ballers – 1945 kam die Tochter Nina zur Welt – wohnten in einem auf Menuhins Grundstück in Alma gebauten Cottage; Menuhin schreibt, er habe in dieser Zeit mit Baller »ganze Bibliotheken moderner Musik« durchgespielt.[69] Zusammen lernten Menuhin und Baller im November 1943 in New York auch Béla Bartók persönlich kennen, kurz bevor sie dessen erste Sonate für Violine und Klavier in der Carnegie Hall aufführten; Bartók soll nach der privaten Voraufführung der Sonate gesagt haben: »Ich dachte, so könne man einen Komponisten erst spielen, wenn er längst tot ist.«[70] Gemeinsam leisteten Baller und Menuhin auch Truppenbetreuung: Sie traten vor verwundeten amerikanischen Soldaten in verschiedenen Lazaretten von den Aleuten bis Honolulu auf. Als der Krieg vorbei war und man wieder, wie Menuhin schreibt, »nach Europa reisen und sich dort frei bewegen konnte, bat ich Usiu, mich dorthin zu begleiten, aber er fand immer eine Ausrede. Nach Südamerika kam er mit, auf die Inseln im Pazifik, auf die Aleuten und später mit seinem Trio nach Australien. Wir hatten es in unserem Haus aus der Taufe gehoben und daher Alma-Trio genannt. Zu ihm gehörten Gabor Rejto, der Cellist, und Roman Totenberg, der Geiger. Nur die alte Welt konnte Usiu nicht mehr locken.«[71] Adolph Baller hat seine gesamte Familie im Holocaust der Alten Welt verloren.

Menuhin hat – was er in seiner Autobiographie nicht erwähnt – immer wieder versucht, Adolph Baller »Mut zuzusprechen, wieder auswendig zu spielen. Einmal habe ich es mit dem San Francisco Symphony Orchestra unter der Leitung von Pierre Monteux versucht und bestätigt gefunden, daß ich nicht mehr auswendig spielen kann. Dadurch mußte ich das Solistentum gänzlich aufgeben und bin Kammermusiker und Begleiter geworden.«[72] Neben seiner kammermusikalischen Arbeit mit dem Alma-Trio, dem er von der Gründung im Jahre 1943 an bis 1970 angehörte – und mit dessen Mitgliedern er noch später im privaten Rahmen musizierte, wirkte Baller, der auch einige Kompositionen hinterlassen hat, vor allem als Lehrer an der Stanford University, deren Fakultät er 31 Jahre angehörte – im Jahre 1950 war er mit seiner Familie nach Palo Alto übersiedelt –, sowie auch am San Francisco Conservatory of Music und am Dominican College von San Rafael.

Yehudi Menuhin schrieb über Adolph Baller kurz nach dessen Tod: »His touch on the piano was as sensitive, as expressive and loving as he was himself in real life.«[73]

Zwischen Arbeiterchor, Laterndl und Opera Group:
Georg Knepler in London

»Es war einer der ganz großen Eindrücke meines Lebens«, so beginnt Georg Knepler seine Erinnerungen an die Emigration in London, »[...] das Erlebnis dieser Stadt. Wobei ich nicht das Westend meine, ich meine da schon die unge-

heuren Arbeiterbezirke, im Eastend etwa. Ich bin tagelang
– ich habe das ganz bewußt gemacht, ich hatte also ein bißchen Geld, die Eltern haben mich ein bißchen unterstützt –
und ich bin tagelang zu Fuß durch London gegangen, um
das kennenzulernen, habe dort gegessen, bin dort ins Kino
gegangen und habe so versucht, mit den Leuten ins Gespräch zu kommen. Ich konnte kaum Englisch, aber das Erlebnis der Stadt, das erfährt man am besten, wenn man zu
Fuß durch die Straßen geht. [...] Damals war der Marxismus neu für mich, und ich habe sozusagen auch gleichzeitig
die Ursprünge des marxistischen Denkens, das ist ja auch
dort entstanden, erlebt und die Zustände, die Marx beschreibt, sind ja in weiten Teilen Londons – ich würde sagen: selbst heute noch – zu entdecken.«[74]

Georg Knepler war früher als die meisten österreichischen Emigranten nach England gekommen – vier Jahre vor
dem »Anschluß« traf er in London fast nur Emigranten aus
Deutschland; so etwa den deutschen Komponisten Ernst
Hermann Meyer oder Ernst Schoen, den engen Freund
Walter Benjamins und früheren Leiter der Musikabteilung
des Frankfurter Rundfunks. Mit Schoen zusammen gründete Knepler 1935 die *Opera Group* – und deren musikalische
Leitung war sicherlich seine wichtigste Arbeit im englischen
Exil, ehe 1938 die Emigrationswelle aus Österreich einsetzte. Schoen war, so berichtet Knepler, »ein paar Jahre älter
als ich, aber wir haben uns angefreundet und haben gemeinsam eine Operngruppe gegründet. Wir haben also inseriert,
haben englische Sänger gesucht und haben mit denen zusammen Opernkonzerte gegeben – klavierbegleitet. Ich habe am Klavier begleitet, und wir haben Exzerpte aus Opern,
die man weniger kannte, auch moderne Sachen, gespielt:
Janáček und Strawinsky und Alban Berg und Milhaud – solche Dinge.«[75] Die Kammeroper der beiden Emigranten
Knepler und Schoen konzentrierte sich also auf solche im
englischen Opernbetrieb eher unbekannte Werke; sie
brachte sie meist nicht vollständig, sondern auszugsweise,
sozusagen zum Kennenlernen und mit Kommentaren heraus. Sie hat damit das englische Kulturleben entschieden be-

reichert, und der Einfluß ihrer in den Medien überaus gelobten Veranstaltungen auf die Programmgestaltungen der größeren Häuser und des Rundfunks ist nicht zu unterschätzen. Zu den unbekannten Werken zählten vor allem auch Werke des sogenannten musikalischen Barock, die damals kaum gepflegt wurden, wie etwa Henry Purcells *Dido and Aeneas*, Charles Dibdins *The Ephesian Matron* und John Blows *Venus and Adonis*. Andererseits wurden Werke des 19. Jahrhunderts aufgeführt, die damals ebenfalls etwas abseits des bekannten Repertoires lagen, darunter auch Schuberts *Fierrabras*, Donizettis *Don Pasquale*, Johann Schenks *Der Dorfbarbier*, Webers *Drei Pintos* in der Fassung von Gustav Mahler sowie Cornelius' *Der Barbier von Bagdad*. Mit diesen Programmen, die meist unter einem bestimmten Themenschwerpunkt standen, nahm man in vielen Fällen die Opernentdeckungen späterer Jahrzehnte vorweg. »Wir hatten den Wunsch, gute Oper zu machen, einschließlich der Moderne, das ging also bis Alban Berg, wir haben *Renard* von Strawinsky, *Le pauvre matelot* von Milhaud aufgeführt [...] Wir sind einmal sogar auf die Bühne gekommen – aber das war eine Ausnahme – mit einer englischen Operette von Charles Dibdin, den man nicht so genau kannte – und Purcells *Dido* haben wir auch auf der Bühne gemacht. Mit Orchester.« Der Erfolg der Gruppe zeigt sich auch darin, daß sie bald Gelegenheit bekam, ihre Programme für den Rundfunk und sogar für das im Entstehen begriffene Fernsehen aufzuführen. Hatte sonst immer Georg Knepler die Opern am Klavier begleitet, so bekam er nun das *BBC-Orchestra* zu dirigieren, »was eine große Plage war, denn ich hatte ja keinerlei Routine. Dirigieren besteht zu 90 Prozent aus Routine, und die hatte ich nicht. Aber ich kannte die Stücke genau. Ich habe also Mozart aufgeführt, wir haben diese zwei Ensembles aus *Villanella rapita* aufgeführt, die Mozart ein Jahr vor dem *Figaro* komponiert hat, herrliche Dinge, die hat kein Mensch gekannt. Die haben wir bei der BBC aufgeführt.«[76] Über eine Rundfunkaufführung von Otto Nicolais *Lustige Weiber von Windsor* schrieb Garry Allighan im Evening Standard: »The B.B.C. have solved the opera problem, which has caused them worry and expense for several years. The broadcast of ›The Merry Wives of Windsor‹ by the Opera Group last night indicates the lines on which studio opera is possible. [...] The opera was reduced to microphonic proportions in scenes and running time. The result was a self-contained and concise sound-drama. This is, I am convinced, the form for studio-opera. An hour is the ideal length for this type of entertainment and with a good cast, full chorus under Leslie Woodgate and the B.B.C. orchestra conducted by Georg Knepler, the joint-founder with Ernst Schoen of the Opera Group, the perfect musical broadcast was achieved.«[77]

Das zweite Schwergewicht der *Opera Group* lag – wie angedeutet – auf der musikalischen Moderne; hier wurden z.B. Janáčeks: *Aus einem Totenhaus*, Alois Hábas *Die neue Erde*, Alban Bergs *Lulu*, Darius Milhauds *Maximilien*, Igor Strawinskys *Mavra* und Kurt Weills *Mahagonny* aufgeführt. Die Zusammenstellung der Werke läßt erkennen, daß Knepler und Schoen keinerlei Verengung der musikalischen Moderne auf eine bestimmte Richtung anstrebten. Immerhin hatten zu dieser Zeit bereits in der kommunistischen Linken die Diskussionen um den sozialistischen Realismus, die Verketzerung des Expressionismus eingesetzt – und Georg Knepler war Kommunist. Doch für ihn und die anderen kommunistischen Emigranten im englischen Exil gab es offenbar die falschen Fronten dieser Auseinandersetzung zwischen Realismus und Avantgarde (noch) nicht. Das heißt nun aber nicht, daß es keine intensiven Diskussionen über die Fragen der Moderne gegeben hätte. Eine Impression davon vermittelt eine Episode aus der Zusammenarbeit von Georg Knepler und Ernst Schoen: Für das Fernsehen führte die *Opera Group* 1937 Thornton Wilders *The Happy Journey To Trenton and Cambden* auf – und hierfür komponierte Knepler die Musik, der bei der Hörspielfassung eine besondere Aufgabe zukam. Im *Radio Times Television Supplement* vom 18. Juni hieß es dazu: »This is probably the first production of this play in England. Most of the action takes place in a car travelling between Newark and Cambden, but the presentation will be in no way naturalistic; the journey will be suggested entirely by the acting of the cast, and by special music that has been written for a small jazz combination by Dr. Georg Knepler.« In einer dieser Szenen, so berichtet Knepler, »kam ein Gespenst vor – und für diese Szene habe ich also ein kurzes Stück in der Zwölftontechnik geschrieben. Und Ernst Schoen hat mich da gleich zur Rede gestellt: ›Aha‹, sagte er, ›Sie verwenden die Zwölftonmusik also nur für Gespensterauftritte, für das Schreckliche!‹ Und nachdenklich sagte er einmal in anderm Zusammenhang: ›Gewiß, die ganze Schönbergschule lebt ja auf einem Friedhof.‹«[78]

Die Äußerungen Georg Kneplers über Ernst Schoen zeichnen überhaupt ein bei aller zeitlichen Ferne sehr nahes Portrait: »Er war ein sehr lieber Mann. Was ich damals nicht wußte, ist, daß er mit Walter Benjamin eng befreundet war, er hat den Namen gar nicht genannt. Ich hatte damals den Eindruck, daß er den E.H. Meyer und mich mit etwas väterlich-freundschaftlicher Distanz behandelt hat, und ich habe später kapiert, daß das theoretische Klima, aus dem er kam, nämlich die Gespräche mit Walter Benjamin, auf einem ganz anderen Niveau gewesen sein mußten, als alles, was *wir* zu bieten hatten. Das ist natürlich eine spätere Erkenntnis, als ich versuchte, unser Verhältnis und so gewisse Äußerungen, die er gemacht hatte, zu verstehen. Er fand uns offensichtlich – er hat das nicht so ausgesprochen, aber nachträglich erscheint es mir so –, er fand uns naiv, jugendlich bewegt von irgendwelchen politischen Ideen, die er nicht abgelehnt hat. Er hat sich ja selbst als Kommunist bezeichnet. Aber das, was wir zu bieten hatten an Vorstellungen und theoretischen Erkenntnissen, das schien ihm – verständlicherweise, wenn er aus der Diskussion mit Walter Benjamin kam – unzulänglich. Er selbst hatte so einen sarkastisch-überlegenen Ton an sich, der viele Leute abgestoßen hatte – zumal er selbst schwere Sprechhemmungen hatte, er hat sie versucht zu überspielen; er war ein sehr komplizierter, man kann nicht sagen schwieriger Mann, er war ein schwieriger Charakter, aber er hat seine Schwierigkeiten nicht auf seine Beziehungen zu Menschen übertragen, im Gegenteil: Er hat sich sehr zivilisiert, sehr freundschaftlich verhalten. Wir lebten ja damals alle am Rand der Armut, und wenn beispielsweise jemand krank war, so ging Ernst Schoen für ihn einkaufen, er hat uns geholfen, wo er konnte, obwohl er selbst auch nicht in viel besserer Lage war als wir. Um die Geschichte mit Schoen, was hierzu ganz interessant ist, zu Ende zu erzählen, nach '45 wollte er unbedingt in die DDR kommen, also in die sowjetisch besetzte Zone und konnte es nicht verstehen und war auch sehr gekränkt, als das nicht ging. Man wollte ihn nicht hereinlassen, man kannte ihn nicht. Das war natürlich eines von den sektiererischen Dingen, an denen die DDR so reich war, schon damals. Er kriegte also nicht die Erlaubnis, hierher zu übersiedeln. Er hat in Westberlin gelebt, hat dort irgendeine Brotarbeit gehabt und hat – ich bin nicht mehr ganz sicher, in welcher Form – aber er hat hier – in der DDR – mit Verlagen zusammengearbeitet. Er wollte unbedingt mitarbeiten, und ich habe, glaube ich, immer noch ein oder zwei Briefe von ihm, in denen er sich bitter darüber beklagt, warum er nicht akzeptiert wird. Er sei zwar nicht in der Partei, aber er sei doch mit uns. Ich habe mich auch dafür eingesetzt, und es gelang nicht.«[79]

Die *Opera Group* war übrigens nicht die einzige gemeinsame Aktivität von Knepler und Schoen: »Einmal haben wir versucht, als Broterwerb, Schlager zu komponieren. Er hat die Texte und ich die Musik geliefert. Aber das ging natürlich nicht. Wir waren damit auch irgendeinmal bei einem Verleger und haben unsere Produkte vorgeführt – aber das führte zu nichts [...] es ist nicht angekommen. Es ist nichts daraus geworden. Wir haben das auch mit innerer Reserve gemacht.«[80] Der Text des gemeinsamen Produkts, das sich nicht verkaufen ließ, lautet: »Every morning, when I clean my teeth, / I'm feeling some emotion underneath / It's not in the weather, / it's all together, / it's my ever ever changing mood, / sometimes very bad / and sometimes good.« Georg Knepler kann allerdings noch heute die Musik dazu singen.

Als 1938 die große Flüchtlingswelle einsetzte, änderte sich Georg Kneplers Situation in London. Aufführungen der *Opera Group* lassen sich noch bis zum Frühjahr 1939 nachweisen; Knepler wurde Vorstandsmitglied des im selben Jahr gegründeten *Austrian Centre* und war jahrelang verantwortlich für dessen kulturelle Veranstaltungen. »Und das war eine Riesenaufgabe, denn darunter fiel also alles, was nicht mit der Küche und dem Kaffeehaus zu tun hatte, dem Einkauf und den finanziellen Dingen. Das heißt, wir hatten das Theaterchen, das *Laterndl*, wir hatten regelmäßige Konzerte und wir hatten politische Vorträge, ganze Serien oder zu bestimmten Anlässen. Wir veranstalteten Ausstellungen – und wir machten auch Sachen außer Haus: Wir haben versucht, in englischen Organisationen Fuß zu fassen, und das ist uns auch gelungen. Also das war eine das Leben vollkommen ausfüllende Tätigkeit – besonders als ich dann, noch etwas später, der Hausmusiker des *Laterndl* wurde, das war ich nicht von allem Anfang an.«[81]

1944 schrieb Georg Knepler in seiner Eigenschaft als Sekretär des *Austrian Centre* eine Art Tätigkeitsbericht: *Five years of the Austrian Centre*. Mehr als dieser Bericht vermag aber ein Brief von Wilhelm Jerusalem über die Eigenart dieses Unternehmens, und was es für die österreichischen Emigranten zu leisten vermochte, auszusagen: »[...] Und das Centre nahm sie alle in seinen Schoß. Es bot Speise und Trank zu billigsten Preisen – Zeitungen und Radio. – Bücher, reparierte Schuhsohlen. – Vorträge. Für Beträge, die man Bettlern gibt, hörte man Meister des Vortrags das Beste bieten, was Kunst, Wissenschaft, Musik, Literatur geschaffen haben. [...] Wenn Lächerlichkeit töten kann, dann hat das Laterndl reichlich seinen Teil beigetragen zum Abwürgen jener gespenstischen Größe der Dummheit, Brutalität und Unkultur, denen heute Deutschland gehört, aber morgen noch nicht die ganze Welt, solange die Flüchtlinge leben und wirken. Politisch hat die Emigration auf die Refugees gewirkt wie ein Glasprisma auf einen reinen Sonnenstrahl: Sie hat sie in alle Farben des Spektrums gebrochen, alle Nuancen von Rosa bis Dunkelrot sind zu sehen, aber auch Ultraviolett und Infrarot kann man ahnen. Jede Nuance betrachtet die andere als Todfeind, und der Niederschlag dieser Kämpfe spiegelt sich deutlich in der dicken Luft der Speisesäle. Ob die Rückwanderung aus dem Regenbogen wieder einen reinen Sonnenstrahl machen wird, wer kann es wissen? Für mich kommt eine Rückwanderung ohnehin nicht mehr in Frage. Für mich ist das Heilige Land Tirol mit seinen Schuhplattlern hinter düsteren braunen Nebeln verschwunden, die schönen Barock-Portale sind mit Hakenkreuzen zur Unkenntlichkeit übertapeziert, und Wien, Wien, Du ganz allein wirst die Stadt meines Alptraums sein. Aber nach dem Austrian Centre und seinen wackeligen Stühlen und seiner begeisterten Jugend werde ich mich noch lange sehnen.«[82]

Die Theateraufführungen und die kulturellen Veranstaltungen des *Laterndl* bzw. des *Austrian Centres* sind mittlerweile gut dokumentiert und ausführlich dargestellt worden, wobei die musikalische Seite der Aktivitäten vielleicht ein wenig unterbelichtet blieb.[83] Mit der ihm eigenen bescheidenen Art weist der »Hausmusikus und Nebbich-Komponist« Knepler selbst auf einige musikalische Höhepunkte hin: »Ich habe nur so die Aufgaben eines Hauskapellmeisters eben erfüllt. Wenn es anspruchsvollere kompositorische Aufgaben gab, dann ging ich zu E.H. Meyer und sagte: ›Schreib uns doch da ein Chanson.‹ Und das tat er dann auch. Das war zum Beispiel nach den Worten von Jura Soyfer *Das Lied von der Zeit*: ›Ungeduld hat dich erfaßt ...‹ aus dem *Lechner-Edi*, das hat er komponiert; und noch das eine oder andere. Aber sonst – so viele kleinere Chansons – habe ich natürlich auch selber komponiert [...] Mit der Käte [K. Förster, Kneplers erste Frau, G.S.] haben wir vierhändig gespielt, zwischen den Akten, Schubert-Märsche als Einlagen. Einmal haben wir die *Dreigroschenoper* auf zwei Klavieren gemacht. [...] Die *Dreigroschenoper*-Aufführung war sogar recht anständig – zwei Klaviere, wir hatten natürlich vorzügliche Schauspieler und ein sehr dankbares Publikum. Es war sehr oft ausverkauft.«[84]

Doch es gab auch rein musikalische Veranstaltungen des *Austrian Centre*: so etwa die regelmäßig stattfindenden *Sunday Morning Concerts*, die von Georg Knepler oft nicht nur organisiert, sondern auch am Klavier bestritten wurden. Er begleitete am 30. März 1941 den Bariton Ernst Urbach bei Schuberts *Schöner Müllerin*. Die Konzerte fanden an einem der Veranstaltungsorte des *Austrian Centre*, 132 Westbourne Terrace, W. 2, statt. Als Pianisten wirkten außerdem Edith Vogel, Georg Maliniak und Jani Strasser, als Geiger Otto Kertesz, als Sänger Elisabeth Forini, Margarethe Philipsky und Josef Caspi mit.

Nicht wenige musikalische Veranstaltungen wurden gemeinsam mit anderen Vereinigungen organisiert: so etwa das *Gustav Mahler Memorial Concert* am 18. Mai 1941 – anläßlich des 30. Todestages des Komponisten, das vom *Council of Austrians in Great Britain* und von der *Free German League of Culture in Great Britain* in der Wigmore Hall arrangiert wurde. Irene Eisinger, Sabine Kalter, Ernst Urbach sangen, Franz Osborn, Berthold Goldschmidt, Georg Knepler und Paul Lichtenstein spielten am Klavier. Gegeben wurden die *Lieder eines fahrenden Gesellen*, die Lieder *Der Schildwache Nachtlied, Das irdische Leben, Ich bin der Welt abhanden gekommen, Rheinlegendchen, Urlicht* (aus der *2. Symphonie*), *Des Antonius von Padua Fischpredigt, Wir genießen die himmlischen Freuden* (aus der *4. Symphonie*) sowie der zweite Satz der *3. Symphonie*, arrangiert für zwei Klaviere von Hans Gál. In der Mitte des Konzerts wurden Ausschnitte einer Vorlesung Arnold Schönbergs vorgetragen.

Ein anderes Konzert wurde in Zusammenarbeit mit dem *Paddington Anglo-Soviet Aid Committee*, dem *Czech-British Friendship Club*, der *Free German Youth* und *Hogar Español* veranstaltet. »Musicans from oppressed European countries dedicate this concert and proceeds to Mrs. Churchill's Red Cross ›Aid to Russia‹ Fund.«[85] Tatsächlich wirkten daran MusikerInnen aus der Tschechoslowakei, Deutschland und der Schweiz mit. Aus Österreich nahmen neben Knepler Ernst Urbach und Norbert Brainin teil. Am

Programm standen neben Werken von Henry Eccles, Smetana, Dvořák und Beethoven auch französische und spanische Volkslieder. Einen ausgeprägteren politischen Charakter hatte die Veranstaltung *Five Years Hitler over Austria*, die am 13. März 1943 in der Kingsway Hall stattfand. Unter dem etwas saloppen Untertitel *British-Austrian Rally and Pageant – Immortal Austria – Highlights of Austria's History* inszenierte man eine Revue der Geschichte Österreichs. Bemerkenswert sind die Verfasser: Der junge Erich Fried und Eva Priester schrieben den Text, die Musik stammte von Hans Gál. (Eva Priester hat in dieser Zeit bereits an ihrer umfangreichen, nicht nur die ›Highlights‹ berührenden Geschichte Österreichs gearbeitet, die dann nach 1945 in Österreich in zwei Bänden erscheinen sollte.) Die einzelnen Stationen der Geschichtsrevue lauteten: *Stronger than Plague and Death*, worin Wien zur Zeit der Pest thematisiert wird, der Liebe Augustin und Walther von der Vogelweide nebst zwei Allegorien »Death« und »Plague« auftreten; *An Austrian Wat Tyler*, worin der Bauernkrieg in Österreich mit Michael Gaismaier dargestellt wird; *A Concert in Bath* zeigt Haydns Erfolg in England; *Frederic II and the Austrian Marauder* und *A Garden on the Thames 1943*, worin die Beziehungen der Österreicher zu Deutschen und Engländern beleuchtet werden. Hans Gáls Musik, die offenbar nicht erhalten ist, wurde von Dea Gombrich, Georg Heim (Violine), Sela Trau (Violoncello) und Georg Knepler (Klavier) gespielt. Mitunter ließ der Revuecharakter die Geschichte gänzlich im nationalen Pathos aufgehen; so vor allem in der merkwürdig einfältigen Schlußszene, die Albert Fuchs in seiner Kritik im *Zeitspiegel* beschrieb: Sie ließ, »ins Allegorische übergehend, eine Reihe von Figuren, auf die wir Österreicher stolz sind, das Wort sprechen: ›Ich bin Österreicher‹ – ein stolzes Wort, alles in allem.«[86]

Die musikalischen Aktivitäten Georg Kneplers beschränkten sich jedoch keineswegs auf das *Austrian Centre*. Neben privaten Klavierstunden und Korrepetition für einzelne Sänger dirigierte er englische Arbeiterchöre. »Es gab damals in London eine Organisation, die nannte sich *Workers Music Organisation*, von Alan Bush gegründet, und die haben sich vorgenommen, ein Repertoire zu schaffen für fortschrittliche Arbeiterchöre und solche Chöre zu gründen, zu leiten und Komponisten anzuregen. Es kam nie über einen kleinen Kreis von sektiererischen Leuten, würde ich heute sagen, hinaus, und als solchen, als kleinen Kreis von sehr gutwilligen, aber völlig unwirksamen Leuten, gibt es das heute noch. Ich hatte selbst so zwei, drei Chöre, die alles eher waren als fortschrittlich, aber in Zusammenarbeit mit dieser Organisation habe ich mit Chören bei Wahlen für die *Labour Party* Propaganda gemacht und solche Dinge. Wir wollten die Leute überhaupt politisieren. Das allermeiste davon war aber vollkommen unpolitisch, was ich da mit Chören gemacht habe, es waren mehr Vergnügungsveranstaltungen mit Leuten, denen abends langweilig war, die kamen aus den Vororten, furchtbar nette Leute, aber vollkommen unpolitisch. Es hatte eher den Charakter von Hausmusik. Nach dem Vorbild von bürgerlicher Hausmusik kamen Arbeiter zusammen, da sie weder Instrumente hatten noch spielen konnten, sangen sie, hauptsächlich Frauen. Ich hatte so eine kleine Gruppe von Frauen, wir trafen uns während des Krieges abwechselnd in den Wohnungen der Familien und haben dort englische Madrigale gesungen. Sehr, sehr lieb, aber vollkommen unprofessionell, unpolitisch und unberührt von irgendwelchen Problemen waren das rein soziale Zusammenkünfte. Es wurde aber von der *Coop* – einer Kooperative der Genossenschaften, die sich kulturelle Ziele gesetzt hatte – bezahlt. Das habe ich eine Zeitlang gemacht. Das war eine nicht sehr anregende, aber bezahlte Tätigkeit.«[87] Doch diese etwas skeptische Einschätzung, zu der Knepler gewiß durch den Vergleich mit den Berliner Arbeiterchören von vor 1933 gelangt ist, gilt keineswegs für die anderen musikalischen Eindrücke und Tätigkeiten Kneplers in London: »Zu meiner Überraschung gab es vorzügliche Musiker, die klassische Musik spielten. Zum Beispiel während des Krieges im bombenbedrohten London zur Zeit der Verdunkelung und der nächtlichen Bombenangriffe habe ich Mozarts Streichquintette – ich glaube auf zwei oder drei Abende verteilt – gehört. Und die Spannung, unter der das alles stand, gehörte mit zum Erlebnis. Es war eines der eindrucksvollsten Musikerlebnisse, derer ich mich erinnere. Das waren also englische Musiker mit Mozarts Streichquintetten, die ich damals, soweit ich mich erinnere, zum ersten Mal – im Zusammenhang jedenfalls – gehört habe. Ich habe natürlich auch die englische ältere Musik kennengelernt, auch durch die genannten Chöre, ich habe natürlich versucht, möglichst gute Stücke auszuwählen, da gibt es ja allerhand englische Madrigale aus dem 16. und 17. Jahrhundert, *Street crys of London*, Kompositionen, die die Straßenrufe, die Verkaufsrufe integriert haben. [...] Also kurzum, ich habe dort Dinge kennengelernt – und wirklich intensiv kennengelernt –, auch in dem Zusammenhang, aus dem sie kamen. Das waren große Eindrücke.«[88]

Der Internierung bei Kriegsbeginn konnte sich Georg Knepler zusammen mit seinem Vater auf erstaunlich leichte Weise entziehen: »Man wußte allgemein, daß sie in der Früh' kommen, einen zu holen. Und so ging ich in diesen Tagen zeitig aus dem Haus und traf mich mit meinem Vater zu einem Spaziergang im Park.«[89] Beeindruckt wurde Knepler nicht nur durch die englische Kultur, sondern auch durch die Haltung der englischen Bevölkerung im Krieg mit Nazi-Deutschland: »Es war eine vollkommen unheroische heroische Haltung. Sie haben das mit einer Selbstverständlichkeit auf sich genommen, ohne darüber Worte zu verlieren, es wurde nicht zur Kenntnis genommen, es spielte sich das normale Leben unmittelbar unter der Bombendrohung ab. Es ist ganz schwer zu beschreiben, weil es keine besonderen, auffälligen Formen angenommen hat, sondern weil die Selbstverständlichkeit, mit der die Engländer akzeptierten, das ist eben jetzt Krieg, das war erstaunlich, vielleicht eben deshalb, weil es sich so sehr unterschied von dem, was man in Österreich und Deutschland kannte. In Deutschland finde ich, ist so ein Selbstmitleid, eine Selbstbemitleidung: ›Schauen sie doch, wie schlecht es mir geht!‹ Eine solche Haltung ist sehr charakteristisch, und in

Österreich ist es das bekannte Raunzen. Also Raunzen können die Engländer überhaupt nicht. Das ist eine Fähigkeit, die ihnen vollkommen fehlt. Und das hat mich also sehr beeindruckt. Und in diesem Rahmen dann die Tätigkeit im *Austrian Centre*. Ich weiß nicht, ob wir das bewußt gemacht haben, aber es war wahrscheinlich ein Versuch, unbewußt diese Haltung auf das, was wir zu tun hatten, zu übertragen. Es waren ja natürlich nicht ungefährliche Situationen. In der Zeit der Wunderwaffen wußte man ja wirklich nicht, was passieren wird – und wir haben beschlossen, wir führen den Betrieb einfach so weiter, als wäre nichts passiert. Und es ist dann auch verhältnismäßig wenig passiert. Es sind natürlich Leute umgekommen. Das *Austrian Centre* selbst wurde nie getroffen, die Wohnung, in der wir gelebt haben, wurde nie getroffen. In einer anderen Wohnung, in die ich dann später gegen Ende des Krieges übersiedelt bin, ist einmal ein Teil einer Feuerbombe ins Badezimmer gefallen. Aber wir konnten das ganz schnell löschen, und es ist dort auch nichts passiert. Und eine Luftmine, die buchstäblich vor unserem Fenster in einem Baum hängen blieb – hat kein Unheil angerichtet. Aber natürlich sah man auf dem Weg zur Arbeit: Dieses Haus ist weg, und dort ist ein Riesenkrater, und man hörte, der ist umgekommen usw. Also wie gesagt, wir versuchten diese Haltung des nichtheroischen Alltags weiterzuführen, das ist uns, glaube ich, bis zu einem gewissen Grad gelungen.«[90]

Die Grundlage für Georg Kneplers kulturpolitische Aktivitäten innerhalb des *Austrian Centre* war die in der kommunistischen Bewegung neugewonnene Einsicht von der notwendigen nationalen Selbständigkeit Österreichs. Der wichtigste Schritt war die Abtrennung von allen deutschnationalen Tendenzen. »Wir haben auch deshalb unsere Organisationen von der deutschen Emigration getrennt geführt. Natürlich waren wir freundschaftlich verbunden mit vielen Deutschen, also ich mit E.H. Meyer, und wir kannten natürlich eine ganze Reihe von anderen. Aber es war doch eine selbständige Organisation, ganz bewußt. Und darin hatten wir eigentlich auch keine Meinungsverschiedenheiten.« Für Georg Knepler war die nationale Selbstbestimmung »der rettende Gedanke«. Und rückblickend scheint er ihm bereits in Wien – also um die Zeit des Februaraufstandes – »in der Luft« gelegen zu haben. »Daß er mir damals schon als Problem bewußt geworden ist, weiß ich nicht.«[91] In London las Knepler dann die Aufsatzreihe zur österreichischen Nation von Alfred Klahr. Mit der in der KPÖ vorwiegend taktisch motivierten Umstellung auf die österreichische Eigenständigkeit hing auch zusammen, daß man sie beliebig auf vergangene Epochen projizieren konnte: So begann die nationale Selbständigkeit zumindest bei den Römern. Und hier regte sich das musikwissenschaftliche Gewissen Kneplers. »Ich hatte z.B. Auseinandersetzungen mit Leutchen, die sagten, Mozart ist ein österreichischer Komponist. Und ich sagte darauf, das ist ein so kompliziertes Problem, das kann man nicht so einfach sagen. Mozart hat zu einer Zeit gelebt, in der es das Problem noch nicht gab. Mozart hat sich als Deutscher bezeichnet und gefühlt, und es ist also daher nicht gut möglich, Mozart einen österreichischen Komponisten zu nennen. Bei Schubert ist das schon wieder ein bisserl anders ... [...] Es könnte sein, daß ich damals sogar selbst einen Artikel geschrieben habe: Mozart – ein österreichischer Komponist. Aber das Problem zumindest war mir bewußt. Später war es dann erst ganz klar.«[92]

Die große Konkurrentin der österreichischen Kultur, die man im *Austrian Centre* offenbar rekonstruieren wollte, blieb die englische. Und als der deutsche Faschismus besiegt am Boden lag, geriet Georg Knepler in den Zwiespalt der Emigration: »Ich habe sehr wohl mit dem Gedanken gespielt, in England zu bleiben. Mir ist – ich habe das schon angedeutet – England sehr unter die Haut gegangen. [...] Aber als sich dann herausstellte, daß in Wien eine Aufgabe auf uns wartet – wir waren geradezu von einem Sendungsbewußtsein erfüllt – da habe ich mich dann schnell entschlossen, nach Wien zurückzugehen. Ich war auch unter den ersten.«[93] Das Sendungsbewußtsein wurde, wie man weiß, arg enttäuscht. »Wir haben die Situation völlig falsch eingeschätzt. Wir waren davon überzeugt, daß Österreich überfallen worden war, daß zwar ein Teil der Bevölkerung die Nazibarbarei mitgemacht hatte, daß aber doch der Kern der Arbeiterschaft daran nicht beteiligt gewesen war, wir haben das geglaubt.«[94]

Die Enttäuschung konnte allerdings die Erfahrungen, die Georg Knepler im Londoner Exil gemacht hatte, nicht ungeschehen machen; und sie waren es nicht zuletzt, die ihn vor mancher stalinistischer Deformation bewahrt haben. Auch war in England eine gewisse kritische Distanz zur österreichischen und deutschen Bevölkerung entstanden, die die ›Kollektivunschuld‹ der Arbeiterklasse dem Zweifel aussetzte. Zu dieser skeptischen Haltung und zum Weiterbestand der Verbindung zur englischen Lebensweise und Kultur trug nicht zuletzt seine zweite, aus England stammende Frau Florence Wiles bei. Die Perspektive einer Kapellmeisterlaufbahn, mit der er einst nach Deutschland gegangen war, war in den Hintergrund getreten; dafür hatte Knepler die Musikliteratur nach vielen verschiedenen Seiten hin und auf durchaus unkonventionelle Weise erkundet, wie es in Österreich oder Deutschland kaum möglich gewesen wäre. Er beschäftigte sich mit der Barocktradition ebenso wie mit Strawinsky und Milhaud; er erlernte kulturpolitische Tätigkeit in größerem Maßstab und arbeitete mit den modernen Medien Rundfunk und Fernsehen. All dies sollte ihm später zugute kommen – zunächst, als er in Ostberlin die Musikhochschule aufbaute und schließlich, als er zu einem der führenden deutschen Musikwissenschaftler avancierte; zu solcher Betätigung wurde ihm freilich in seinem Heimatland keine Gelegenheit gegeben.

Auf seinen vermutlich größten Erfolg als Musikwissenschaftler, sein Mozart-Buch von 1991, aber auch auf seine nicht-akademische Art und Weise, Musik zu vermitteln, und auf seinen meistgeliebten Komponisten mag besonders eine Veranstaltung des Exils verweisen, die im Theatersaal des *Austrian Centre* stattfand: Arien und Ensembles der *Zauberflöte* wurden dabei mit einem verbindenden Vortrag verknüpft: Am Klavier und als Vortragender war Georg Knepler in seinem Element.

Internierte Musik: Hans Gál und Erwin Weiss

Sein Schüler Georg Knepler war für Hans Gál wohl die wichtigste Verbindung zum *Austrian Centre* und zum *Laterndl*. Immer wieder komponierte er Gelegenheitswerke für verschiedene, von diesen Organisationen veranstaltete Aufführungen, oder er schrieb Artikel und Beiträge für Publikationen, die in deren Umkreis erschienen.[95] Freilich konnte dies für den Komponisten und Musikschriftsteller nur eine Nebenbeschäftigung sein, zumal die materiellen Bedingungen am Anfang des englischen Exils weit schwieriger waren als bei Georg Knepler. Die erste Zeit lebte er von der Unterstützung durch Freunde und Gönner, später erhielt seine Frau Hannah Arbeit als Therapeutin in einem Spital. Er selbst bekam über den an der Universität Edinburgh lehrenden Sir Donald Tovey für eine Zeit Arbeit an der Musikbibliothek. »Doch nach dem Ende der Katalogisierungsarbeit mußte Gál nach London zurückkehren und stand wieder vor dem Nichts. Und nun kam der September 1939 und der Krieg brach los.« Die Frau Hans Gáls verlor ihre Arbeit – und damit drohte erneut die materielle Not über die Familie, die immerhin noch zwei Söhne hatte, hereinzubrechen. »In London war inmitten der Bombenangriffe und der allgemeinen Kriegspsychose keinerlei Existenzmöglichkeit zu finden. Frau Hannah aber wußte wieder Rat, sie erwirkte sich eine Einladung, dem emeritierten Ordinarius für englische Literatur in Edingburgh Sir Herbert Grierson den Haushalt zu führen und ihm bei seinen wissenschaftlichen Arbeiten an die Hand zu gehen. So wurde das Ehepaar Gál (während die Knaben studierten) in das gastfreie Haus des Gelehrten aufgenommen [...] Da machte der Niederbruch Hollands und die damit dem britischen Inselreich unmittelbar drohende Invasionsgefahr wieder alles zunichte. Die Frauen mußten das Küstengebiet verlassen, Frau Hannah fand bei einer Freundin Unterschlupf.«[96]

Anders als Paul und Georg Knepler entging Hans Gál der Internierung nicht. Er wurde zunächst in Huyton bei Liverpool, dann auf der Isle of Man interniert. Abgesehen davon, daß er sich ein körperliches Leiden zuzog, ein jahrzehntelang nicht mehr heilendes, unangenehmes Hautleiden, litt Gál vor allem seelisch unter den Bedingungen im Lager: Davon zeugt auf eindrucksvolle Weise ein über zweihundert Seiten langes Typoskript – ein Lager-Tagebuch, das der Komponist, der sonst niemals Tagebuch führte, während dieser Zeit schrieb. Es trägt den Titel: *Musik hinter Stacheldraht. Tagebuchblätter aus dem Sommer 1940*. Es war einerseits die politische Ungerechtigkeit der Internierung, die ihn empörte, und andererseits die Isolierung von seiner Familie und seinen Freunden, die ihn so sehr deprimierte, daß er sich einem Tagebuch als einem imaginären Gesprächspartner zuwendete. Vor allem die Gedanken an das ungewisse Schicksal eines seiner beiden Söhne quälten ihn lange Zeit. »Ich kam in dieses Land vor zwei Jahren mit der Absicht, nach Amerika weiterzuwandern, und ich hatte alle Anstalten dazu getroffen. Aber […] wir konnten uns nicht trennen von diesem wunderbaren, einem gepflegten Garten gleichen Lande, von vielen lieben, edlen, gutgesinnten Menschen, von dem bißchen Arbeits- und Existenzmöglichkeit, die wir hier gefunden hatten. Und wir waren des Wanderns müde. Vor einem Jahr verzichteten wir auf unsere Amerikavisa und entschlossen uns hierzubleiben. Und nun kommt der Freund mit verändertem, kalt-unzugänglichem Gesicht, sagt ›sorry‹ und behandelt dich, den vertrauenden, dankbaren Gast, wie den ärgsten Feind und Verbrecher!«[97] Die Begegnung mit vielen Bekannten und Freunden aus Wien und aus den ersten beiden Jahren des Exils mag ein Trost gewesen sein: Gál begegnete im Lager dem an der Universität Edinburgh lehrenden Zoologen Willi Gross aus Wien – schon in der Zeit davor hatte ihn Gál für den Aufbau eines Flüchtlingsorchesters in Edinburgh als ersten Geiger gewinnen können; seinem Zahnarzt aus Wien, Hugo Schneider, und dem Historiker Max Liebeschütz sowie dem Kunsthistoriker Dr. Benesch, dem früheren Kustos der *Albertina*. Es scheint aber, als wären die Musiker in der Überzahl gewesen: Erwin Stein, der frühere Mitarbeiter bei der *Universal Edition*, die Pianisten Franz Theodor Reizenstein und Erwin Weiss, der Musikkritiker Hermann Ullrich, der Sänger und Musikkritiker Alfred Rosenzweig und der Musikhistoriker Otto Erich Deutsch.

Ein Tagebuch anderer Art stellt die *Huyton-Suite* dar, die Hans Gál im Lager komponierte. Ihre eigenartige Besetzung ist den äußeren Bedingungen genau angepaßt: Im Lager gab es neben Pianisten und Geigern einen Flötisten – die *Huyton-Suite* ist für Flöte und zwei Violinen geschrieben. Das Merkwürdige an dem Werk ist aber das fast ungetrübte G-Dur, das diese Komposition bestimmt. Sie widerspricht damit nicht nur den Entwicklungen der musikalischen Moderne, vor allem scheint darin die persönliche Lage des Komponisten und die Weltlage ausgeblendet, ohne doch in die Funktion von Unterhaltungsmusik umzukippen. Wilhelm Waldstein schrieb darüber eine sehr eingehende Analyse. Über den ersten Satz heißt es: »Alla marcia' hebt es an, mit einem Kindermarsch, den die Flöte in punktiertem Rhythmus über den pizzikierenden Doppelgriffen der Violinen anführt. Das winzige, witzige Sätzchen ist im Grunde als strenger Sonatensatz gebaut, en miniature, es gibt etwas wie ein Seitenthema, sogar mit Imitation; die Durchführung wird durch eine sich einschmiegende chromatische Mittelstimme (der Flöte, während die erste Geige führt) angedeutet, die kleine Reprise läßt noch Raum für eine kurze Coda, deren Flötenfanfaren die Militärsignale im Lager mit kindhaftem Sinn karikieren.«[98] Hans Gál hat nicht nur in der Instrumentation, sondern auch in der musikalischen Form die Tradition auf höchst virtuose Weise verkleinert: Auf engsten Raum sind alle wesentlichen Momente der Wiener Klassik in diesem Werkchen vereint. Es wirkt auf den Hörer wie das Segelschiff in der Flasche. Man bewundert die Genauigkeit der Rekonstruktion bei solcher Kleinheit, schätzt die Handhabbarkeit seiner Aufbewahrung, mehr noch aber rätselt man darüber, wie es in die Flasche gekommen ist.

Im Tagebuch hat Hans Gál die Wirkung seiner Komposition bei seinen Lagergenossen festgehalten: »Ein Erlebnis wie diese Aufführung entschädigt einen für allerhand Erlittenes. Ich kann mich kaum erinnern, daß je ein Stück Kammermusik von mir so unmittelbar gepackt und gewirkt hätte, wie die ›Huyton-Suite‹ gewirkt hat. Aber man findet ja auch nirgends sonst das Publikum, dem ein Stück so unmittelbar zubestimmt und zugeeignet wäre, wie dieses meinen Freunden und Leidensgenossen. Sie sehen sich selbst im Spiegel dieser Musik [...] Die Aufführung war unerwartet gut, in dem kleinen Raum klingt's wie Silberfiligran.«[99] Immer wieder freilich zweifelte der Komponist an dem Sinn der Musik: »In nüchternen Momenten bin ich mir klar darüber, daß ich verrückt bin. Da schreibe ich Musik, gänzlich überflüssige, lächerliche, phantastische Musik für eine Flöte und zwei Violinen, während die Welt sich anschickt unterzugehen.«[100] Die Aufführung des Werks wurde bei mehreren Konzerten wiederholt, daneben gelangten Stücke wie etwa das Bachsche *Konzert für zwei Violinen* und Lieder von Hugo Wolf zur Aufführung.

Das zweite große künstlerische Ereignis im Lager war eine Revue, die der Filmproduzent und Regisseur Georg Höllering initiiert hatte. Hans Gál schrieb die Musik. »Buch gibt's noch keines. Das muß er erst schreiben. Aber der Titel ist schon fertig: ›What a life!‹ Es soll eine Art Photomontage unseres Lebens im Camp werden, eine Folge von kurzen, lebendigen aus dem Alltag genommenen Szenen. Dazu zwei Conferenciers, einer in deutscher, einer in englischer Sprache. Und alle Songs sollen gleichfalls zweisprachig, von zwei verschiedenen Sängern, vorgetragen werden. [...] Und er (Höllering) hat bereits Ideen zu einer ganzen Reihe von Szenen, der Stacheldraht kommt auf die Bühne, und die Möven, und der Roll Call, und das Doppelbett, in dem wir schlafen, und – und – [...] In zwei Wochen sollen wir ein Stück auf die Bühne bringen, von dem noch nicht eine Szene fertig ist! Was für ein Phantast! Ich warf einen Blick auf die beiden Songs. Diese Verse waren ursprünglich kaum für Musik bestimmt, es sind eigentlich kurze und recht nett pointierte Epigramme. Die Möven – der Stacheldraht – die Frauen davor – nun, die Musik dazu hatte sich schon eingestellt, ehe ich noch fertiggelesen hatte.« Und schon nach kurzer Zeit kann Gál dem Tagebuch stolz berichten: »Das war eine Woche! Arbeit, Arbeit, Arbeit, von früh bis in die Nacht! Und leider brummt und kreist sie mir im Kopf nachtsüber weiter, mit dem guten Schlaf ist's schon wieder aus. Ich habe in sechs Tagen fast die ganze Musik zur Revue fertiggeschrieben, in fliegender Hast, genau so rasch, als ich eben Noten schreiben konnte. [...] Täglich mindestens zweimal kommt Höllering. Er fragt teilnehmend nach meiner Gesundheit, wie ich geschlafen habe, wie ich mich fühle, und dann zieht er aus der Hosentasche ein paar Verse, die ich gerade noch rasch komponieren soll, oder er liest mir eine Szene vor, zu der er da und dort Musik braucht. ›Das machen Sie doch gleich, nicht wahr? Die Leute warten schon darauf.‹«[101] Diese Erwartung und die Nähe der Szenen zum Alltagsleben haben Gál bei der Komposition förmlich beflügelt, so zumindest ist es dem Tagebuch zu entnehmen: »Die Lebendigkeit der ganzen Idee hat mich ungeheuer gepackt, und die Musik kommt wie von selbst. Höllerings Szenarium – es ist eher ein Szenarium als ein Buch, Dialogstellen sind meist nur skizziert – ist wirklich wie eine Photomontage; eine improvisierte Folge knapper Szenen, die für mich etwas ungeheuer Reizvolles haben, weil eigentlich nichts darin erfunden ist. Das alles hat sich ereignet und ereignet sich täglich bei uns, und trotzdem ist im Ablauf, in der Kombination dieser Szenen [...] ein so überlegener künstlerischer Geschmack und Einfallsreichtum, daß ich jedesmal bezaubert war, wenn er mit einer neuen Szene kam. Ich habe natürlich auch von einer Bilanz der vorhandenen Mittel ausgehen müssen [...] es stand daher von Anfang an für mich fest, daß ich eine Art Orchester würde improvisieren müssen. Zwei erste, zwei zweite Violinen kann ich bekommen, eine Viola, ein Violoncello. Es gibt einen ganz fixen Klarinettisten, und natürlich Draber, den brillanten

Flötisten. Wenn man dieses Ensemble durch ein Klavier stützt und zusammenhält, wird man damit alles machen können, was wir brauchen.«[102] Hans Gál gelang es dabei auch andere, der musikalischen Praxis ferner stehende Kollegen und Freunde für die Mitarbeit zu gewinnen: so etwa den Musikkritiker Hermann Ullrich, den Musikhistoriker Otto Erich Deutsch und den ebenfalls im Lager internierten Norbert Elias. Dieser schrieb für die Revue die *Ballade vom armen Jacob*, welche »die Geschichte des ewigen Juden von heute« erzählt.

Die Aufführung, die am 3. September 1940 stattfand, wurde ein mindestens ebenso großer Erfolg wie jene der *Huyton-Suite*. Auch sie mußte wiederholt werden, ihre Verfasser erarbeiteten dafür ein erweiterte Version. Deren Aufführung fand am 26. September statt, vor etwa 1.000 Zuschauern. Eigentlich war dies der Tag von Gáls Entlassung, doch er, der so gelitten hatte unter der Internierung, bat um Aufschub: Ohne ihn hätte die Aufführung nicht stattfinden können, ihr Erlös war für die Opfer der deutschen Luftangriffe bestimmt. Im Tagebuch beschreibt Gál die soziale Bedeutung dieser künstlerischen Zusammenarbeit: »Nach der Vorstellung gab es noch im Siebenerhaus, wo Otto Erich Deutsch wohnt, eine Nachfeier mit den üblichen Reden und Gegenreden. Wir haben alle nicht gesagt, was wir eigentlich meinten: daß unser Leben hier durch die Gemeinschaft einen neuen, edleren Sinn bekommen hat; daß wir alle, Familienmenschen wie Einzelmenschen, etwas Neues, etwas Schönes entdeckt haben; daß es über die Familien- und Einzelexistenz hinaus etwas Allgemeineres und Höheres gibt. Wir haben das Kontokorrent des zivilisierten Lebens, in dem Geben und Nehmen immer gewissenhaft nachgerechnet und ausgeglichen werden, durch ein neues Prinzip ersetzt, bei dem jeder gibt was er kann und nimmt was geboten wird, ohne darüber nachzudenken, weil es so selbstverständlich ist. Und alle haben sich dadurch bereichert gefühlt, haben die Wärme einer Atmosphäre von Freundschaft und Kameradschaft genossen, wie wir sie nie vorher gekannt haben.«[103]

Dieses Erlebnis im Lager mag Hans Gál Kraft gegeben haben für die schwere Zeit, die er nach der Freilassung durchzustehen hatte: Die materiellen Sorgen hörten nicht auf, der Sohn Peter beging Selbstmord. Wenig später wurde den Gáls eine Tochter geboren, und unmittelbar nach dem Krieg erhielt er endlich eine Stelle an der Universität von Edinburgh. Als er schließlich eine Berufung an die Wiener Musikakademie bekam, lehnte er ab. Seine Tochter schätzt diese Ablehnung folgendermaßen ein: »Ich glaube, die Möglichkeit, sich in dieser Frage überhaupt entscheiden zu können, ist überhaupt schon ein Jahr zu spät gekommen. Er bekam eine Professur an der Wiener Musikakademie angeboten – und zwar unmittelbar nachdem er endlich eine Dozentenstelle in Edinburgh an der Universität erhalten hatte, auf die er den ganzen Krieg hindurch hatte warten müssen. Und dann war er nicht mehr bereit umzusiedeln. Er war nicht ein Mensch, der gerne übersiedelte. Er hätte sich niemals freiwillig expatriieren lassen. Dazu kam aber sicherlich, daß er eben so vieles Schreckliche in Österreich erlebt hatte, im Jahre 1938.«[104] Dabei darf man auch nicht vergessen, wie nahe sich Hans Gál der Wiener Musiktradition, ja dem Musikleben in Österreich und Deutschland bis zuletzt fühlte und wie fremd ihm das britische Musikleben zeitlebens gegenüberstand. Es gelang ihm in seiner neuen Heimat nicht wirklich, sich als Komponist durchzusetzen. »Sogar schon in einer schlechten Zeit in Österreich, also zwischen 1933 bis 1938, gibt es Kritiken von seinem Klavierconcertino z.B., das damals in Wien uraufgeführt wurde und dann in den vierziger Jahren in Großbritannien aufgeführt wurde: In Wien noch volle Anerkennung für einen Komponisten, dessen Beziehung zur Tradition immer ganz klar war, gerade in diesem Werk, das in der Form eines Concerto grosso aufgebaut ist, mit einem Anklang an ältere Formen. Aber das Eigenständige wurde absolut erkannt, während in Großbritannien zum Teil mit derartiger Herablassung und Unverständnis reagiert wurde. Er wurde als Brahms-Epigone, als ›akademisch‹ mißverstanden. Umgekehrt stand mein Vater immer der britischen Tradition mit Abstand gegenüber [...]«[105] Zum einen war die mangelnde Aufmerksamkeit für Gáls Werk in England der Distanz, ja dem Unverständnis der englischen Musikkritiker geschuldet, zum andern auch dem des Ortes: Edinburgh war zu dieser Zeit gleichsam eine musikalische Provinz, mit London nicht zu vergleichen. Nicht zuletzt den Aktivitäten von Gál selbst aber ist es zu danken, wenn sich dies bald änderte: »[Rudolf] Bing hat ihn besucht und ihm die Gründung vorgeschlagen, und mein Vater war eher skeptisch, ob man in Edinburgh ein Salzburg errichten könnte. Er war aber dann von Anfang an beteiligt. Er hat auch schon davor ein Refugees-Orchester aufgebaut, sowie er eine feste Bleibe in Edinburgh hatte, also ab Herbst 1939. Daneben hat er noch eine Madrigalgruppe gegründet. Er hat, wo er war, immer Musik gemacht.«[106]

So kam Hans Gál nach Österreich nur mehr als Gast. Er genoß die Landschaft, zu den Menschen aber war, wie die Tochter berichtet, eine kaum zu überwindende Distanz entstanden. Wie viele Emigranten, die sich gegen die Rückkehr entschieden haben, erzählen, besuchen sie Österreich gerne der Landschaft, der historischen Kultur, der Architektur wegen, nicht der Menschen. Sie lieben Österreich nur als Land ohne Menschen; Thomas Bernhards *Heldenplatz* ist an dieser Perspektive orientiert.

Die beiden Pianisten, mit denen Hans Gál im Internierungslager musizierte, waren der bereits berühmte Franz Theodor Reizenstein und der unbekannte junge Erwin Weiss. Über ihn schreibt Gál in sein Tagebuch, er wäre »ein echtes Klaviertalent. Wenn auch noch kein so reifer Musiker wie Reizenstein, ist er noch brillanter und spielt virtuose Sachen so, daß man wirklich Vergnügen daran hat. Das dem Reizenstein beizubringen, war ein schweres Stück Arbeit! Nun hat ihn der wilde Pianistenehrgeiz gepackt; billiger als mit Liszt macht er es nicht. Weiss wird also zwei Stücke von Brahms und die Abegg-Variationen von Schumann spielen (er macht das ausgezeichnet), und die Paradepferde bleiben für Reizenstein.«[107]

Erwin Weiss leitete in England den Jugendchor des *Austrian Centres: Young Austria* – dies kann als einer jener Versuche angesehen werden, die Kluft zwischen Sozialdemokraten und Kommunisten zu überbrücken. Auch diese Brücke stürzte freilich ein: Am 30. Mai 1944 schrieb Weiss an das Sekretariat des *Jungen Österreich*: »Liebe Freunde, mit Bedauern muß ich Euch mitteilen, daß ich nicht mehr in der Lage bin, die Leitung des Chores beizubehalten. Seit der Übernahme des Chores habe ich mich bemüht, Differenzen, die es zwischen unseren beiden Organsiationen gibt, nicht in den Vordergrund zu stellen. Meine Hoffnung, daß sich die beiden im Verlaufe der Zeit doch einigen werden, ist leider unerfüllt geblieben. Bedauerlicherweise haben sich die Gegensätze noch verschärft. Es ist das wirklich tiefe Niveau Eurer Propaganda gegen meine Freunde vom A.L.C. [Austrian Labour Club, G.S.], die es mir unmöglich macht, weiterhin mit dem Chor gemeinsam auf Bühnen zu erscheinen und dadurch auch nur den Anschein meines Einverständnisses zu geben. [...] Es ist mir auf die Dauer unmöglich geworden, die Zweigleisigkeit Eurer Propaganda widerspruchslos hinzunehmen. Dem englischen Publikum gegenüber bezeichnet Ihr all das als ›österreichisch‹, was in Wirklichkeit Wien war, und all das als ›österreichisches Aufbauwerk‹, das in Wirklichkeit sozialistisches Aufbauwerk war. Ich für meinen Teil bin stolz darauf, einer Partei anzugehören, die alles das geschaffen hat, was es in Österreich an Positivem gegeben hat. [...] Die einzige Organisation, die das moralische Recht hat, auf jene Dinge mit Stolz hinzuweisen, ohne dadurch mit sich selbst in Konflikt zu geraten, ist jetzt das Ziel der niedrigsten Angriffe von Eurer Seite. Wenn das ein Beispiel der Methode ist, wie Ihr in Österreich den ›demokratischen‹ Kampf zu führen beabsichtigt, dann ist es Zeit, daß man sich schon jetzt dagegen wehrt.«[108] Die Antwort von Fritz Walter (d.i. Willy Scholz), dem Chairman des *Young Austria*, war nicht dazu angetan, Erwin Weiss' Befürchtungen zu entkräften: »Wir nehmen nicht nur Deinen Rücktritt als Leiter unseres Chores, sondern auch Deinen politischen Motivenbericht zur Kenntnis. Er ist ein Ausdruck Deiner Feindschaft gegenüber der Österreichischen Freiheitsfront und unserer Organisation. Als solches bleibt dieser Brief ein Dokument Deiner ›politischen Anschauungen‹.«[109] Dabei fiel Erwin Weiss der Abschied schwer genug – und er gerät sogar mit seinen politischen Motiven in Widerspruch, wenn er in seinem Abschiedsbrief abschließend der Hoffnung Ausdruck gibt, daß »Ihr jemanden finden werdet, der die Leitung des Chores übernehmen kann, damit die Arbeit, die bisher geleistet wurde, nicht vergebens war.« Andererseits sollten Erwin Weiss auch in der eigenen Partei Enttäuschungen nicht erspart bleiben; an Oscar Pollak schrieb er im Dezember 1945: »Ich glaube kaum, daß es im Lande noch einen Musiker meiner Qualität gibt, der der Partei durch alle Not hindurch so treu geblieben ist. Oscar, dieser Brief ist KEIN Stellengesuch. Ich schreibe keine Gesuche mehr. Aber es ist das letzte Mal, daß ich von der merkwürdigen Art der Behandlung, die mir hier zuteil wird, spreche […] Wäre ich bei der K.P. (ich sage das nur als eine rhetorische Feststellung, weil es ja als eine Gewissenfrage bei mir gar nicht in Frage kommt), da hätte man mich würdiger empfangen. Was immer ich hier durch meine eigene Arbeit und privaten Beziehungen erreichen werde, es wird für mich immer eine Enttäuschung und Kränkung sein, daß die Partei scheinbar keine Verwendungsmöglichkeit für mich hat. Sollten meine eigenen Bemühungen kein zufriedenstellendes Ergebnis zeigen, dann werde ich eben endgültig auswandern.«[110]

Nur in der Musik selbst scheint es Momente eines nationalen Konsenses gegeben zu haben, an die sich auch Erwin Weiss heute gerne erinnert: »Wir [der Chor des *Young Austria*, G.S.] hatten zum Beispiel eine Veranstaltung, bei der verschiedene nationale Gruppen mitwirkten, die jeweils ihre nationalen Hymnen sangen. Und da ist die Frage bei uns aufgetaucht: Die anderen singen alle ihre Hymne, was sollen wir singen? Und wissen Sie, was ich singen ließ: die jetzige österreichische Bundeshymne. Aus der *Freimaurerkantate* von Mozart – mit den Worten: ›Reichet euch die

Hand zum Bunde / Diese schöne Freundschaftsstunde ...‹ Ich hatte sie seinerzeit in der Schule gelernt. [...] Das weiß niemand. Ich habe damals sogar den vierstimmigen Chorsatz gemacht, ich müßte ihn hier irgendwo noch haben.«[111]

Mozart und die Indios: Marcel Rubin in Mexiko

Auch Marcel Rubin hat im Internierungslager komponiert: Er hat keine absolute Musik komponiert wie Gál, sondern Texte, u.a. von Jura Soyfer, darunter das *Dachau-Lied*, vertont. Ein Freund von Jura Soyfer, der gemeinsam mit ihm in Dachau und Buchenwald gewesen war, kannte die Texte auswendig, und Rubin hat sie, im Lager spazierengehend, komponiert. »Das Komponieren habe ich mir nicht nehmen lassen. Dort sind entstanden: meine *Fünf Gesänge nach François Villon*, die *Lieder von unterwegs* und drei *Marienlieder*. Also ich habe gesagt: Einsperren können sie mich, aber mir das Komponieren verbieten, das können sie nicht. Natürlich in den Baracken war nicht an Komponieren zu denken, es war ein furchtbarer Lärm [...] Ich bin draußen spazieren gegangen.«[112] Im Unterschied zu Gál komponierte Rubin auch nicht für eine Aufführung im französischen Internierungslager; er weigerte sich sogar, für die französischen Offiziere Musik zu machen, als ihm dies der ebenfalls internierte Karl Farkas im Rahmen einer Revue anbot: »Der hat dort auch eine Revue inszeniert und hat mich gebeten, ich soll die Musik dazu machen. Ich habe das abgelehnt, ich hab' gesagt: Als Internierter mach' ich keine Musik, da soll man mich zuerst freilassen. Für die französischen Offiziere mache ich keine Musik. [...] es war auch für die Internierten – aber vor allem für die französischen Offiziere.«[113]

Rubin war noch am Tag vor dem Einmarsch deutscher Truppen in Österreich nach Frankreich aufgebrochen. »Ich hatte noch Glück. Ich bin unbehelligt über die Grenze gekommen. Einen Tag später wäre es vielleicht nicht mehr gegangen. Ich hatte ja in Frankreich meine Schwester und meinen Schwager. Mein Schwager war französischer Universitätsprofessor. Also ich war nicht fremd dort. Außerdem, ich hatte viele Freunde aus meiner ersten Pariser Zeit.« Über Marseille wollte Rubin 1942 schließlich nach Mexiko flüchten, weil »es leichter war, dorthin ein Visum zu bekommen als für die Vereinigten Staaten. Und weil ich auch schon gewußt habe, daß das Leben dort auch leichter ist. In den Vereinigten Staaten haben sie einem das Leben sauer genug gemacht. Sie wissen, wie schlecht es Bartók gegangen ist, der war dort vollkommen unbekannt und ist so gut wie nicht gespielt worden, auch Schönberg […] Ich habe gewußt, wie schlecht es den Emigranten dort geht, und Mexiko war ein ideales Land für Emigranten. Obwohl ich über vier Jahre dort war und sehr gut verdient habe, habe ich nie einen Peso Steuer bezahlt. Es hat sich nie jemand gekümmert. Man hat mich sogar gewarnt, damit anzufangen. Die Finanzämter, oder was sich dort so genannt hat, haben es als Belästigung empfunden, wenn jemand hingekommen ist und Steuer zahlen wollte.«[114] Marcel Rubins Erinnerungen lassen Mexiko nicht nur steuerlich als eine Art Paradies für Musiker erscheinen: »Als ich nach Mexiko kam, hat mich kein Mensch dort gekannt. Aber ich habe sehr schnell Fuß gefaßt, ich wurde sehr bald als Korrepetitor engagiert an die Oper. Der Chefdirigent, der ständige Dirigent der Oper in Mexiko war ja Karl Alwin. Mit dem war ich persönlich sehr befreundet. Also die Oper, das war eine Stagione-Oper, dort haben die größten Dirigenten der Met und die größten Sänger gewirkt – aber eine furchtbare Schmiere. Wenn eine Probe zu *Carmen* angesagt war, sagen wir um zehn Uhr, dann ist dort gewesen der Alwin, dann der Dirigent, der die Oper dirigiert hat, das war meistens nicht Alwin, sondern irgendein bekannter Dirigent, der auch an der Met dirigiert hat, und von den Sängern niemand. Um elf Uhr ist gekommen die Frasquita, um zwölf der Zuniga, vielleicht, nicht wahr, den Don José habe ich bei der Generalprobe zum ersten Mal gesehen. Die Carmen bei der Premiere. Und da ich verantwortlich war, daß die Leute zumindest wußten – studieren konnte ich ja mit diesen Leuten nicht, außer mit Zuniga, nicht aber mit der Carmen oder dem Don José – das waren zu große Leute. Aber ich mußte ihnen wenigstens sagen, ob sie von links oder von rechts auftreten – konnte ich nicht, weil ich sie nie gesehen habe. Alwin hat einmal einen Herzanfall bekommen bei einer Probe [...] und ich habe eines Tages gesagt, obwohl ich viel jünger war als der Alwin, ich will nicht sein Schicksal erleiden und ich schmeiße es lieber hin. Ich habe viele Privatkorrepetitionen gehabt, ich konnte sehr gut leben. Und da ist die Leitung der Oper zu mir gekommen, und sie haben mir gesagt, sie zahlen mir, was ich will, wenn ich nur doch bleibe, denn ich bin der einzige dort, der Wagner korrepetieren kann, und ich war charakterlos genug und habe das Doppelte verlangt und bin geblieben.«[115]

Erich Kleiber sollte auch Rubins aus Österreich mitgebrachte *2. Symphonie* in Mexiko uraufführen; jenes Werk, das ursprünglich in Wien im Jahre 1938 von Scherchen hätte erstmals aufgeführt werden sollen. Auch im Exil kam etwas dazwischen – allerdings nichts Schwerwiegendes: Da der berühmte Dirigent kurz vor der Aufführung erkrankte, übernahm der Komponist selbst die Leitung der Mexikanischen Symphoniker – »ein ausgezeichnetes Orchester, ungefähr auf dem Niveau, das heute die Wiener Symphoniker haben.«[116] Auch das Tanzstück, das bereits 1933 uraufgeführt worden war, konnte in Mexiko erneut gespielt werden. Das größte Werk, das Rubin in Mexiko komponiert hatte, ist seine *vierte Symphonie*. Die dritte war auf der ersten Station des Exils in Paris entstanden. Wie Hans Gál fühlte sich auch Rubin der Tradition des 18. und 19. Jahrhunderts sehr eng verbunden; die Moderne, die Rubin darüber hinaus interessierte, war in Paris beheimatet, nicht in Wien oder Berlin. Im Unterschied zu Gál suchte Rubin im Exil jedoch die große Form: den Weg zum großen Werk. Davon zeugt insbesondere die vierte Symphonie, die in vieler Hinsicht an Schostakowitsch' *Siebente* erinnern mag. »Der Klangkörper des Orchesters ist weit größer als in der vorangegangenen 3. Symphonie [...] An den gesteigerten Schlüsselstellen des Werkes erzielt der Komponist [...]

Klangwirkungen von geballter Wucht des Tutti, die durch Verknüpfung und Überlagerung mehrerer linearer Stimmen zustandekommen [...]«[117] Der ursprüngliche Titel der Symphonie lautete *Krieg und Frieden* – gemeint war jedoch nicht eine Tondichtung über Tolstoi, sondern das Erlebnis des Zweiten Weltkriegs. Dem ersten Satz sind als Motto vier Strophen aus Bertolt Brechts *Kinderkreuzzug* vorangestellt. Die beiden ersten Sätze haben das Grauen des Krieges zum Thema, die zwei weiteren den Frieden. Der Musikwissenschafter Hartmut Krones schreibt darüber in seiner Analyse: »Als Finale fungierte eine jubelnde, in ihrer Grundstimmung zuversichtliche Fuge als Symbol für die Freuden des Friedens. Als Rubin Jahrzehnte später zu der Erkenntnis kam, daß der so sehr herbeigesehnte Friede keineswegs dem vorgestellten Ideal entsprach, verwarf er die beiden letzten, positiven Sätze und schuf ein neues, verhaltenes Pastorale, welches die Symphonie überaus nachdenklich, einem inneren Frieden zugewandt, beschließt. Als neuen Titel wählte er ›Dies irae‹, solcherart die Greuel des Krieges mit den Schrecken des Jüngsten Gerichtes vergleichend, aber auch deswegen, da sowohl der 2. als auch der 3. Satz auf jener alten Sequenz des Gregorianischen Chorals basieren.«[118]

Die Erkenntnis, die Rubin so spät das Werk umarbeiten ließ, war wohl auch Enttäuschung über die kommunistische Bewegung. Der Siegestaumel des letzten Satzes entsprach ganz dem unter Schdanow vorgeschriebenen Optimismus in der Kunst. Rubin war in den Jahren unmittelbar nach 1945 sehr eng mit der kommunistischen Bewegung verbunden. Seine ursprünglich ästhetisch motivierte Distanz zur *Wiener Schule* wurde durch diese Bindung eigenartig überdeterminiert und damit zum politischen Gegensatz; das Festhalten an der Tonalität, für das sich Rubin bereits in den zwanziger Jahren entschieden hatte, erhielt in Schdanow einen fragwürdigen Verbündeten, den der Komponist später wieder abschüttelte.

Doch damit ist Rubins vielfältige Arbeit im Exil keineswegs desavouiert. Sein Beitritt zur *Kommunistischen Partei*

Österreichs geschah unter dem Eindruck der faschistischen Expansion. Nach Frankreich geflohen, entschloß er sich dazu: »Als ich in Marseille war zu Beginn der vierziger Jahre, bin ich in die illegale KPÖ eingetreten. Also bestimmt nicht aus Opportunismus, denn kommunistische Betätigung stand im Pétain-Frankreich unter der Androhung der Todesstrafe. [...] Ich bin in die kommunistische Partei eingetreten, weil ich der damals richtigen Meinung war, daß nur die Russen Hitler besiegen können [...] und ich bin ebenso ausgetreten aus der KPÖ im Jahre 1969, ein Jahr nach Prag, als die KPÖ in einer 180-Grad-Drehung den Einmarsch in Prag für richtig erklärt hat.«[119] Der Eintritt in die KPÖ verleitete Rubin nicht nur zu einem fragwürdigen Optimismus im Finalsatz der *vierten Symphonie* und später zu noch fragwürdigeren Äußerungen über Schoenberg und die Volkstümlichkeit in der Musik (in der *Volksstimme* und im *Tagebuch*), er eröffnete ihm zugleich wichtige Wirkungsmöglichkeiten im Exil – in persönlicher und politischer wie in musikalischer Hinsicht: »In Mexiko waren ja so namhafte Kommunisten wie Anna Seghers, Egon Erwin Kisch, Ludwig Renn, die haben zu unserem, zu meinem und meiner Frau engstem Freundeskreis gehört. Da waren wir auch politisch sehr aktiv. [...] ich war im Vorstand des *Heine-Clubs*. Ich war hauptverantwortlich für die musikalischen Darbietungen.«[120] Marcel Rubin war neben Ernst Römer gewissermaßen die wichtigste Autorität in Sachen Musik unter allen politisch tätigen Emigranten in Mexiko; bei den deutschen Emigranten des *Heine-Clubs* war er Substitut – offenbar fehlte es unter den Deutschen an Musikern. Er leitete dort den Chor der *Freien Deutschen*; der *Heine-Club* veranstaltete etwa einen Kompositionsabend mit Werken von Rodolfo Halffter und Marcel Rubin: Der spanische und der österreichische Exilkomponist stellten hier ihre Arbeiten vor, es dirigierte Carl Alwin – und für den Rückhalt der vertriebenen Musiker im Leben des Gastlandes ist es bezeichnend, daß dem österreichischen Dirigenten bei diesem Konzert einer deutschen Exilvereinigung sein mexikanisches Orchester zur Verfügung stand.

In erster Linie aber war Marcel Rubin natürlich Mitglied der *Acción Republicana Austriaca de México*: »Da war ich auch leitend tätig. Wir haben eine Zeitschrift herausgegeben, wir haben Konzerte gemacht. Also es war wirklich eine sehr schöne Zeit, die ich nicht missen möchte.« Ähnlich wie Georg Knepler in London, gewann auch Marcel Rubin seinen Vater dazu, innerhalb der kommunistischen Bündnisorganisation tätig zu werden – Erwin Rubin wurde Vizepräsident der *Acción Republicana Austriaca*. Die Volksfront-Konzeption bewährte sich offenbar am besten innerhalb der Familien.

Die Bedingungen für die österreichische Organisation waren relativ günstig: Mexiko war neben der Sowjetunion das einzige Land der Welt, das gegen die Annexion Österreichs protestiert hatte. Die *Acción Republicana Austriaca* erhielt etwa vom Innenministerium eine allmonatliche Sendestunde im mexikanischen Radio. Gesendet wurde in spanischer Sprache, Rubin war für den musikalischen Teil der Sendungen verantwortlich. »An eine Sendung erinnere ich mich ganz besonders. Es hat in Mexiko jedes Jahr eine Buchmesse gegeben. Die war auf dem größten Platz der Hauptstadt. Der Platz war so groß wie hier [in Wien, G.S.] der Heldenplatz. Da haben alle mexikanischen Verleger und alle großen Buchhändler ausgestellt. Und während dieser Buchmesse waren die Sendungen des Innenministeriums nicht im Studio, sondern in einer Baracke inmitten der Buchmesse, die ungefähr für 250 Personen Platz gehabt hat. Und in dieser Woche, ich rede jetzt vom ersten Jahr, da bin ich nichtsahnend, ich wußte, die Sendung ist nicht im Studio, sondern in dieser Baracke auf der Messe, mit einem vorbereiteten Programm hingekommen. Ich hatte einen Vortrag von ungefähr 10 Minuten über Mozart vorbereitet mit anschließender *c-Moll-Phantasie* von Mozart. Und ich kam in die Baracke mit dem vorbereiteten Vortrag, also nicht im Studio vor einem Mikrophon, sondern vor einem Publikum. Und das Publikum waren 250 ›wilde‹ Indios, die den Raum bis zum letzten Platz gefüllt hatten mit diesen Sombreros, barfüßig, und ich sollte jetzt dort meinen Vortrag halten. Ich habe beinahe einen Herzschlag bekommen, ich habe gedacht, ich komme da nicht mehr lebendig heraus, diese Leute haben ja noch nie etwas von Mozart gehört, und denen soll ich jetzt 10 Minuten lang etwas über Mozart erzählen und dann noch solange etwas von Mozart spielen. Aber es kam anders, als ich gefürchtet hatte. Nie in meinem Leben, weder vorher noch nachher, hatte ich ein so aufmerksames und dankbares Publikum wie dieses Publikum der Indios. Man hätte die buchstäbliche Stecknadel fallen hören. Es gab einen Riesenapplaus. Also es war ein wunderbares Erlebnis. Diese Leute waren so begierig, Neues zu erfahren. Solche Leute hat man bei uns in Europa nie gefunden. An ein solches Publikum hat man hier nicht einmal im Traum denken können. Das war eines der schönsten Erlebnisse meiner mexikanischen Emigration.«[121]

Im Unterschied zu den Schriftstellern und Denkern gelang es den Musikern meist bald, aus dem Ghetto der Emigranten auszubrechen und Kontakt zu den Einwohnern des Exillandes aufzunehmen, auch wenn – wie das Beispiel der Indios zeigt – deren Kultur der europäischen noch so fremd erscheinen mochte. Durch seine Korrepetitor-Arbeit an der Oper von Mexiko und durch Privatstunden, die er Sängern gab, war Rubin mit vielen mexikanischen Künstlern eng befreundet. Merkwürdig ist bei alldem, daß Mexiko in der Musik von Rubin nur wenig Spuren hinterlassen hat, und noch merkwürdiger ist, daß Rubin nicht einmal mit dem Gedanken gespielt hat, in Mexiko zu bleiben. Auch hier dürfte der Optimismus der Kommunisten, was ihre Chancen und Möglichkeiten in Österreich betrifft, von nicht geringer Bedeutung gewesen sein. »Ich war ja bis 1946 in Mexiko, früher war es nicht möglich, ein europäisches Visum zu bekommen, und dann bin ich über Frankreich, dort habe ich mich ein paar Monate aufgehalten, nach Österreich zurück. Es ist mir in Mexiko sehr gut gegangen. Als ich mich nach Paris eingeschifft habe, zusammen mit meinem Vater, der auch dort war, und dann in Paris gestorben ist, und meiner Frau, da war am Pier mein Freund Jascha Horenstein, der Dirigent [...] und er hat mir noch bei der Abreise gesagt: ›Marcel, alle Ihre Freunde erklären Sie für verrückt, daß Sie jetzt, nachdem Sie sich auf dem westlichen Kontinent durchgesetzt haben, in dieses zerstörte Europa zurückfahren.‹ Es hat mich auch niemand hierhergerufen. Ich habe gesagt: Ich bin vielleicht verrückt, aber so bin ich halt. Ich bin Österreicher, ich bin in Österreich geboren. Ich will hier wieder zurück, nachdem es möglich geworden ist. [...] Wir sind dann nach Innsbruck gefahren, und dort haben wir uns ein Papier verschafft, das uns die Einreise nach Wien erlaubt hat. Es hat auch eine Zeitlang gedauert, und dann sind wir, wie gesagt, im Februar '47, es war ein eisig kalter Wintertag, in Wien angekommen. Ein einziger Mensch hat uns erwartet auf dem Westbahnhof, das war Friedrich Wildgans. [...] Matejka hat in einer der ersten Wochen meiner Anwesenheit in Wien eine große Pressekonferenz im Kulturreferat im Rathaus gemacht, und ich hatte in den ersten Wochen sechs ziemlich große Aufführungen in Wien. Aber als bekannt wurde, daß ich Kommunist bin, ist alles schlagartig abgebrochen.«[122]

Kurt Blaukopf: Die Entdeckung der österreichischen Besonderheit in Palästina

Gemeinsam mit Marcel Rubin wurde auch Kurt Blaukopf in Frankreich interniert: zunächst im Stadion von Colombes, dann im Lager Meslay-du-Maine. Während Rubin komponierte, fand Blaukopf Zeit zur Lektüre: »Ich habe sehr viel gelesen, weil ich den Vorteil hatte, daß meine Mutter schon in England war und Post aus England ins Lager bevorzugt behandelt wurde. Warum, weiß ich nicht. Und ich habe gelesen: die Schriften von William Morris, ein englischer Kunstschriftsteller von hohem Rang, in der Nachfolge von Ruskin. Das war ganz weg von dem, was dort war. Ich war so jung und widerstandsfähig und konnte den berechtigt besorgten Menschen dort viel helfen und konnte einem 20 Jahre Älteren dort die Zigarettenration geben. – Es gab auch Desolidarisierung. [...] Die Situation war schon etwas schwierig, weil wir am Anfang als feindliche Ausländer mit den Deutschen zusammengemischt waren, dadurch natürlich mit einer strammen Nazibrigade zusammen sein mußten, und da haben wir allmählich die Abgrenzung vorgenommen. Die entscheidende Wende gelang uns bei der Übersiedlung vom Sportstadion in Paris nach Meslay-du-Maine, und das hat einen musikalischen Einschlag, wenn auch einen heiteren. Ich habe oft für Blödeleien gesorgt, woran der Marcel Rubin mich erinnert hat, das hat das eigene Gemüt entlastet und die andern auch. Und ich wußte schon, daß beim Einmarsch in Meslay [...] eine unheimlich disziplinierte deutsche Division durchmarschieren wird – an die 2.000 Menschen waren in dem Lager – und daß die Österreicher da ›abstinken‹ werden. Und ich hatte überhaupt die Angewohnheit, mit kleinen ›Gsangln‹, mit eigenen Texten, teils französisch, teils deutsch, teils gemischt, Heiterkeit zu verbreiten. Also habe ich den Leuten eingebleut, wir marschieren durch Meslay mit dem Radetzkymarsch. Natürlich mußte man einen Text dazu machen, und dann in einer erleuchteten Minute kam mir der Gedanke: Wenn wir an dem General vorbeimarschieren, der auf einem Podium, mit seinem Stab, die Parade abnimmt von den Internierten, dann singen wir den Radetzkymarsch, und das ging so – das verstand natürlich jeder Österreicher und kein Franzose: ›Meslays, Meslays – Me leckt's am Oarsch – Meslays, Meslays – Me leckt's am Oarsch.‹ Die armen elsässischen Soldaten, die das verstanden haben. Sie hatten Mühe, sich vor Lachen zu halten. Aber der General hat uns nachher beglückwünscht für die ungeheure musikalische Disziplin. ›Man merkt doch, daß die Österreicher etwas anderes sind.‹ Das war irgendwo – wenn Sie wollen – nationale Identität mit den Mitteln der Musik.«[123]

Im Jänner 1940 ging Blaukopf nach Palästina. Er hatte ein Stipendium am Jerusalemer Konservatorium erhalten und studierte bei Josef Tal und Edith Gerson-Kiwi, beide waren Emigranten aus Deutschland. Nach dem Studium arbeitete er eine Zeitlang als Bibliothekar am Konservatorium und nahm schließlich – als Brotberuf – eine Halbtagsstelle in einem Ministerium an. Politisch war Blaukopf in der *Freien Österreichischen Bewegung* organisiert – und in Publikationen aus deren Umkreis konnte er seine Gedanken zur österreichischen Besonderheit darlegen, wobei diese sich keineswegs auf das Gebiet der Musik beschränkten; ja, die nicht-musikalischen Themen überwogen sogar. »Die *Freie Österreichische Bewegung* hatte einige kleine Publikationen sowohl in Palästina selbst wie auch den *Zeitspiegel* in London, an dem ich mitgearbeitet habe, und da habe ich alle diese Themen, die man in der zweiten Violine spielt, angetönt; also: die Bedeutung Guido Adlers für die Musikerziehung in der nächsten Republik, oder eine Arbeit über Michael Hainisch oder, da hat ein bißchen der Jurist gesprochen, denn ich hatte ja eine juristische Ausbildung: die Bedeutung des Konsenses der österreichischen Bundesländer bei der Entwicklung des österreichischen Staatsgedankens und derlei Dinge, über die mir der Willy Verkauf – der war damals Mitglied der KP, später ist er dann ausgeschlossen worden – gesagt hat: ›Weißt Du, meine Genossen haben keine große Freude über Deine Beschäftigung mit Hainisch und solche Themen.‹ – Für die ist es ja nicht geschrieben. Was kann man machen.«[124] So erschienen etwa in dem Verlag von Willy Verkauf Broschüren zu den Themen *Die österreichischen Bundesländer in der demokratischen Republik* (1944), *Nationale Probleme der österreichischen Geschichte* (1944) und *Michael Hainisch* (1945); im Londoner *Zeitspiegel* veröffentlicht Blaukopf Artikel über den *kulturellen Wiederaufbau Mitteleuropas* (Nr. 2, 15.1.1944) ebenso wie über Ferdinand von Saars *Innocens* (Nr. 7, 17.2.1945), über *Österreich und die slawischen Völker* (Nr. 24 u. 25, 16. u. 23.6.1945) ebenso wie über die *Geschichte der Philosophie in Österreich* (Nr. 33 u. 34, 18. u. 25.8.1945). Auf dem Gebiet der Musik hatte Blaukopf noch in Frankreich einen Essay für die von Louis Aragon herausgegebene Zeitschrift *Commune* geschrieben: *Beethoven et les idées de 89*; dieser anläßlich des 150jährigen Jubiläums der Französischen Revolution verfaßte Text erschien 1946 in deutscher Übersetzung in dem von Hermann Ullrich herausgegebenen Band über

Beethoven (Zum Gedächtnis seines 175. Geburtstages) als literarisch-kulturelle Beilage des *Zeitspiegels*. Mehrere Publikationen erlebte auch der Aufsatz über *Mozart und die Freiheit* (er erschien als internes Mitteilungsblatt der *Friends of Austria and Austrian Society* 1942 in Jerusalem und wurde ein Jahr später in London vom *Austrian Centre* herausgegeben.) Dem *Werk Guido Adlers* und der *Musikerziehung und Guido Adler* waren zwei andere musikgeschichtliche und -pädagogische Artikel im *Zeitspiegel* gewidmet. Seltener waren Aufsätze außerhalb der österreichischen Exilorganisationen, es finden sich deren nur zwei: In der *Radio Week* von Jerusalem erschien ein Artikel über Johannes Brahms, und im Musikverlag *Benno Balan* publizierte Blaukopf 1945 sogar eine für den Schulgebrauch bestimmte Broschüre über Mozart in hebräischer Sprache.

Die musikalischen Veranstaltungen der *Freien Österreichischen Bewegung* in Palästina konzentrierten sich vor allem auf österreichische Musik – alte und neue. Fallweise verfaßte Kurt Blaukopf einen einführenden Text. Auch unabhängig von solchen konkreten Anlässen begann sich Kurt Blaukopf mit dem Problem der österreichischen Besonderheit in der Musik auseinanderzusetzen. Die Ergebnisse dieser Auseinandersetzungen erschienen dann früher in Wien als er selber: Blaukopf schickte den Text *Von österreichischer Musik*, den er gemeinsam mit seiner ersten Frau Miriam Shachter schrieb, gleichsam voraus, und Willy Verkauf brachte ihn zum einen als Sonderdruck und zum anderen in zwei Teilen in seiner Zeitschrift *Erbe und Zukunft* heraus. Die Frage nach einer österreichischen Besonderheit mußte insbesondere für die Musiksoziologie eine große Herausforderung bedeuten. Blaukopf hatte sich bis dahin mit nationalen Fragen kaum beschäftigt; sein Buch über die Endkrise der bürgerlichen Musik ging wohl auch von einer Endkrise nationaler Identität aus, die durch eine internationale Gesellschaft überwunden werden würde – und ebenso international orientiert erscheint seine bereits vor 1938 geschriebene und erst 1950 publizierte Musiksoziologie. In der Emigration und unmittelbar danach aber war die Orientierung auf die österreichische Nation »eigentlich die große Hoffnung«, wie Kurt Blaukopf noch heute sagt. »Als ich '47 nach Wien kam, habe ich angenommen, das ist universeller Konsens. Das war es ja nicht, das wissen wir heute ganz genau.«[125]

So liest sich der umfangreiche Text *Von österreichischer Musik* als Entwurf zu einer großen Geschichte der österreichischen Musik, ein Parallelunternehmen etwa zu Eva Priesters zweibändiger Geschichte Österreichs oder zu Albert Fuchs' und Ernst Fischers Studien zur österreichischen Literatur. Mit diesen teilt Blaukopfs Arbeit auch alle Stärken und Schwächen. Zum einen gelingt es, eine Musikgeschichte der Landschaften, wie sie bisher geschrieben wurde, um die österreichische Eigenart zu erklären, weitgehend zurückzudrängen: »Der Einfluß der Landschaft ist nun gewiß wichtig unter allen Faktoren, die zur Bildung der österreichischen Musik beigetragen haben. Doch ebenso gewiß ist, daß landschaftliche Schönheit allein nicht hinreicht, um die Geburt von Werken zu erklären, deren Boden nicht die Natur allein, sondern die menschliche Gesellschaft ist.«[126] Mit der Bestimmung des Gesellschaftlichen in der Kunst ist auch einer Musikgeschichte der *Stämme*, wie sie in Anlehnung an Nadler nahe liegen mag, die Grundlage genommen, denn Hegel wird als Gewährsmann des Gesellschaftlichen in der Kunst zitiert. Freilich wird dabei ein Dilemma sichtbar: Die Teleologie des Hegelschen Denkens kristallisiert sich an der österreichischen Nation; das Resultat wird auf seine Voraussetzungen projiziert, es wird zum Telos. Begriffe wie der vom österreichischen Volkscharakter, dazu dienend, eine Kontinuität vom 16. Jahrhundert an zu behaupten und zu beschreiben, verstellten eher den Blick auf das Gesellschaftliche, auch wenn sie durchaus kritisch intendiert sein konnten: Als zwei Merkmale des österreichischen Volkscharakters führen Kurt und Miriam Blaukopf an: »[...] die unverwüstliche Lebenslust und der oft gefährliche Hang, den tieferen Problemen durch eine schroffe Wendung zur Sinnlichkeit auszuweichen. Der volkstümliche Realismus ist weniger kritisch als naiv und erschöpft sich oft in der Behauptung der Lebensfreude um jeden Preis. ›Glücklich ist, wer vergißt, was nicht zu ändern ist!‹ heißt es noch in der ›Fledermaus‹. Und in der Tat gehen Geist und Musik der Wiener Operette des 19. Jahrhunderts auf das Singspiel des 18. Jahrhunderts zurück.«[127] Dem wären freilich die Diskontinuitäten und Widersprüche in der Geschichte der Habsburgermonarchie entgegenzuhalten: Die Operette läßt sich wohl eher aus dem Jahre 1848 als aus dem Singspiel des 18. Jahrhunderts begreifen; umgekehrt müßte man für Nestroy und Mozart in dieser Hinsicht die Zugehörigkeit zum österreichischen Volk mit guten Gründen in Zweifel ziehen. Die Überzeichnung der Kontinuität betrifft aber nahezu alle Versuche über die österreichische Eigenart – und zwar nicht nur die aus der Zeit des Exils. Sie entspringt fast immer aus dem verständlichen Bedürfnis, der deutschnationalen Orientierung in der Kulturgeschichte etwas entgegenzusetzen. Warum begnügt man sich nicht mit der einfachen Annahme, daß die österreichische *Nation* aus dem Widerstand gegen den deutschen Faschismus entstanden ist – alles andere in dem Sinne eine Vorgeschichte war, als sie auch zu anderen Resultaten hätte führen können?

Als der Emigrant Blaukopf nach Wien zurückkehrte, erwartete er ein großes Projekt auf diesem Gebiet, an dem er als Musiksoziologe hätte teilnehmen können – und vielleicht wäre es in diesem Zusammenhang gelungen, die taktischen Verzerrungen der österreichischen Besonderheit wieder aufzulösen. Es wurde nichts daraus – und so trat auch diese Orientierung in Blaukopfs weiterem Schaffen in den Hintergrund. Zugleich war dies freilich ein Ergebnis der Entwicklung der Musikindustrie. Kurt Blaukopf konzentrierte seine Aufmerksamkeit später vor allem auf die Auswirkungen der technischen Medien in der Musik – und diese waren den nationalen Traditionen geradezu entgegengesetzt.

Die Entwicklung von Blaukopfs musiksoziologischem Denken ließe sich als fortgesetzte Häutung Hegelscher Teleologie beschreiben: Auf die frühe, von Lukács' *Geschichte und Klassenbewußtsein* inspirierte, messianische Radikalisierung der teleologischen Konzeption folgt das nationale Telos: An die Stelle der Revolution gegen die Bürgerwelt rückt der Widerstand gegen den Deutschnationalismus. Doch schon zur gleichen Zeit streift Blaukopf die Teleologie als solche ab; und wieder ist es Hegel, mit dem er Hegel überwindet. Sein Beitrag über ›*Häßliche*‹ *Musik* ist darüber hinaus eine offene Kritik an der stalinistischen Kulturpolitik. Er schließt alle schönfärberischen Realismustheorien aus: Das Häßliche muß in der Kunst Anführungszeichen tragen – und es hat Gründe, die nicht in der Kompetenz des Künstlers liegen. Die Dialektik Hegels reicht über dessen Teleologie hinaus – Blaukopf macht den inneren Widerspruch der Hegelschen Ästhetik sichtbar, indem er folgendes Zitat an den Schluß seiner Überlegungen stellt: »Denn auf gewissen Stufen des Kunstbewußtseins und der Darstellung ist das Verlassen und Verzerren der Naturgebilde nicht unabsichtliche technische Übungslosigkeit, sondern absichtliches Verändern, welches vom Inhalt, der im Bewußtsein ist, ausgeht, und von demselben gefordert wird. So gibt es von dieser Seite her unvollkommene Kunst, die in technischer und sonstiger Hinsicht in ihrer bestimmten Sphäre ganz vollendet sein kann, doch dem Begriff der Kunst selbst und dem Ideal gegenüber als mangelhaft erscheint.« Von solchem Widerspruch aus bleibt dem idealistischen Denken nur noch der Weg in gesellschaftliche Kategorien.

Allen Repressionen, wie sie in der Sowjetunion gegenüber einzelnen Künstlern ausgeübt wurden, wird eine deutliche Absage erteilt. Nicht jedoch ist damit die spezifische Problematik der modernen Kunst ausgelöscht, wie etwa in der wohlfeilen Meinung, auch Mozart wäre in seiner Zeit ein Avantgardist gewesen: »[...] der Vorsprung, den der Künstler vor dem Publikum hat, ist eine moderne Erscheinung [...] Die geistige Distanz zwischen Komponisten und Publikum hat mannigfache Ursachen: die Arbeitsteilung und Spezialisierung der modernen Gesellschaft; die scharfe Trennung von ernster und leichter Musik; die soziologische Absonderung des Künstlers und dessen Mythologisierung als Genie; die marktmäßige Anonymität der Beziehung von Künstler und Publikum [...]«[128] Aus diesen objektiven Bedingungen moderner Kunstproduktion leitet Blaukopf die subjektive Einstellung zur Kunst ab: »Künstler und Laie, Genie und Publikum betrachten nun in gleicher Weise die Kunst als etwas abseits Stehendes, eigenen Gesetzen Gehorchendes, das von der Prosa des Lebens unabhängig ist oder zumindest sein soll. Dieser Anschauung liegt die unbestreitbare Tatsache der Entfremdung von Künstler und Publikum zugrunde und es ist nicht angängig, sie als ›leere Ideologie‹ abzutun. Es nützt auch wenig, wenn gegen diese Anschauung gepredigt wird. Sie kann erst verschwinden, wenn ihre materiellen und sozialen Ursachen verschwinden.«[129]

Aus dieser Einsicht in die Voraussetzungen des musikalischen Schaffens der Gegenwart rät Blaukopf zu einer Annäherung an die Komponisten, die jener ärarischen widerspricht, die in der Sowjetunion parktiziert wurde und bald auch in der neugegründeten DDR neue Gelegenheit fand: »Es ist die Tragik unseres bis zur Unkenntlichmachung des Menschen spezialisierten Zeitalters [...] daß der Komponist, dem aufgetragen ist, das musikalische Material in seiner Weise zu meistern, zum Gefangenen dieses Materials, ja mehr noch, zum Gefangenen seiner eigenen Schöpfung wird. Das Ergebnis ist eine Kunst, die, obgleich mit dem vollen Enthusiasmus des Künstlers geschaffen und strengen Handwerksregeln gehorchend, doch ihren Eindruck auf den Hörer verfehlt, von diesem als ›häßlich‹ abgelehnt wird. Da hilft kein Nörgeln. Wir müssen unsere ganze Liebe zur Kunst auf den Künstler übertragen, zu ihm hinansteigen und es ihm leichter machen, sich aus den Fetischfesseln zu befreien – um seinetwillen so sehr wie um unsretwillen. Es ist nicht Tatenlosigkeit, was den Künstler so und nicht anders schaffen macht. Er stellt nur – in den höchsten Sphären des Geistes – den Widerspruch unserer Zeiten dar.«[130]

HÖLLENHUNDE BEWACHEN DEN OLYMP
Vertriebene und »Daheimgebliebene« nach 1945

Professor Robert:
Ehrlich gesagt ich bin wegen der Musik
nach Wien zurückgegangen
wahrscheinlich nur wegen der Musik
aber wenn ich ehrlich bin
hat mir nach meiner Rückkehr kein Konzert mehr gefallen
Walter Klemperer Kleiber Barbirolli mein Gott
die sind ja alle tot.
[...]
Er ist wie er selber so oft gesagt hat
in die Wiener Falle gegangen.

Er hat nicht mehr gewußt
daß in Wien und überhaupt in Österreich
die Verlogenheit zuhause ist.

(Thomas Bernhard, Heldenplatz)

Nach dem Ende des »Dritten Reiches« stellten sich im Kulturbereich primär zwei Fragen: Erstens die nach der Verantwortung jener, die vom NS-Regime durch Einbindung in das vom Kahlschlag der Vertriebenen gezeichnete Musikleben profitiert hatten, sowie zweitens die nach der Wiedergutmachung beziehungsweise nach der Integration der exilierten Musikschaffenden in Nachkriegsösterreich. Der Großteil der Personen, die das Land verlassen mußten, waren Juden – zugleich auch das Gros der geistigen Elite Österreichs. Rund 125.000 von ihnen – von Joseph Goebbels geschickt als »Arbeiter- und Volksverräter«[1] bezeichnet – wurden gezwungen, unter Preisgabe des persönlichen Vermögens, das okkupierte Österreich zu verlassen, 15.000

wurden von den Hitler-Schergen auf der Flucht eingeholt und ermordet.[2]

Karl Böhm oder die politische Gleitfähigkeit

Bezeichnenderweise gab es für die »Daheimgebliebenen« Schwierigkeiten, die Bedeutung, die in dieser Zeit das Wort »Exil« für viele angenommen hatte, auch nur zu erahnen. Stellvertretend für die Kategorie der »Verdränger« sei Karl Böhm genannt, der in Hitlerdeutschland eine beachtliche Karriere absolvierte – dies allerdings erst nach der Vertreibung der ersten Garde der in Deutschland auftretenden Dirigenten (Fritz Busch, Otto Klemperer, Bruno Walter, Erich Kleiber u.a.). So dirigierte Böhm noch im Jänner 1945 zwei Konzerte im eingeschlossenen Berlin, wo er, die politische Lage erkennend, seinem Tagebuch die Mitteilung »Russen ante portas«[3] anvertraute. Ausgestattet mit dieser politischen Standfestigkeit, verwundert es daher nicht, daß Böhm seinen kurzen Aufenthalt im Mai 1945 in Kammer am Attersee in Verkennung der Realität als »Exil«[4] bezeichnete.

Bei Böhm blieb eine Auseinandersetzung mit den zeitgeschichtlichen Ereignissen aus, wie in einigen selbstherrlichen Chrakterisierungen erkennbar ist. Er soll hier stellvertretend für die große Anzahl der bewußt »verdrängenden« Musikschaffenden genannt werden, deren Argumente in der Öffentlichkeit der Zweiten Republik stereotyp als Entschuldigung wiederkehrten. Noch 1968 äußerte sich Böhm defensiv: »Die Tatsache, daß ich nicht emigriert bin, hat man mir später ebenfalls verübelt. Auch verschiedene Personen aus dem Ausland stellten diesbezügliche Fragen, auf die mir stets nur zu erwidern blieb: Ich hatte damals leider kein Angebot von der Met oder von Covent Garden; ich konnte also schon wegen meiner Familie nicht ohne echte Nötigung eine gesicherte Position aufgeben, glaube aber im Verlaufe meiner Tätigkeit sowohl in Dresden wie später in Wien bewiesen zu haben, auf welcher Seite ich immer gestanden bin.«[5]

Die von ihm publizierten Aussagen lassen eher auf Willenskundgebungen für das »Dritte Reich« schließen. Nach seinem eigenen, pathetisch formulierten Bekenntnis, war er bereits 1923 deutsch-national beeinflußt. Seine Kommentierung des für die weitere Entwicklung der NSDAP in Deutschland wichtigen 9. November 1923 wurde daher nicht ohne Grund zum richtigen Zeitpunkt publiziert. Es war 1940 geradezu opportun und verfehlte auch nicht seine Wirkung, das Ereignis aus der Sicht der teilnehmenden Beobachtung retrospektiv zu kommentieren. Kurz: Es war eine Gelegenheit, die Aufmerksamkeit auf sich und ein der NSDAP äußerst wichtiges Thema zu lenken, das sich von den »Allerweltsbeiträgen« anderer Autoren in H.E. Weinschenks Sammelband *Künstler plaudern* wohlweislich unterschied. Böhm pathetisch: »In München hatte ich ein unvergeßliches Erlebnis: Es war an jenem denkwürdigen 9. November 1923, da die braunen Kolonnen Adolf Hitlers zum Marsch nach der Feldherrnhalle antraten [...] dort spielten sich die erschütternden Ereignisse ab, die einen Markstein in der deutschen Geschichte bilden. Fiebernde Spannung lag in jenen Tagen über München, man ahnte, daß große Begebenheiten bevorstanden, und so war keine rechte Konzentration für das Musizieren möglich. Plötzlich hallten Schüsse über den Platz, wir eilten zum Fenster und sahen die vor den möderischen Kugeln zurückweichenden Nationalsozialisten. Unter ungeheurer Aufregung erlebten wir den Abtransport der Verwundeten, sahen Blut, das für die Idee vergossen wurde, die siegreich geworden ist.«[6]

1935 intervenierte Böhm persönlich beim Reichsdramaturgen der Reichstheaterkammer, Rainer Schlösser, um die Erlaubnis zu erhalten, drei Konzerte in Wien dirigieren zu dürfen – ein weiterer Hinweis, daß er keineswegs sein weiteres berufliches Fortkommen vernachlässigte und dafür auch bereit war, die notwendigen politischen Konzessionen zu machen: »Da ich von Geburt aus Österreicher bin, jetzt seit zwölf Jahren reichsdeutscher Staatsangehöriger und natürlich in Wien viele Anhänger, besonders im nationalsozialistischen Lager habe, glaube ich, daß diese Konzerte propagandistisch von größtem Vorteil für Deutschland sein können [...] Mit deutschem Gruß.«[7] Böhm dirigierte auch anläßlich einer Reichsfeierstunde am 1. April 1938 zum ersten Mal in einem Wiener Konzertsaal das Horst-Wessel-Lied. Der Dirigent behielt – so Marcel Rubin – die Gewohnheit bei, Orchester und Publikum mit erhobenem Arm zu grüßen – was durchaus nicht gebräuchlich war.[8] 1942 erwarb er eine arisierte Villa von der Gestapo.[9] Im Juli 1946 erklärte der Dirigent, der »den Einmarsch der deutschen Truppen in Wien 1938 als den schönsten Tag seines Lebens bezeichnete«[10], der Sonderkommission für Entnazifizierungsverfahren schriftlich, »daß ich mich in der Vergangenheit und besonders auch während der Dauer der Annexion Österreichs immer als Österreicher gefühlt und auch danach gehandelt« habe.[11]

Am 10. September 1945 eröffnete Böhm die Festwochen in seiner Geburtsstadt Graz, der Stadt der »Volkserhebung«, worauf bis 29. April 1946 weitere Gastdirigate in dieser Stadt folgten.[12] Im selben Jahr leitete er bis zu einem neuerlichen, kurzen Auftrittsverbot eine Konzerttournee der Wiener Symphoniker nach Zürich.[13] Ein Jahr wurde Böhm mit Berufsverbot belegt, in der Diktion seines wohlwollenden Biographen Franz Endler mußte er »... ohne Amt vegetieren«.[14] Aber auch Endler muß zugeben: »Politische Bekenntnisse wurden ihm nur maßvoll abverlangt.«[15]

Vergleichsweise sei die Entnazifizierung am Beispiel Willem Mengelbergs in den Niederlanden beschrieben: Mengelberg, Leiter des Amsterdamer *Concertgebouw-Orchesters*, ließ sich von den Nationalsozialisten für das Kulturleben gewinnen und wirkte u.a. bei den Salzburger Kriegsfestspielen mit. Dafür verurteilte man ihn zu sechs Jahren Auftrittsverbot – eine Strafe, die nicht zurückgenommen oder reduziert wurde.[16] In Österreich wurde dagegen versucht, den politischen und kulturellen Ausgleich zu forcieren – Unebenheiten in der Biographie von politisch belasteten Musikschaffenden wurden zum Privaten erklärt und mit diesem Argument aus der öffentlichen Diskussion genommen. Damit stand einer weiteren künstlerischen Karriere

Böhms ähnlich der Herbert von Karajans nichts mehr im Wege. Im Gegenteil: die Kontinuität sowohl der Musikschaffenden als auch der im Kunstmanagement Beschäftigten schuf ein kulturpolitisches Klima, das zusätzlich einer Heimkehr der vertriebenen Musikschaffenden hinderlich war. Musiker wie Karl Böhm nutzten sowohl den zeitlichen Vorsprung als auch den »Heimvorteil« gegenüber ihren Musikerkollegen im Exil und konnten bereits Kontakte und Verbindungen herstellen und damit die Kontinuität ihrer Karriere bewahren. 1947 konnte Böhm Beethovens *Fidelio* (!) und ein Orchesterkonzert anläßlich des »Ersten Internationalen Musikfests« in Wien dirigieren.[17]

Im Jänner 1954 wurde er zum zweiten Mal in seiner Karriere Staatsoperndirektor, im März desselben Jahres kam es nach einer *Elektra*-Vorstellung zu einer Reverenz des Stehplatzpublikums: Es wurde ihm zu Ehren ein Fackelzug veranstaltet. Als im November 1955 die Staatsoper wiedereröffnet wurde, war es wiederum Böhm, der den *Fidelio* leitete. Der Dirigent war wegen der Massenhysterie – die Sitzplätze waren ausverkauft, um die Stehplätze harrten die Interessenten tage- und nächtelang aus – emotional überwältigt und »ließ auf seine Kosten heiße Würstel an die Wartenden verteilen«.[18]

Auch Clemens Krauss war ein »Diener vieler Systeme«. In den Jahren 1938 bis 1945 hatte er das deutsche Kulturleben in führender Weise beeinflußt (Wiener Staatsoper, Dirigate bei den Wiener und Berliner Philharmonikern) und erhielt nach 1945 folgerichtig Auftrittsverbot. Vielleicht noch überzeugender als Böhm verkörpert er die Kontinuität des »österreichischen« Kulturlebens: Er dirigierte am 1. und 2. April 1945 das letzte Konzert der Wiener Philharmoniker in der NS-Zeit, von dem ein Chronist emphatisch berichtete: »Die Stimmung der philharmonischen Gemeinde war beispiellos – Angst, Wehmut, Untergangsjammer und Weihrauch für die philharmonischen Helden und ihren Dirigenten C(lemens) K(rauss). Schluchzen und tränenvolle Abschiede.«[19] Nur der Dirigent soll die Nerven bewahrt –

»Aber, aber – in ein paar Wochen, da spiel'n wir wieder Tschaikowsky«[20] – und damit Recht behalten haben. Krauss, einer der Lieblingsdirigenten Adolf Hitlers, der in einem der letzten philharmonischen Konzerte die »Hymnen an den Herrn – ein Volksoratorium nach Texten deutscher Musiker« des ehemaligen Orchestervorstandes der Wiener Philharmoniker, Kontrabassisten und SS-Mitgliedes Wilhelm Jerger dirigierte,[21] besorgte auch die Leitung des ersten Philharmoniker-Konzertes im befreiten Österreich, dessen Programm eben eine Verbeugung vor der sowjetischen Besatzungsmacht sein sollte: Schuberts *Unvollendete*, Beethovens *Leonoren-Ouvertüre* sowie Tschaikowskys *Fünfte Sinfonie*.[22]

Die Wiener Philharmoniker oder die »Unvergleichlichen« in der vergleichbaren Kunst des profanen Überlebens

> *»Die Wiener Philharmoniker sind als Volks-Orchester der Wiener Landschaft zu Weltbedeutung aufgestiegen, längst bevor die hochgezüchteten Orchester der heutigen kapitalistischen Welt entstanden. Als eigentliches Volks-Orchester, ausschließlich bestehend aus Musikern der Wiener Schule, wird es auch für die Zukunft seine Bedeutung behalten.«*
> (Wilhelm Furtwängler)[23]

Von 117 Orchestermitgliedern der Wiener Philharmoniker waren während der NS-Zeit 45 in der NSDAP organisiert – 22 davon bereits zuvor als »Illegale« und zwei als Mitglieder der SS. Zum Vergleich die Zahlen der Berliner Philharmoniker: 110 Musiker, davon acht NS-Mitglieder.[24] Wilhelm Jerger war einer der beiden Philharmoniker, die in der SS organisiert waren, später einer von den 13 zwangsweise pensionierten Mitgliedern, die von einer internen (!) Entnazifizierungskommission, bestehend aus Ministerialbeamten sowie einem Referenten des Orchesters, ausgewählt wurden. Das Orchester blieb nach einer Intervention beim kommunistischen Staatssekretär Ernst Fischer als eigenständiger und unabhängiger Verein erhalten.[25]

Massiv begünstigt wurde die Position des Orchesters durch ein auf Ausgleich bedachtes kulturpolitisches Klima. So entschuldigte der ehemalige KZ-Häftling und mittlerweile als Leiter der Bundestheaterverwaltung in der Kulturbürokratie tätige Egon Hilbert den Orchesterverein mit folgenden irreführenden Argumenten: »Wohl auch aus dem Gedanken heraus, die Zusammensetzung des Orchesters möglichst unangetastet zu erhalten und Zerstörungstendenzen keine Handhabe zu bieten, hat sich ein verhältnismäßig großer Teil der Orchestermitglieder zur NSDAP gemeldet und in den Personalfragebögen des Jahres 1938, mit den Tatsachen in Widerspruch stehend, auf Illegalität hindeutende Angaben gemacht, die jetzt zum Großteil bestritten werden und deren Unrichtigkeit sich auch erweisen dürfte.«[26] Zielführender war die Meinung des Chefredakteurs der US-Zeitung *Wiener Kurier*, Hendrik J. Burns, der die Problemstellung präzise umriß: »Braucht Wien und braucht Österreich heute ein philharmonisches Orchester, das voll und ganz seiner alten Tradition entspricht – oder soll das neue Österreich und das neue Wien vorübergehend ein weniger gutes Orchester besitzen – dafür jedoch ein neues und wirklich demokratisches? Die Entscheidung liegt im Gewissen aller Österreicher – nicht nur in den Händen des Orchesters –, und die Frage ist: Ja oder Nein?«[27]

Optiert wurde für die Verdrängung. Bezeichnend ist allerdings, wie unkritisch das Orchester noch 1978 in einem Nachruf das Leben Jergers würdigte: »Im Jahre 1938 wurde Wilhelm Jerger zum Vorstand des Orchesters bestellt und erlangte damit eine Position, die er in schwierigster Lage mit großem Geschick meisterte. Als er 1945 aus dem Orchester der Philharmoniker ausschied [sic!] […] Jene Generation, die ihn als aktiven Kollegen kannte und erlebte, wird seiner stets mit größter Dankbarkeit gedenken.«[28] Was keinesfalls für die in den Vernichtungslagern der Nationalsozialisten umgekommenen Orchestermitglieder Viktor Robitsek und Mark Starkmann gelten kann – ob es für die Vertriebenen Ludwig Wittels und Josef Geiringer[29] zutrifft, ist äußerst fraglich. Philharmonische Nachrufe waren stets bestrebt, jede Dissonanz zu vermeiden. Fast deckungsgleich finden sich immer wieder Sätze wie: »Er blieb den Wiener Philharmonikern zeit seines Lebens in Treue verbunden«[30] oder: »Trotz seiner Trennung von unserem Orchester blieb er aber innerlich mit uns Philharmonikern zeitlebens verbunden.«[31] Austauschbare Hülsen wie diese Worte können je nach Anlaß sowohl dem Vertriebenen Hugo Burghauser als auch dem SS-Mann Wilhelm Jerger zugeordnet werden. 1946 jedenfalls war es ratsam, in Einzelfällen an Vertriebene zu erinnern. So gedachte das Orchester in einer Trauerfeier des ehemaligen Konzertmeisters Arnold Rosé. Josef Krips, während der NS-Zeit mit Arbeitsverbot belegt, dirigierte den langsamen Satz der 7. *Symphonie* Anton Bruckners, Orchestervorstand Fritz Sedlak hielt die Gedenkrede.[32]

Merkwürdigerweise waren Dirigenten wie Erich Kleiber oder Bruno Walter zur Versöhnung oft bereit. So bekundete angeblich Walter, als er im Herbst 1955 in Wien mit Beethovens *Neunter* und Bruckners *Te Deum* zum ersten Mal nach Kriegsende wieder die Wiener Philharmoniker dirigierte, verzeihend: »Die Zeiten ändern sich, die Menschen ändern sich, aber die Wiener Philharmoniker spielen immer gleich gut.«[33] Eine Aussage, die im Wien der Nachkriegszeit dankbar gehört wurde, belegte sie doch die These von der apolitischen Kunst, die das Wiener Bürgertum gerne kultivierte. Das Orchester indessen dankte den mittlerweile weltberühmten Dirigenten, die großteils auf eine beachtliche Karriere außerhalb Europas verweisen konnten und auch durch Schallplatten überdurchschnittlich stark präsent waren, die Bereitschaft zur Verzeihung wenig. So wurden von den vertriebenen Dirigenten in den Saisonen 1954/55 bis 1980/81 beispielsweise George Szell zu fünf Konzerten und Erich Leinsdorf zu drei Konzerten eingeladen. Kleiber konnte nicht dirigieren – der »hiergebliebene« Bruckner-Spezialist Carl Schuricht dagegen war mit elf Konzerten vertreten, Karl Böhm, der sich nach 1945 geschickt bei den Salzburger Festspielen, den Wiener Festwochen und in der Wiener Staatsoper etablieren konnte, leitete 57 philharmonische Konzerte.[34]

Generöse Unterstützung durch die Wiener Philharmoniker fand auch der deutsch-national und antisemitisch eingestellte Hans Pfitzner. Thomas Mann charakterisierte ihn als »namhaften alten Tonsetzer in München, treudeutsch und bitterböse«.[35] Die Einschätzung des Journalisten Viktor Reimann steht dagegen beispielhaft für das deutschnational-konservativ eingestellte österreichische Bürgertum, das nach 1945 zu keiner Revision bereit war: Pfitzners Oper *Palestrina* gilt Reimann »nicht nur als ein, wenn nicht als bedeutendstes Opernwerk dieses Jahrhunderts, sondern ist auch die deutsche Oper schlechthin.«[36] 1921 hatte der Komponist in »bestimmten« Kreisen mit der romantischen Kantate *Von deutscher Seele* reüssiert – nach Alma Mahler-Werfel ein »deutscher Nationalgesang«[37] –, ein Werk, das er 1937 auch mit den Wiener Symphonikern aufführte.[38] Pfitzner versuchte bei Nazi-Größen Anerkennung zu finden und verwendete für eine Denkschrift programmatisch ein Hitler-Zitat, das seine politische Position klarstellte: »Ich bin Nationalsozialist und als solcher gewohnt, zurückzuschlagen.«[39] 1933 sorgte der »Kampfbund für deutsche Kultur« dafür, daß Pfitzner während der Frühjahrs-Kunstwochen ein Gastdirigat erhielt, der Leiter der Berliner Oper, Otto Klemperer, dagegen entlassen wurde.[40] Denn: »Das fing mit Klemperer, Kleiber, Brecher, Horenstein an und endete mit Schmonzes, Tachles und ich weiß nicht wem. Der eine Hans Pfitzner aber wurde nirgends aufgefordert, eine Wagner-Feier zu dirigieren […]«[41] Pfitzner bemühte sich erfolgreich, der »deutscheste« Komponist zu sein und schreckte auch vor der Freundschaft mit Massenmördern nicht zurück. So erwies ihm Hans Frank, Generalgouverneur des von Hitlerdeutschland nicht annektierten Restpolen, seine »Huld« – Pfitzner revanchierte sich und komponierte 1944 devot eine Polonaise (*Krakauer Begrüßung*, op. 54) für den Liquidator des polnischen Judentums. Noch 1946 schickte Pfitzner Frank, als er für seine Verbrechen zum Tod verurteilt wurde, ein Telegramm des Trostes in das Gefängnis.[42] Dieses irritierende Bild des Komponisten wird durch seine Infragestellung der Greuel in den KZs und den Vernichtungslagern verstärkt – immerhin wurde sein Freund Paul Cossmann in das KZ Dachau eingeliefert, und Pfitzner intervenierte für Cossmanns Freilassung bei Himmler.[43]

Pfitzners politische Position im »Dritten Reich« führte dann auch zu heftigen Kontroversen mit den wenigen noch verbliebenen Freunden nach 1945. Selbst ehemals enge Freunde wie Bruno Walter sahen sich nur mit Mühe in der Lage, eine – allerdings wesentlich eingeschränkte – Verbindung mit Pfitzner aufrechtzuerhalten: »Laß uns in unserer neuerlichen Verbindung vermeiden, Trennendes zu berühren; es ist genug da, was uns verbindet.«[44]

Nachdem offizielle Stellen kein Interesse erkennen ließen, Pfitzner nach Österreich einzuladen – eine Übersiedlung und Aufnahme durch die Gemeinde Wien wurde 1948 abgelehnt – ergriff der Orchestervorstand Rudolf Hanzl persönlich die Initiative: Er sprach eine private Einladung nach Wien aus.[45] Der Komponist wurde zugleich mit Haydn, Mozart, Beethoven, Schubert, Bruckner und Brahms genannt und damit indirekt der Hoffnung Ausdruck verliehen, »daß unsere Kulturinstitute sich immer stärker, im Falle Pfitzner, ihrer kulturellen Sendung bewußt werden, daß gerade jetzt, wo wir so arm an materiellen Dingen geworden sind, die seelischen Werte, die der Meister von seiner herrlichen Musik so überreich spendete, immer mehr lebendiger Besitz unseres Volkes werden«.[46] Die Wiener Philharmoniker luden den Komponisten ein, nach Wien zu übersiedeln und eine »einzigartige Verbindung«[47] mit dem Orchester einzugehen. Bereits während der NS-Zeit wurde er in den philharmonischen Abonnementkonzerten achtmal aufgeführt, Karl Böhm dirigierte im November 1944 die Uraufführung von Pfitzners *Drei Gesängen für Männerchor mit Begleitung eines Orchesters* nach Gedichten von Werner Hundertmark.[48] Am 5. März 1949 war es dann so weit: Die Wiener Philharmoniker verliehen dem Komponisten die zwei höchsten Auszeichnungen, welche sie zu vergeben hatten, die Ehrenmitgliedschaft und den Ehrenring. Der jähe Tod Pfitzners verhinderte jedoch seine Niederlassung in Wien. Die Wiener Philharmoniker hielten eine Trauerfeier ab, Ewald Balser deklamierte Grillparzers *Rede am Grabe Beethovens*.[49]

Epilog: Ende März 1983 spielten die Wiener Philharmoniker für ihre Abonnenten erneut Pfitzners *Von deutscher Seele* – im September 1993 hörten die Teilnehmer einer »Sommeruniversität«, die von der rechtsextremen Zeitschrift *Junge Freiheit* und der *Freiheitlichen Studenteninitiative* in Innsbruck veranstaltet wurde, nicht nur Vorträge von Rolf Schierhuber (Funktionär der Republikanischen Partei) über »den geistigen Bankrott der etablierten Parteien« und Friedrich Romig (Bischof Kurt Krenns Europa-Referent) über »Katholizismus und politische Form« – eine Hommage an den Staatsrechtler und Vordenker des »Dritten Reiches«, Carl Schmitt. Gedacht wurde auch des Komponisten Hans Pfitzner – unter anderem gab man die Kantate *Von deutscher Seele*. Nach der *Jungen Freiheit*: »Politische Geniezeit unseres Volkes.«[50]

Erich Kleibers Kampf gegen den Opportunismus

Am 27. Januar 1956, Mozarts 200. Geburtstag, starb Erich Kleiber in Zürich. Von diesem tragischen Fehlschlag abgesehen, schien im Zyklus nach 1945 fast jeder Dirigent von internationalem Rang auf, und die Zusammenarbeit mit Persönlichkeiten unterschiedlichsten Gepräges ist nicht nur der beste Garant für die Erhaltung der musikalischen Flexibilität des Ensembles, sondern entlarvt auch den gelegentlich erhobenen Vorwurf, das Orchester würde nur ›bequeme‹ Künstler einladen, als absurd.
(Clemens Hellsberg)[51]

Erich Kleiber war ein Sonderfall. In den frühen zwanziger Jahren die Wiener Philharmoniker auf einer Deutschland-Tournee leitend, wurde er, dem der ehemalige Vorstand Otto Strasser »Korrektheit und Unbeeinflußbarkeit«[52] attestierte, vom Orchester nicht akzeptiert. Erst viele Jahre nach dem Zweiten Weltkrieg wurde er eingeladen, den *Rosenkavalier* zu dirigieren und die Oper mit den Wiener Philharmonikern auf Schallplatte einzuspielen, was dem Orchester zum ersten großen Schallplattenpreis in seiner Geschichte verhalf.[53] Kleiber, den die Nationalsozialisten fälschlicherweise mitunter als Juden bezeichneten,[54] legte am 4. Dezember 1934 das Amt des Generalmusikdirektors der Berliner Staatsoper nieder, das er seit 1923 ausgeübt hatte. 1925 leitete er die Uraufführung von Alban Bergs *Wozzek*. In den folgenden Jahren dirigierte er die Erstaufführungen »seiner« Oper auch in New York (1931), Mailand und London (1951/52) – bezeichnend ist allerdings, daß 1951 Karl Böhm für die Premiere von *Wozzek* in Salzburg vorgezogen wurde.[55]

Die Ära Kleiber in Berlin war durch viele Aufführungen von zeitgenössischen Opern gekennzeichnet: 1924 Janáčeks *Jenufa*, 1928 Kreneks *Die Zwingburg*, 1928 Schrekers *Der singende Teufel*, 1930 Kreneks *Das Leben des Orest* und 1930 Milhauds *Christophe Colombe*, die zu teilweise hymnischen Rezensionen, jedoch auch zu vehementer Ablehnung führten. Besonders an Milhauds Oper entzündete sich der Widerstand der rechtsextremen Presse, die die gesamte Produktion des *Christophe Colombe* angriff: Nicht akzeptiert wurde, daß ein Jude die Oper komponierte, ein katholischer Franzose, Paul Claudel, das Textbuch verfaßt hatte, haßerfüllt aber zur Kenntnis genommen, daß vor allem die musikalische Leitung durch den »Intimfeind« der völkischen Presse, Kleiber, viel zum Erfolg beitrug. 1934 engagierte sich Kleiber erneut erfolgreich für Berg, indem er die Uraufführung der *Symphonischen Stücke* aus der Oper *Lulu* leitete. Die »Reichsmusikkammer« (Präsident: Richard Strauss, Stellvertreter: Wilhelm Furtwängler) übte mittlerweile massiven Einfluß auf das deutsche Musikleben aus. So wurde dem renommierten Musikkritiker Hans-Heinz Stuckenschmidt eine Rezension in seinem Blatt verwehrt, einflußreiche, deutschnational eingestellte Musikkritiker reagierten auf die Uraufführung in der NS-Presse hysterisch und verlangten eindringlich die Eliminierung Kleibers[56]: »Dringender als der ›Fall Furtwängler‹ würde der ›Fall Kleiber‹ einer Bereinigung bedürfen. Ausländische Zeitungen wollen bereits wissen, daß Erich Kleiber seinen Rücktritt erklärt habe. Auf jeden Fall ist das künstlerische Verhalten Kleibers geradezu beispiellos. Nachdem er erst in der Philharmonie die Frühlingsweihe des Geräuschkomikers Strawinsky[57] zur Aufführung gebracht hatte, wagt er es, in den Staatsopernkonzerten eine sinfonische Suite aus Alban Bergs Oper ›Lulu‹ aus der Taufe zu heben. Eine unerfreuliche, zum Teil atonal-abscheuliche Musik mit Saxophon und Vibraphon. Ein empörter Zuhörer rief laut ›Heil Mozart‹. Widerspruch wurde in dem Beifallsgejohle der Kleiber-Clique erstickt, in der das jüdische Element auffällt.«[58] Dem Demonstranten, der »Heil Mozart« geschrien hatte, antwortete Kleiber mit der ihm eigenen Noblesse: »Sie irren sich: das Stück ist von Alban Berg!«[59]

Kleibers Bekenntnis zu Österreich war trotz seines langjährigen Engagements in Deutschland unverändert vorhanden. Empört schrieb er im November 1934 an seine Schwester: »Wie kannst Du fragen, ob ich noch Österreicher bin – natürlich, man hat mich öfters gefragt, sogar recht offiziell, ob ich mich nicht ›preußisch‹ naturalisieren lassen möchte – meine Antwort: ›Da würdet ihr mir das Beste an mir wegnehmen.‹ Da sind so blödsinnige Fabeln über mich, die von ›wohlwollender Seite‹ bereitwilligst über mich verbreitet werden, ebenso, daß ich Mitglied der NSDAP bin, woran ich niemals gedacht hätte – oder ebenso, wie gewisse Kreise in Wien und Berlin mich durchaus und unbedingt zum Juden machen wollten! Ha – Ha – Ha!«[60]

1935 verließ der Dirigent, der das kulturpolitische Klima nicht mehr ertragen konnte, Deutschland. Hermann Göring persönlich bot ihm, zu großzügigen Bedingungen erneut die Leitung des Hauses an – Kleiber lehnte jedoch ab.

Das austrofaschistische Regime war nicht bereit, dem Dirigenten eine Chance zu geben. Die Staatsoper, deren Leitung zu vergeben war, wurde nicht mit Kleiber besetzt, die Wiener Philharmoniker waren an Kleiber desinteressiert. Selbst ein Gespräch mit Bundeskanzler Schuschnigg, in dem Kleiber einige merkwürdige Fehlinformationen – er sei Jude, seine finanziellen Ansprüche wären horrend, sein Repertoire sei nur auf die Moderne beschränkt – ausräumte, brachte kein Ergebnis, denn, so sein Resümee: »Ich bin zur Überzeugung gekommen, daß es in meinem eigenen Land keinen Platz für mich gibt.«[61]

Im Dezember 1938 sagte Kleiber einen *Fidelio* in Mailand ab, weil Juden der Eintritt verboten wurde. Sein musikalischer Wirkungskreis verlegte sich nun nach Südamerika, wo er in Argentinien, Chile, Kuba und Mexiko Pionierarbeit leistete – verfolgt von Sorgen um die nicht oft mit ihm reisende Familie und Gedanken an die Heimat. Von einem der zahlreichen Spaziergänge in Santiago berichtete Kleiber wehmütig seiner Frau: »Es war wunderbar und hat mir großes, großes Heimweh nach Mondsee und nach Euch gemacht – wieder einmal eine richtige Wiese – und frische, gesunde, natürliche Bäume und Sträucher zu genießen – im Hintergrund die Schneeberge, es ist wie Innsbruck, Salzburg, Mondsee, wie alles das, was ich verloren hab' – und – manchmal im Traum oder beim Musizieren – wieder hab'.«[62] Neben der Familie sind es vor allem Mutmaßungen über Österreich, die Kleiber periodisch bewegten. Ob die daheimgebliebenen Nutznießer unter den Dirigenten, die sich nach 1945 in ihrem Patriotismus geradezu überboten, auch die nachfolgenden Gedanken Kleibers über das nicht mehr vorhandene Österreich gehabt hatten? »Oft möchte ich wissen, ob Österreich wirklich noch existiert, oder ob es, wie ich, alt und runzelig geworden ist.«[63] Sein Bekenntnis zu einem freien Österreich anläßlich der letzten Kampfhandlungen des Zweiten Weltkrieges in Europa, weist ihn als den wahren Patrioten aus und beschämt jene allseits patriotischen Wendehälse, die zu jeder Hymne den Takt schlagen: »Alle von euch, die wahre Österreicher sind, sollen nur ein Ideal haben, daß das Wort Österreich mehr bedeuten möge als in vergangenen Zeiten und daß aus dem Siege der Alliierten ein neues Österreich hervorgehen möge. Das soll unser Ziel sein – ich bitte euch, zerbrecht euch nicht den Kopf über unsere zukünftige Regierungsform. Später werden wir Zeit zum Politisieren haben, und so grüße ich alle unsere Landsleute mit einem herzlichen und aufrichtigen ›Grüß Gott‹. Möge Gott unser kleines Landl beschützen und ihm eine glückliche Auferstehung gewähren!«[64]

Kleiber hoffte nach Beendigung des Zweiten Weltkrieges immer, daß Wien das Zentrum seiner musikalischen Aktivitäten sein werde. Diese Hoffnung erfüllte sich weder für ihn noch für jene Wiener Musikfreunde, die sich wieder schöpferische Genialität, Korrektheit und Unbeeinflußbarkeit[65] erhofften. 1946 findet sich die Mitteilung, daß Kleiber die Einladung Egon Hilberts zur Rückkehr annehmen wolle.[66] Verhandelt wurde über eine Staatsoperndirektion Kleibers. Er deklarierte öffentlich, Interesse an der Leitung der Wiener Staatsoper zu haben – verstärkt wurden diese Bemühungen noch durch musikalische Persönlichkeiten wie den Violinvirtuosen Yehudi Menuhin, der auf einer Pressekonferenz erklärte, daß Kleiber »an heftigstem Heimweh nach Wien leide, ja daß für ihn Wien überhaupt ›die einzige Stadt der Welt‹ sei«.[67]

1947 gab es erneut ein Angebot des Dirigenten, eine repräsentative musikalische Funktion in Österreich zu übernehmen.[68] Aber die politische Situation hatte sich mittlerweile dramatisch geändert. Als im November 1947 ein Konzert der Wiener Philharmoniker unter der Leitung von Wilhelm Furtwängler stattfinden sollte, versammelten sich vor dem Gebäude des Musikvereines ehemalige KZ-Häftlinge, die gegen den Dirigenten wegen seiner Rolle im »Dritten Reich« protestierten. Furtwängler wurde vorerst am Betreten des Konzerthauses gehindert, und es gelang den Demonstranten, in den Konzertsaal vorzudringen. Der zu Hilfe gerufene Kulturstadtrat und ehemalige KZ-Häftling Viktor Matejka versuchte zu beruhigen – im aufgebrachten und um ein Furtwängler-Konzert bangenden Wiener Bürgertum verstieg man sich jedoch dazu, die ehemaligen KZler als »Lumpen, Verbrecher, Verräter«[69] zu diffamieren, und bedauerte, »daß sie nicht auch vergast worden wären«.[70]

Als Kleiber 1948 tatsächlich wieder von Argentinien nach Europa zurückkehrte, war es bereits zu spät: Böhm und Karajan, durch eine zwischen Scheuklappen agierende sogenannte Entnazifizierungskommission geschleust, waren bereits in den Konzerten der Gesellschaft der Musikfreunde, der Wiener Konzerthausgesellschaft und bei den Wiener Festwochen fest verankert. Kleiber, der vorerst für zwanzig Vorstellungen an die Wiener Staatsoper gebunden werde sollte, konnte sein Lebensziel, die künstlerische Leitung, nicht erreichen.[71] Es war bereits die zweite Ablehnung Kleibers, der Ende der zwanziger Jahre öfters für diese Funktion vorgeschlagen worden war.[72] Die Verhandlungen zerschlugen sich schlußendlich an der österreichischen Kulturbürokratie, die den betont konservativen Kurs des damaligen Direktors Franz Salmhofer bewahrt wissen wollte: Punktuelle Befassung mit der Moderne sowie verstärkte Hinwendung zur Wiener Klassik, die einem vom Zweiten Weltkrieg gezeichneten Publikum wieder Harmonie vermitteln sollte. Einer der wenigen Freunde Kleibers, der Komponist Marcel Rubin, erinnert sich »an ein Gespräch zu dritt mit Seefehlner im Konzerthaus. Seefehlner war damals Generalsekretär der Konzerthausgesellschaft. Und man hat da schon davon gesprochen, obwohl man ihn dann nicht geholt hat, daß Kleiber die Leitung der österreichischen Staatsoper übernehmen soll. Wirklich dazu gekommen ist es nicht. Berlin hat ja mit ihm verhandelt, Ost-Berlin. Damals war ja Salmhofer Direktor der Staatsoper in Wien und Seefehlner hat dann – als über die theoretische Möglichkeit gesprochen wurde, daß Kleiber die Leitung der Wiener Staatsoper übernehmen soll, es wäre das Naturgegebene gewesen, immerhin war er einer der größten Dirigenten der Zeit und auch ein gebürtiger Österreicher – da hat Seefehlner gesagt: ›Na wenn sie wirklich Operndirektor in Wien werden, was geschieht dann mit dem armen Salmhofer?‹ Worauf Kleiber geantwortet hat: ›Er soll eine Schule für Operndirektoren aufmachen.‹«[73]

Das Engagement Kleibers scheiterte an der von ihm geforderten künstlerischen Neukonzeption. Kleiber sollte – das Gesicht mußte gewahrt bleiben – mit dem Posten eines »Generalmusikdirektors« beruhigt werden; die Möglichkeit eines zweiköpfigen Direktoriums – ähnlich der Lösung Strauss-Schalk in der Ersten Republik – wurde nicht vorgeschlagen. Doch Kleiber ließ sich nicht beruhigen: Aus Argentinien (11. Oktober 1948) richtete er einen ablehnenden Brief an Hilbert: »Sehr verehrter Herr Ministerialrat! Ich beeile mich, Ihre Zeilen vom 29. September, die heute in meine Hände gelangten, zu beantworten. Vor allem möchte ich feststellen, daß Sie im Unrecht sind, wenn Sie die von mir aufgestellte Maxime ›In der Kunst dürfen nur Klarheit, Ernst und Qualität herrschen‹ als einen gegen Ihre Person gerichteten Vorwurf auffassen. Diese drei Eigenschaften führte ich lediglich als für den inneren Betrieb und künstlerischen Geist eines Instituts unbedingt nötig an. Wie ich schon in meinem letzten Schreiben erklärte, hatte ich mein Repertoiregastspiel im November als gegenseitige, erste Fühlungnahme betrachtet, immer mit einer ständigen Bindung meiner Person an die Staatsoper im Hintergrund. Da nun das Ministerium meine Bedingungen nicht anzunehmen geneigt ist, ist dieses Repertoiregastspiel wirklich unnötig und würde nur die Vorbereitungen für Ihre Premieren und Neueinstudierungen aufhalten. [...] Abschließend möchte ich nur bemerken, daß mir als höchstes Ziel vorschwebte, der Wiener Oper ein festes, qualitativ hochstehendes Gesamtrepertoire zu geben, in welchem die Besetzungen und Leiter dieselben bleiben, und wo mit mir erstklassige Dirigenten – alterprobte oder junge Talente – fest angestellt sein müssen. Keineswegs habe ich verlangt, daß kein internationaler Dirgent gastieren darf, sondern lediglich gefordert, daß diese Stargastspiele nicht während meiner siebenmonatigen intensiven Aufbautätigkeit, sondern in den zwei oder drei restlichen Monaten stattfinden, um den Ablauf unseres inneren Arbeitsplanes nicht zu hindern. Wer je in den komplizierten Apparat eines Operntheaters näher Einsicht genommen und sich davon überzeugt hat, wie viele verschiedene Meinungen, Strömungen und leider auch Intrigen in so einem Haus oft vorhanden sind, muß sich ganz klar darüber sein, daß eben nur eine Persönlichkeit die Zügel fest in der Hand haben muß. Wenn ich nach Ansicht Ihres Ministeriums eben nicht die hiefür geeignete Person bin, bleibt uns beiden nichts anderes übrig, als unsere schönen Zukunftspläne zu begraben. Der bloße Titel ›Generalmusikdirektor‹ hilft mir und dem Institut gar nicht, wenn meine Kompetenzen ›abgegrenzt‹ sind. Was ich wollte, wäre die Möglichkeit, ohne innere Widerstände, unbeeinflußt und selbständig, mit treuen Mitarbeitern, die an mich glauben, die hohe Tradition der Wiener Oper weiterzuführen. Nun möchte ich noch Ihnen, verehrter Herr Ministerialrat, für all Ihr Interesse an meiner Person herzlichst danken und versichern, daß mein Herz nach wie vor die besten Wünsche für die Zukunft dieses geliebten, kostbaren Institutes hegt. Mit den besten Empfehlungen bin ich Ihr ergebener Erich Kleiber.«[74]

Kleiber war allerdings nicht der einzige, der ausgegrenzt wurde – auch Fritz Busch, Wilhelm Steinberg, der später mit dem Boston Symphony Orchestra Furore machen sollte, Jascha Horenstein, Fritz Stiedry und Hermann Scherchen erhielten keine Chance, das Wiener Musikleben mit ihren Interpretationen wieder zu beleben. 1951 wurde Kleiber zu einem Gastdirigat – *Der Rosenkavalier* – im Theater an der Wien eingeladen – seine erste und letzte Opernproduktion in Wien.[75]

Zwanzig Jahre der Wanderschaft hinterließen gerade bei Kleiber Spuren. Der Wunsch, ein Opernhaus kreativ zu leiten und wieder mit Premieren für Diskussionen zu sorgen, war für den »manischen Arbeiter« nach wie vor vorhanden. Als er die Chance bekam, sich verstärkt in Berlin an der Deutschen Oper »Unter den Linden« (DDR) zu engagieren, ergriff er sie. Bewegt gestand er in einem Brief an einen Intendanten eines großen deutschen Opernhauses seine Hoffnungen ein: »Mein Wiedersehen mit dem Apparat der Staatsoper gehört zu den ergreifendsten Eindrücken meines Lebens – ganz abgesehen davon, daß die Staatsoper auf einem hohen künstlerischen Niveau steht. Ich bin froh, daß ich dem Versprechen, das ich mir selbst gab, treu geblieben bin, und ich werde selbstredend auch in der nächsten Saison als Gast im Westen (mit den Berliner Philharmonikern) wie im Osten erscheinen. Ich habe meine Anwesenheit in Berlin benutzt, bei maßgebenden Stellen dafür einzutreten, daß die Linden-Oper genauso wiederhergestellt wird, wie sie Friedrich der Große erbaut hat. Was die Zeitungsnotiz betrifft, so möchte ich kurz erklären, daß ich nur dann und nur dort ›den Rücken kehre‹, wenn ich merke, daß sich Politik oder sonstige kunstfremde Interessen in meine Tätigkeit einzumischen versuchen. Ich denke, davon habe ich bereits genügend Proben gegeben.«[76]

Die Schwierigkeiten, mit denen die Musikschaffenden in beiden Teilen Berlins zu kämpfen hatten, waren aufgrund der politischen Situation bedeutend. Der »Kalte Krieg« zwischen den Westmächten und der UdSSR, die ihren Stellvertreterkrieg in Berlin austrugen, ließ der Musik als verbindende Kraft zwischen konträren politischen Gesellschaftssystemen keine Chance. Kleiber hoffte, der Musik trotzdem zum Durchbruch verhelfen zu können, scheiterte jedoch an den realen Gegebenheiten. Denn nur scheinbar bestand die Möglichkeit, das Berliner Musikleben zu einigen. Kleiber wurde zwar eingeladen, im Juni 1952 die Berliner Philharmoniker im Westteil der Stadt zu dirigieren – als Ausgleich sollten Sänger aus dem Westen für Aufführungen im Osten engagiert werden –, jedoch wurde im November 1951 vom Berliner Senat entschieden, jegliche Ost-Kontakte von Künstlern zu unterbinden. Kleiber konterte aus Buenos Aires allergisch: »Sie sagen mir, daß der West-Berliner Senat das Konzert untersagt hat. Die maßgeblichen Leute der Staatsoper hingegen hatten sich gefreut, daß ich, bis zu einem gewissen Grad, eine Musikbrücke zwischen Ost und West errichten sollte. Von welcher Seite kann man also sagen, daß eine ›politische Einmischung in die Kunst‹ erfolge? Es ist grotesk, daß ich Ihnen mit denselben Worten schreiben muß, die ich 1935 gegenüber Herrn Göring benutzte, und sagen muß, daß ›Musik wie Sonnenschein und frische Luft‹ für alle samt und sonders da ist und daß ich Musik machen werde, wo immer mir eine freie Auswahl von Programmen und Bedingungen erlaubt ist, unter denen ernsthafte Arbeit getan werden kann.«[77]

1954 definitiv zum Generalmusikdirektor der *Linden-Oper* in Berlin bestellt, gelang es Kleiber vorerst, »seine« Oper von politischen Einflüssen freizuhalten. Jedoch der Konflikt mit der gelenkten Kulturbürokratie ließ sich offenbar auch hier in der DDR nur aufschieben – der Einfluß der Tagespolitik holte ihn ein. Kleiber suchte daher ein Alibi, um zu demissionieren – fand es und handelte. Vorgeschoben wurde vom Dirigenten die »von oben« oktroyierte Entfernung der Inschrift »Fridericus rex apollini et musis« an der Oper, die Kleiber als Indiz dafür wertete, daß »wie im Jahre 1934 Politik und Propaganda vor der Türe des Tempels nicht halt machen werden. Früher oder später müßte ich dann doch ein zweites Mal Abschied nehmen von dem Hause, nach dem ich mich zwanzig Jahre lang gesehnt habe.«[78] Dem Intendanten Max Burghardt begründete er seine Entscheidung mit den Worten: »Mein Entschluß, die Bindung mit der Staatsoper aufzugeben, steht fest. Ich habe ihn schweren Herzens gefaßt. Ich wollte dem Institut die Treue halten, habe aber einsehen müssen, daß zur Zeit der Geist der alten Staatsoper im neuen Hause nicht regieren kann.«[79] Die lebenslang gezeigte Hartnäckigkeit und Konsequenz des Unbeugsamen zeigte sich auch daran, daß er sich weigerte, noch einmal Ostberliner Boden zu betreten – sein Sohn Carlos war es, der mit Hilfe eines Korrespondenten einer bedeutenden englischen Tageszeitung seine Habseligkeiten außer Landes schmuggelte.[80]

Konsequent und widerborstig wie Kleiber war, weigerte er sich auch, die nunmehr zahlreich einlangenden Angebote aus Berlin-West anzunehmen. »Zu den verschiedenen Kommentaren, Einladungen und Meldungen, daß meine

Tätigkeit in West-Berlin nunmehr nichts im Wege stehen würde, erkläre ich, daß ich in West-Berlin den Taktstock nicht heben werde, solange die jetzigen Kulturbehörden dort am Ruder sind; denn diese haben sich, als ich eine Musikbrücke zwischen Ost und West schlagen wollte, kleinlich sowie feindlich gezeigt. Mein ›Fall‹ ist für jede politische Propaganda – ganz gleich welcher Richtung – ungeeignet und unverwendbar. Denn ich werde mir, wie bisher, von niemandem Vorschriften machen lassen, wo ich dirigieren darf und wo nicht.«[81]

In Wien dirigierte er nur mehr Giuseppe Verdis *Requiem*, für das ihm die dafür ausgewählten Solisten verwehrt wurden. Auch hier holte ihn die Vergangenheit ein: Es war gerade Herbert von Karajan, der die Solisten für seine *Zauberflöte*-Proben in Mailand (!) benötigte und sie Kleiber nicht zur Verfügung stellte. Als anläßlich der Wiedereröffnung der Staatsoper – bezeichnenderweise von Karl Böhm dirigiert – ein Eröffnungszyklus stattfand, wurde er für ein Gastdirigat nicht eingeladen. Kleiber schickte ein Glückwunschtelegramm an die Oper, das ironisch »mit besten Grüßen von einem ehemaligen ›Stehplatz-Besucher‹«[82] endete. Nur die Wiener Philharmoniker luden ihn angeblich zu einem Abonnementkonzert für die kommende Saison ein und beabsichtigten, mit ihm – allerdings als Furtwängler-Ersatz – eine Amerika-Tournee zu absolvieren.[83]

Wie auch während seines Exils, sollte er in Argentinien die traditionelle Mozart-Feier leiten. Sein Tod am 27. Jänner 1956 in Zürich – Mozarts 200. Geburtstag – verhinderte jedoch dieses Vorhaben. Von den Dirigentenkollegen kondolierten der Witwe Ruth Kleiber nur Otto Klemperer und Bruno Walter. Um es dezidiert auszusprechen: Zwei Dirigenten, die ebenfalls gezwungen wurden, die Heimat zu verlassen.[84] Sofort setzten posthume Gerüchte ein, Kleiber wäre eingeladen worden, an der Wiener Staatsoper und bei den Salzburger Festspielen zu dirigieren. Sein Sohn Carlos entgegnete kühl: »Es haben keine Verhandlungen stattgefunden, Erich Kleiber an die Wiener Oper zu binden und ebenso wenig ist mit ihm jemals darüber gesprochen worden, daß er bei den Salzburger Festspielen mitwirken solle.«[85]

Epilog: Siebenundzwanzig Jahre nach dem Tod Erich Kleibers hat sein Sohn Carlos den Ruhm des Vaters bereits zu Lebzeiten übertroffen. Während sein Vater – zu Unrecht – nur mehr peripher bekannt ist, wird Carlos Kleiber, das, was sein Vater immer für sich reklamierte und nicht erreichte, in jeder Weise erfüllt: Ob es die Besetzung eines Konzertes, das Programm, der Zeitpunkt, die exzessiven Probenmöglichkeiten, eine Mitschnittmöglichkeit einer Rundfunkanstalt oder die Präferenz bei der Verwertung durch eine Schallplattenfirma ist – es wird versucht, alles für ihn zu lösen. Ihm werden dieselben musikalischen Ausdrucksmöglichkeiten, ein nur geringfügig unterschiedliches Charisma und eine ungeheure Faszination attestiert, mancherorts charakterisiert man ihn als »die Wiedergeburt des Mahlerschen Ideals. Ohne ein Komponist zu sein, hat er die Gabe eines Komponisten, Klang visuell erfahrbar zu machen. Nachdem er sein Bild eines Werkes gewonnen hat, organisiert er seine Proben wie ein General, der seine Taktik plant, nachdem er sich für eine grundlegende Strategie entschieden hat.«[86] Es gibt allerdings einen wesentlichen Unterschied zu seinem Vater: Die Huldigung der Wiener Philharmoniker an den Dirigenten, die mittlerweile irrationale Ausmaße angenommen hat.

Erich Leinsdorfs gebrochenes Verhältnis zur Heimat

Der in Wien geborene Leinsdorf studierte bereits mit 13 Jahren bei Paul Amadeus Pisk Musiktheorie – ein Einfluß, der für Leinsdorfs weitere Entwicklung von Bedeutung war. So vermittelte Pisk dem jungen Leinsdorf sowohl die »Moderne« – Schönberg, Berg und Webern – als auch die Mitarbeit in der *Sozialdemokratischen Kunststelle*, einer Organisation der *Sozialdemokratischen Arbeiterpartei* (SDAP). Das Verbot der SDAP durch den austrofaschistischen Staat entzog Leinsdorf die Verdienstmöglichkeit, schärfte allerdings bereits relativ früh seinen politischen Intellekt. Durch Vermittlung von Freunden erhielt er im Sommer 1934 ein zweiwöchiges Engagement bei den Salzburger Festspielen, wo er als Korrepetitor für *Don Giovanni* arbeitete. Leinsdorf wurde unter Musikern zusehends ein Begriff – 1935 wurde er als Assistent von Arturo Toscanini und Bruno Walter bei den Salzburger Festspielen verpflichtet, 1936 verwendete sich Toscanini für Leinsdorf beim Direktor der Wiener Staatsoper, Erwin Kerber.[87] Warum dieses Engagement nicht zustandekam beziehungsweise wie »eng« die politische Situation im austrofaschistischen Ständestaat für Juden bereits war, belegt Leinsdorf Jahrzehnte später in einem Interview sarkastisch: »Im Oktober 1936 sprach ich bei dem damaligen Direktor der Salzburger Festspiele und der Wiener Oper, Erwin Kerber, vor, der mir sehr zugetan war. Er selbst war ein typischer Deutschnationaler, der mit der österreichischen Muttermilch aufgewachsen war und bestimmt auch gegen den allgemeinen Antisemitismus nicht völlig immun geblieben war. Aber er hatte genug Menschlichkeit, hat dann später auch im 1938er Jahr vielen Juden geholfen, aus Österreich herauszukommen. Leuten, die er kannte. Ich ging damals zu ihm, weil ich glaubte, daß er mich sehr gerne für Wien haben wollte. Aber er sagte: ›Ich kann Sie nicht engagieren, Leinsdorf.‹ Ich habe mich dumm gestellt und gefragt: ›Doktor Kerber, was müßte ich tun, um hier engagiert zu werden?‹ Sagte er: ›Leinsdorf, wann Ihnen der Rosenkranz vom Hosentürl außehängt, kann ich Sie engagieren.‹ Sag' ich: ›Herr Doktor, ich danke Ihnen, wie immer haben Sie mir die Wahrheit gesagt. Das ist mir zu teuer.‹ Ein paar Tage später habe ich Österreich verlassen. Nach diesem Gespräch wußte ich: Es ist Schluß. Das war im Oktober 1936, also achtzehn Monate vor Hitler.«[88]

Toscanini empfahl Leinsdorf an die *New Yorker Metropolitan Opera*, wo er Artur Bodanzky bei den deutschsprachigen Produktionen unterstützen sollte. Leinsdorfs Debüt mit Wagners *Die Walküre* wurde ein triumphaler Erfolg – er bekam einen Zweijahresvertrag an der *Met*. Der Vertrag wurde bis 1943 verlängert. 1939/40 übernahm er nach Bodanzkys Tod die Leitung des deutschsprachigen Repertoires der *Met*, 1943 verließ er die Oper und wurde für drei Jahre Leiter des *Cleveland Orchestra*.[89] 1956 schließlich erfolgte die Bestellung zum Direktor der *New York City Opera*, der Konkurrenzbühne der *Met*. Jedoch: Bereits ein Jahr später wurde er von Sir Rudolf Bing zum musikalischen Direktor der *Metropolitan Opera* berufen. Bis 1962 bestimmte er ihr musikalisches Geschehen. Für sechs anschließende Jahre leitete er das *Boston Symphony Orchestra*, mit dem er seinen Ruf durch zahlreiche Schallplatteneinspielungen festigen konnte. Da sich aber Leinsdorf nicht völlig – wie etwa Karajan oder Solti – der Plattenindustrie ausliefern wollte, entzog er sich bewußt dieser für ihn auch von der Werkauswahl einengenden Perspektive. Ab 1969 übernahm er nur mehr Gastdirigate, zunehmend allerdings wieder in Europa, so auch 1972 in Bayreuth Wagners *Tannhäuser*.

Die Beziehung zu seiner Heimatstadt Wien war zwiespältig, denn: »Ich habe mein ganzes Leben lang in Städten gelebt. Und falls man zu einer Heimatstadt eine Bindung hatte, wurde einem die in den Jahren nach 1934 gründlich aus den Eingeweiden herausgenommen.«[90] In der Zweiten Republik wurde er wohl für die Saison 1946/47 an die Wiener Staatsoper engagiert – das Ergebnis der Einladung kommentierte Leinsdorf allerdings Jahrzehnte später maliziös:

»*Answer: I noticed without any extra sensitivity that old acquaintances and the people I worked with exhibited barely concealed resentment ...*
Question: Resentment to what, of what for what?
Answer: Not only that I had saved myself the whole Anschluss and the wide welcome Vienna showed to the entering Nazis, but they resented even more that I had started an American Career prior to March 13, 1938. ›What nerve, to go 18 months before ... and then...‹ They couldn't really stomach this. So I waited some years until returning.
Question: How many years, tell me?
Answer: Twenty-six. 26. The next time I conducted in Vienna was in 1973.«[91]

1984 erhielt der Dirigent von der Stadt Wien eine hohe Auszeichnung – die *Ehrenmedaille der Bundeshauptstadt Wien in Gold*. Jahre später kommentierte er diese Auszeichnung eher nüchtern: »Ich bin dann als Gast dort, und als Gast gehe ich sehr gerne hin. Ich habe im Oktober 1984 von der Stadt Wien eine Medaille bekommen und muß dann diese reputierlichen Leute sehr schockiert haben, als ich in meiner Rede sagte: ›Diese Medaille möchte ich gerne zerschneiden, um den Vereinigten Staaten mindestens die Hälfte davon zu geben. Denn ohne die Vereinigten Staaten würde ich heute nicht hier stehen und diese Medaille entgegennehmen können.‹«[92]

Remigration und Überleben

Das wiedererstandene Österreich setzte vorerst ein eindeutiges Bekenntnis: Josef Krips dirigierte am 1. Mai 1945 Mozarts *Figaros Hochzeit* im Theater an der Wien, das als Ausweichquartier für die zerstörte Wiener Staatsoper diente. Der Name Krips stand für das andere, politisch unbelastete Österreich. Nach einem Engagement in Karlsruhe hatte er an der Wiener Staatsoper dirigiert. Nach 1938 folgte Berufsverbot: Krips durfte aus »rassischen« Gründen während der Nazi-Diktatur in Wien nicht dirigieren – und wurde zur Zwangsarbeit in einer Sektfabrik abgestellt. Einige Künstlerkollegen unterstützten ihn in dieser Zeit, indem sie bei ihm illegal Korrepetitionsstunden nahmen. Krips war aufgrund seiner Vergangenheit »der« Dirigent, den man vorzeigen konnte, und der auch im Theater an der Wien in den ersten beiden Jahren nach 1945 die meisten Produktionen leitete. Ein mittlerweile bekanntes Verdienst des Dirigenten war es auch, Mozart im Theater an der Wien zum Erfolg verholfen zu haben. Unabhängig davon war Krips' Repertoire erstaunlich groß: So leitete er Produktionen von Borodins *Fürst Igor*, Verdis *Aida* und Richard Strauss' *Ariadne* im Theater an der Wien,[93] zusätzlich engagierte er sich für jene während der Jahre 1938 bis 1945 verbotenen oder vernachlässigten Werke: Tschaikowski, Mussorgski, Schostakowitsch, Mahler, Hindemith und Gegenwartsmusik waren u.a. sein Anliegen. Kein Geringerer als Glenn Gould urteilte über Krips enthusiastisch: »Er war ein bemerkenswerter Dirigent, wissen Sie, der am meisten unterschätzte seiner Generation meiner Meinung nach. Er war auch der einzige, der es für mein Gehör je fertiggebracht hat, daß Bruckner richtig wirkte und nie war ich näher dran, Mozart zu lieben, [...]«[94] Daß für ihn nach der Etablierung von Böhm, Karajan, Knappertsbusch, Furtwängler und Krauss in Wien keine geeignete Funktion im Musikbetrieb mehr vorhanden war, war klar.

Das Jahr 1945 brachte Wien eine kurze Mahler-Renaissance – es wurden die ersten drei Sinfonien und das *Lied von der Erde* aufgeführt. Das Besondere und wohl auch Beabsichtigte des ersten Mahler-Konzertes war, daß auch der Dirigent des von den Nazis verbotenen Komponisten auf ein siebenjähriges Berufsverbot zurückblicken konnte: Robert Fanta. Die Konzerte sollten dem Ausland, aber auch den österreichischen Kulturschaffenden eine Aufbruchsstimmung suggerieren, die nicht vorhanden war, denn: Das offizielle Österreich war – von Ausnahmen abgesehen – an einer Rückkehr der Vertriebenen nicht interessiert. Einladungen an die »österreichischen Künstler und Kulturschaffenden in den USA«,[95] publiziert in der *Austro American Tribune* (New York) und der *Nueva Austria* (Buenos Aires), machte nur der damalige Kulturstadtrat und ehemalige KZ-Häftling Viktor Matejka.[96] Die während der Jahre 1938 bis 1945 »Sitzengebliebenen«, die in hohe Funktionen aufgestiegen waren, bildeten eine uneinnehmbare Nomenklatura des österreichischen Kulturbetriebes. Auch wußte sich die Bürokratie zu wehren. So gab es zahlreiche Erschwernisse, die bei einer Rückkehr berücksichtigt werden mußten. Die im Ausland lebenden Österreicher wurden keineswegs bei den Forderungen nach Rückgabe ihrer Wohnungen und beruflichen Positionen unterstützt. Wien wiederzusehen bedeutete oft, mit der Unverfrorenheit der Mitschuldigen konfrontiert zu werden. So resümiert Gertrude Berg, Witwe des

Kleinkunstkomponisten Jimmy Berg, ihren ersten Wien-Aufenthalt nach 1945, der ihr Wien-Bild zementierte: »Ich habe Wien so geliebt, und es wiederzusehen und doch zu wissen, es ist nicht mehr für mich [...] Mein Mann hatte viele Freunde, die inzwischen große Burgtheaterschauspieler geworden waren. Josef Meinrad, Aglaja Schmidt, Rudolf Steinböck, Fritz Eckhardt [...] Wir waren bei denen eingeladen beim Essen. Und da hat mich einer von diesen großen Schauspielern gefragt: ›Wo ist denn Ihre Familie?‹ Und da habe ich gesagt: ›Sie sind leider alle umgekommen.‹ Und bei einer anderen Gelegenheit sagte Jimmy: ›Heute waren wir beim Gerngros und haben dort ein Kaffeeservice für Trudis Tante gekauft.‹ Da sagte der Mann: ›Wos?! Ich hab' geglaubt, alle sind umgebracht worden!‹ Ein eisiges Schweigen ist entstanden, und niemand wußte in dem Moment recht, was zu sagen wäre. Das waren so meine Eindrücke.«[97]

Rückkehr war nicht erwünscht. Dem Komponisten Marcel Rubin beispielsweise, der sich in Mexiko etablieren konnte, wurde im Februar 1947 nach seiner Ankunft in Wien eine böse Überraschung bereitet: Es empfing ihn nur ein einziger Wiener – der Kapellmeister und Musikkritiker Friedrich Wildgans.[98] Das kulturelle Wien nahm von seiner Wiederkehr keine Notiz.

Zusätzlich zu all den aufgezählten Argumenten, die gegen eine Heimkehr der Musikschaffenden sprachen, gab es für viele Exilanten noch eines: das Alter. Der Dirigent Leo Mueller bringt dies treffend zum Ausdruck, wenn er meint: »Ja, wissen Sie, ich dachte, ich könnte vielleicht wirklich noch etwas in Europa machen. Es kommt öfters vor bei Musikern meiner Generation: Für das eine war es zu spät, für das andere zu früh. Ich meine, wie ich nach Amerika kam, da war ich noch verhältnismäßig jung und noch unbeschrieben – international gesprochen – und mußte also nehmen, was sich bot. Dann nachher, war ich eigentlich für das, was ich wollte, ein bißchen zu alt. Sie wissen ja, wie das ist. Man will 20jährige mit den Erfahrungen von 45jährigen haben, sagte mir einmal ein Agent ganz offen.«[99]

1947 waren bereits wieder fast ausschließlich Profiteure des NS-Systems im Wiener Musikleben verankert – die Wende war vollzogen. Wer sich die Konzertprogramme der beiden Wiener Musikgesellschaften zur Hand nimmt, bemerkt, daß wieder Böhm, Furtwängler, Karajan, Knappertsbusch und Krauss den Ton angaben. Erich Kleiber, Hermann Scherchen, Karl Rankl, Fritz Busch, Erich Leinsdorf, Jascha Horenstein, Wilhelm Steinberg, Fritz Stiedry blieben an der Peripherie des Musiklebens. Eine Erklärung dafür findet sich vielleicht in der Kritik eines Wiener Musikrezensenten, der anhand einer Bruckner-Symphonie die verschiedenen Musikkonzeptionen von Krips und Karajan analysierte: »Vor einigen Monaten dirigierte Herr Karajan dasselbe Werk, und seiner Interpretation ließ sich Technik so wenig absprechen wie etwa Hitlers militärischer Maschinerie. Doch was ihr fehlte, war der österreichische Geist.«[100] Josef Krips' Interpretation der *Zweiten Mahler*[101] wirkte daher bereits zu diesem Zeitpunkt wie ein Relikt aus längst vergangenen Zeiten – nur zwei Jahre nach der Wiederbegründung der Zweiten Republik.[102]

1948 war die Entwicklung abgeschlossen. Herbert von Karajan, der Dirigent mit einem »übermäßigen Geltungsbedürfnis«[103], bekam eine eigene Konzertreihe der Gesellschaft der Musikfreunde in Wien (weder Toscanini noch Walter durften einem von ihnen geleiteten Konzertzyklus ihren Namen geben). Nun stand nicht mehr der Komponist, sondern der karrieresuchende Interpret im Vordergrund. Aber – wie schwer wiegt dieses Geltungsbedürfnis im Vergleich zum Schicksal von Menschen, die gezwungen waren, alles zu tun, um ihr Überleben zu sichern? Der Dirigent Leo Mueller sagte uns: »Vielleicht hätte ich – wäre der Nationalsozialismus nicht dazwischen gekommen – sogar eine große Karriere machen können – aber daß ich nicht im Konzentrationslager war und nicht gefoltert wurde u.s.w., das ist doch mehr, als man in dieser Zeit erwarten konnte. Das ist doch wunderbar. Was bedeutet die große Karriere angesichts solcher Dinge?«[104]

ANMERKUNGEN

IN CHARONS NACHEN

1 Vgl. hierzu Emmerich Tálos u. Wolfgang Neugebauer (Hg.): »Austrofaschismus« Beiträge über Politik, Ökonomie und Kultur 1934–1938. Wien 1984.
2 Paul Michael Lützeler: Die Exilsituation in Österreich. In: Manfred Durzak (Hg.): Die deutsche Exilliteratur 1933–1945. Stuttgart 1973, S. 56.
3 Zur kulturellen Situation im allgemeinen vgl. Horst Jarka: Zur Literatur- und Theaterpolitik im »Ständestaat«. In: Franz Kadrnoska (Hg.): Aufbruch und Untergang. Österreichische Kultur zwischen 1918 und 1938. Wien, München, Zürich 1981. S. 499ff. Friedbert Aspetsberger: Der Staatspreis. Literarisches Leben im Austrofaschismus. Kronberg 1981. Alfred Pfoser u. Gerhard Renner: »Ein Toter führt uns an!« Anmerkungen zur kulturellen Situation im Austrofaschismus. In: E. Tálos u. W. Neugebauer, »Austrofaschismus«, S. 223ff.
4 Hierzu und zum folgenden vgl. Gerhard Scheit: Das sinkende Rettungsboot. Musik im Exilland Österreich. In: Hanns-Werner Heister, Claudia Maurer Zenck, Peter Petersen (Hg.): Musik im Exil. Folgen des Nazismus für die internationale Musikkultur. Frankfurt a. M. 1993. S. 215ff.
5 Volker Klotz: Nach-kakanische Operette um '33 und '38 am Beispiel von Emmerich Kálmán und Ralph Benatzky. In: Österr. Gesellschaft für Musik (Hg.): Beiträge '90. Österreichische Komponisten im Exil. Kassel, Basel, London 1990. S. 66.
6 Jura Soyfer: Das Gesamtwerk. Szenen und Stücke. Hg. v. Horst Jarka. Wien, München, Zürich 1984. S. 70.
7 Vgl. hierzu: Kabarett und Satire im Widerstand 1933–1945. Mitteilungen des Instituts für Wissenschaft und Kunst. 40. Jg. Nr. 1/2. Wien 1985. Gerhard Scheit: Theater und revolutionärer Humanismus. Eine Studie zu Jura Soyfer. Wien 1988.
8 Ferdinand Piesen: 50 Jahre danach. In: Österreichische Musik Zeitschrift. 43. Jg. (1988) Nr. 4. S. 186ff.
9 Paul F. Cummings hat eine umfassende Biographie über Herbert Zipper verfaßt: Musik trotz allem. Herbert Zipper – Von Dachau um die Welt. Aus dem Amerikanischen übersetzt von Johannes Eidlitz. Wien 1993.

10 Horst Jarka: Jura Soyfer. Leben, Werk, Zeit. Wien 1987. S. 259.
11 Brief von Helli Andis an den Verfasser. New York, 15.5.1993.
12 Bericht von Gertrude Berg über Jimmy Berg – schriftliche Ergänzung zu einem Interview mit Gertrude Berg. New York 12.10.1992.
13 Jarka, Jura Soyfer, S. 259.
14 Der Wiener Tag 21.7.1935.
15 Vgl. hierzu Gerhard Scheit, Theater und revolutionärer Humanismus.
16 Zit. n. Horst Jarka, Jura Soyfer, S. 259f.
17 Takt 6 und Takt 28/29 – DJB.
18 Wien-Leipzig-Berlin (Musikverlag Adolf Robitschek) 1938.
19 Dies teilte uns Gertrude Berg in einem Gespräch im Oktober 1992 in New York mit.
20 Nuria Schönberg (Hg.): Arnold Schönberg. Lebensgeschichte in Begegnungen. Klagenfurt 1992. S. 292f.
21 Leo Löwenthal: Erinnerungen an Theodor W. Adorno. In: Adorno-Konferenz 1983. Frankfurt a. M. 1983. S. 390.
22 Gerhard Scheit: Exil zwischen Philosophie und Musik. Zur Entstehung von Theodor W. Adornos Ästhetik. In: Zwischenwelt 1. Jahrbuch der Theodor Kramer Gesellschaft. Wien 1990. S. 214.
23 Theodor W. Adorno: Gesammelte Schriften. Bd. 19. Frankfurt a. M. 1984. S. 243.
24 Johann Hodek: »Sie wissen, wenn man Heroin nimmt ...« Von Sangeslust und Gewalt in Naziliedern. In: Hanns-Werner Heister, Hans-Hünter Klein (Hg.): Musik und Musikpolitik im faschistischen Deutschland. Frankfurt a. M. 1984. S. 34.
25 Arnold Schönberg: Schriften zum Judentum, »Jew 8«. In: Nuria Schönberg, Arnold Schönberg, S. 293.
26 Nuria Schönberg, Arnold Schönberg, S. 294.
27 An Jakob Klatzkin schreibt er am 13.6.1933: »Die Bewegung, an die ich denke, soll vor allem alle jüdischen Parteien in sich schließen, sie vereinigen, zu einheitlichen Bestrebungen, zu einheitlicher Stoßkraft. Das ist ihre alleroberste Bedingung. [...] Wenn es lediglich nach mir ginge, wenn ich also auch bloß eine neue Partei, eine neue Sekte, gründen wollte, müßte sie allerdings im höchsten Grade national-chauvinistisch, im religiösen Sinn auf dem Gedanken des auserwählten Volkes basierend, militant, agressiv, gegen jeden Pazifismus, gegen allen Internationalismus sein. Das sind meine persönlichen Über-

zeugungen [...] Es ist gleichgültig ob ein Jude im Gaststaat Sozialist, Kapitalist, Pazifist, Demokrat, Monarchist oder was immer ist. [...] Aber in der Bewegung, zu der ich ihn haben will, darf er nur Jude sein [...]« Nuria Schönberg, Arnold Schönberg, S. 293.

28 Brief Arnold Schönbergs an Hanns Eisler vom 20.8.1934. Nuria Schönberg, Arnold Schönberg, S. 311.
29 Brief vom 12.9.1934. Nuria Schönberg, Arnold Schönberg, S. 311.
30 Nuria Schönberg, Arnold Schönberg, S. 311.
31 Iwan Sollertinski: Arnold Schönberg. (russ.) Leningrad 1934. Deutsche Ausgabe innerhalb des Sammelbands I.S.: Von Mozart bis Schostakowitsch. Aus dem Russischen von Christof Rüger. Hg. v. Michail Druskin. Leipzig 1979. S. 188ff.
32 Sollertinski, Von Mozart ..., S. 188.
33 Sollertinski, Von Mozart ..., S. 212.
34 Nuria Schönberg, Arnold Schönberg, S. 304.
35 Nuria Schönberg, Arnold Schönberg, S. 339.
36 Nuria Schönberg, Arnold Schönberg, S. 339.
37 Zit. n. Fred K. Prieberg: Musik im NS-Staat. Frankfurt a. M. 1982. S. 267.
38 Interview mit Philip Herschkowitz von Franz Kössler; gesendet im Österreichischen Rundfunk, Ö1, am 26.6.1987 (Journal Panorama).
39 Peter Stadlen: 50 Jahre danach. In: Österreichische Musikzeitschrift. 43. Jg. (1988) Nr. 4. S. 195.
40 Ebd.
41 Ebd.
42 Vgl. hierzu Hanns-Werner Heister: Elend und Befreiung. Karl Amadeus Hartmanns musikalischer Widerstand. In: Heister/Klein, Musik und Musikpolitik im faschistischen Deutschland, S. 273ff.
43 Vgl. Willi Reich: Alban Berg. Leben und Werk. München 1985. S. 83ff.
44 Willi Reich: Einleitung (zu dem Reprint der *23*). Wien 1971. S. 4.
45 Zit. n. Reich, Alban Berg, S. 90.
46 Ebd., S. 95.
47 Alban Berg: Lulu. Oper nach Frank Wedekinds Tragödien »Erdgeist« und »Büchse der Pandora«. Partitur III. Akt. Hergestellt von Friedrich Cerha. Wien 1978. S. 810 u. 819. Zur musikdramatischen Bedeutung dieser Stelle siehe

Gerhard Scheit: Dramaturgie der Geschlechter. Über die gemeinsame Geschichte von Drama und Oper. Frankfurt a. M. 1995. S. 334ff.
48 Alban Berg: Lulu. Texte, Materialien, Kommentare. Hg. v. Attila Csampai und Dietmar Holland. Reinbek 1985. S. 247.
49 Brief an Webern vom 26.8.1933. Zit. n. H.H. Stuckenschmidt: Schönberg. Zürich 1974. S. 336.
50 Berg, Lulu, Texte, Materialien, Kommentare, S. 246.
51 Alban Berg: Briefe an seine Frau. München, Wien 1965. S. 627.
52 Ebd., S. 246.
53 Nuria Schönberg, Arnold Schönberg, S. 386.
54 Ernst Hilmar: Alexander Zemlinsky – die letzten Wiener Jahre. In: Beiträge '90. Österreichische Musiker im Exil. Hg. v. d. Österr. Gesellschaft für Musik. Kassel, Basel, London 1990. S. 112.
Hilmar behauptet, Zemlinsky hätte die Leitung des Orchesters übernommen; nach Eric Simons Auskunft (Interview vom 15.10.1992, Sherman/Connecticut), der damals die Organisation des Orchesters gemeinsam mit Herbert Zipper besorgte, hatte das Ensemble nach Scherchen keinen ständigen Leiter, sondern nur Gastdirigenten. Ebenso fragwürdig wird damit die Behauptung Hilmars, Zemlinsky wäre als Leiter des Konzertorchesters aus politischen Gründen entlassen worden.
55 Ebd.
56 Ebd.
57 H.H. Stuckenschmidt: Der anstößige Kreidekreis. In: Anbruch 16 (1934), S. 32.
58 Zit. n. Hilmar, Alexander Zemlinsky, S. 114.
59 Interview mit Eric Simon vom 15.10.1992, Sherman/Connecticut.
60 Ebd.
61 Ebd.
62 Ebd.
63 Ebd.
64 Ebd.
65 Eva Fox-Gál: Hans Gál. York 1992. S. 6.
66 Fox-Gál, Hans Gál, S. 6.
67 Interview mit Eva Fox-Gál vom 22./25.9.1993, Wien.
68 Ebd.
69 Wilhelm Waldstein: Hans Gál. Wien 1965. S. 62.
70 Waldstein, Hans Gál, S. 60.

71　Interview mit Georg Knepler vom 16.8.1992, Berlin.
72　Ebd.
73　Theodor W. Adorno: Einleitung in die Musiksoziologie. Gesammelte Schriften Bd. 14. Frankfurt a. M. 1980. S. 200f.
74　Interview mit Georg Knepler vom 16. 8. 1992.
75　Volker Klotz: Operette. Porträt und Handbuch einer unerhörten Kunst. München, Zürich 1991. S. 426.
76　Interview mit Georg Knepler vom 16.8.1992.
77　Interview mit Georg Knepler vom 16.8.1992.
78　Ebd.
79　Ebd.
80　Vgl. hierzu Georg Knepler: Karl Kraus liest Offenbach. Wien 1984.
81　Kampfmusik. 3. Jg. (1933) Nr. 2. S. 1.
82　Jura Soyfer: Das Gesamtwerk. Hg. v. Horst Jarka. Wien, München, Zürich 1980 S. 467.
83　Vgl. hierzu Werner Mittenzwei: Das Leben des Bertolt Brecht oder der Umgang mit den Welträtseln. 1. Bd. 2. Aufl. Berlin, Weimar 1987. S. 464f.
84　Interview mit Georg Knepler vom 2. u. 3.5.1992, Berlin.
85　Ebd.
86　Ebd.
87　Zit. n. Henriette Kotlan-Werner: Kunst und Volk. David Josef Bach 1874–1947. Wien 1977. S. 110.
88　Interview mit Erwin Weiss vom 28.9.1993, Wien.
89　Reinhard Kannonier: Zwischen Beethoven und Eisler. Zur Arbeitermusikbewegung in Österreich. Wien 1981. S. 136f.
90　Ebd., S. 141.
91　Interview mit Erwin Weiss.
92　Nuria Schönberg, Arnold Schönberg, S. 350.
93　Ebd., S. 345.
94　Ebd., S. 332.
95　Alfred Pfabigan: Geistesgegenwart. Essays zu Joseph Roth, Karl Kraus, Adolf Loos, Jura Soyfer. Wien o.J. (1990). S. 76.
96　Jura Soyfer: Sturmzeit. Briefe. Hg. v. Horst Jarka. Wien 1991. S. 75.
97　Hans E. Wind (d.i. Kurt Blaukopf): Die Endkrise der bürgerlichen Musik und die Rolle Arnold Schönbergs. Wien 1935.
98　Ernst Krenek: Eine soziologische Deutung der zeitgenössischen Musiksituation. (Rezension v. Hans E. Wind, Die Endkrise der bürgerlichen Musik und die Rolle Arnold Schönbergs.) In: Wiener Zeitung. Nr. 200, 22.7.1935. S. 6.

99 Wind, Die Endkrise, S. 5.
100 Ebd., S. 7.
101 Vgl. hierzu: Gerhard Scheit: Auf der Suche nach einer Ästhetik des Widerstands in der Musik. In: Aufrisse. Zeitschrift für politische Bildung. 5. Jg. (1984) Nr. 2. S. 4ff.
102 Wind, Endkrise, S. 65.
103 Ebd., S. 68.
104 Ebd., S. 69f.
105 Interview mit Kurt Blaukopf vom 1.4.1992, Wien.
106 Ebd.
107 Ebd.
108 Leo Wilzin: Musikstatistik. Logik und Methodik gesellschaftlicher Musikforschung. Wien 1937.
109 Theodor W. Adorno: Leo Wilzin, Musikstatistik. (Rezension 1938) Gesammelte Schriften Bd. 19. Frankfurt a. M. 1984. S. 369ff.
110 Theodor W. Adorno u. Ernst Krenek: Briefwechsel. Frankfurt a. M. 1974. S. 90.
111 Interview mit Kurt Blaukopf vom 1.4.1992.
112 Kurt Blaukopf: Musiksoziologie. Eine Einführung in die Grundbegriffe mit besonderer Berücksichtigung der Soziologie der Tonsysteme. Wien (1950). S. 5.
113 Blaukopf, Musiksoziologie, S. 13.
114 Ebd., S. 118.
115 Ebd.
116 Ebd., S. 118f.
117 Ebd., S. 124.
118 *23* Nr. 1 (1932) S. 3ff.
119 Claudia Maurer Zenck: Der Ausschluß der Neuen Musik. In: »Verdrängte Kultur« Österreich 1918–1938–1968–1988. Festwochensymposium 1988. Hg. v. Oliver Rathkolb u. Friedrich Stadler. Mitteilungen des Instituts für Wissenschaft und Kunst. 45. Jg. Nr. 1/2. Wien 1990. S. 55–57.
120 Claudia Maurer Zenck: Ernst Krenek – ein Komponist im Exil. Wien 1980. S. 63f.
121 *23* Nr. 10 (1933) S. 17ff.
122 *23* Nr. 17/19 (1934) S. 34.
123 *23* Nr. 31/33 (1937) S. 34f.
124 *23* Nr. 15/16 (1934) S. 5.
125 *23* Nr. 22/23 (1935) S. 1.
126 *23* Nr. 15/16 (1934) S. 26.
127 Maurer Zenck, Ernst Krenek, S. 90.

128 Vgl. hierzu Clemens Hellsberg: Demokratie der Könige. Die Geschichte der Wiener Philharmoniker. Zürich, Wien, Mainz 1992. S. 454.
129 *23* Nr. 17/19 (1934) S. 23.
130 Hartmut Krones: Marcel Rubin. Wien 1975 (Österr. Komponisten d. 20. Jahrhunderts Bd. 22) S. 20.
131 Interview mit Marcel Rubin vom 14.2.1992, Wien.
132 Vgl. hierzu Krones, Marcel Rubin. S. 19ff.
133 Ebd., S. 66.
134 Vgl. hierzu Kurt Hahn: Das Lied im österreichischen Widerstand gegen den Nationalsozialismus 1938–1945. In: Aufrisse 5. Jg.(1984) Nr. 2. S. 16.
135 Ebd., S. 16.
136 Hellsberg, Demokratie der Könige, S. 451.
137 Gerhard Scheit: Der Kapellmeister im Zeitalter seiner technischen Reproduzierbarkeit. In: Stefan Siegert (Hg.): Il Maestro. Hamburg 1991. S. 68.
138 Ebd., S. 68.
139 Anton Kuh: Der übernationale Dirigent. In: Die Neue Weltbühne. (Prag, Zürich, Paris) Nr. 38 (1937); wiederabgedruckt in: Luftlinien. Feuilletons. Essay und Publizistik. Hg. v. Ruth Frenner. Wien 1981. S. 497.

DER HÖLLE ENTGANGEN

1 Robert Musil: Gesammelte Werke Bd. 8. (Essays und Reden) Reinbek 1978. S. 1259.
2 Schönberg an Josef Rufer, Brief vom 25.5.1948. Arnold Schönberg: Briefe. Hg. v. Erwin Stein. Mainz (1958) S. 266.
3 Zit. nach Hans Ferdinand Redlich: Alban Berg. Versuch einer Würdigung. Wien, Zürich, London 1957. S. 105.
4 Hanns-Werner Heister: Zum politischen Engagement des Unpolitischen. In: Herausforderung Schönberg. Hg. v. Ulrich Dibelius. München 1974. S. 40.
5 Ebd., S. 41.
6 Ebd., S. 43.
7 Arnold Schönberg: Schöpferische Konfessionen. Hg. v. Willi Reich. Zürich 1964. S. 12.
8 Hanns Eisler: Musik und Politik. Schriften 1948–1962. Hg. v. Günther Mayer. Leipzig 1982. S. 437.

9 Der hoffnungslose Radikalismus der Mitte. Der Briefwechsel Ernst Krenek – Friedrich T. Gubler 1928–1939. Hg. v. Claudia Maurer Zenck. Wien, Köln 1989 S. 277.
10 Ernst Krenek: Die amerikanischen Tagebücher 1937–1942. Dokumente aus dem Exil. Hg. v. Claudia Maurer Zenck. Wien, Köln, Weimar 1992. S. 37.
11 Claudia Maurer Zenck: Ernst Krenek – ein Komponist im Exil. Wien 1980. S. 187.
12 Ebd.
13 Ernst Krenek: Die amerikanischen Tagebücher 1937–1942. Dokumente aus dem Exil. Hg. v. Claudia Maurer Zenck. Wien, Köln, Weimar 1992. S. 53f.
14 Ebd., S. 55f.
15 Ebd., S. 162f.
16 Ebd., S. 181.
17 Ebd.
18 Ebd., S. 217.
19 Ebd., S. 169.
20 Ebd., S. 187.
21 Ebd., S. 189.
22 Ebd., S. 128.
23 Ebd., S. 191.
24 Maurer Zenck, Ernst Krenek, S. 194.
25 Die Geschichte ihrer gescheiterten Remigration ist mittlerweile gut dokumentiert: Claudia Maurer Zenck: Ernst Krenek – ein Komponist im Exil. Wien 1980 S. 259ff. Renate Göllner: Die dritte Vertreibung Hanns Eislers. In: Zwischen Aufklärung & Kulturindustrie. Festschrift für Georg Knepler. Hg. v. Hanns-Werner Heister, Karin Heister-Grech, Gerhard Scheit. Bd. III. Hamburg 1993 S. 199ff.
26 Bericht von Gertrude Berg über Jimmy Berg – schriftliche Ergänzung zu einem Interview mit Gertrude Berg vom 12.10.1992, New York. Vgl. hierzu auch Horst Jarka: »Vergriffen, vergessen usw.«. Jimmy Berg (1909–1988) – Komponist und Textautor im amerikanischen Exil. In: Mit der Ziehharmonika. 11. Jg. (1994) Nr. 3. S. 3ff.
27 Bericht von Gertrude Berg.
28 Exil in den USA. Frankfurt a. M. 1980. S. 361.
29 Manfred Georg: ›From Vienna‹ erobert den Broadway. Der Erfolg der Wiener Kleinkunstbühne. Aufbau 8.10.1939.
30 L.W.: Gesäuertes und Ungesäuertes. Das neue Programm der »Arche«. Aufbau, 29.10.1943.

31 Bericht von Gertrude Berg.
32 Abgedruckt in: Berthold Viertel: Die Überwindung des Übermenschen. Studienausgabe Bd. 1. Hg. v. Konstantin Kaiser u. Peter Roessler. Wien 1989. S. 225.
33 Bericht von Gertrude Berg.
34 Ebd.
35 Ebd.
36 Ebd.
37 Ebd.
38 Privatarchiv Gertrude Berg.
39 Interview mit Leo Mueller vom 16.11.1992, Wien.
40 Ebd.
41 Ebd.
42 Ebd.
43 Ebd.
44 Ebd.
45 Ebd.
46 Ebd.
47 Interview mit Walter Taussig vom 17.10.1992, New York.
48 Ebd.
49 Ebd.
50 Ebd.
51 Ebd.
52 Ebd.
53 Interview mit Eric Simon vom 15.10.1992, Sherman/Connecticut.
54 Privatarchiv Eric Simon.
55 New York Times, 18.11.1938.
56 Interview mit Eric Simon.
57 Star Journal, 23.10.1944.
58 Privatarchiv von Eric Simon.
59 Interview mit Eric Simon.
60 Adolph Baller (Auobiographische Erklärung). Typoskript. (4 S.) Privatarchiv von Nina Lobban, Palo Alto 1968. S. 2.
61 Adolph Baller interviewed by Evelyn Fielden for the Northern California Oral History Project, San Francisco, USA. (2.10.1992) Typoskript. (20 S.) S. 3.
62 Baller, Autobiographische Erklärung, S. 2.
63 Ebd., S. 1.
64 Ebd., S. 2.
65 Ebd., S. 2f.
66 Ebd., S. 3.

67 Ebd.
68 Yehudi Menuhin: Unvollendete Reise. Lebenserinnerungen. München 1976. S. 163.
69 Ebd.
70 So berichtet Menuhin in seiner Autobiographie, ebd. S. 179.
71 Ebd., S. 163.
72 Baller, Autobiographischer Bericht, S. 2f.
73 Letter from The Rigth Honourable Lord Yehudi Menuhin. In: Stanford University – A Concert in Memory of Adolph Baller. Dinkelspiel Auditorium, 4.6.1994.
74 Interview mit Georg Knepler vom 2. u. 3.5.1992, Berlin.
75 Ebd.
76 Ebd.
77 Garry Allighan: Opera Must Be Condensed to Be a Radio Success. Evening Standard. 11.8.1937.
78 Interview mit Georg Knepler.
79 Ebd.
80 Ebd.
81 Ebd.
82 Brief von Wilhelm Jerusalem an den Klubvorstand des Austrian Centre anläßlich dessen Abreise in die USA. O.D. (18.1.1940) DÖW 18.924. Zit. nach Österreicher im Exil. Großbritannien 1938-1945. Eine Dokumentation. Hg. v. Dokumentationsarchiv des österreichischen Widerstandes. Wien 1992. S. 268f.
83 Vgl. hierzu Erna Wipplinger: Österreichisches Exiltheater in Großbritannien (1938 bis 1945) Diss. Wien 1984; sowie: Österreicher im Exil. Großbritannien 1938–1945. Eine Dokumentation. Hg. v. Dokumentationsarchiv des österreichischen Widerstandes. Wien 1992.
84 Interview mit Georg Knepler.
85 Programmheft, Privatarchiv Georg Knepler.
86 Zeitspiegel, London, Nr. 10, 20.3.1943. Abgedruckt in: Österreicher im Exil, Großbritannien, S. 444.
87 Interview mit Georg Knepler.
88 Ebd.
89 Ebd.
90 Ebd.
91 Ebd.
92 Ebd.
93 Ebd.
94 Ebd.

95 Merkwürdig ist darum, daß der Biograph Gáls, Wilhelm Waldstein (Hans Gál, Wien 1965), in seinem sonst sehr informativen Buch diese Arbeiten überhaupt nicht erwähnt. Hier dürfte wohl wieder einmal der Antikommunismus der Zensor gewesen sein.
96 Waldstein, Hans Gál, S. 28f.
97 Hans Gál: Musik hinter Stacheldraht. Tagebuchblätter aus dem Sommer 1940. Typoskript. (132 S.) Privatarchiv von Eva Fox-Gál, York, S. 8.
98 Waldstein, Hans Gál, S. 33.
99 Gál, Tagebuch, S. 137.
100 Ebd., S. 52f.
101 Ebd., S. 161f.
102 Ebd., S. 163.
103 Ebd., S. 217f.
104 Interview mit Eva Fox-Gál vom 22. u. 25.9.1993, Wien.
105 Ebd.
106 Ebd.
107 Gál, Tagebuch, S. 129.
108 Privatarchiv Erwin Weiss.
109 Ebd.
110 Brief an Oscar Pollak vom 15.12.1945, Privatarchiv Wilhelm Svoboda.
111 Interview mit Erwin Weiss vom 28.9.1993, Wien.
112 Interview mit Marcel Rubin vom 14.2.1992, Wien.
113 Ebd.
114 Ebd.
115 Ebd.
116 Ebd.
117 Hartmut Krones: Marcel Rubin. Wien 1975. S. 75.
118 Ebd., S. 75.
119 Interview mit Marcel Rubin.
120 Ebd.
121 Ebd.
122 Ebd.
123 Interview mit Kurt Blaukopf vom 1.4.1992, Wien.
124 Ebd.
125 Ebd.
126 K(urt) u. M(iriam) Blaukopf: Von österreichischer Musik. (I) In: Erbe und Zukunft. Zeitschrift für Literatur, Musik, Geschichte und Philosophie. 2. Jg. (1947) Nr. 3. S. 51.
127 Ebd., S. 59.

128 Kurt Blaukopf: Über »häßliche« Musik. In: Erbe und Zukunft. 2. Jg. (1947) Nr. 2. S. 51f.
129 Ebd., S. 52f.
130 Ebd., S. 55.

HÖLLENHUNDE BEWACHEN DEN OLYMP

1 Brigitte Bailer: Wiedergutmachung – kein Thema. Österreich und die Opfer des Nationalsozialismus, Wien 1993. S. 150.
2 Ebd., S. 149.
3 Franz Eugen Dostal (Hg.): Karl Böhm. Begegnung mit Richard Strauss. Wien, München 1964. S. 17.
4 Karl Böhm: Ich erinnere mich ganz genau. Autobiographie. München 1973. S. 67.
5 Ebd., S. 41.
6 Karl Böhm in: H. E. Weinschenk: Künstler plaudern. Berlin 1940. S. 48.
7 Oliver Rathkolb: Führertreu und gottbegnadet. Künstlereliten im Dritten Reich. Wien 1991. S. 99.
8 Marcel Rubin: Herr Böhm und das Musikleben Österreichs. In: Österreichisches Tagebuch. 23 (1947) S. 11.
9 Oliver Rathkolb: »... Für die Kunst gelebt« Anmerkungen zur Metaphorik österreichischer Kulturschaffender im Musik- und Sprechtheater nach dem Nationalsozialismus. In: Anton Pelinka/Erika Weinzierl (Hg.): Das große Tabu. Österreichs Umgang mit seiner Vergangenheit. Wien 1987. S. 76.
10 Signe Scanzoni/Götz Klaus Kende: Der Prinzipal. Clemens Krauss. Fakten, Vergleiche, Rückschlüsse. Tutzing 1988. S. 19.
11 Rathkolb, »... Für die Kunst gelebt«, S. 75.
12 Dostal, Karl Böhm, S. 17.
13 Wiener Symphoniker 1900–1950, Wien o.J., S. 19.
14 Franz Endler: Karl Böhm. Ein Dirigentenleben. Hamburg 1981. S. 115.
15 Ebd., S. 107.
16 Gert Kerschbaumer: Das musikalische Riesenrad. In: ders./Karl Müller: Begnadet für das Schöne. Der rot-weiß-rote Kulturkampf gegen die Moderne (Beiträge zu Kulturwissenschaft und Kulturpolitik 2) Wien 1992. S. 12.
17 Rubin, Herr Böhm und das Musikleben Österreichs, S. 11.
18 Dostal, Karl Böhm, S. 19.

19 Scanzoni/Kende, Der Prinzipal, S. 28.
20 Ebd.
21 Kerschbaumer, Das musikalische Riesenrad, S. 13.
22 Ebd.
23 Wilhelm Furtwängler: Gedanken und Beobachtungen. Eintragung in den Taschenkalender 1952. In: Programmheft zum 6. Abonnementkonzert der Wiener Philharmoniker. 1986. S. 150.
24 Rathkolb, »... Für die Kunst gelebt«, S. 65.
25 Erwin Mittag: Aus der Geschichte der Wiener Philharmoniker. Wien 1950. S. 99.
26 Rathkolb, »... Für die Kunst gelebt«, S. 65f.
27 Ebd., S. 67.
28 Philharmonisches Tagebuch. Dr. Wilhelm Jerger zum Gedenken. In: Programmheft zum 9. Abonnementkonzert 1978. S. 281.
29 Rathkolb, »... Für die Kunst gelebt«, S. 65.
30 Philharmonisches Tagebuch. Nachruf Professor Hugo Burghauser. In: Programmheft zum 6. Abonnementkonzert 1983. S. 177.
31 Philharmonisches Tagebuch, Dr. Wilhelm Jerger zum Gedenken, S. 281.
32 Rosé-Büste bei den Wiener Philharmonikern. In: Programmheft zum 3. Abonnementkonzert 1974. S. 102.
33 Alexander Witeschnik: Musizieren geht übers Probieren oder Viel Harmonie mit kleinen Dissonanzen. Die Geschichte der Wiener Philharmoniker in Anekdoten und Geschichten. München 1975. S. 130.
34 Herta und Kurt Blaukopf: Die Wiener Philharmoniker. Welt des Orchesters – Orchester der Welt. Wien 1992. S. 205.
35 Thomas Mann: Hermann Hesse zum 70. Geburtstag. In: Neue Zeitung. 30.6.1947. Zitiert nach: Johann Peter Vogel: Hans Pfitzner (Rowohlts Monographien 396). Reinbek bei Hamburg 1989. S. 86.
36 Viktor Reimann: Die Neue Front. Zitiert nach: Gert Kerschbaumer: Der kalte Krieg gegen die Moderne. In: ders./Müller, Begnadet für das Schöne, S. 155.
37 Alma Mahler an Hans Pfitzner, undatiert. Zitiert nach: Vogel, Hans Pfitzner, S. 87.
38 Wiener Syphoniker 1900–1950, S. 17.
39 Vogel, Hans Pfitzner, S. 111.

40 Joseph Wulf: Musik im Dritten Reich. Frankfurt a. M. 1989. S. 73.
41 Walter Abendroth: Gegen Pfitzner-Boykott. In: Deutsche Kultur-Wacht. 7 (1933) S. 15f. Zitiert nach: Wulf, Musik im Dritten Reich, S. 337f.
42 Vogel, Hans Pfitzner, S. 107.
43 Ebd.
44 Bruno Walter an Hans Pfitzner v. 16.9.1946. In: Lotte Walter Lindt (Hg.): Bruno Walter. Briefe 1894–1962. Frankfurt a. M. 1969. S. 289f.
45 Clemens Hellsberg: Demokratie der Könige. Die Geschichte der Wiener Philharmoniker. Mainz, Zürich, Wien 1992. S. 550.
46 Gruß der Wiener Philharmoniker an Hans Pfitzner. Wiener Musik-Blätter. 3 (1948) S. 2f.
47 Hellsberg, Demokratie der Könige, S. 544.
48 Ebd., S. 474.
49 Kerschbaumer, Der kalte Krieg gegen die Moderne, in: ders./Müller, Begnadet für das Schöne, S. 155.
50 FP-Mölzer und Berater von Bischof Krenn vor Rechtsextremen. In: Der Standard. 21.9.1993.
51 Demokratie der Könige. Die Geschichte der Wiener Philharmoniker, Zürich, Wien, Mainz 1992, S. 546f.
52 Otto Strasser: Und dafür wird man noch bezahlt. Mein Leben mit den Wiener Philharmonikern. München 1978. S. 57.
53 Ebd.
54 Wulf, Musik im Dritten Reich, S. 428.
55 Kerschbaumer, Der kalte Krieg gegen die Moderne, S. 133.
56 Jaeger, Das Atlantisbuch der Dirigenten, S. 204.
57 Fritz Stege schrieb über diese Strawinsky-Aufführung im »Völkischen Beobachter«, 16.11.1934, u.a. wie folgt: »Wenn Kleiber uns diese rassefremde Musik eines in jüdischen Kreisen geförderten Geräuschkomikers als ernsthafte musikalische Kunst vorsetzt, so darf man wohl seinem Erstaunen über die unzureichende weltanschauliche Einstellung eines Staatskapellmeisters Ausdruck geben, der gerade auf Grund seiner Vorrangstellung zu einem um so höheren Verantwortungsbewußtsein der Volksgemeinschaft gegenüber verpflichtet gewesen wäre.« Wulf, Musik im Dritten Reich, S. 367.
58 »Heil Mozart«, in: Wulf, Musik im Dritten Reich, S. 367.
59 John Russel: Erich Kleiber. Eine Biographie. München o.J. S. 170.
60 Ebd.

61 Sigrid Löffler: »Monströs, wirklich monströs«. In: Profil. 10 (1988) S. 118.
62 Russel, Erich Kleiber, S. 218.
63 Ebd.
64 Ebd., S. 276.
65 Strasser, Und dafür wird man noch bezahlt, S. 57.
66 Österreichische Musik-Zeitschrift 9 (1946) S. 320.
67 Rufer: Musikalische Hintertreppenpolitik. In: Österreichisches Tagebuch. 24 (1946) S. 13.
68 Rubin, Herr Böhm und das Musikleben Österreichs, S. 12.
69 Herta und Kurt Blaukopf, Die Wiener Philharmoniker, S. 204.
70 Ebd., S. 204f.
71 Marcel Rubin: Bleibt Erich Kleiber in Wien? In: Volksstimme. 12.6.1948.
72 Marcel Prawy: Die Wiener Oper. Geschichte und Geschichten. Wien, München, Zürich 1969. S. 133.
73 Interview mit Marcel Rubin vom 14.2.1992, Wien.
74 Erich Kleiber: Epilog. Warum die Staatsoper auf Kleiber verzichten muß. In: Österreichisches Tagebuch. 1 (1949) S. 10.
75 Löffler, »Monströs, wirklich monströs«, S. 118.
76 Russel, Kleiber, S. 250f.
77 Ebd., S. 251f.
78 Ebd., S. 263.
79 Stefan Jaeger: Das Atlantisbuch der Dirigenten. Eine Enzyklopädie. Zürich 1985. S. 204.
80 Russel, Kleiber, S. 264.
81 Ebd., S. 264f.
82 Löffler, »Monströs, wirklich monströs«, S. 118.
83 Hellsberg, Demokratie der Könige, S. 546.
84 Bruno Walter an Ruth Kleiber vom 28.9.1958. In: Lotte Walter Lindt (Hg.): Bruno Walter. Briefe 1894–1962. Frankfurt a. M. 1969. S. 359f.
85 Gert Kerschbaumer: 1956 – Die Weltfeier des Karajan-Weltkartells. In: Kerschbaumer/Müller, Begnadet für das Schöne, S. 223.
86 Jaeger, Das Atlantisbuch der Dirigenten, S. 197.
87 Robert C. Bachmann: Große Interpreten im Gespräch. München 1978. S. 114.
88 Herlinde Koelbl im Gespräch mit Erich Leinsdorf. In: Jüdische Portraits. Photographien und Interviews von Herlinde Koelbl. Frankfurt a. M. 1989. S. 161.

89 Bachmann, Große Interpreten im Gespräch, S. 114f. Daß jedoch auch in den USA zu dieser Zeit Diskriminierungen anderer Art bei der Auswahl von Chefdirigenten vorkamen, bewies gerade das Rochester Orchestra durch seine Entscheidungen. So wurde Leonard Bernstein wegen seiner Homosexualität in den vierziger Jahren als Chefdirigent vom Orchestervorstand abgelehnt. Vgl. Joan Peyser: Leonard Bernstein. Eine Biographie. Hamburg 1988. S. 178.
90 Herlinde Koelbl im Gespräch mit Erich Leinsdorf, S. 161.
91 New York Philharmonic. Stagebill. Meet the Artist. Oktober 1992. S. 20f.
92 Herlinde Koelbl im Gespräch mit Erich Leinsdorf, S. 161.
93 Prawy, Die Wiener Oper, S. 172.
94 Glenn Gould: Von Bach bis Boulez. Schriften zur Musik I. München, Zürich 1987. S. 60.
95 Ebd., S. 15.
96 Vgl. Viktor Matejka: Widerstand ist alles. Notizen eines Unorthodoxen. Wien 1984. S. 192.
97 Interview mit Gertrude Berg vom 12. 10. 1992, New York.
98 Interview mit Marcel Rubin vom 14.2.1992, Wien.
99 Interview mit Leo Mueller vom 16.11.1992, Wien.
100 Krips dirigiert Bruckner. In: Volksstimme. 1.1.1947.
101 Kerschbaumer, Das musikalische Riesenrad, S. 62.
102 Marcel Rubin: »Ostmärkisches« oder österreichisches Musikleben? In: Volksstimme. 19.11.1947.
103 Marcel Rubin: Warum »Karajan-Zyklus«? In: Volksstimme. 8.10.1948.
104 Interview mit Leo Mueller.

Adolph Baller mit Roman Totenberg (Violine) und Gabor Rejto (Cello)

Jimmy Berg (1938)

Gertrude Berg (1952)

Kurt Blaukopf (Foto aus heutiger Zeit)

Hans Gál mit Frau Hanna und Tochter Eva (1944)
© Verlag Elisabeth Lafite (Wien)

Georg Knepler mit Käte Förster im englischen Exil

Hugo Knepler mit Maria Jeritza

Leo Mueller (um 1940)

Leo Mueller (li.) mit George Szell (Salzburg 1935)

Marcel Rubin (Mexiko 1943)
© Verlag Elisabeth Lafite (Wien)

Eric Simon (re.) und Herbert Zipper (im US-Exil)

Walter Taussig (Foto aus heutiger Zeit)

Erwin Weiss (in den dreißiger Jahren)

Erstes Vagabundenlied aus »Astoria«; Musik von Jimmy Berg, Text von Jura Soyfer

Programm einer Veranstaltung in London u.a. mit Georg Knepler und Martin Miller

nächste Seite:
Ankündigungen von Jimmy Bergs Operettenbearbeitungen für das Café Free Vienna (New York 1942)

CAFÉ
FREE VIENNA
DINE — DANCE
! Wants to see You !
STIMMUNG ★ *CABARET* ★ *CONCERT*

January 7th — PREMIERE — January 7th
dann allabendlich bis 22. Januar.

★ THE DREIMAEDELHAUS of 1942 ★

Rewritten and directed by JIMMY BERG

CAST
Schubert .... Fritz Spielman
Hannerl Tchoell .. Vilma Kuerer
Vater Tchoell .. Robert Langfelder
Arpad Karpath .... Peter Preses
Publisher .... Dolfi Morgens

Musikalische Leitung:
LEO PLESKOW u. Orchester
Am Flügel: ERNST PORTEN

VILMA KUERER konferiert und singt CHANSONS

FRITZ SPIELMAN am Flügel MIT NEUEM REPERTOIRE

★ *4 Uhr - TANZ - TEE* ★
JEDEN SONN- und FEIERTAG   MIT VOLLEM PROGRAMM
CAFE VIENNA, 50 WEST 77th STREET, New York
For Reservations: TRafalgar 4-8861   Wm. Kanter, Mgr.

CAFÉ
FREE VIENNA
DINE — DANCE
! WANTS TO SEE YOU !
STIMMUNG .. CABARET .. CONCERT

'Das weisse Röss'l am Central Park'

und

Franz Schubert in "One-Girl-House"

Zwei Operetten-Parodien
written and directed by JIMMY BERG
★
Mitwirkende: FRITZ SPIELMANN   VILMA KUERA   PETER PRESES
DOLFI MORGENS   ROBERT LANGFELDER   ERNST PORTEN
Musikalische Leitung: LEO PLESKOW und ORCHESTER
★
Eintritt frei: ★ *4 Uhr - TANZ - TEE* ★ Eintritt frei!
JEDEN SONN- und FEIERTAG   MIT VOLLEM *PROGRAMM*
CAFE VIENNA, 50 WEST 77th STREET, New York
For Reservations: TRafalgar 4-8861   Wm. Kanter, Mgr.

WAR STAMP CONCERTS

Recital Series by Famous Artists
Programs under the direction of
David LeVita, Musicologist of the Brooklyn Museum

SUNDAY, JULY 25   *1943*   1:30 P.M.

PAUL WITTGENSTEIN

Assisted by Eric Simon, *clarinet*; Louis Gralitzer, *violin*;
Ralph Hersh, *viola*; Sidney Edwards, *violoncello*

CHACONNE	BACH - BRAHMS
SONGS WITHOUT WORDS	MENDELSSOHN
B flat major	
E flat major	
D major	
E major	
ETUDES	CHOPIN - GODOWSKY
A flat major, Op. 25, no. 1	
D flat major	
C sharp minor, Op. 25, no. 12	

INTERMISSION

QUINTETTO FOR PIANO, CLARINET, VIOLIN, VIOLA AND VIOLONCELLO	SCHMIDT
MESSRS. WITTGENSTEIN, SIMON, GRALITZER, HERSH AND EDWARDS	
LIEBESTRAUM	LISZT
ISOLDE'S LOVE DEATH from "TRISTAN AND ISOLDE"	WAGNER - LISZT
PARAPHRASE ON "RIGOLETTO"	VERDI - LISZT

THE BROOKLYN MUSEUM, Eastern Parkway, Brooklyn, New York

Programm eines Konzertes mit Paul Wittgenstein und
Eric Simon (New York 1943)

AUSTRO AMERICAN TRADE UNION COMMITTEE FOR VICTORY

236 West 55th Street, N. Y. C. (Room 710)   Telefon: CIrcle 6-9058

FREITAG, den 11. FEBRUAR 1944, 8:15 Uhr abends,
im Festsaale AMERICAN COMMON, 40 East 40th St.,
VERANSTALTUNG ZUR ERINNERUNG AN DEN

12. FEBRUAR 1934

PROGRAMM:

Star-Spangled Banner

●

Eroeffnungsworte: ERNEST KENT

●

Zum Gedenken an den Februar 1934. Es spricht der Verteidiger der Februarkaempfer DR. BRUNO SCHONFELD

●

ROBERT KLEIN LOERK
liest aus "FLORIDSDORF" (Aus den Februartagen 1934)
Drama von Friedrich Wolff

●

JIMMY BERG spielt, Robert Klein Loerk singt
LIEDER DER OESTERREICHISCHEN "UNDERGROUND"

●

"February 1934 — February 1944"
FRANK WEDL, President of the Painters Union, A. F. of L., Chairman of the Austro American Trade Union Committee for Victory.

●

SINGING IS A FORM OF BATTLE

AMERICAN PEOPLES' CHORUS

Conductor Max Geberman
"FIGHTING SONGS OF AMERICA AND HER ALLIES"

Eintritt: 40 cents plus 4 cents tax

Karten erhaeltlich im Buero des Komitees, 236 West 55th Street, im Restaurant Schlossberg und Weissenstein, 709 Amsterdam Avenue, bei den Funktionaeren des Komitees und an der Abendkasse.

KOMMT UND BRINGT EURE FREUNDE!

Veranstaltung zum 12. Februar 1934 mit Jimmy Berg
(New York 1944)

Teil II

LEXIKON österreichischer Musikerinnen und Musiker im Exil

Als österreichische Musiker und Musikerinnen werden solche verstanden, deren Herkunftsort (Geburt und/oder Jugendjahre) nach 1918 innerhalb der Republik Österreich, vor 1918 innerhalb der Habsburgermonarchie lag – mit wenigen Ausnahmen: Hierbei handelt es sich um weniger bekannte Musikerinnen und Musiker anderer Herkunft, deren Wirken aber für das österreichische Musikleben von Bedeutung war. Außerdem wurde auf die Aufnahme jener berühmteren Persönlichkeiten verzichtet, die sich seit jeher anderen Nationen zugehörig fühlten, z.B. Béla Bartók.

Die Kürze mancher der folgenden Lexikonartikel steht in keinem Zusammenhang mit der Bedeutung und Bewertung der darin behandelten Persönlichkeit; sie ist ein Resultat der Quellenlage. Soweit Werke und Publikationen angegeben werden, handelt es sich um eine Auswahl. Musiker/innen, die zugleich als Schriftsteller/innen oder in anderen Bereichen hervorgetreten sind, werden – soweit sie in den entsprechenden Nachschlagewerken ohnehin dokumentiert sind – weitgehend kursorisch behandelt. Im Anschluß findet sich eine Liste mit Namen, zu denen abgesehen von der Tatsache der Vertreibung keine oder nur sehr wenige Lebensdaten gefunden werden konnten.

Abraham, Paul
* 2.11.1892   † 6.5.1960

Geboren in Apatin (Ungarn), Musikstudium an der Budapester Musikakademie, wo er Jahre später Professor für Musiktheorie und Liturgische Musik wird. Vorerst Kompositionen der U-Musik, die auch bei den Salzburger Festspielen aufgeführt werden, ab 1928 erlangt er Geltung als Operettenkomponist. Abraham arbeitet eng mit F. Lehár zusammen. 1930 großer Erfolg mit »Viktoria und ihr Husar«,

1931 findet die Uraufführung von »Die Blume von Hawaii« große Aufmerksamkeit. Ein Jahr später Uraufführung von »Ball im Savoy« in Berlin. 1933 nach der Machtübernahme Hitlers wird in Deutschland die Aufführung seiner Werke untersagt, im selben Jahr emigriert er nach Berlin. Von 1934–1938 finden die Uraufführungen seiner Operetten in Wien statt, 1939 flüchtet er vor Hitler nach Frankreich und wandert 1940 über Kuba in die USA ein, wo er weitgehend isoliert lebt. Abraham kann sich in der für ihn vollkommen fremden Umgebung nicht durchsetzen und erleidet einen psychischen Zusammenbruch: Er stellt sich vor das Shubert-Theatre und fängt zu dirigieren an. Er wird in ein Nervensanatorium in Long Island bei New York eingewiesen, 1955/56 übersiedelt er auf Initiative der Stadt Hamburg in ein Hamburger Sanatorium. Er starb in Hamburg.

Werke: Neben einem Requiem, Konzerten, Kammermusik und Orchestermusik, 13 Operetten und Musicals: 1931 »Die Blume von Hawaii«, 1932 »Ball im Savoy«, 1934 »Mädchen im Grand Hotel«, 1936 »Dschainach, das Mädchen aus dem Tanzhaus«, 1937 »Julia«, »Roxy und ihr Wunderteam«, 1939 »The White Swan« sowie Musik für 30 Filme, darunter: 1930 »Die Melodie des Herzens«, »Die singende Stadt«, 1931 »Die Privatsekretärin«, 1932 »Das Blaue vom Himmel«, »Glück über Nacht«, »Zigeuner der Nacht«, »Ein bißchen Liebe für Dich«, 1933 »Rakoczy-Marsch«.

Adler, Kurt
* 1.3.1907   † 21.9.1977

Geboren in Neuhaus (Böhmen), Studium an der Musikakademie in Wien: bei F. Foll Klavier, bei G. Adler und R. Lach Notation und Komposition sowie bei R. Robert Klavier. Von 1927 bis 1929 assistiert er E. Kleiber an der Staatsoper Berlin, von 1929 bis 1932 arbeitet er an der Deutschen Oper in Prag. 1932 kehrt er wieder nach Berlin zurück, wo er in den nächsten beiden Jahren an der Musik-Bühne engagiert ist. 1933 arbeitet er eng mit den Wiener Symphonikern zusammen, im selben Jahr emigriert er in die Sowjetunion. In den Jahren 1933–1935 nimmt er den Posten des 1. Dirigenten der Oper in Kiew ein, 1935–1937 ist er Leiter des Philharmonischen Orchesters von Stalingrad. 1938 emigriert er in die USA, von 1938–1943 dirigiert er Bach-Konzerte in New York, 1943 wird er zum Chorleiter der Met ernannt, wo er auch als ständiger Dirigent (1943–1973) tätig ist. 1943 dirigiert er beim Mozart-Fest in Mexiko, 1951 an der Met »Die Zauberflöte«, 1950 »Die Macht des Schicksals« und 1961 »Alcestis«. Er starb in den Vereinigten Staaten.

Adler, Kurt Herbert
* 2.4.1905 † 9.2.1988

Geboren in Wien, Studium von 1923–1927 an der dortigen Musikakademie, 1925–1928 an der Wiener Volksoper engagiert, 1928–1943 an verschiedenen Opernhäusern in Italien und Deutschland, 1934–1936 an der Wiener Volksoper. 1936 und 1937 arbeitet er als Assistent A. Toscaninis in Salzburg, 1937–1938 für Oper und Radio in Prag. 1938 emigriert er in die USA, 1941 ist er u.a. Dirigent der *Grand Concerts* in Chicago, 1942 Gastdirigent des Illinois Symphony Orchestra. 1943 beginnt die Bindung an San Francisco: Er wird zuerst Chorleiter, 1953 Musikdirektor und von 1956–1981 Generaldirektor. 1945 dirigiert er in der New Opera in New York, 1949–1950 ist er Gastdirigent des Berkeley Symphony Orchestra. Es gelingt ihm, nach 1945 im Rahmen seiner Tätigkeit in San Francisco bedeutende Sänger und Sängerinnen – z.B. M. Horne, B. Nilsson und L. Price – zu verpflichten. Adler produziert auch die amerikanischen Erstaufführungen von Berlioz' »Die Troyanerinnen«, Britten's »Ein Sommernachtstraum« und Strauss' »Die Frau ohne Schatten«. Er starb in den Vereinigten Staaten.

Adler, Peter Hermann
* 2.12.1899 † 2.10.1990

Geboren in Gablonz (Böhmen), 1920–1924 Studium am Prager Konservatorium, Privatstudium bei F. Finke, V. Novak und A. Zemlinsky. 1924–1939 Operndirigent in

Deutschland und der ČSR, u.a. in Gablonz, Brünn, Teplitz-Schönau, Bremen und Darmstadt. 1932 Emigration in die UdSSR, 1932–1938 Dirigent des Staatlichen Kiewer Orchesters und Lehrer am Kiewer Konservatorium, auch in Moskau und Leningrad. 1938 Gastdirigent in Prag, 1939 erfolgt die Emigration in die USA. In diesem Jahr dirigiert er erstmals die New Yorker Philharmoniker, 1940–1948 ist er Gastdirigent von Symphonie- und Opernorchestern. 1949–? Musikalischer Direktor der NBC Opera, New York, zusätzlich dirigiert er auch das NBC Symphony Orchestra. Ab 1959 Musikdirektor des Baltimore Symphony Orchestra. Er starb in den Vereinigten Staaten.

Alpar, Gitta
* 5.3.1903   † 17.2.1991

Geboren in Budapest als Tochter eines Kantors. Sie studiert Gesang bei Laura Hilgermann in ihrer Heimatstadt. 1923 beginnt ihre Bühnenlaufbahn an der Oper in Budapest, 1925 wirkt sie als »Gilda« an einem Gastspiel der Budapester Oper in München mit, 1927 debütiert sie an der Wiener Staatsoper, singt in Berlin an der Staatsoper *die Königin der Nacht* in Mozarts »Zauberflöte« sowie die *Rosine* in Rossinis »Barbier von Sevilla«. 1930 ersingt sie sich einen Triumph in Millöckers »Bettelstudent« am Berliner Metropol Theater – ab diesem Zeitpunkt gastiert sie nur im Operettenfach und wird in Berlin als Diva gefeiert. 1931 gestaltet sie die Titelrolle in der Uraufführung der »Dubarry« von Millöcker-Mackeben. 1933 verläßt sie Deutschland und tritt in Österreich auf, von wo sie 1936 nach Nordamerika emigriert. In Kalifornien feiert sie in ihren Operettenrollen große Erfolge. Sie starb in den Vereinigten Staaten.

Alter, Israel
* 23.9.1901

Geboren in Lemberg (Galizien), Musikstudium in Wien, 1921 Debüt als Kantor in Wien, in den Jahren 1925–1938 ist er in Hannover tätig, 1935 erfolgt die Emigration nach Südafrika, wo er ebenfalls als Kantor arbeitet. 1961 übersiedelt er in die USA, wo er an der School for Sacred Music in Cincinnati, Ohio, engagiert wird.

Alwin, Karl Oskar
* *15.4.1891* † *15.(16.).10.1945*

Geboren in Königsberg, Studium an der Universität Berlin: Literatur, Philosophie, Musik u.a. bei E. Humperdinck und H. Kaun. 1910 Engagement an der Berliner Hofoper, 1912 Assistent von Carl Muck bei den Bayreuther Festspielen, Dirigate in Halle 1913, Posen 1914, Düsseldorf 1915–1917, Hamburg 1917–1920, Wiener Staatsoper 1920–1938. 1923–1925 Gastdirigent in Großbritannien, Frankreich und Spanien. 1925 Professor an der Musikakademie in Wien, 1930 USA-Tour, 1938 Emigration in die USA. Von 1939–1940 als Dirgent an der Chicago Civic Opera engagiert, 1941 übersiedelt er nach Mexiko und arbeitet von 1941–1945 als Dirigent an der Oper in Mexico City. Er starb in Mexiko.

Amar, Liko
* *4.12.1892* † *19.7.1959*

Geboren in Budapest, Violinstudium bei E. Bare an der Budapester Nationalakademie, wechselt später nach Berlin an die Hochschule für Musik zu H. Marteau, wo er 1912 in dessen Quartett als Sekundarius eintritt. 1915 wird er Konzertmeister der Berliner Philharmoniker, 1920 des Orchesters des Mannheimer Nationaltheaters. 1921 gründet er mit P. Hindemith, W. Caspar und M. Frank – ab 1924 R. Hindemith – ein Quartett, das bis zu seiner Auflösung (1929) eines der bedeutensten Quartette für die Avantgarde bleibt – insbesondere durch seine Konzertauftritte in Donauesching. Amar emigriert 1933 nach Frankreich, 1934 Übersiedlung in die Türkei. Dort übernimmt er 1938 eine Professur am Staatskonservatorium (Violine und Kammermusik), die er bis zu seiner Pensionierung behält. 1957 erhält er, zurückgekehrt in die BRD, einen Lehrauftrag für Violine und Kammermusik an der Staatlichen Hochschule für Musik in Freiburg.

Amtmann, Willy
* 10.8.1910

Geboren in Wien, Studium in den Jahren 1924–1930 an der Wiener Musikakademie, 1940 Emigration nach Kanada. Anstellung bei der Ottawa Board of Education in den Jahren 1947–1968, in dieser Zeit schreibt er eine Arbeit über Bruckners Kammermusik, 1955 erhält er ein Stipendium der Royal Society of Canada für seine Doktorarbeit über »Musical life in New France«. Er spielt im Ottawa Philharmonic Orchestra, in den Jahren 1957–1959 in der Funktion eines Konzertmeisters. Bis 1976 lehrt er Musikgeschichte am Music Department der Carleton University. Amtmann ist einer der Pioniere der Musikgeschichtsschreibung in Kanada.

Angerer (von Rupp), Margit
* 6.11.1903   † 31.1.1978

Geboren in Budapest, studiert Sopran an der Budapester Akademie und debütiert 1926 in Wien als *Leonora* in Verdis »Die Macht des Schicksals«. Ihre wichtigsten Partien sind: *Pamina, Tosca, Elsa, Eva, Octavian* und *Marguerite*. Sie wirkt bei den Salzburger Festspielen mit und singt 1931 den *Octavian* im »Rosenkavalier«. 1938 emigriert sie nach London und setzt dort ihre Karriere fort.

Ascher, Leo
* 17.8.1880   † 25.2.1942

Geboren in Wien, 1898–1904 Klavierstudium bei H. Reinhold und L. Thern, Komposition bei R. Fuchs sowie privates Kompositionsstudium bei F. Schmidt. Ascher komponiert zwischen 1905 und 1937 32 Operetten. Er wird in der sogenannten »Reichskristallnacht« am 10.11.1938 verhaftet, am selben Tag aber wieder freigelassen. Er emigriert in die USA, wo er sich als promovierter Jurist vorwiegend in Plagiatsprozessen erfolgreich durchzusetzen vermag. Er starb in New York.

Werke: 1905 »Vergelt's Gott«, 1910 »Die keusche Susanna«, 1912 »Hoheit tanzt Walzer« – neue Version: »Hochzeitswalzer« (1937), 1915 »Der Soldat der Marie«, 1926 »Ich hab' dich lieb«, 1928 »La Barberina«, 1937 »Um ein bißchen Liebe«. Filmmusik zu: 1931 »Ihre Durchlaucht, die Wäscherin«, »Mein Leopold« sowie »Purpur und Waschblau«.

Ascher-Nash, Franzi (Franziska)
* *28.11.1910*

Geboren in Wien, 1928 Matura. Bis 1932 Studium an der Universität Wien und an der Musikakademie. Arbeitet als Autorin von Kurzgeschichten für Wiener Zeitungen, in den Jahren 1937–1938 als Übersetzerin von Filmdialogen für die United Artists Agency in Wien. 1938 Emigration über die Schweiz in die USA, von 1941–1949 Musikkritikerin der *Neuen Volks-Zeitung*, zusätzlich Mitarbeiterin der Zeitschrift *Aufbau*. Ab 1954 Lektorin für Musikgeschichte an der New School for Social Research; Gedichte, Essays und Kurzgeschichten für amerikanische Rundfunkanstalten.

Asriel, Andre
* *22.2.1922*

Geboren in Wien, 1936–1938 Studium an der Musikakademie. 1938 Emigration nach Großbritannien, 1939–1940 Kompositionsstudium bei E.H. Meyer sowie Klavierunterricht bei F. Osborn. 1946 Übersiedlung nach Ostberlin, 1947–1949 Kompositionsstudium bei R. Schwarz-Schilling und Klavierunterricht bei R. Rössler an der Berliner Hochschule für Musik, später bei H. Eisler Komposition. 1949 Staatsexamen, 1951 Lektor an der Deutschen Hochschule für Musik, 1956 Kompositionsstudium bei L. Dallapiccola in Florenz. 1950–1967 Lektor für Musiktheorie, ab 1968 Professor für Komposition an der Deutschen Hochschule für Musik.

Werke: Symphonische Musik: 1963 »4 Inventionen« für Trompete, Posaune und Orchester, 1964 »Volksliedersuite«, 1968 »Metamorphosen«, 1969 »Serenade für 9 Instrumente«; Filmmusiken, z.B. 1966 »Der verlorene Engel«, 1968 »Faust I«; Musik für TV- und Radio-Shows; Lieder, Songs, Balladen, Klaviermusik.

Bach, David Josef
* 13.8.1874   † 30.1.1947

Geboren in Lemberg, besucht das Akademische Gymnasium in Wien (aus dieser Zeit datiert seine Freundschaft mit A. Schönberg), Studium der Philologie und Philosophie in Wien. Nach seiner 1897 erfolgten Promotion arbeitet er als freier Schriftsteller und Journalist, u.a. für die *Arbeiter-Zeitung, Die Zeit* und die *Neue Freie Presse.* Ab 1904 Redakteur der *Arbeiter-Zeitung,* wo er das Musikreferat übernimmt, ein Jahr später organisiert er zum erstenmal die Arbeiter-Symphonie-Konzerte mit einer Aufführung im Wiener Musikvereinssaal. Seine Konzeption, die bürgerliche Kunst auch der Arbeiterklasse zu erschließen, setzt er zum Teil gegen den Willen des Parteivorstandes der Sozialdemokratischen Arbeiterpartei (SDAP) durch. In den Jahren 1918–1933 ist der von R. Wagner und G. Mahler beeinflußt Bach als Feuilletonchef der *Arbeiter-Zeitung* Nachfolger von E. Pernersdorfer, mit dem er lange Zeit die großdeutschen Neigungen teilt. Von 1918–1922 leitet er gemeinsam mit J. Bittner die Zeitschrift *Merkur,* in den Jahren 1919–1933 die Sozialdemokratische Kunststelle, die mit Unterstützung der sozialistisch orientierten kommunalen Verwaltung für die arbeitende Bevölkerung Kulturveranstaltungen organisiert. 1920 ist er verantwortlicher Leiter der *Meisteraufführungen Wiener Musik,* 1924 der Musikausstellung des *Wiener Musikfestes.* In den Jahren 1926 bis 1933 gibt Bach zusätzlich noch die Zeitschrift *Kunst und Volk* heraus. 1933 wird er pensioniert.

1938 emigriert er nach England, wo er gemeinsam mit J.O. Lämmel die Vereinigung österreichischer Journalisten in England mitbegründet.

Baller, Adolph (Usiu B.)
* 30.7.1909   † 22.1.1994

Geboren in Brody (ab 1918 polnisch); nach dem Ersten Weltkrieg Musik- und Klavierstudium in Wien bei M. Brée, A. Kessissoglu und H. Kauder. Baller gilt Mitte der zwanziger Jahre als sogenanntes Wunderkind: Er gibt Klavierkonzerte u.a. mit den Wiener Symphonikern und mit den Wiener Philharmonikern, tritt bei den Salzburger Festspielen auf. 1931 geht er nach Berlin, um mit A. Borowsky seine Studien fortzusetzen. Nach 1933 ist Baller wieder in Wien. 1938 wird er von SS- oder SA-Leuten schwer gefoltert. Seine Hände werden verletzt, ein Finger gebrochen, als lebenslanger Folge der Folterung verliert Baller die Gedächtnisleistung des Auswendigspielens. Da er einen polnischen Paß besitzt, kann der polnische Gesandte für ihn intervenieren, Baller wird freigelassen und flüchtet nach einer gesundheitlichen Besserung nach Budapest. Dort heiratet er die Geigerin E. Strauss-Neustadt, mit ihr zusammen Emigration über Jugoslawien nach New York. Von der Radiostation WQXR wird er für Klavierkonzerte engagiert, wobei er auch eigene Kompositionen spielt. Da er nicht mehr auswendig zu spielen vermag, entschließt er sich, nicht mehr als Solist zu wirken, sondern als Begleiter und Mitglied in Kammermusik-Ensembles. Von 1939 an ist er der Begleiter des Geigers Y. Menuhin, 1943 gründet er zusammen mit G. Rejto und R. Totenberg das Alma-Trio, mit dem er bis 1970 öffentlich auftritt und Werke von Bartók und Schubert auf Schallplatte einspielt. Daneben Tätigkeit als Lehrer an der Stanford University, deren Fakultät er 31 Jahre angehört, am San Francisco Conservatory und am Dominican College in San Rafael. Adolph Baller starb in Palo Alto.

Balogh, Ernö
* 1897

Geboren in Budapest, Klavier- und Kompositionsstudium bei B. Bartók und Z. Kodály an der Budapester Musikakademie. 1912 erhält er den Franz-Liszt-Preis, perfektioniert seine musikalische Ausbildung in Berlin, wo er 1920 sein Debüt als Pianist gibt. Er emigriert 1924 in die USA.

Werke: Balogh schreibt vorwiegend für Klavier, beispielsweise 1966 »Conversations«, 1966 »Reel«, 1968 »Debate«.

Balsam, Artur
* 8.2.1906   † 1.9.1994

Geboren in Warschau, Klavierschüler an den Konservatorien von Lodz und Berlin, 1918 Beginn der Klaviervirtuosenkarriere. 1930 1. Preis beim Berliner Internationalen Wettbewerb, 1931 Gewinner des Mendelssohn-Preises. Begleiter von prominenten Geigern wie Y. Menuhin, S. Goldberg, E. Morini, J. Fuchs, N. Milstein und Z. Francescatti sowie des Cellisten M. Rostropowitsch und des Kroll-Quartetts. Anstelle von E. Itor Kahn spielt er ab 1960 im Trio Albeneri. Aus seinem Schallplattenrepertoire – über 250 Einspielungen – ist insbesondere eine Gesamtaufnahme der Sonaten von J. Haydn, J.N. Hummel und W.A. Mozart hervorzuheben. Balsam wirkt auch als Pädagoge: Er leitet Klavier-Klassen an der Akademie Kneisel für Kammermusik in Blue Hill (Maine, USA) und an der Musikschule in Manhattan in New York sowie an der Universität Boston und an der Eastman School of Music.

Bamberger, Carl
* 21.2.1902   † 18.7.1987

Geboren in Wien, Studium der Musikgeschichte und Philosophie an der Universität Wien, 1918–1920 Musiktheorie bei F. Moser, 1920–1924 Musiktheorie bei H. Schenker und Violoncello bei F. Buxbaum. 1923 begleitet er den Sänger

L. Wüllner bei einer Tournee durch Finnland. Als Operndirigent ist er in den Jahren 1924–1927 am Stadttheater in Danzig, 1927–1931 am Landestheater in Darmstadt engagiert. 1930 Operndirigent in China, Japan und den Philippinen, in den Jahren 1931–1935 Gastdirigent in der UdSSR, den USA und Ägypten. 1937 Dirigent in Ägypten, Finnland, Jugoslawien und der ČSR. Im selben Jahr emigriert er in die USA, wo er neben anderen Orchestern u.a. auch das New York Philharmonic Orchestra dirigiert. In den Jahren 1940–1945 Dirigent der New Choral Group of Manhattan, 1943–1950 Generalmusikdirektor des Frühlingsfests in Columbia. 1950–1952 Generalmusikdirektor der *Montreal Symphony Chamber Concerts,* Gastdirigate ab 1952 für die folgenden Musikinstitutionen: New York City Opera, Marlboro Mozart Fest, Süddeutscher Rundfunk, Stuttgart. Neben seiner musikalischen Tätigkeit Studium der Photographie am New York Institute of Photography, arbeitet auch als Photograph. Er starb in New York.

Baum, Kurt
* 15.3.1908

Geboren in Prag, Gesangsstudium bei E. Garbin in Mailand und bei Scolari in Rom. Debütiert 1933 am Opernhaus von Zürich als Tenor in Zemlinskys »Der Kreidekreis«. Von 1934–1939 ist Baum in Prag am Deutschen Theater engagiert, nach seiner 1939 erfolgten Emigration singt er bis 1941 an der Oper in Chicago. In den Jahren 1941–1967 ist er Mitglied der Metropolitan Opera in New York, wo er vorwiegend als Wagner-Tenor erfolgreich ist. Gastspiele führen ihn in den Jahren 1947–1948 zum Maggio musicale nach Florenz, wo er den *Arnold* in Rossinis »Wilhelm Tell« singt, 1953 singt er in der Arena von Verona. Im gleichen Jahr absolviert er ein Gastspiel am Covent Garden, Baum gastiert auch an den Opern von San Francisco sowie an diversen Häusern in Südamerika.

Baum, Vicki
* 24.1.1888   † 29.8.1960

Geboren in Wien, schlägt Vicki Baum zunächst die musikalische Laufbahn ein und wird Harfenistin. Ab 1926 arbeitet sie als Redakteurin in Berlin und setzt ihre nebenbei begonnene schriftstellerische Arbeit erfolgreich fort. 1931 reist sie anläßlich der Verfilmung ihres Romans »Menschen im Hotel« in die USA, wo sie 1938 die amerikanische Staatsbürgerschaft annimmt. Sie schreibt über 30 Romane und Erzählungen sowie Bühnen- und Drehbuchtexte.

Benatzky, Ralph
* 5.6.1884   † 16.10.1957

Geboren in Mährisch-Budwitz, Musikstudium in Prag und in München, u.a. bei F. Mottl. Germanistikstudium in Wien (Dr. phil.), lebt ab Mitte der zwanziger Jahre in Berlin, übersiedelt 1933 nach Paris und 1938 in die USA; seine Frau, Josma Selim, war jüdischer Herkunft. Er gestaltet mit ihr einige Abende mit Chansons, hat aber nur beim deutschsprachigen Publikum Erfolg. 1945 läßt er sich in der Schweiz nieder, arbeitet aber kontinuierlich jedes Jahr wieder in Hollywood als erfolgreicher Filmkomponist. 1949 Ehrenmedaille der Stadt Wien. Er starb in der Schweiz.

Werke: 1923 »Ein Mädchen aus Florenz«, 1928 »Casanova«, 1930 »Im weißen Rößl«, »Meine Schwester und ich«, 1935 »Der König mit dem Regenschirm«, 1937 »Madame hat Ausgang«, 1949 »Kleinstadtzauber«, »Waldmeister«, 1950 »Mon ami Rene«, 1951 »Ein Liebestraum«, 1953 »Don Juans Wiederkehr«; Lieder, z.B. »Ich weiß auf der Wieden ein kleines Hotel«, »Ich muß wieder einmal in Grinzing sein«.

Berg, Armin (eigtl. Hermann Weinberger)
* 9.5.1883   † 23.11.1956

Geboren in Brünn, wirkt in Wien vor allem als Sänger und Komponist im Kabarett, so in der Budapester Orpheumsgesellschaft und im Max und Moritz. Daneben ist er als Coupletsänger mit dem Repertoire O. Reutters populär. Seine berühmtesten Lieder heißen: »Marie-Marie«, »Mir ist schon alles ganz egal«, »Ich glaub' ich bin nicht ganz normal«, »Der Überzieher«. Er flüchtet 1938 in die USA, wo er vom Verkauf von Papierwaren notdürftig lebt. Hin und wieder tritt er im New Yorker Emigrantencafé »Old Europe« auf. Armin Berg kehrt 1949 nach Österreich zurück.

Berg, Jimmy, (eigtl. Simson Weinberg)
* 23.10.1909 † 4.4.1988

Geboren in Kolomea (Polen), sein Vater ist der Kaufmann Samuel Weinberg, seine Mutter Fanny W., geborene Starer; Jimmy Bergs Cousin ist der Komponist Robert Starer. Aufgewachsen in Wiener Neustadt und Wien, musikalische Ausbildung bei G. Marcus. Schreibt Unterhaltungsmusik, später auch Texte für Schlager, Lieder, Kabarett. 1932 nach Berlin, 1933 Rückkehr nach Wien. 1934 in Paris. Danach in Wien. Hauskomponist des ABC im Regenbogen, u.a. einige Texte mit J. Soyfer, komponiert – u.a. die Musik zu dessen »Weltuntergang«, »Astoria« und »Broadway-Melodie 1492«. Verläßt Wien am 27.5.1938, über die Schweiz und England in die USA. Arbeitet zunächst freiberuflich, später als Journalist bei der *Voice of America* als Korrespondent. Verheiratet mit Gertrude C. Hammerschlag, die 1919 in Wien geboren wurde. Er starb in New York.

Werke: Schlager und Songs, z.B. »Wien ist nicht nur die Walzerstadt«, »Sperrstund is'«, »Goldblondes Mädchen aus Groß-Berlin«, »Im Vorstadtpark« (Text: W. Lindenbaum), »3 x Rosinen und Mandeln«, »Lorelei aufgenordet«, »Man stellt sich um«, »Walzertraum 1944«.

Bing, Rudolf
* 9.1.1902

Geboren in Wien als Sohn eines Industriellen, nimmt Rudolf Bing als 16jähriger eine Volontärsposition in einer Wiener Buchhandlung an, der auch eine Konzertagentur angeschlossen ist. Sein Bestreben, durch den Verkauf von verbilligten Büchern den ermäßigten Eintritt für Theater- und Musikveranstaltungen zu ermöglichen, wird rasch bekannt. 1928 erhält er seine Berufung zum Leiter des künstlerischen Betriebsbüros des Landestheaters in Darmstadt, wo er mit C. Ebert als Intendanten und K.H. Böhm als Chefdirigenten zusammenarbeitet. Gemeinsam mit Ebert wechselt er 1930 nach Berlin an die Städtische Oper, wo er auch erfolgreich als Regisseur tätig ist. 1933 emigriert Bing nach England, wo er mit Ebert, dem Dirigenten F. Busch und J. Christie das *Glyndebourne Festival* gründet, das sich der Pflege der Werke Mozarts widmet. Bing gründet auch die Festspiele in Edinburgh, deren Leiter er von 1947–1949 ist. 1950 wird er als Nachfolger von E. Johnson in der Funktion des General Manager der Metropolitan Opera engagiert, unter seiner Ägide wird die Met zum führenden amerikanischen Opernhaus von Weltgeltung. 1966 übersiedelt die Oper in das neue Haus im Lincoln-Center, am 25.7.1972 legt Bing seine Funktion als Opernmanager zurück. Er hält Gastvorlesungen am Brooklyn College und an der New Yorker Universität, ab 1974 nimmt er die Funktion eines Beraters der Columbia Artists Managment Inc. an.

Blaukopf, Kurt (Hans E. Wind)
* *15.2.1914*

Geboren in Czernowitz (Bukowina), als Sohn des Rechtsanwalts Herbert Blaukopf (geb. 1890 in Czernowitz; Name im Exil: Herbert Barrett) und Anna B., geborene Tropp (geb. 1893 in Czernowitz). Jusstudium in Wien. Kompositionsstudium bei W. Bricht und S. Wolpe, Dirigieren bei H. Scherchen. Von 1937–1938 arbeitet er im Sekretariat von P. Stefan, dem Herausgeber der Musikzeitschrift *Anbruch*. September 1938 Flucht nach Paris, Internierung in Meslay-du-Maine, ab 1940 in Jerusalem, Studium am dortigen Konservatorium bei J. Tal und E. Gerson-Kiwi. Mitarbeiter in der Freien Österreichischen Bewegung. In den Jahren

1940–1942 Bibliothekar am Konservatorium, Anstellung im Departement for Public Works sowie Mitarbeit bei Radio Jerusalem, 1942–1946 Musikkritiker für die *Middle East Times*, 1946–1947 Kulturkorrespondent der Wiener Tageszeitung *Die Presse*. 1947 Rückkehr nach Österreich, in den Jahren 1954–1965 ist er Herausgeber der Zeitschrift *Phono*, ab 1962 lehrt er Musiksoziologie an der Wiener Musikakademie (1963 Honorarprofessor, 1968 a.o. Prof.); von 1965 an Herausgeber von *HiFi Stereophonie*, ab 1965 Direktor des musikpädagogischen Institutes in Wien.

Schriften: (Pseud. H.E. Wind) Die Endkrise der bürgerlichen Musik und die Rolle Arnold Schönbergs. Wien 1935; Von österreichischer Musik (zus. mit Miriam Blaukopf-Shachter, Wien 1947); Musiksoziologie. Eine Einführung in die Grundbegriffe (St. Gallen 1950; Wien 1950); Lexikon der Symphonie (Teufen 1952); Gustav Mahler (Wien 1969); Die Wiener Philharmoniker (Wien 1986).

Bocek, Hans
* 1907   † 1943(?)

Klavierbauer in Wien, Mitglied des sozialdemokratischen Schutzbundes. Nach der Niederschlagung des Februaraufstandes Flucht in die Tschechoslowakei. Oktober 1934 Emigration in die Sowjetunion, im selben Jahr technischer Leiter einer Harmonikafabrik in Moskau, ab 1935 Obermeister in einer Klavierfabrik in Leningrad. August 1937 Rückreisegesuch an die österreichische Botschaft. April 1938 Verhaftung durch den NKWD. Dezember 1939 Rückkehr nach Wien. Hans Bocek fiel im Weltkrieg als deutscher Wehrmachtssoldat.

Bodanzky, Artur
* 16.12.1877   † 23.11.1939/1959(?)

Kapellmeister im Carl-Theater und am Theater an der Wien, emigriert in die USA. Er starb in New York.

Bokor, Margit
* 1905   † 9.11.1949

Geboren in Budapest, studiert die angehende Sopranistin in Wien und Budpaest, wo sie 1928 auch debütiert. 1930 tritt sie erstmals in Berlin auf, danach an der Dresdner Staatsoper, wo sie 1933 die *Zdenka* in der Welturaufführung der Richard-Strauss-Oper »Arabella« singt. Sie gestaltet diese Rolle auch am Covent Garden anläßlich der englischen Premiere der Oper, 1934 singt sie die *Giuditta* von Lehár in Wien. In Salzburg gestaltet sie den *Oktavian* in »Der Rosenkavalier« von R. Strauss und die *Zerlina* in Mozarts »Don Giovanni«. 1939 verläßt sie Europa und emigriert in die USA, wo sie in Chicago, San Francisco und anderen Städten auftritt. 1947 wird sie von der New York City Opera engagiert, stirbt aber bereits zwei Jahre nach Vertragsabschluß.

Born, Claire
* 1898

Geboren in Wien, studiert Gesang in Wien und ist in den Jahren 1920–1926 an der Wiener Staatsoper engagiert. Sie gestaltet dort u.a. folgende Rollen: *Gräfin Almaviva, Pamina, Agathe, Gutrune* und *Ariadne*. In Salzburg singt sie in den Jahren 1922–1927 die *Gräfin Almaviva, Donna Elvira* und die *Ariadne*, 1924 in Bayreuth die *Eva* und die *Gutrune*. 1926 kreiert sie die *Tochter* in Paul Hindemiths Oper »Cardillac« an der Dresdner Staatsoper, wo sie von 1929 bis 1933 – ihrer Emigration aus Deutschland – fest engagiert war. Ab 1933 unterrichtet sie in London.

Botstiber, Hugo
* 21.4.1875   † 15.1.1942

Geboren in Wien, Studium am Wiener Konservatorium bei R. Fuchs (Komposition), Studium an der Wiener Universität bei A. Zemlinsky. 1896 wird er Assistent von E. Mandyczewsky in der Bibliothek der Gesellschaft der Musikfreunde in Wien, 1900 Sekretär des neugegründeten Wiener Konzerthauses, 1904–1911 gibt er die Publikation »Musikbuch aus Österreich« heraus. In den Jahren 1913–1938 ist er Generalsekretär der Wiener Konzerthausgesellschaft, neben dieser Tätigkeit publiziert und ediert er. 1938 emigriert er nach England.

Brainin, Norbert
* 12.3.1923

Geboren in Wien, Anfang 1930 Violinstudium in Wien. Brainin wird dem Geiger C. Flesch in London zur weiteren Ausbildung empfohlen. 1938 Emigration nach Großbritannien, Studium bei Flesch (sechs Monate), sodann vertieftes Studium bei M. Rostal (vier Jahre). Während des Zweiten Weltkrieges muß Brainin aufgrund der politischen Usancen – Emigranten, die als feindliche Ausländer eingestuft werden, haben zeitweise Auftrittsverbot – als ungelernter Arbeiter eine Stellung annehmen. Nach 1945 studiert er wieder Violine und spielt das Beethoven-Violinkonzert mit dem London Philharmonic Orchestra in der Albert Hall. 1947 wird das Amadeus-Quartett gegründet, dem er von Beginn an als Mitglied angehört. Zahlreiche Konzerte, 1953 erste USA-Tournee, 1958 erste Welt-Tournee.

Brammer, Julius
* 9.3.1877 † 18.4.1943

Geboren in Ungarisch-Brod, Schauspieler in Wien, wirkt an der Weltpremiere von F. Lehárs »Die lustige Witwe« mit. Schreibt zahlreiche Libretti, meist in Zusammenarbeit mit A. Grünwald, u.a. für L. Fall, E. Kalmar, L. Ascher, R. Stolz, O. Straus. 1938 nimmt die Wiener Staatsoper sein letztes Libretto, das er ebenfalls gemeinsam mit A. Grünwald verfaßt hat, vorerst an, die politischen Umstände erzwingen jedoch die Ablehnung. Brammer emigriert 1938 nach Frankreich. Er starb in Juan-les-Pins.

Brand, Max
* 26.4.1896   † 5.4.1980

Geboren in Lemberg als Kind begüterter Eltern, 1907 Übersiedlung mit der Familie nach Wien. Von 1907–1909 besucht er das Internat in Mürzzuschlag, von 1909–1910 das renommierte Institut auf dem Rosenberg in St. Gallen. Er nimmt am Ersten Weltkrieg als Offizier der Kavallerie teil, nach dem Ende studiert er Komposition bei F. Schreker. Als dieser 1920 zum Direktor der Preußischen Hochschule ernannt wird, folgt ihm Brand wie viele andere Schüler. Brand studiert auch bei A. Haba. Den bedeutendsten Einfluß auf ihn hat aber seinen eigenen Aussagen zufolge E. Stein, der Schönberg-Schüler. 1926/27 politisches Engagement für die Rote Hilfe, bei deren Revuen er als Komponist mitwirkt. 1928 wird seine Oper »Maschinist Hopkins« uraufgeführt, mit der er sofort berühmt wird. Gemeinsam mit H. Heinsheimer gründet er 1932 ein Opernstudio am Wiener Raimundtheater – die Wiener Opernproduktionen. Im selben Jahr produziert Brand für die Vita-Filmgesellschaft drei Kurzfilme, bei denen er sowohl das Drehbuch verfaßt, als auch Regie führt und die Musik dazu komponiert. 1933 plant die Staatsoper Berlin die Uraufführung seiner Oper »Requium«, die K. Böhm leiten sollte. Da Brand Jude ist, wird die Uraufführung verhindert. 1937 übersiedelt er nach Prag, 1939 emigriert er über Lausanne und Paris nach Brasilien, wo er H. Villa-Lobos kennenlernt, dem er eigene Werke widmet. 1940 übersiedelt er in die USA, wo er sich bessere Arbeitsbedingungen erwartet. Vergeblich bewirbt er sich an mehreren amerikanischen Universitäten, obwohl er Empfehlungsschreiben von A. Schlee, N. Milstein und H. Villa-Lobos vorweisen kann. 1945 erhält Brand die amerikanische Staatsbürgerschaft. Mit seiner sinfonischen Dichtung »The Wonderful One-Hoss-Shay«, die E. Ormandy mit dem Philadelphia Orchestra uraufführt und auch auf Schallplatte aufnimmt, kann er noch einmal auf sich aufmerksam machen. Er läßt sich von R. Moog einen der ersten Synthesizer bauen. 1976 wandert er aus den USA aus und läßt sich in Langenzersdorf/Niederösterreich nieder, wo er, an der Alzheimerschen Krankheit leidend, 1980 starb.

Werke: 1922 »Nachtlied« für Sopran und Orchester, 1929 »Maschinist Hopkins«, 1955 »Stormy Interlude« (Oper), 1940 »The Gate« (szenisches Oratorium), 1925 »Die Wippe« (Ballett), 1926 »Eine Nachtmusik« für Kammerorchester, 1953 »Night on the Bayous of Louisiana«, 1962 »The Astronauts, an Epic in Electronics«.

Braunstein, Joseph
* 9.2.1892

Geboren in Wien, Violin-Unterricht seit seinem achten Lebensjahr, Schüler der von C. Lillich geleiteten Musikschule. Studium der Musikwissenschaft, Unterbrechung durch den Militärdienst. Nach dem Ende des Ersten Weltkrieges Arbeit als Substitut u.a. an der Wiener Staatsoper. Hier richtet er etwa auch Orchesterstimmen für W. Furtwängler ein. Seit 1926 Musikredakteur von Radio Wien. 1940 Emigration in die USA, 1945 amerikanische Staatsbürgerschaft. Von 1950 –1957 ist er reference librarian der Music Division of the New York Public Library, in den Jahren 1957–1972 unterrichtet er Geschichte der Musik am Mannes College of Music, unter seinen Schülern u.a. M. Perahia, R. Goode und F. v. Stade. Von 1958–1981 lehrt er an der Manhattan School of Music und 1964/65 zusätzlich an der Juillard School of Music. 27 Jahre Program Annotator of the Musica Aeterna Concerts, seit 1975 ist er Senior Annotator of the Programs of the Chamber Music Society of Lincoln Center.

Breisach, Paul
* 3.6.1896 † 26.12.1952

Geboren in Wien, spielt seit seinem sechsten Lebensjahr Klavier, mit zwölf Jahren komponiert er Klaviermusik, Studium bei B. Walter, F. Schreker, H. Schenker. Begleitet u.a. die Sängerinnen L. Lehmann und E. Schumann, assistiert R. Strauss in den Jahren 1919–1924 an der Wiener Staatsoper. In den Jahren 1921–1924 arbeitet er als Dirigent am National Theater in Mannheim, 1924–1925 als Hauptdirigent am Deutschen Opernhaus in Berlin, 1925–1930 als Generalmusikdirektor in Mainz. Von 1930–1933 ist er an der Berliner Staatsoper engagiert, tritt jedoch 1933 von seinem Posten zurück. Sodann Engagements als freischaffender Dirigent in Wien, Budapest, Prag, Stockholm, Lissabon, Mailand, Riga und Leningrad. Zur Zeit des »Anschlusses« dirigiert Breisach in Budapest – er kehrt jedoch nach Wien zurück, wo ihm der Paß für sechs Monate abgenommen wird. Danach Rückkehr nach Budapest, 1939 Emigration in die USA, 1940 amerikanisches Debüt als Dirigent mit dem Chicago Symphony Orchestra. In den Jahren 1941–1946 dirigiert er an der Metropolitan Opera, 1946 in San Francisco. 1947 leitet er die amerikanische Erstaufführung von Benjamin Brittens »Der Raub der Lukretia«. Gastdirigent in zahlreichen amerikanischen Städten. Er starb in New York.

Breuer, Robert
* 3.10.1909

Geboren in Wien als Sohn des Herren- und Damenschneiders Alexander Breuer und seiner Frau Olga (geb. Zuckerbäcker). Klavierunterricht mit sechs Jahren, später privater Unterricht in den theoretischen Fächern (Harmonielehre etc.) u.a. bei H. Geier, R. Neumann. Breuer tritt ab Ende der zwanziger Jahre als Publizist hervor, er gründet 1928 die Jugendbeilage der *Neuen Freien Presse*, schreibt u.a. für die deutschsprachigen Zeitungen *Brünner Tagesbote, Grenzbote Preßburg* und *Zagreber Morgenblatt*, bis 1935/36 ist er als Literaturkorrespondent für den *Generalanzeiger Stettin* tätig. Im September 1938 flüchtet er nach England, wo er eineinhalb Jahre bleibt und von wo er schließlich in die Vereinigten Staaten auswandert. Seit 1941 ist er Mitarbeiter des *Aufbau*, dessen Musikressort er von 1962 bis 1992 leitet. Seit 1950 Korrespondent der *Neuen Züricher Zeitung*. Zahlreiche Beiträge in verschiedenen Musikzeitschriften und Zeitungen. Er lebt in New York.

Schriften: Nacht über Wien. Ein Erlebnisbericht aus den Tagen des Anschlusses im März 1938 (Wien 1988).

Bricht, Natasha Elizabeth
* *1905*

Geboren in Wels, nach dem Besuch der Wiener Musikakademie als Konzertpianistin tätig. 1938 Emigration über die Niederlande in die USA, wo sie an der University Indiana, School of Music, lehrt.

Bricht, Walter
* *21.9.1904   † 20.3.1970*

Geboren in Wien, Kompositionsstudium bei F. Schmidt sowie Klavierunterricht und Kapellmeisterausbildung, Begleiter u.a. von G. Piatigorsky und E. Morini. Von 1932–1934 ist Bricht Mitglied des österreichischen Komponistenbundes, 1934–1938 Lehrer für Musiktheorie am Wiener Volkskonservatorium und Klavier an der Horatsschule. 1938 emigriert Bricht in die USA, 1939–1944 ist er Musikdirektor des Mason College of Music and Fine Arts, 1944–1963 Lehrer an der New York School of Music. Er absolviert Konzerttourneen, 1963–1970 Professor für Gesang, Klavier und Musikliteratur an der University Indiana School of Music.

Werke: 1934 »Symphony in A-Dur«, 1937 »Das große Halleluja« für Chor, Orgel und Bläser, 1967 »Chaconne« für Streichquartett. Lieder, Klavier- und Kammermusik, Orchester- und Chorkompositionen.

Brod, Max
* *27.5.1884   † 20.12.1968*

Geboren in Prag, Studium der Rechts- und Musikwissenschaft – Promotion 1906; pianistische Ausbildung, Kompositionsschüler von A. Schreiber. Bis 1938 als Musik- und Theaterkritiker in Prag tätig, Freundschaft mit F. Kafka. Nachlaßverwalter und Biograph Kafkas. Er emigriert 1939 nach Tel Aviv, wo er als Dramaturg am hebräischen Habimah-Theater arbeitet. Zusätzlich ist er noch als Musikkritiker, Musikschriftsteller und freischaffender Komponist tätig. Er starb in Tel Aviv.

Werke: 1916 »Variationen über ein tschechisches Volkslied«, 1918 »Elegie auf den Tod eines Freundes«, 1938/39 »Aphorismen«, 1938 »Sonatine«, 1943 »Requiem hebraicum«.

Brodszky, Nicholas
* 1905   † 1958

Geboren in Ungarn, Jugend in Wien. Brodszky arbeitet in den 20er und 30er Jahren in Wien und Berlin (Chansons, Tonfilmschlager etc.). Berühmt wird er mit Kompositionen für F. Gaal, die sie in dem Film »Csibi, der Fratz« interpretiert. Er emigriert 1938 in die USA, Hollywood, wo er mit großem Erfolg Kompositionen vorlegt. 1958 gelingt ihm mit dem Song »Be my Love« aus dem Film »The Great Caruso« ein Welterfolg. Musik zu unzähligen Filmen in den Jahren 1931–1958.

Bronner, Gerhard
* 23.10.1922

Geboren in Wien, Emigration 1938 über die Tschechoslowakei und England nach Palästina. Barpianist, Komponist sowie Tätigkeit beim Film. 1948 Remigration nach Wien, Arbeit in der Kabarettszene. Texte zu zahlreichen Liedern, Übersetzungen und Bearbeitungen von Operetten und Musicals. Er arbeitet in den 60er und 70er Jahren als Chansonautor, Arrangeur und als Moderator für den Rundfunk.

Buchwald, Theo
* 27.9.1907   † 7.9.1960

Geboren in Wien, Studium der Musikwissenschaft, Philosophie und Kunst an der Universität Wien, u.a. bei G. Adler und W. Fischer. 1922 Engagement als Dirigent in Barmen-

Elberfeld, 1923 an der Volksoper in Berlin. In den Jahren 1924–1926 Dirigentenassistent am Stadttheater in Magdeburg, 1927–1929 arbeitet er als Dirigent in München, 1929–1930 an der Berliner Staatsoper unter E. Kleiber. Von 1930–1933 Dirigent des Symphonieorchesters am Stadttheater in Halberstadt, 1935 emigriert er nach Chile, wo er 1936 beim Fest in Valparaíso dirigiert. 1937 übersiedelt er nach Peru, 1938 dirigiert er erstmals das peruanische Orquesta Sinfonica Nacional.

Burghauser, Hugo
* 27.2.1896   † 9.12.1982

Geboren in Wien, Violinunterricht. Studium an der Musikakademie (Fagott, Klavier) Während des Ersten Weltkrieges Ersatzfagottist in der Kapelle seines Regimentes, 1919–1938 Mitglied der Wiener Philharmoniker – ab 1932 im Vorstand. Burghauser sind die Kontakte, die zu den späteren Auftritten A. Toscaninis in der Wiener Staatsoper und bei den Wiener Philharmonikern führen, zu verdanken. Er emigriert 1938 über Ungarn und Jugoslawien nach Italien, von wo aus er seine Weiterreise nach Kanada betreiben kann. Bis 1941, dem Datum seiner Übersiedlung in die USA, spielt er beim Toronto Symphony Orchestra, von 1941–1943 beim NBC Symphony Orchestra unter Arturo Toscanini, anschließend bis 1965 als Mitglied der Metropolitan Opera. Im Exil politisch aktiv in der Coudenhove-Kalerghi-Bewegung tätig.

Buxbaum, Friedrich
* 23.9.1869   † 2.10.1948

Geboren in Wien, Studium an der dortigen Musikakademie. In den Jahren 1893–1900 Mitglied des Pfitzner-Quartetts, von 1893–1938 Erster Cellist der Wiener Philharmoniker, von 1900–1921 Mitglied des Rosé-Quartetts, 1921 begründet er ein eigenes Streichquartett, 1938 Emigration nach Großbritannien, wo er vorerst Erster Cellist des Symphonieorchesters in Glasgow wird, später aber eine Solistenkarriere als Cellist beginnt.

Cahn-Speyer, Rudolf
* 1.9.1881   † 25.12.1940

Geboren in Wien, Studium der Naturwissenschaften und der Philosophie an der Wiener Universität, zugleich der Harmonielehre und der Komposition. 1901–1906 arbeitet er in Leipzig, wo er seine Studien bei S. Jadassohn und St. Krehl fortsetzt. In den Jahren 1909–1911 arbeitet er als Kapellmeister in Kiel und Hamburg, 1913 an der Volksoper in Budapest. Von 1913–1931 Vorsitzender im Verband konzertierender Künstler Deutschlands, von 1926 bis zu diesem Zeitpunkt auch im Verband deutscher Orchester- und Chorleiter. 1933 emigriert er nach Italien.

Carl, Joseph (Carl Josefovics)
* 1906   † 1993

Geboren in Wien, Studium an der Wiener Kunstgewerbeschule bei O. Strnad (Bühnenbild) bis 1929. Debüt als Bühnenbilder mit Grabbes »Witz, Ironie, Satire und tiefere Bedeutung«. 1930 bis 1938 arbeitet er für die Wiener Staatsoper. 1938 geht er ins Exil nach London. 1939 Bühnenbild für das Musical »Dancing Years« im Drury Lane, es folgen Engagements für Musicals und Revuen. Zusammenarbeit mit G. Blake, E. Cochran, I. Novello, P. Ustinov, M. Redgrave. Von 1952 bis 1956 in Israel, danach in Holland, arbeitet in zahlreichen europäischen Ländern, darunter auch Österreich. Zuletzt kehrt er nach Israel zurück und gestaltet Filme und Bühnenstücke von E. Kishon.

Carner, Mosco (bis 1929: Cohen)
* 15.11.1904

Geboren in Wien, 1923–1928 Studium: Musiktheorie, Komposition, Klavier, Dirigieren am Wiener Konservatorium.

Zusätzlich Musikwissenschaft bei G. Adler und Lach an der Universität Wien, 1928 dissertiert er mit »Studien zur Sonatenform bei Robert Schumann«, in den Jahren 1928–1929 ist er Dozent am Neuen Wiener Konservatorium. Von 1929–1930 dirigiert er am Stadttheater Troppau, 1930–1933 am Stadttheater Danzig. 1933 emigriert er nach Großbritannien, von 1933 an betätigt er sich als freischaffender Autor. In den Jahren 1933–1938 ist er Musikkorrespondent der *Neuen Freien Presse*, bis 1940 in dieser Funktion bei der *Schweizerischen Musikzeitung*, 1949–1961 Musikkritiker von *Time and Tide*. 1957–1961 arbeitet er für *Evening News*, 1961–1970 für *The Times*. Zusätzlich leitet er noch in den Jahren 1942–1954/55 das BBC Symphony Orchestra als Gastdirigent.

Chajes, Julius
* *1911*

Geboren in Wien, erster Klavierabend mit neun Jahren. 1933 gewinnt Chajes den Ehrenpreis der Stadt Wien beim Internationalen Pianistenwettbewerb, seine Lehrer sind Isserlis, Kessissoglu und Rosenthal. Chajes emigriert zunächst nach Tel Aviv, wo er für einige Jahre Leiter der Klavierklasse am Music-College ist, 1938 Debüt in der Town-Hall in New York. Namhafte Solisten führen Werke von Chajes auf – so der Geiger M. Elman und die Cellisten E. Feuermann und P. Casals.

Csonka, Paul
* *24.10.1905*

Geboren in Wien, Musikstudium bei J. Reitler, E. Zador und J. Gimpel am Wiener Konservatorium. 1934 Mitglied der Wiener Sektion der Internationalen Gesellschaft für Neue Musik, 1938 dirigiert er in den USA und bleibt nach dem Einmarsch Hitlers vorerst dort. Im selben Jahr Emigration nach Cuba. Csonka nimmt eine Professur am Konservatorium in Havanna (Harmonielehre, Komposition und

Musikgeschichte) an, 1948 bekommt er eine Professur am Konservatorium in Havanna, ab 1955 ist er Direktor der Opernklasse am Conservatorio Nacional de La Habana. Er dirigiert das Orchester Santa Rio Oratorio Society und der Opera of Pro Arte Musical Society. Später emigriert er in die USA, Gastdirigent bei den Wiener Philharmonikern, Dirigent der Oper der Louisiana State University und an der Chicago Opera, Musikdirektor der Palm Beach Civic Opera.

Werke: Zwei Symphonien (1943, 1949), »Concerto cubano« (1946).

Czaczkes, Ludwig
* 12.9.1898

Geboren in Wien, ab 1918 Klavierstudium bei E. Sauer, Dirigieren bei F. Löwe und Komposition bei J. Marx an der Musikakademie. Ab 1921 Studium bei G. Adler an der Universität Wien sowie als Konzertpianist tätig, ab 1923 als Dirigent an der Wiener Singakademie, in den Jahren 1923–1931 Lehrer an der Musikakademie. 1937 emigriert er in die Türkei, von 1937–1949 unterrichtet er am Staatlichen Konservatorium in Ankara Klavier und gibt zahlreiche Konzerte. 1949 kehrt er wieder nach Österreich zurück und nimmt eine Professur an der Wiener Musikakademie ein.

Deutsch, Max
* 17.11.1892   † 22.11.1982

Geboren in Wien, Musikstudium an der Universität in Wien (1910–1915), dann bei A. Schönberg (1913–1920). Während der 20er Jahre arbeitet er als Dirigent in verschiedenen europäischen Theaterhäusern und komponiert die Musik zu zahlreichen Filmen, so z.B. zu G.W. Pabsts »Die freudlose Straße« und »Der Schatz«. Er übersiedelt 1924 nach Paris, wo er Werke von A. Schönberg, A. v. Webern und A. Berg in Frankreich erstaufführt. 1934 bekommt er eine Lehrstelle an der Universität Madrid, der kommende

Bürgerkrieg bewegt ihn aber zur Rückkehr nach Paris. Während des Zweiten Weltkrieges arbeitet er als Pianist und Komponist für Revuen, nach 1945 nimmt er eine Professur für Komposition an der Ecole Normale de Musique an. Zu seinen Schülern zählt auch S. Bussoti. Max Deutsch starb in Paris.

Werke: 1923 »Schach«, Oper; 1946 »La fuite«, Dramatische Legende; 1972 »Apotheose«, Oper; Symphonien, Orchesterstücke, Lieder, Chöre.

Deutsch, Otto Erich
* 5.9.1883   † 23.11.1967

Studium der Literaturwissenschaft und der Kunstgeschichte in Wien und Graz, Musikkritiker für *Die Zeit* (1908–1909), Assistent am Kunsthistorischen Institut der Universität Wien. Mit Publikationen von musikhistorischen und musikwissenschaftlichen Werken – Studien über das Biedermeier, F. Schubert u.a. – wird er rasch bekannt. Von 1926–1935 ist er Musikbibliothekar bei Anthony van Hoboken, 1938 emigriert er nach England, in den Jahren 1946–1950 Herausgabe einer Unzahl von Musikkatalogen, 1947 nimmt er die britische Staatsbürgerschaft an. 1951 Rückkehr nach Wien. Bedeutende Studien über Händel, Mozart und Schubert, 1960 Ehrendoktorat der Universität Tübingen.

Dick, Marcel
* 28.8.1898

Geboren in Muskolcz (Ungarn), Musikstudium an der Königlichen Akademie für Musik in Budapest, Violinstudium bei J. Bloch, Kompositionsstudium bei Z. Kodály. 1916–1917 spielt er bei den Budapester Philharmonikern, 1921 übersiedelt er nach Österreich. Von 1924–1927 (?) Erster Violinist bei den Wiener Symphonikern sowie Mitglied des Kolisch- und des Rosé-Quartetts, in den Jahren 1932–1934 Professor am Konservatorium der Stadt Wien. 1934 emigriert er in die USA, wo er von 1934–1935 Erster Geiger beim Detroit Symphony Orchestra ist, von 1939–1942 Mitglied der Musikklasse an der Havard University, in den Jahren 1942–1943 Lektor in Boston. Er ist Mitglied des Stradivarius-Quartetts in Boston, von 1943–1949 Erster Geiger am Cleveland Orchestra in Ohio, 1948 Professor für Komposition am Cleveland Institute of Music Graduate School.

Werke: 1950 »Symphony«, 1957 »Capriccio for Orchestra«, 1951 zwei Streichquartette, »4 Elegien und ein Epilog für Violoncello«, 1952 Sonate für Violine und Violoncello, 1955 »Essay« für Violine und Klavier, 1964 Symphonie für zwei Streichorchester; Lieder, Klavierstücke.

Doktor, Paul
* 28.3.1919   † 21.6.1989

Geboren in Wien, erhält der junge Doktor Unterricht von seinem Vater Karl, dem Bratschisten des Busch-Quartetts. Studium an der Musikakademie, wo er 1938 die Diplomprüfung ablegt. Nach seinem Studium Eintritt in das Busch-Quartett, in dem er 1938–1939 in Zürich und in London Bratsche spielt. 1939–1947 als Solo-Bratschist beim Symphonieorchester von Luzern und am Collegium Musicum in Zürich engagiert, 1947 wandert er in die USA aus, wo er 1948 in Michigan an der dortigen Universität unterrichtet. 1953 Lehrtätigkeit am Mannes College in New York, 1970 Wechsel nach Philadelphia an das renommierte Curtis-Institut, 1971 Lehrtätigkeit an der Julliard School in New York. Daneben spielt er in zahlreichen Kammermusikensembles wie dem Ensemble Rococo, dem New York String Quartett und dem Paul Doktor String Trio. Uraufführung der Bratschenkonzerte von Q. Porter und W. Piston. Doktor starb in New York.

Dorian, Frederick (bis 1936: Friedrich Deutsch)
* 1.7.1902   † 24.1.1991

Geboren in Wien als Sohn einer Musikerfamilie, Studium 1920–1925 an der Universität Wien bei G. Adler, Abschluß mit dem Doktorat. Studium an der Wiener Musikakademie, Privatunterricht in Komposition bei A. v. Webern und Klavier bei E. Steuermann. Von 1929–1934 Musikkritiker bei der *Berliner Morgenpost* sowie Dirigent des Chors Groß Berlin, 1934 Emigration nach Frankreich, wo er als Musikkritiker für die *Frankfurter Zeitung* in Paris arbeitet. 1935 Rückkehr nach Wien, 1935–1936 Musikkritiker des *Neuen Wiener Journals*. Im September 1936 emigriert er über Einladung von E. Ormandy in die USA und wird Mitglied der Carnegie-Mellon University in Pittsburgh (1936 als Assistenzprofessor, 1947 als Professor, 1973 Andrew Mellon lect.); er gründet das opera department; 18 Jahre hindurch dirigiert er die Orchester- und Chorkonzerte dieser Universität.

Schriften: Die Fuge in den Werken von Beethoven (Wien 1927); The History of Music in Performance (New York 1942); The Musical Workshop (New York 1947); Commitment to Culture (Pittsburgh 1964).

Eggerth, Martha
* 17. April 1912

Geboren in Budapest, Ausbildung als Sängerin und Schauspielerin, 1921 Bühnendebüt. Sie feiert ab 1930 in Wien große Erfolge als Operettensängerin und Filmschauspielerin. 1938 emigriert sie mit ihrem Mann, dem berühmten Tenor J. Kiepura, über Paris in die USA. Sie arbeitet für Filmmusicals und am Broadway und singt mit Kiepura mehr als 1.000 Vorstellungen von »Das Land des Lächelns«. Nach 1945 arbeitet sie wieder in Europa sowie auch in den USA. Mitwirkung in vielen Filmen (1929–1957), z.B.: »Leise flehen meine Lieder«, »Die Csárdasfürstin«.

Ehlers, Alice
* 1887 † 1981

Geboren in Wien, Klavierstudium bei T. Leschitizky und Cembalo an der Berliner Hochschule für Musik bei W.

Landowska, Musikgeschichte bei C. Sachs und J. Wolf. 1936 Emigration in die USA, ab 1942 Professur an der Universität von Southern California in Hollywood.

Eisler, Charlotte (geb. Demant)
* 2.1.1894   † 3.8.1970

Geboren in Tarnopol. Studiert u.a. bei A. v. Webern Formenlehre, bei E. Steuermann Klavier, bei Andersen Gesang. Tritt zunächst als Sängerin hervor, später auch als Pianistin; bei manchen Konzerten begleitet sie sich selbst am Klavier. Im Kreis um Schönberg lernt sie Hanns Eisler kennen, den sie 1920 heiratet. 1928 Geburt des Sohnes Georg. Während Hanns Eisler nach Berlin geht, bleibt Charlotte Eisler in Wien (Scheidung von Hanns Eisler 1934). Als Mitglied der KPÖ – seit Beginn der zwanziger Jahre – ist sie ab 1933 in der Illegalität politisch tätig. 1936–1938 in Moskau im Staatlichen Musikverlag (MUSGIS) beschäftigt; u.a. ediert sie die Vokalwerke von G. Mahler. Da ihre Aufenthaltsgenehmigung von den sowjetischen Behörden nicht mehr verlängert wird, verläßt sie zusammen mit ihrem Sohn 1938 die Sowjetunion und geht nach England, wo sie sich in Manchester niederläßt. Auftritte in ganz England als Sängerin und Pianistin, u.a. mit F. Buxbaum. September 1946 Rückkehr nach Wien und bald darauf Anstellung am dortigen Konservatorium als Professorin für Klavier. Gibt weiterhin Konzerte, zahlreiche Auftritte im Rundfunk. Sie gilt als Spezialistin für die Zweite Wiener Schule und für englische Musik des 20. Jahrhunderts (z.B. B. Britten). Sie starb in Wien.

Eisler, Hanns
* 6.7.1898   † 6.9.1962

Geboren in Leipzig als Sohn des Philosophen Rudolf Eisler und seiner Frau Ida (geb. Fischer). 1902 übersiedelt die Familie nach Wien, Hanns Eisler besucht dort ab 1908 das Gymnasium. 1909 erste Kompositionsversuche. 1916 Reserveoffiziersschule in Prag, danach Soldat in einem ungarischen Regiment. Kurze Studienzeit am Wiener Konservatorium, danach bis 1923 Privatschüler von A. Schönberg. Korrektor bei der Universal Edition. 1920 Heirat mit Charlotte Demant. 1923 Uraufführung der *Klaviersonate op. 1* in Prag durch den Verein für musikalische Privataufführungen. September 1925 Übersiedlung nach Berlin. Ab 1927 schreibt Eisler Artikel für die *Rote Fahne*, arbeitet bei der Agitpropgruppe Rotes Sprachrohr mit und unterrichtet an der Marxistischen Arbeiterschule. 1928 Geburt des Sohnes Georg. 1929 Beginn der Zusammenarbeit mit B. Brecht. Anfang 1933 reist Eisler zu Aufführungen nach Wien, Beginn des Exils, Begegnung mit Louise (Lou) Jolesch (geb. von Gosztony). 1934 in Skovsbostrand bei Brecht, 1935 Reise in die USA (Vorträge und Konzerte), nach Straßburg zur Internationalen Arbeitermusik-Olympiade, nach Prag und Moskau und abermals in die USA. 1937 fährt Eisler nach Spanien und zu Brecht nach Dänemark, im selben Jahr Heirat mit Louise Jolesch. Ab 1938 unterrichtet er regelmäßig an der New School for Social Research in New York. 1939 läuft Eislers US-Visum ab, Kurse am Konservatorium in Mexico City, Rückkehr in die USA mit befristetem Visum. 1940 Beginn des Forschungsprojekts über Filmmusik. Abermals muß Eisler für einige Zeit nach Mexiko ausweichen, weil sein Visum abgelaufen ist. 1942 übersiedelt er von New York nach Kalifornien, mit Th.W. Adorno arbeitet er an dem Buch »Komposition für den Film«, das 1944 abgeschlossen wird. 1934 schreibt er die Musik zu dem Film »Hangmen Also Die« von Fritz Lang. 1947 wird Eisler in Los Angeles und in Washington vor dem Commitee on un-American Activities verhört. 1948 Ausweisung, Eisler reist über London und Prag nach Wien. 1949 Übersiedlung nach Ostberlin. 1953 Diskussionen um Eislers Libretto zu der Oper »Johann Faustus«, in deren Verlauf Eisler scharf angegriffen wird. Eisler geht nach Wien, im Jahr darauf kehrt er wieder nach Ostberlin zurück. Ab 1958 Tonbandinterviews mit Hans Bunge, Heirat mit Stephanie Zucker-Schilling. Eisler starb in Berlin.

Werke: 1917 »Galgenlieder« (Text: Christian Morgenstern), 1926 »Zeitungsausschnitte« (Liederzyklus); Musik zu Stücken Bertolt Brechts (»Maßnahme«, »Die Mutter«, »Die Rundköpfe und die Spitzköpfe«, »Leben des Galilei«, »Schweyk im Zweiten Weltkrieg«); Musik zu zahlreichen deutschen und amerikanischen Filmen; 1942 »Hollywooder Liederbuch«; Chor- und Orchesterwerke: 1937 »Lenin-Requiem«, 1947 »Deutsche Symphonie«.

Eisner, Bruno
* 6.12.1884   † 26.8.1978

Geboren in Wien, studiert Eisner von 1899–1901 an der Musikhochschule bei R. Fischhof, H. Schmidt und R. Fuchs. Eisner gewinnt den Bösendorfer-Preis für Klavier in Wien, kurze Zeit später den 2. Preis des Anton-Rubinstein-Wettbewerbes in Paris – 1. Preisträger W. Backhaus – und legt damit das Fundament für eine erfolgreiche Solistenkarriere. Er absolviert von 1903 bis 1910 umfangreiche Konzerttourneen und lehrt 1909 am Konservatorium in Wien. 1910–1914 ist er Professor am Stern-Konservatorium in Berlin, 1914 Lehrer am Vogt-Konservatorium in Hamburg. 1930–1933 lehrt er an der Berliner Hochschule für Musik, 1936 Emigration nach New York, wo er von 1937–1942 eine Meisterklasse für Klavier an der Universität Y.M.H.A. ausübt. 1945 ist er als Lehrer am Westchester Konservatorium in New York tätig, 1947–1948 Lehrer am New York Coll. of Music. 1948–1950 Lehrer an der Philadelphia Music Academy, 1951–1954 Visiting Professor für Musik an der Indiana University in Bloomington. Eisner spielte als Pianist u.a. unter Furtwängler, Nikisch und Walter und erlangte als Editor der Klavierwerke von C.M. v. Weber einen größeren Bekanntheitsgrad.

Eisner, Stella
* 1883   † ?

Geboren in Wien, Gesangsschülerin (Sopran) von E. Elizza. Ihr Debüt erfolgt 1910 an der Wiener Volksoper, wo sie bis 1911 Mitglied bleibt. In den Jahren 1911–1913 am Hoftheater von Karlsruhe engagiert, in den Jahren 1914–1918 am Deutschen Theater Prag, in den Jahren 1918–1920 an der Wiener Volksoper. Ab diesem Zeitpunkt nimmt sie kein festes Engagement mehr an – ihre Tätigkeit beschränkt sich auf eine Gastspiel- und Konzerttätigkeit. Engagements u.a. bei den Salzburger Festspielen – 1926 das *Blondchen* in der »Entführung aus dem Serail«, an der Wiener Volksoper – 1932 die *Micaela* in »Carmen«. 1938 emigriert sie in die USA, wo sie in San Francisco als Gesangslehrerin arbeitet. Eisner war die Lehrerin der berühmten Sopranistin L. Amara.

Eitler, Esteban
* 1913   † 1960

Geboren in Bozen, studiert Musik an der Universität in Budapest, emigriert 1936 nach Argentinien. Er nimmt Anteil an der Agrupación Nueva Musica und gründet in Buenos Aires den Verlag für Neue Musik Ediciones Musicales Politonia. 1945 übersiedelt er nach Santiago de Chile und wird chilenischer Staatsbürger.

Werke: Orchester-, Kammer- und Klaviermusik, darunter 1943 »Anoranzas«, 1944 »Pieza para piano«, »Variaciones«, »Variaciones sobre un tema de Debussy«, 1945 »Preludio y capricho«, 1947 »Acalanto para Paulo Antonio«.

Elbogen, Paul (Pseud. Paul Schotte)
* 11.11.1894   † 10.6.1987

Geboren in Wien. Kunstgeschichtestudium in Wien. Seit 1914 als Schriftsteller, Komponist und Lektor tätig. 1929 Chefredakteur der Zeitschrift *Moderne Welt* in Berlin. Freundschaft mit Th. Kramer. Nach 1933 Exil in Italien, Frankreich und England, 1939 in Frankreich interniert. Ab 1941 in den USA, wo er u.a. als Filmwriter für Columbia Pictures und MGM in Hollywood arbeitet. Er starb in Kanada.

Emerich, Paul
* *12.11.1895 † 28.4.1977*

Geboren in Wien, Studium an der Musikhochschule bei F. Schmidt, R. Mandel und E. Mandyczewski sowie in der Schweiz bei E. Moor. Konzerttourneen in Europa und in den USA, 1929 Privatunterricht in den Fächern Klavier, Musiktheorie und Komposition. 1931 Lektor an der Columbia University, 1934–1939 Musikdirektor des Jüdischen Blindeninstitutes in Wien. Im November 1939 emigriert Emerich in die USA, wo er von 1939–1941 eine Lehrstelle am Blindeninstitut in New York bekommt. 1941–1966 gibt er Privatunterricht. Schüler von ihm sind u.a. E. Leinsdorf, J. Rudel, F. Allers, C. Bamberger, F. Mittler, L. Halasz und W. Primrose. Er starb in New York.

Engel, Erich
* *13.1.1888 † 30.12.1955*

Geboren in Wien, Studium an der Universität Wien, Privatstudium in Berlin, von 1913–1914 am Deutschen Opernhaus in Berlin. In den Jahren 1923–1925 Dirigent und Dramaturg am Deutschen Opernhaus in Berlin, zusätzlich in den Jahren 1923–1925 Dozent an der Hochschule für Musik in Berlin. Von 1925–1933 an der Dresdner Staatsoper, 1933 Emigration nach Argentinien, 1933–1950 Direktor der Opernklasse am Teatro Colón in Buenos Aires, ab 1951 Dirigent an der Wiener Staatsoper. Im selben Jahr künstlerischer Leiter der ersten Nachkriegsfestspiele in Bayreuth.

Engel, Kurt
* *1899 † 1942*

Geboren in Wien, 1932 1. Preis beim Chopin-Wettbewerb in Warschau. Emigration im Jänner 1942 nach New York.

Ettinger, Max
* 27.12.1874   † 19.7.1951

Geboren in Lemberg als Kind einer ostjüdischen Gelehrten- und Rabbinerfamilie. Bedingt durch eine schwere Erkrankung, kann er erst ab seinem 25. Lebensjahr ein Musikstudium beginnen. Er studiert in Berlin bei H. v. Herzogenberg Klavier und Harmonielehre und absolviert in den Jahren 1900–1903 die Akademie der Tonkunst in München unter L. Thuille und J. Rheinsberger. Kurze Tätigkeit als Kapellmeister in Saarbrücken und Lübeck, 1933 Emigration nach Italien (Ascona).

Werke: Zahlreiche Opern und Ballette, Orchesterwerke, Liederzyklen, Lieder und Kammermusik.

Falk, Daniel
* 17.1.1898   † 11.12.1990

Als zweiter Violinist seit 1920 Mitglied des Wiener Staatsopernorchesters und der Wiener Philharmoniker. Im März 1938 entlassen; emigriert nach New York und wird Mitglied des Orchesters der Metropolitan Opera.

Fall, Richard
* 3.4.1882   † 1943.

Geboren in Gerwitsch, lange Jahre Komponist in Hollywood, schrieb die Musik zu zahlreichen Operetten wie »Madame Pompadour«, »Der fidele Bauer«, »Die geschiedene Frau«, »Die Kaiserin«, »Die Rose von Stambul«. 1938 Flucht von Wien nach Frankreich, 1943 von den Nationalsozialisten in Nizza inhaftiert und nach Auschwitz deportiert.

Werke: Operetten: 1912 »Wiener Fratz«, 1915 »Das Damenparadies«, 1917 »Die Dame von Welt«, 1920 »Großstadtmärchen«, 1927 »Die Glocken von Paris«. Populäre Lieder: »Was machst du mit dem Knie, lieber Hans?«, »Wo sind deine Haare, August?«.

Farkas, Karl
* 28.10.1893   † 16.5.1971

Geboren in Wien; Farkas verfaßte zahlreiche Schlagertexte
(»Wenn die Elisabeth ...«) und Libretti für über 30 Revuen
und Operetten. Bei der Uraufführung des »Weißen Rößl«
spielte er den Schönen Sigismund. 1938 Flucht nach Prag,
von dort nach Paris. Über Spanien, Portugal Emigration in
die USA. Seine beiden Schwestern werden von den Nationalsozialisten ermordet. Nach 1945 Rückkehr nach Wien.

Ferand, Ernest Thomas
* 5.3.1887   † 29.5.1972

Geboren in Budapest, 1904–1908 Studium in Budapest, in
den Jahren 1907–1911 Besuch der Budapester Akademie
für Musik, Studium bei H. Koessler und V. v. Herzfeld. 1912
Abschluß der Studien, Musikkritiker für deutsche und unga-
rische Musikblätter, in den Jahren 1913–1914 Studium bei J.
Dalcroze in der Dalcroze-Schule in Hellerau bei Dresden,
1914 Studium der Musikwissenschaft, Geschichte, Philosophie und Psychologie an der Universität Budapest. 1916 arbeitet er als Bühnendirektor an der Königlichen Oper in
Budapest, von 1920 an Direktor der Dalcroze-Schule, wo er
Theorie, Rhythmik und Musikgeschichte lehrt. Von 1933 an
Studium der Musikwissenschaft und Psychologie an der
Universität Wien, 1938 Emigration in die USA, wo er ab
1939 an der New School of Social Research lehrt. 1965 übersiedelt er nach Basel. Sein Hauptwerk erscheint 1938: »Die
Improvisation der Musik«.

Feuermann, Emanuel
* 22.1.1902   † 25.5.1942

Als Kind Übersiedlung des in Kolmyja (Galizien) Gebürti-
gen nach Wien. Studium bei A. Walter an der Musikakademie, Debüt als Cellist mit elf Jahren. Weitere Ausbildung
durch J. Klengel in Leipzig, mit 15 Jahren wird er als Solo-

cellist vom Gürzenich-Orchester engagiert und erhält eine Professur. Zusätzlich wird er Mitglied des Bram-Eldering-Quartetts, 1923 erfolgt die Rückkehr nach Wien, von wo aus er seine nun beginnende internationale Karriere startet. Ebenfalls 1933 erhält er eine Professur an der Berliner Musikhochschule, die er bis 1933 ausübt. Es folgt die Gründung eines Streichtrios mit dem Geiger S. Goldberg und dem Komponisten P. Hindemith, 1935 gibt er sein Debüt in den USA, die Jahre 1937–1938 verbringt er in Zürich. 1938 geht er ins Exil in die USA, wo er 1941 eine Professur am renommierten Curtis-Institut in Philadelphia erhält, J. Heifetz und A. Rubinstein sind seine kongenialen Partner in einem Trio, das in den USA äußerst erfolgreich ist.

Fischer, Betty
* 12.10.1887   † 12.1.1969

Geboren in Wien, avanciert in den 20er Jahren zum Operettenstar im Theater an der Wien. Sie singt u.a. die »Gräfin Mariza«, die »Rose von Stambul«, die »Zirkusprinzessin« und das »Lercherl von Hernals«. Emigriert 1933 nach Luxemburg, wo sie weiterhin in Operetten auftritt. 1947 kehrt sie nach Österreich zurück. Sie starb in Wien.

Flesch, Ella
* 16.6.1900   † 6.6.1957

Geboren in Budapest, Nichte des Geigers Carl Flesch. Sie studiert in Budapest und Wien und debütiert im Jahr 1922 an der Wiener Staatsoper mit der Titelpartie in Verdis »Aida«. In den Jahren 1922–1925 singt sie an der Wiener Staatsoper, von 1925–1934 an der Münchner Staatsoper, wo sie in Opern von Puccini (»Tosca«), Strauss (»Salome«) und Wagner (»Tannhäuser«) Hauptrollen gestaltet. 1934 verläßt sie Deutschland und ist in den folgenden beiden Jahren fix am Deutschen Theater in Prag engagiert. Anschließend daran singt sie in den Jahren 1937 und 1938 an der Wiener Staatsoper, 1938 emigriert sie nach Nordamerika, wo sie in den Jahren 1943–1947 an der Metropolitan Opera engagiert ist. In den folgenden Jahren wirkt sie als Gesangspädagogin.

Föderl, Leopold
* *6.11.1892   † 9.6.1959*

Als zweiter Violinist seit 1919 Mitglied des Wiener Staatsopernorchesters und der Wiener Philharmoniker. Entlassung im September 1938. Föderl geht nach New York ins Exil und wird Mitglied des Orchesters der Metropolitan Opera. Er kehrt 1945 nach Wien zurück und wird Lehrer an der Musikakademie.

Frank, Marco (Pseud. Ratzes, Markus Fränkl)
* *24.4.1881   † 29.4.1961*

Geboren in Wien, 1893–1897 Studium an der Musikakademie in Neapel, 1897 Aufführung seiner ersten Oper »Die drei Musketiere« in Paris. Es studiert bei J. Massenet Komposition, 1904 nimmt er die Stelle eines Geigers an der Wiener Volksoper an, 1939 emigriert er in die USA und lebt in New York. 1948 kehrt er aus seinem Exil nach Österreich zurück, 1948–1951 leitet er eine Klasse für Viola am Wiener Musikkonservatorium, von 1952 an betätigt er sich als freier Komponist in Wien.

Werke: 6 Opern, darunter: 1919 »Eroica«, 1924 »Das Bildnis der Madonna«, 1933 »Der selige Octave«, 1935 »Bagno«, 1937 »Die fremde Frau«; 3 Sinfonien, 2 Klavierkonzerte, 1 Violinkonzert, 4 Streichquartette; 1911 »Requiem« und 1935 »Stabat Mater«; sowie Kammermusik, Lieder und Klaviermusik.

Frank, Martha Maria
* *1893   † 1973*

Geboren in Neudeck, Studium an der Universität Wien, Pianistin und Lehrerin. 1938 Emigration in die USA. Frau von P.A. Pisk. Sie starb in Austin, Texas.

Fuchs, Hilda
*? † 30.6.1976

Geboren in Wien, Musikpädagogin und Konzertpianistin, 1938 Emigration in die USA.

Fuchs, Peter Paul
* 30.10.1916

Geboren in Wien, Studium: Klavier, Komposition und Dirigieren (bei F. Weingartner und J. Krips), Engagements an der Wiener Volksoper und der Deutschen Oper in Brünn. 1938 Emigration in die USA, Verpflichtungen für die San Francisco Opera und die Metropolitan Opera in New York. Fuchs ist der Begründer eines Opernensembles – Opera for Everyone, mit dem er an Colleges und Musikschulen Vorstellungen absolviert. In den Jahren 1950–1976 lehrt er an der Louisiana State University in Baton Rouge, ab 1960 leitet er das Baton Rouge Symphony Orchestra.

Fuchs, Theodoro
* 1908

Geboren in Chemnitz, Besuch der Musikhochschule in Wien. 1937 Emigration nach Argentinien, wo er zahlreiche Orchester dirigiert.

Fuchs, Viktor
* 1891 † 1966

Opernsänger, 1938 Emigration in die USA, Musiklehrer, Präsident des Wiener Kulturklubs in Los Angeles.

Gál, Hans
* 5.8.1890 † 3.10.1987.

Geboren in Brunn am Gebirge bei Wien; er komponiert bereits in den Jahren 1906–1908 Klavierstücke und Lieder.

Von 1908–1912 Privatstudium bei E. Mandyczewski (Komposition) und R. Robert (Klavier), Studium der Musikwissenschaft bei G. Adler an der Universität Wien, 1909 Lehrer am Wiener Konservatorium. In den Jahren 1919–1929 Lektor an der Universität Wien (Harmonielehre, Kontrapunkt und Orchestrierung), Mitarbeit an der Brahms-Ausgabe von E. Mandyczewski. 1923 wird seine Oper »Die heilige Ente« in Düsseldorf mit großem Erfolg uraufgeführt, 1927 Gründung der Madrigalgemeinde in Wien. Von 1929–1933 leitet er die Musikhochschule in Mainz, 1933 emigriert er nach Wien, 1938 flieht er vor den Nationalsozialisten nach Großbritannien, wo er als Konzertpianist, Privatlehrer und Dirigent arbeitet. 1940 wird er interniert, in den Jahren 1945–1965 lehrt er Kontrapunkt und Komposition an der Universität in Edinburgh, Dirigent des Edinburgh Chamber Orchestra; Beteiligung am Aufbau des Internationalen Festivals von Edinburgh.

Werke: Opern: 1919 »Der Arzt der Sobeide«, 1923 »Die heilige Ente«, 1926 »Das Lied der Nacht«, 1930 »Die beiden Klaas«. 4 Sinfonien, Orchestermusik: 1939 »Scaramuccio«, eine Ballett-Suite, »A Pickwickian Overture«, 1940 »Kaledonische Suite« für kleines Orchester, 1955 »Mäander«, Orchestersuite, 1959 »Idyllikon«, für kleines Orchester. Kammer-, Klavier-, Sakral- und Chormusik.
Schriften: Anleitung zum Partiturlesen (Wien 1923); The Golden Age of Vienna (London 1948); Johannes Brahms. Werk und Persönlichkeit (Frankfurt am Main 1961); Richard Wagner. Versuch einer Würdigung (Frankfurt am Main 1963); Franz Schubert oder die Melodie (Frankfurt am Main 1970).

Galimir, Felix
* 12.5.1910

Geboren in Wien, von 1922–1928 Violinstudium bei A. Bak, 1929 Debüt. Ebenfalls 1929 wird mit Familienmitgliedern das Galimir-Quartett gegründet, das 1936 als erstes Streichquartett die »Lyrische Suite« von A. Berg für die Schallplatte einspielt. 1936 als Konzertmeister in der Wiener Volksoper und beim Wiener Konzertorchester, wird er, obwohl als Bester beim Probespiel ausgewählt, wegen seiner jüdischen Herkunft nicht bei den Wiener Philharmonikern aufgenommen. Im selben Jahr emigriert er nach Palästina und spielt im Palestine Orchestra, 1938 übersiedelt er in die USA. 1938–1939 ist er Mitglied des New Friends of Music Orchestra, 1939–1953 Mitglied des NBC Symphony Orchestra. Galimir spielt auch mit dem Symphony of the Air Orchestra. 1953–1973 ist er Lehrer am City College in New York, zusätzlich 1953 Lehrer an der Marlboro School of Music, 1963 Professor an der Julliard School of Music in New York, 1972 am Curtis Institute in Philadelphia. 1976 wird sein Streichquartett zum quartet in residence ernannt.

Geiringer, Karl
* 26.4.1899   † 10.1.1989

Geboren in Wien, Studium der Musiktheorie bei R. Stöhr, der Musikgeschichte bei G. Adler, Kunstgeschichte bei J. Schlosser und Komposition bei H. Gál. Danach Studium der Instrumentation bei C. Sachs am Berliner Konservatorium, Abschluß mit einer Dissertation über »Denkmäler der Tonkunst in Österreich 1930–1938«, die als Publikation 1979 erscheint. 1928 heiratet er Irene Stekel, die mit ihm fortan an der Erarbeitung seiner Bücher beteiligt ist. Seine wissenschaftlichen Arbeiten gelten der Instrumentenkunde und der musikalischen Ikonographie, 1930 wird er Kustos des Archivs der Gesellschaft der Musikfreunde in Wien, 1938 emigriert Geiringer nach Großbritannien, wo er von 1939–1940 eine Gastprofessur am Royal College of Music in London erhält. 1940 übersiedelt er in die USA, wo er am Hamilton College in Clixbon (New York) vorerst eine Stelle bekommt. Geiringer wechselt 1941 an das Boston University College of Music als ordentlicher Professor für Musikwissenschaft, die Professur übt er bis 1962 aus. 1955 wurde er Präsident der American Musicological Society, von 1962–1970 ist er Professor für Musik an der Universität in Kalifornien, Santa Barbara. Mit zahlreichen Aufsätzen in Fachzeitschriften, seiner umfangreichen Herausgebertätigkeit und nicht zuletzt zahlreichen musikgeschichtlichen Büchern erwirbt sich Geiringer nicht nur in der Fachwelt Ruhm.

Schriften: Joseph Haydn (Mainz 1959).

Geringer, Josef
* 8.3.1892   † 8.2.1979

Als erster Geiger seit 1920 Mitglied des Staatsopernorchesters und der Wiener Philharmoniker. Im September 1938 entlassen, im November 1938 in das KZ Dachau deportiert; angeblich aufgrund einer Intervention von W. Jerger freigelassen, flüchtet nach New York, wo er Mitglied des Orchesters der Metropolitan Opera wird.

Gerstmann, Felix G.
* 19.5.1898   † 9.1.1967

Geboren in Wien, Studium der Kunstgeschichte an der Universität Wien, bis 1930 Büroangestellter in Wien, von 1930–1938 Eigentümer der Fa. Felix Gerstmann Co. 1938 emigriert er über Prag nach Großbritannien, 1940 emigriert er weiter in die USA, wo er deutschsprachiges Kabarett u.a. mit L. Darvas, G. Mosheim und H. Jaray produziert. 1954 Mitbegründer – gemeinsam mit G. von Contard – des Deutschen Theaters in New York, ab 1961 vorwiegend Produzent für Gasttheater.

Gimpel, Bronislaw
* 29.1.1911   † 1.5.1979

Geboren in Lemberg, Studium in Wien in den Jahren 1922–1926 bei R. Pollak, in den Jahren 1928–1929 bei C. Flesch (Violine) in Berlin. Sein Debüt erfolgt 1925 in Wien, 1929–1931 als Konzertmeister des Orchesters von Radio Königsberg, von 1931–1937 des Symphonieorchesters von Göteborg. 1935 gewinnt er den Henryk-Wieniawski-Wettbewerb in Posen, 1937 verläßt er Europa und geht als Konzertmeister nach Los Angeles, wo er bis 1941 spielt. Im gleichen Jahr gründet er das Hollywood Youth Orchestra, in den darauffolgenden Jahren bis zum Kriegsende ist er als Soldat eingesetzt. 1949–1950 nimmt er die Position eines Konzertmeisters des NBC Symphony Orchestras ein – in dieser Zeit beginnt er zu dirigieren. Intensive Beschäftigung mit der Kammermusik: 1950–1956 Mitglied des Mannes-Klavier-Trios, 1962–1967 gehört er dem Warschauer Quintett an, ab 1968 dem New England String Quartett. Daneben hält er von 1959–1960 an der Musikhochschule in Karlsruhe Meisterklassen ab, 1967 erfolgt eine Berufung an die Universität Connecticut.

Gimpel, Jacob
* 16.4.1906   † 1989

Geboren in Lemberg, frühes Studium bei seinem Vater, Absolvierung des Konservatoriums in Lemberg. Schüler von A. Berg und E. Steuermann in Wien, 1924 erfolgt sein erstes bedeutendes Konzert. 1925 erste Konzerttournee in den USA, 1935–1937 Welttourneen mit dem Geiger B. Hubermann. 1939 Emigration in die USA, beginnend mit 1954 wieder Konzerttätigkeit in Europa. Ab 1958 lebt er in Los Angeles, von 1969 an unterrichtet er an einer Meisterklasse an der Universität in San Diego.

Glaz, Helga
* 16.9.1908

Geboren in Wien, debütierte sie als Sängerin (Alt) 1931 am Opernhaus in Breslau. 1933 verläßt sie Deutschland, unternimmt Konzertreisen in Österreich und Skandinavien und singt in den Jahren 1935–1936 am Deutschen Theater von Prag. 1935 feiert sie ihr Debüt in Glyndebourne, 1936 absolviert sie eine Nordamerika-Tournee mit der Salzburg Opera Guild und bleibt in den USA. Sie singt in den Jahren 1940–1942 in Chicago, 1942–1956 an der New Yorker Metropolitan Opera. Ab 1956 auch als Pädagogin am Manhattan Konservatorium tätig.

Gold, Ernest (bis 1945 Goldner)
* *13.7.1921*

Geboren in Wien, in den Jahren 1937–1938 Klavier- und Geigenunterricht an der Musikakademie in Wien. Nach der 1938 erfolgten Emigration schreibt Gold populäre Broadway-Melodien. Zusätzlich komponiert er klassische Musik, studiert Harmonielehre und Dirigieren bei O. Casena sowie Komposition bei G. Antheil in Los Angeles. 1945 arbeitet er in Hollywood, in den Jahren 1958–1960 dirigiert er an der Santa Barbara Civic Opera, Calif., 1964 gründet er das Senior Citizens Orchestera in Los Angeles.

Werke: Musik zu mehr als 70 Filmen, darunter: 1958 »The Defiant Ones«, 1959 »On the Beach«, 1960 »Inherit the Wind«, 1961 »Judgement at Nuremberg«, 1963 »It's a Mad, Mad, Mad World«, 1965 »Ship of Fools«. Weiters klassische Kompositionen wie die 1941 komponierte »Pan American Symphony«, ein Klavierkonzert, eine Klaviersonate und ein Streichquartett.

Goldmark, John
* *1907* † *8.3.1975*

Geboren in Budapest, 1919 Übersiedlung nach Wien. 1938 Emigration in die USA, Besuch des Mannes College of Music. Später unterrichtet Goldmark an diesem Institut, 1966 wird er Dekan, 1972 Präsident.

Goldsand, Robert
* *17.11.1911*

Geboren in Wien, Klavierstudium bei M. Rosenthal, J. Marx, C. Horn und A. Manhart. 1921 Konzertdebüt im Alter von 10 Jahren, es folgen umfangreiche Tourneen in die USA. 1938 emigriert Goldsand in die USA, 1940 gibt er erfolgreiche Konzerte in New York, denen eine rege Konzerttätigkeit sowohl im Norden als auch im Süden des Staates folgt. 1944–1951 unterrichtet er an der Manhattan School of Music und am Barnard College in New York, 1949–1950 gibt er aus Anlaß von Chopins 100. Todestag sechs Konzertprogramme – unter Einbeziehung der Spätwerke des Komponisten –, die er in zahlreichen Städten wiederholt.

Gombosi, Otto Johannes
* 23.10.1902   † 17.2.1955

Geboren in Budapest, Klavierstudium bei Kovacs und Komposition bei Weiner und Siklos an der Budapester Akademie. 1921 übersiedelt er nach Berlin und studiert Musikwissenschaft bei Wolf, Sachs und Hornbostel. 1925 geht Gombosi wieder nach Budapest zurück, wo er als Editor und Journalist arbeitet. In den Jahren 1929–1933 arbeitet er in Berlin, 1935 in Rom, 1936 in Basel, 1939 emigriert er in die USA, wo er an verschiedenen Institutionen lehrt. 1940–1946 an der Universität in Seattle, 1949–1951 an der Universität in Chicago, 1951–1955 in Harvard.

Gottesmann, Hugo
* 8.4.1896   † Juli 1970

Geboren in Wien, Jusstudium an der Universität Wien, Violinstudium bei O. Sevcik an der Musikakademie. Von 1916–1922 Konzertmeister der Wiener Symphoniker, wo er unter B. Walter, R. Strauss und W. Furtwängler konzertiert. Gründung des Gottesmann-Quartetts, das sich der Pflege zeitgenössischer Kammermusik widmet. Ab 1926 a.o. Prof. für Violine, 1928 spielt das Gottesmann-Quartett anläßlich des 100. Todestages von Schubert dessen komplettes Quartett-Œuvre. 1936 emigriert er in die USA und gründet ein neues Quartett, später ist er Mitglied des Busch-Quartetts, dem er bis 1952 angehört. Von 1943 bis zu seinem Tod ist Gottesmann Mitglied der Fakultät des Bay View Summer College in Bay View, Michigan, wo er auch als Leiter der Streicherabteilung und des Streichquartetts und als Solist aktiv ist.

Grab, Hermann
* 6.5.1903   † 2.8.1949

Geboren in Prag-Neustadt, römisch-katholisch getauft, kommt aus großbürgerlichem jüdischen Haus, in dem Musiker wie A. v. Zemlinsky und R. Strauss verkehrten, (Strauss' Sohn Franz heiratete eine Cousine von Hermann Grab: Alice Grab). Ab 1921 studiert er Staats- und Kameralwissenschaften in Wien, neben dem Studium nimmt er Klavierstunden bei E. Steuermann und R. Robert, Freundschaft mit G. Szell u. R. Serkin, Fortsetzung der Studien in Berlin, Heidelberg und Prag, wo er Unterricht in Musiktheorie bei A. v. Zemlinsky nimmt. Bekannschaft mit Th.W. Adorno und H.H. Stuckenschmidt und Kontakte zu Prager Literatenkreisen (M. Brod, F. Werfel, F. Torberg). Promotion in Heidelberg mit einer Dissertation über Max Weber. Von 1921 bis 1933 Konzipient in einer Prager Advokatenkanzlei. Von 1932 bis 1938 Musikreferent beim Prager *Montagsblatt*, arbeitet Grab zusätzlich als Klavierlehrer und Musikerzieher. Bei der Besetzung der Tschechoslowakei durch Hitlerdeutschland hält sich Grab in Paris auf, von dort flieht er im Mai 1940 über Biarritz und Spanien nach Lissabon. Ende 1940 Überfahrt nach New York. Es gelingt Grab auch über Paris seine wertvollen Musikinstrumente zu retten. In New York gibt er privaten Musikunterricht und gründet eine eigene Musikschule: A school for music education and a center for music listening and musical activities, als ihr Direktor unterrichtet er selbst Klavier und Cembalo; weitere Lehrer sind: R. Firkusny, B. Grab, E. Oppens, H. Kauder. 1942 Heirat mit Blanche Oppens. 1946 wird Grab US-Bürger und erhält eine Stelle an der David Mannes Music School, dem späteren Mannes College of Music. Er wird zu einem der gesuchtesten Klavier- und Cembalolehrer, daneben findet seine literarische Arbeit kaum Beachtung. Er starb in New York.

Werke: Hochzeit in Brooklyn. Sieben Erzählungen. (Wien 1957).

Graetzer, Guillermo (Wilhelm)
* 5.9.1914   † 1993

Geboren in Wien, 1933–1935 Kompositionsstudium bei E. Lothar v. Knorr in Wien, P. Hindemith und H. Genzmer in Berlin. 1935–1936 studiert er bei P. Pisk in Wien, in den Jahren 1937–1938 ist er Orchesterleiter am Neuen Städtischen Konservatorium in Wien. 1938 Flucht über Ungarn nach Triest, von dort nach Mittelamerika und schließlich nach Argentinien, Annahme der argentinischen Staatsbürgerschaft. Arbeit als Verkäufer und Kaffeehauspianist. 1946 gründet er das Collegium Musicum in Buenos Aires, die erste Musikschule Argentiniens. 1946–1960 ist er Professor für Musik, Pädagogik und Musikwissenschaft. 1947 ist er Mitbegründer der Argentinischen Liga für Komponisten (IGNM); 1956, 1957 und 1962 Professor der Asociacion Amigos de la Musica, Buenos Aires; Professor für Komposition, Orchestration und Dirigieren an der Escuela Superior de Bellas Artes, Universidad Nacional de la Plata.

Werke: 1939 »Concerto para Orquesta«, 1947 »La Parabola« für Orchester, 1951 »Sinfonietta« für Streichorchester, »Sinfonia brevis«, 1953 Kammerkonzert, 1955 »Los burgueses de Calais«, 1964 »El todo interno« für Chor, 1967 »De siol a sol«, Rhapsodie für Violine und Orchester.

Graf, Herbert
* 10.4.1903   † 5.4.1973

Geboren in Wien, studiert von 1920–1925 Musik bei G. Adler, Bühnenbild bei A. Roller. 1925 Dr. phil., 1925–1926 Bühnenregisseur und Shakespeare-Schauspieler in Münster, 1926–1929 Engagements an der Oper in Breslau, 1929–1933 u.a. an der Münchner Oper, 1929–1933 Leiter der Opernabteilung am Frankfurter Hochschulkonservatorium. 1933 Emigration in die Schweiz, 1933–1934 Bühnendirektor am Münchener Theater, in Basel und in Prag. 1934 Emigration in die USA, 1934–1935 Bühnendirektor an der Philadelphia Opera, in den Jahren 1935–1937 arbeitet er als

Produzent für B. Walter, A. Toscanini und W. Furtwängler in Florenz, Salzburg, Wien und Paris. 1936–1967 Engagement an der Metropolitan Opera, zusätzlich ist er noch 1940 als Leiter der Opernabteilung am Berkshire Music Center in Massachusetts engagiert, in den Jahren 1944–1945 arbeitet er für NBC TV in New York, 1949–1960 Leiter der Opernabteilung des Curtis Institute in Philadelphia. 1960 erfolgt die Rückkehr nach Europa, 1960–1962 Direktor in München, 1965 Direktor des Grand Theater in Genua. Gastproduzent in den USA, Europa und Canada.

Graf, Max
* 1.10.1873   † 24.6.1958

Geboren in Wien, 1896 Abschluß des Studiums (Dr. jur. und Dr. phil aus Musikwissenschaft). Studium bei E. Hanslick und A. Bruckner, von 1902–1938 Dozenturen in Musikgeschichte und Musikästhetik, 1930–1935 Lektor am Österreichisch-amerikanischen Institut in Wien, regelmäßige Artikel als Musikkritiker: 1900–1938 im *Neuen Wiener Journal*, 1903–1920 in der *Weimarer Allgemeinen Zeitung*, 1919–1922 *im Musikalischer Kurier*, 1909 geht er als Korrespondent der *Frankfurter Allgemeinen Zeitung* nach Paris, wo er Kontakt mit C. Debussy und C. Franck pflegt. Von 1928–1936 leitet er das Wiener Mai-Musik-Fest, 1938 emigriert er in die USA, 1939–1947 Lektor der New School for Social Research in New York. 1947 Rückkehr nach Österreich. Engagements als Musikhistoriker für den österreichischen Rundfunk sowie in Rom, Zagreb und New York – 1952 Gastlektor an der New School for Social Research.

Granichstaedten, Bruno (Bernhard)
* 1.9.1879   † 30.5.1944

Geboren in Wien, Studium bei S. Judassohn am Leipziger Konservatorium, Korrepetitor an der Wiener Hofoper, Operettensänger und Kabarettpianist. Von 1908–1930 komponiert Granichstaedten mehr als 16 Operetten, wobei die

Frühwerke stark von F. Lehár beeinflußt sind, die späteren stark von Blues und Jazz. 1938 Emigration in die USA, Vertrag mit J. Pasternak bei der Filmgesellschaft MGM in Hollywood. Arbeit als Barpianist in New York.

Werke: 1908 »Bub oder Mädel«, 1915 »Auf Befehl der Kaiserin«, 1923 »Die Bacchusnacht«, 1925 »Der Orlow«, 1928 »Evelyne«. Für O. Straus schrieb er das Libretto zur Operette »Die Königin«.

Gross, Erich
* 16.9.1926

Geboren in Wien, 1938 Emigration nach Großbritannien. Universität in Aberdeen, Trinity College of Music, London. Sodann Arrangeur für U-Musik in Großbritannien und Ceylon. 1958 Rückkehr nach Österreich, 1960–1974 Begleiter bei Radio Ceylon und BBC, zusätzlich 1964–1969 Dirigent des Pro Musica Orchestra and Choir und der St. Andrews Cathedral Choral Society, Sydney, ab 1971 Fakultätsmitglied der Universität in Sydney.

Grosz, Wilhelm
* 11.8.1894   † 9.12.1939

Geboren in Wien, 1910–1916 Kompositionsstudium bei F. Schreker, R. Heuberger und R. Robert in Wien. Ebenso Studium der Musikgeschichte bei G. Adler. 1920 Dr. phil, 1920–1922 Operndirektor in Mannheim, 1922 Rückkehr nach Wien, wo er als Komponist und Begleiter für Varietékünstler tätig ist. 1928–1933 Manager für die Ultraphone Gramophone Co. in Berlin, 1933–1934 Dirigent des Kammerspieltheaters in Wien. 1934 Emigration nach Großbritannien, wo er gemeinsam mit dem Lyriker J. Kennedy zahlreiche populäre Lieder – zuerst unter dem Namen Will Grosz, später unter Hugh Williams – produziert. 1938 Übersiedlung in die USA.

Werke: 1916 »Serenade« für Orchester, 1917 »Tanz« für Orchester, 1924 »Jazzband« für Violine und Klavier, 1925 »Violinsonate«, »Sganarell«, Oper nach Molière, 1928 »Der arme Reinhold«, eine Tanzfabel, 1930 »Achtung Aufnahme!«, 1930 »Symphonic Dance«, op. 24 für Klavier und Orchester, 1937 »Espanola«, op. 41. Weiters: »Spiel mit Musik«, »St. Peters Regenschirm«, »Tanzspiel«, Kantaten, Klavierstücke, Liederzyklen, Kammermusik und Filmmusik, Popsongs (»Isle of Capri«, »Red Sails in the Sunset«, »Harbour Lights«).

Grünwald, Alfred
* 16.2.1884   † 24.2.1951

Geboren in Wien; er schreibt zahlreiche Liedertexte für R. Stolz; verfaßt zusammen mit J. Brammer Operettenlibretti, darunter: »Gräfin Mariza« (Kálmán), »Die ideale Gattin« (Lehár), »Die Kaiserin« (Fall), »Die Zirkusprinzessin« (Kálmán). Er starb in New York.

Grun, Bernard (Bernhard Grün)
* 1901   † 1972

Geboren in Mähren, Studium der Philosophie und Jura, danach Komposition bei A. Berg und E. Wellesz. Musikalischer Leiter an Bühnen in Berlin, Wien und Prag. Emigriert Mitte der 30er Jahre nach London, schreibt die Musik zu zahlreichen Filmen sowie zur Dokumentarfilmserie »This Modern Age« von Rank Films.

Gutmann, Artur
* 21.8.1891   † 1945

Komponist und Dirigent, Operettendirigent u.a. in Berlin und Wien, Emigration 1936 über Spanien in die USA. Mitarbeit beim Film »Midsummernight's Dream« von M. Reinhardt sowie 1943 mit H. Eisler »Hangman Also Die«. Musik zu zahlreichen Filmen.

Gutman, Igo
* *1896* † *19.5.1966*

Gesangsstudium in Wien, wo auch 1919 sein Debüt an der Wiener Volksoper als *Cavaradossi* in Puccinis »Tosca« erfolgt. Nach Engagements in Berlin an der Staatsoper sowie am Opernhaus in Köln wird er 1924 fix an die Hamburger Staatsoper engagiert, wo er bis 1933 auftritt. Nach seiner Emigration in die USA gastiert er an den verschiedensten Opernhäusern. Er singt den *Tannhäuser* und den *Lohengrin* sowie den *José* in »Carmen«, den *Kaiser* in »Die Frau ohne Schatten«, den *Herzog* in »Rigoletto« und den *Siegmund* in der »Walküre«. Am Ende seiner Karriere wirkt er in der musikalischen Ausbildung.

Halpern (Ruhdörfer), Ida
* *17. 7. 1910*

Geboren in Wien. 1938 Promotion zum Dr. phil. an der Universität Wien, 1938–1939 Studium der Musik an der Universität in Shanghai, sodann Übersiedlung nach Kanada. Sie hält in Vancouver die erste Vorlesung in Music appreciation an der British Columbia University in den Jahren 1940–1961. Zusätzlich gestaltet sie Rundfunksendungen, nimmt an TV-Talk-Shows teil und ist Musikkritikerin für die Zeitung *Vancouver Province* in den Jahren 1952–1961. Sie ist Mitbegründerin von The Friends of Chamber Music. Im Jahr 1958 wird sie Direktorin der Metropolitan Opera auditions for western Canada, in den Jahren 1968–1972 ist sie Vizepräsidentin der Community Music School of Greater Vancouver. Halperns Verdienst ist die Dokumentation und Beschreibung der verschwundenen Musik der Kwakiutl, Nootka, Haida, Bella Coola und Coast Salish Indians von British Columbia.

Hamburger, Paul
* 1920

Geboren in Wien, Pianist, Exil in Großbritannien, Vorträge über klassische Musik in der BBC, musiziert in verschiedenen Kammermusikensembles, Lehrer an der Guilhall School of Music, Korrepetitor an Glyndebourne Opera.

Hammerschlag, Maria Charlotte
* 1904

Geboren in Wien, Studium an der Musikakademie, danach Bratschistin. In den Jahren 1936–1938 ist sie beim Palestine Orchestra in Tel Aviv tätig, 1938 erfolgt die Emigration in die USA, wo sie am Mannes College of Music in New York unterrichtet. Zusätzlich absolviert sie eine umfangreiche Konzerttätigkeit.

Haubenstock-Ramati, Roman
* 27.2.1919   † 20.6.1994

Geboren in Krakau, Studium bei A. Malawski am Krakauer Konservatorium (Violine, Musiktheorie) und an der Universität Krakau (Musikwissenschaft, Philosophie). 1938–1941 Kompositionsunterricht bei J. Koffler in Lemberg, wo er nach dem deutschen Polenfeldzug Zuflucht findet. 1941 von den Sowjets verhaftet und deportiert, bis 1942 in Tomsk gefangen. 1945 Rückkehr nach Polen. In den Jahren 1947–1950 leitet er die Musikabteilung von Radio Krakau und arbeitet als Chefredakteur einer Musikzeitschrift. 1950 Übersiedlung nach Tel Aviv, 1954–1957 unterrichtet er als Professor an der dortigen Musikakademie. 1957 arbeitet er im Pariser Studio für Forschung auf dem Gebiet der Musique concrète, anschließend übersiedelt er nach Wien und übernimmt das Lektorat für Neue Musik bei der Universal Edition. Haubenstock-Ramati leitet Kurse für Notation in Darmstadt und lehrt als Gastdozent in Buenos Aires, Darmstadt, Stockholm, Tel Aviv und San Francisco. 1973 wird er Professor für Komposition an der Wiener Musikhochschule.

Werke: Oper: »Amerika«, »Anti-Oper« für drei Sprechstimmen und drei Schlagzeuger; »Mobiles« für Flöte und Tonband, für Vibraphon und Marimbaphon, für Orchester, für Stimme und sechs Spieler, für zwei Schlagzeuger, für vier Schlagzeuger; weitere Stücke für Orchester und für Streicher, zumeist mit Schlagzeug und Tonband, Chor- und Gesangwerke mit Sprecher, Orgelstükke, Cembalo- und Klavierwerke.

Hauska, Hans
* 18.5.1901   † 7.3.1965

Geboren in Maschau bei Karlsbad als Sohn des Apothekers Hans Hauska und seiner Frau Olga (geb. Bartl). Nach dem Tod des Vaters übersiedelt die Mutter mit den beiden Kindern 1911 nach Wien. Unterricht in Geige, Bratsche und Klavier. Hans Hauska absolviert 1920 die Reifeprüfung und inskribiert an der Technischen Universität. Seit 1921 Mitglied der SDAP. Angestellter des Wiener Bankvereins. 1924 entlassen, ist Hauska freiberuflich als Klavierbegleiter tätig. 1926 Austritt aus der SDAP. 1928 übersiedelt er nach Berlin, wo er neben verschiedenen Berufen (Industriephotograph, Chemiker) als Stehgeiger in Gaststätten und als Kinomusiker arbeitet. 1929 tritt er der KPD bei und beginnt als Musiker für Agitpropgruppen zu arbeiten. Über Vermittlung H. Eislers kommt Hauska mit M. Vallentin in Kontakt und wird Pianist und Komponist der Truppe Das Rote Sprachrohr; außerdem ist er mit der Truppe des Roten Frontkämpferbundes Rote Raketen in Verbindung. 1929 wird Hauska als Angehöriger der Brandler-Opposition aus der KPD ausgeschlossen. 1930 wird er von der Kolonne Links, der Truppe der deutschen Sektion der Internationalen Arbeiterhilfe, als Musiker engagiert. Wiederaufnahme in die KPD. Tourneen in die Sowjetunion. Nach der Fusionierung der Kolonne Links mit der Truppe 1931 unter dem Namen Deutsches Theater Kolonne Links schreibt Hauska die Bühnenmusik für die Stücke G. v. Wangenheims, des

Leiters der neuen Truppe (»Helden im Keller«, »Agenten«, »Brak! – Brak!«). Nach der Auflösung der Truppe 1934 wird Hauska Musiker des Deutschen Gebietstheaters Dnepropetrowsk, er vertont den Dokumentarfilm »Borinage« von Joris Ivens und den Spielfilm »Kämpfer« von A. v. Wangenheim, schreibt Bühnenmusiken für F. Wolf (»Floridsdorf«, »Das Trojanische Pferd«, »Professor Mamlock«, »Tai Yang erwacht« etc.) und begleitet E. Busch am Klavier bei öffentlichen Auftritten und Rundfunksendungen. Im November 1937 wird Hauska vom NKWD verhaftet und ins Taganka-Gefängnis gebracht. Dezember 1937 Ausschluß aus der KPD, Dezember 1938 Ausweisung aus der Sowjetunion, Festnahme durch die Gestapo, Anklage wegen versuchten Hochverrats. Hauska wird zu eineinhalb Jahren Haft verurteilt. Entlassung Juni 1940, dienstverpflichtet zur Arbeit bei der Agil-Chemie in Berlin, »wehrunwürdig«. Nach 1945 Wiedereintritt in die KPD, Arbeit als Klavierbegleiter. Rückkehr nach Wien, Arbeit bei der Universal Edition als Notenklischeezeichner und Korrektor. Hauska, zur KPÖ übergetreten, bemüht sich intensiv, aber erfolglos um eine Aufklärung der Vorgänge rund um seine Verhaftung. 1951 Austritt aus der KPÖ. 1958 wird Hauska in der Sowjetunion rehabilitiert. 1956 Übersiedlung in die DDR. Hauska wird als Hauptreferent in der Musikabteilung der Konzert- und Gastspieldirektion angestellt und übernimmt die Betreuung von Laienspielgruppen. Außerdem ist er als Redakteur von Musikzeitschriften tätig und an der Herausgabe des Eisler-Nachlasses beteiligt.

Heim, Emmy
* 10.9.1885

Geboren in Wien, erster Gesangsunterricht durch die Mutter, mit sieben Jahren singt sie Schubert-Lieder. Studium des Gesanges bei F. Mütter in Wien, 1911 Debüt als Sopranistin in Wien mit einem Liederabend. Sie gibt Konzerte in Deutschland, Österreich-Ungarn und Polen und nimmt auch das moderne Lied in ihr Repertoire auf. 1930 emigriert sie nach England, in den Jahren 1934–1939 gibt sie regelmäßig Konzerte in Kanada. Die Zeit des Zweiten Weltkrieges verbringt sie in England, wo sie in Oxford und Cambridge unterrichtet. 1946 übersiedelt sie nach Kanada und lehrt an der RCMT in Toronto.

Heim, Melitta
* 7.1.1888 † Januar 1950

Gesangsstudium bei J. Ress in Wien, Bühnendebüt 1909 am Stadttheater in Graz. Heim wird als erste Koloratursopranistin an das Opernhaus in Frankfurt am Main – bis 1916 – engagiert, sie gastiert 1912 und 1914 als *Königin der Nacht* in Mozarts »Zauberflöte« im Dury Lane Theatre in London. In den Jahren 1917–1922 feiert sie große Erfolge an der Wiener Staatsoper, 1922 beendet sie wegen eines Nervenleidens ihre Bühnenkarriere. 1938 emigriert sie mit ihrer Mutter nach England, wo sie in materieller Armut lebt und sich zeitweilig ihren Lebensunterhalt als Putzfrau verdient. 1950 starb sie in London.

Heinz, Hans Joachim (bis 1938 Hirsch)
* 29.11.1904

Geboren in Wien, Studium der Musikgeschichte bei G. Adler, der Psychologie bei W. Koehler. 1922–1924 Akademie der Künste, Kompositionsstudium bei F. Busoni, Gesang bei F. Hussler sowie V. Moratti in Mailand. 1928 assistiert er O. Klemperer an der Berliner Staatsoper, 1930–1936 Tenor an der Düsseldorfer Oper, Münchner Oper, Berliner Staatsoper und der Königlichen Oper Antwerpen. Heinz gibt Liederabende in ganz Europa, unternimmt 1937–1938 eine USA-Tournee, wo er auch mit dem Los Angeles Philharmonic Orchestra in Mahlers »Lied von der Erde« auftritt. Zusammenarbeit mit dem Boston Symphony Orchestra sowie dem Baltimore Symphony Orchestra. 1938 emigriert er in die USA, 1939–1940 Mitglied der Chatham Square Music School in New York, 1944 Mitglied des Peabody Musikkonservatoriums in Baltimore. Seit 1956 Mitglied der Julliard School of Music in New York, in den Jahren 1963–1965 Teilnahme am Sommermusikfest in Aspen.

Heller, Hans Ewald
* *1894   † 1966*

Emigration 1939 in die USA, arbeitet für eine Filmfirma als Musik-Arrangeur in Hollywood.

Hernried, Robert Franz Richard
* *22.9.1883   † 3.9.1951*

Geboren in Wien, Studium an der Musikhochschule und an der Universität Wien bei R. Fuchs, R. Heuberger, E. Mandyczewski und J. Hofmann. 1906–1907 Dirigentenassistent in München sowie zweiter Dirigent am Preßburger Theater, 1907–1909 Komponist und Autor in Wien, in den Jahren 1908–1914 Dirigent an verschiedenen Opernhäusern (Meran, Troppau, Gmunden und Linz). 1919–1922 Leiter der Abteilung für Musiktheorie und Komposition an der Akademie für Musik in Mannheim, 1922–1924 Professur in Heidelberg, Kaiserslautern und Neustadt a.d. Hardt, 1924–1926 Lektor an der Volkshochschule in Heidelberg und Erfurt. 1926–1928 Lehrer am Stern-Konservatorium in Berlin, 1927–1934 a.o. Professor für Musiktheorie und Komposition an der Staatlichen Akademie für Kirchen- und Schulmusik in Berlin. 1939 Emigration in die USA, 1939–1940 Professur für Gesangskultur an der Alvive School Opera in New York, 1940–1942 Professor und Musikdirektor am St. Abrose College in Davenport, Iowa, 1942–1943 Professor am State Teachers' College in Dickenson, North Dakota, 1943–1946 Professor am St. Francis College, Lafayette and Fort Wayne, Indiana, 1946–1951 Professor für Musiktheorie, Komposition und Orchestrierung am Detroit Institut of Musical Art.

Werke: 2 Opern, darunter »Francesca da Rimini«, eine Messe, Stücke für Orchester, beinahe 75 Choralwerke.

Herold, Elisabeth (Rosta)
* 1900   † 1955

Geboren als Tochter von A. Schnabel, Pianistin und Komponistin. Adoption durch einen österreichischen Industriellen, 1928 Übersiedlung nach Berlin zu Schnabel, 1938 Emigration nach Frankreich, 1945 Übersiedlung nach Kanada, 1955 in die Schweiz.

Herschkowitz, Philip
* 7.9.1906   † 1989

Geboren in Jassy (Bukowina), kommt 1927 nach Wien, Studium an der dortigen Musikakademie. Ab 1929 ist Herschkowitz Schüler und einer der engsten Freunde A. Bergs, von 1932 bis 1938 ediert er dessen Werke als freier Mitarbeiter der Universal Edition. Im Sommer 1932 nimmt er an einem Dirigierkurs H. Scherchens in Straßburg teil. Vom Februar 1934 bis September 1939 nimmt Herschkowitz Kompositionsunterricht bei A. v. Webern. Im September 1939 flüchtet er nach Rumänien, im November 1940 in die Sowjetunion. November 1940 bis Juni 1941 lehrt er am Konservatorium von Czernowitz, 1941–1944 in Taschkent, 1942 wird Herschkowitz in den sowjetischen Komponistenverband aufgenommen, 1944 ist er Mitarbeiter des Instituts für Kunst in Taschkent. 1944–1946 erforscht er in der Usbekischen Republik Volkslieder und arbeitet als musikalischer Leiter am Taschkenter Theater. Ab 1946 ist Herschkowitz in Moskau, 1949 wird er aus dem Komponistenverband ausgeschlossen. Ab 1946 freier Mitarbeiter beim Verlag MUSFONT, außerdem arbeitet er für ein Filmmusik-Orchester. Ab 1960 gibt er Privatunterricht, wobei er – vermutlich als einziger Lehrer in der Sowjetunion – die Tradition der Zweiten Wiener Schule pflegt. Unter anderen lernt bei ihm A. Schnittke. 1968 erhält er ein Lektorat an der

Musikhochschule Kiew, 1969 in Eriwan. 1979 wird Herschkowitz aus der Verlagsinstitution MUSFONT ausgeschlossen und lebt in großer materieller Bedrängnis. 1987 kommt er auf Einladung der Alban Berg Stiftung nach Wien. Er starb 1989 in Wien.

Hoffmann, Richard
* 20.4.1925

Geboren in Wien, Studium: Violinunterricht und Harmonielehre in Wien, Emigration im August 1935 nach Neuseeland, 1942–1945 Universität New Zealand, Auckland. In den Jahren 1945–1947 Komponist, im September 1947 Emigration in die USA, wo er bei A. Schönberg in den Jahren 1948–1951 studiert. Kompositionstätigkeit.

Werke: 1947 Streichquartett, 1951 »Fantasy and Fugue in Memoriam Arnold Schoenberg for organ«, 1952 »Orchestra piece«, 1954 »Piano concerto«, 1956–1959 »Cello-concerto«, 1961 »Orchestra piece«, 1970/1971 »Music for Strings«, 1975/1976 »Souffleur« für Sinfonieorchester ohne Dirigent, 1977/1978 Streichquartett. Klaviermusik, Chormusik, Liederzyklen.

Holewa, Hans
* 26.5.1905   † 26.4.1991

Der in Wien geborene Komponist absolviert seine Ausbildung in der Kapellmeisterklasse am Neuen Wiener Konservatorium sowie im Fach Klavier beim J. Heinz, einem Schüler F. Busonis. In den dreißiger Jahren Mitglied der Gruppe der Jungen (u.a. ist auch der Dramatiker F. Hochwälder in dieser Gruppierung engagiert) – noch in Wien komponiert Holewa die Musik zu Hochwälders Stück »Liebe in Florenz«. Holewa betrachtet sich als Autodidakt, der Einfluß zunächst von G. Mahler, dann von der Zweiten Wiener Schule – besonders A. Berg – prägt sein kompositorisches Schaffen. Er emigriert 1937 mit seiner Frau nach Schweden und ist eine Zeitlang Dirigent in Gothenburg. Im Exil in Schweden verfaßt Holewa mehr als 80 Werke und gilt als einer der berühmtesten Komponisten des Landes. Er starb in Stockholm.

Werke: Oper: 1971 »Apollos förvandling«; Orchesterwerke: 1940 »Vier kleine Märsche«; 1943 «Variations for piano and orchestra»; 6 Symphonien; Kammermusik: 1939 «String »quartet; 1959 «Trio for violin, viola and cello«; 1943 »Sonatina for piano«; 1944 »Four piano pieces«; 1945 12 Klavierstücke

Hornbostel, Erich Moritz von
* 25.2.1877 † 28.11.1935

Geboren in Wien, früher Kontakt mit Musik durch seine Mutter, die zum engeren Kreis um Brahms gehörte. In den Jahren 1895–1899 studiert er Chemie, Physik und Philosophie an den Universitäten Wien und Heidelberg, von 1901–1933 ist er im Phonogramm-Archiv an der Universität Berlin beschäftigt – 1901 als Assistent von C. Stumpf, 1906–1933 als Direktor. Mitbegründer der vergleichenden Musikwissenschaft bzw. der Musikethnologie. Gemeinsam mit Stumpf ediert er die »Sammelbände für vergleichende Musikwissenschaft«, gemeinsam mit C. Sachs publiziert er die »Systematik der Musikinstrumente«. 1933 emigriert er über die Schweiz in die USA, 1933 arbeitet Hornbostel als Lektor an der New School for Social Research, New York. 1934 übersiedelt er nach Großbritannien, wo er einem Ruf der Universität Cambridge folgt.

Publikationen: Zahlreiche Aufsätze in Fachzeitschriften, z.B. »Über die Harmonisierbarkeit exotischer Melodien« (Sammelbände der Intern. Musikgesellschaft 1905/1906), »Arbeit und Musik« (Zeitschrift der Intern. Musikgesellschaft 1911/1912), »Musikalischer Exotismus« (Melos 1921), »Tonart und Ethos« (Festschrift für Johannes Wolf 1929).

Horovitz, Joseph
* 26.5.1926

Geboren in Wien als Sohn eines Kunstbuchverlegers (»Phaidon«), privater Klavierunterricht in Wien. Emigration 1938 über Italien nach England. Er studiert Musik in Oxford (u.a. bei E. Wellesz), London (Royal College of Music) und Paris (bei N. Boulanger). 1950 wird er Musikdirektor des Bristol Old Vic Theatre, zwei Jahre später Dirigent des Balletts Russes (unter S. Grigorieff). Für diese Truppe schreibt er sein erstes Ballett »Les Femmes d'Alger«, das in der Royal Festival Hall in London uraufgeführt wird. Horovitz komponierte bisher 16 Ballettmusiken, aber auch Vokal- und Orchesterwerke sowie Kammermusik, in den 60er Jahren auch Filmmusik; er schrieb die Musik zu zahlreichen britischen TV-Serien. In seinem kompositorischen Schaffen und in seiner umfangreichen Lehrtätigkeit versucht er die Kluft zwischen E- und U-Musik zu überspringen. Das 1969 zu E. Gombrichs sechzigstem Geburtstag für das Amadeus Quartett geschriebene 5. Streichquartett bezeichnet der Komponist selbst als »politisches Streichquartett«: Es ist seine unmittelbarste Auseinandersetzung mit der Vertreibung aus Wien.

Werke: Orchesterwerke: 1962 »Fantasia on a Theme of Couperin«, 1965 »Jazz Harpsichord Concerto«, 1973 »Valse«, 1985 »Concertino Classico«; Vokal- bzw. Bühnenmusik: 1970 »Lady Macbeth«, 1982 »Endymion«; 5 Streichquartette, Musik für Brass Band

Hubermann, Bronislaw
* 19.12.1882   † 15.6.1947

Geboren in Tschenstochau, Studium bei M. Mihalowicz am Konservatorium in Warschau, später bei I. Lotto. 1889 erfolgt sein Debüt, Perfektionsunterricht bei J. Joachim und K. Grigorovitch in Berlin, 1893 Debüt in Amsterdam, 1895 Erstauftreten in Wien beim Abschiedskonzert von A. Patti. 1896 Aufführung des Brahms-Violinkonzertes in Wien in Anwesenheit des Komponisten, 1896–1897 US-Tour, 1909 spielt er in Genua auf Paganinis Guarneri. Von 1926–1936 lebt er in Wien, in den Jahren 1934–1936 Ausübung einer Professur an der Wiener Musikakademie. 1936 gründet er das Palestine Orchestra in Palästina, für dessen erstes Konzert er A. Toscanini verpflichten kann. Internationale Solistenkarriere, zahlreiche Schallplatten und Auszeichnungen. 1940 Emigration in die USA, 1945 Rückkehr nach Europa.

Hussa-Greve, Maria
* 7.12.1894   † 19.4.1980

Geboren in Wien, Gesangsstudium bei E. Elizza und A. Greve, ihrem späteren Ehemann. 1917 Konzertdebüt in Wien an der Volksoper, in den folgenden Jahren Engagements in folgenden Opernhäusern: 1919–1921 Stadttheater in Graz, 1922–1923 Deutsches Theater in Prag, 1923–1924 erste dramatische Sängerin an der Berliner Staatsoper. Von 1924 an kontinuierliches Engagement beim *Zoppot fest* in Danzig, in den Jahren 1926–1932 erste dramatische Sängerin an der Hamburger Staatsoper, 1927 singt sie in den Uraufführungen von E.W. Korngolds »Das Wunder der Heliane« und O. Respighis »La Campana Sommersa«. 1933 ist sie für ein ganzes Jahr an der Oper in Düsseldorf engagiert, 1934 emigriert sie in die USA. In diesem Jahr ist sie Mitglied der Chicago Opera, 1934–1935 für eine Saison am Theater an der Wien verpflichtet. Aus ihrem Rollenrepertoire soll besonders ihre Interpretation der *Marschallin* in R. Strauss' »Der Rosenkavalier« hervorgehoben werden.

Ippisch, Franz
* 18.7.1883   † 20.2.1958

Geboren in Wien, Privatunterricht (Komposition) bei F. Schmidt, Klavier bei J. Hoffmann, Komposition bei H. Grädener, Cello bei R. Hummer. In den Jahren 1903–1933 arbeitet Ippisch als Cellist an der Wiener Volksoper, anschließend (1934–1938) als Militärkapellmeister in Salzburg. 1938 emigriert er nach Guatemala, wo er Militärkapellen leitet. 1952 Professur für Musiktheorie am Conservatorio Nacional, dessen Orchester er auch dirigiert.

Werke: 12 Streichquartette, 2 Violinkonzerte, Messen, diverse Kammermusik.

Jahoda, Fritz
* 23.5.1909

Geboren in Wien, 1928–1930 Privatstudium (Klavier) bei E. Steuermann und Musiktheorie bei J. Polnauer. Aktives Mitglied der Sozialistischen Jugend sowie Dirigent des Amateurchors der Organisation, Konzerttätigkeit in Volksheimen, insbesondere zyklische Aufführung von vernachlässigten Werken. Von 1930–1933 Dirigentenassistent an der Staatsoper in Düsseldorf, 1933 emigriert er nach Österreich und setzt seine Studien bei Steuermann fort. In den Jahren 1934–1938 Dirigent und Chordirigent am Stadttheater in Graz, wo er 1938 demissioniert. Im Mai 1938 emigriert er nach England, wo er zweimal als Dirigent beim London Philharmonic Orchestra engagiert ist. 1939 emigriert er in die USA, in den Jahren 1940–1946 ist er Fakultätsmitglied des Sarah Lawrence College, Bronxville, New York. 1946–1974 Fakultätsmitglied der Abteilung für Musik des City College in New York, 1946 Assistant-Professor, 1951 Assoc. Prof., 1958 Professor für Musikgeschichte. Ab 1944 Konzertpianist sowie Dirigententätigkeit in den USA und Europa. Jahoda dirigiert die amerikanische Erstaufführung von Berlioz »Lelio«, die New Yorker Erstaufführungen von A. Schönbergs »Kol Nidre« und G. Mahlers »Das klagende Lied« sowie 1947 die Weltpremiere von M. Brunswicks Oper »The Master Builder«. 1947 ist Jahoda Gastdirigent der Wiener Staatsoper.

Jalowetz, Heinrich
* 3.12.1882 † 2.2.1946

Geboren in Brünn. Sohn eines Brünner Kaufmanns, Medizin- und Musikstudium in Wien. 1911 Promotion zum Dr. phil. mit einer Arbeit über »Einige Besonderheiten der melodischen Technik Beethovens«. Schüler von A. Schönberg.

1908 Kapellmeister in Regensburg, 1909 Danzig und 1912 Stettin. Von 1916–1923 Kapellmeister am Deutschen Landestheater in Prag; 1924 an der Wiener Volksoper, 1925 am Kölner Stadttheater, von 1932–1936 in Reichenberg. Danach Emigration in die USA. Lehrtätigkeit am Black Mountain College, North Carolina. Jalowetz starb in Black Mountain.

Jaques-Dalcroze, Émile
* 6.7.1865   † 1.7.1950

Geboren in Wien. Sohn eines Schweizer Uhrenfabrikanten. Musikstudium am Genfer Konservatorium und in Wien; hier ist er Schüler von A. Bruckner und R. Fuchs. Er setzt seine Kompositionsstudien in Paris bei L. Delibes und G.U. Fauré fort. 1886 Kapellmeister in Algier; ab 1892 Professor am Konservatorium in Genf. Dalcroze entwickelt eine spezifische Methode der »rhythmischen Gymnastik«, die sehr bald internationale Beachtung findet. W. Dohrn gründet 1911 in Hellerau bei Dresden für ihn die Bildungsanstalt für Musik und Rhythmus. Im Ersten Weltkrieg unterzeichnet er den »Reimser Protest« (gegen die Zerstörung der Reimser Kathedrale), dies bringt ihm den Vorwurf der »Deutschfeindlichkeit« in der deutschen Presse ein und macht seine Rückkehr nach Hellerau unmöglich. 1915 wird ihm in Genf ein eigenes Institut zur Verfügung gestellt. Zahlreiche, z.T. längere Auslandsreisen zur Verbreitung seiner musikpädagogischen Methoden, Schulgründungen in mehreren Ländern, darunter in Laxenburg bei Wien. Jaques-Dalcroze nimmt regen Anteil am Musikleben in Paris. Neben seiner Tätigkeit als Musikpädagoge komponierte er zahlreiche Lieder sowie Orchester-, Chor- und Kammermusikwerke. Er starb in Genf.

Werke: »Tanzsuite in A in 4 Sätzen« (1911), »6 Danses romandes« (1941); »L'amour qui danse« (12 Lieder, 1925).
Schriften: »Rhythmus, Musik und Erziehung« (Basel 1922).

Jeritza, Maria
* *6.10.1887* † *10.7.1982*

Geboren in Brünn, Unterricht in Klavier, Violine, Cello, Harfe und Gesang in Brünn und Prag. 1903 Mitglied des Stadttheaterchors in Brünn, 1909 Debüt als *Elsa* in Wagners »Lohengrin«, Stadttheater Olmütz. Dort sieht sie der Direktor der Wiener Volksoper, Rainer Simons, der ihr Bühnentalent erkennt und sie für die Wiener Volksoper verpflichtet. 1903–1913 ist sie als Solistin an der Wiener Volksoper engagiert, u.a. in der Erstaufführung von W. Kienzls »Kuhreigen« (1911). In der Saison 1910 singt sie Operetten am Münchner Künstlertheater, M. Reinhardt überträgt ihr die Titelrolle in seiner Münchener Inszenierung der »Schönen Helena«. In den Jahren 1913–1935 singt sie an der Wiener Oper auf Empfehlung Kaiser Franz Josephs, der sie in Bad Ischl gehört hatte. Bereits 1914 bekommt sie eine Einladung für ein Gastspiel an die Metropolitan Opera, der Ausbruch des Ersten Weltkrieges verhindert jedoch ihr New Yorker Debüt, 1917 wird ihr der Titel »Kammersängerin« verliehen, in den 20er Jahren wird sie Ehrenmitglied der Wiener Staatsoper. Sie wirkt in Uraufführungen mit – R. Strauss' »Ariadne auf Naxos« 1912 in Stuttgart sowie in der »Frau ohne Schatten« (Wien 1919) und E. W. Korngolds »Die tote Stadt« (Hamburg 1920). Jeritzas Debüt an der Metropolitan Opera erfolgt 1921 in »Die tote Stadt«. In den folgenden beiden Jahrzehnten gastiert sie in den führenden Opernhäusern Europas, wo sie in Verdis »Aida«, Puccinis »Tosca«, Bizets »Carmen«, Wagners »Die Walküre«, Strauss' »Der Rosenkavalier« und »Die Ägyptische Helena« singt. Jeritza singt auch in den amerikanischen Erstaufführungen von Janáčeks »Jenufa« (1926) und Puccinis »Turandot«. Sie emigriert 1935 in die USA, 1948 tritt sie wieder an der Wiener Staatsoper auf, 1952 singt sie zum letzten Mal in der Metropolitan Opera.

Jezek, Jaroslav
* 1906   † 1942

Geboren in Prag, Klavier- und Kompositionsstudium bei K.B. Jirak, in den Jahren 1927–1929 bei J. Suk (Komposition) am Konservatorium in Prag. Von 1928–1938 komponiert er für das avantgardistische Befreite Theater in Prag, 1939 emigriert er nach New York.

Werke: Ballett: 1928 »Die Nerven«; Orchester-, Vokal-, Film- und Kammermusik sowie vor allem Klaviermusik: 1927 Suite für Vierteltonklavier, 1928 Sonatine, 1938 Rhapsodie, 1939 Toccata, »Grande Valse brillante«, 1941 Sonate.

Jokl, Fritzi
* 23.3.1895   † 15.10.1974

Geboren in Wien, Gesangsstudium in Wien bei Rosenthal-Ranner, 1917 erfolgt ihr Debüt am Opernhaus in Frankfurt am Main, ihrem Stammhaus bis 1922. Von 1922–1923 ist sie am Landestheater in Darmstadt engagiert, in den Jahren 1925–1926 am Opernhaus in Köln. Gastspiele führen sie 1924 an den Covent Garden nach London, 1928 singt sie die *Despina* in Mozarts »Così fan tutte« bei den Salzburger Festspielen, 1930 singt sie an der Wiener Staatsoper, 1932 in Amsterdam die *Constanze* in der »Entführung aus dem Serail«. Jokl kann, obwohl sie Jüdin ist, noch bis 1936 in Deutschland, u.a. am Jüdischen Theater auftreten. 1936 emigriert sie in die USA, wo sie allerdings kaum noch auftritt.

Jokl, Otto
* 18.1.1891   † 13.11.1963

Geboren in Wien, Studium bei H. Grädener, in den Jahren 1926–1930 bei A. Berg. Danach arbeitet er als Musikpädagoge in Wien und wird einer der Assistenten von Berg. 1934 gewinnt er mit einer »Suite für Orchester« den Emil Hertzka-Preis. Musikeditor, 1940 Emigration in die USA.

Werke: Sinfonien, Bühnenmusik zu Molières »Der eingebildete Kranke«, Kammermusik, Vokalwerke, Klavierwerke, Bearbeitungen von Werken A. Bergs, Meyerbeers, Schumanns, C. M. v. Webers und A. v. Weberns.

Jonas, Oswald
* 10.1.1897   † 19.3.1978

Geboren in Wien, Musikstudium bei H. Schenker, M. Violin und H. Weisse, Jusstudium an der Universität Wien, 1921 Abschluß mit dem Dr. jur. In den Jahren 1930–1934 lehrt er am Stern-Konservatorium in Berlin und publiziert Beiträge in der *Allgemeinen Musikalischen Zeitung* und der *Zeitschrift für Musikwissenschaft.* 1935 Editor der Musikzeitschrift *Der Dreiklang,* im Dezember 1938 Emigration in die USA. 1940–1965 Fakultätsmitglied des Roosevelt College, Chicago, 1964–1965 lehrt er an der Wiener Musikakademie, 1966 Musikprofessor an der Universität California, Riverside. Er lehrt auch an den Universitäten in Tübingen, Hamburg, Warschau und Bern. Rege publizistische Tätigkeit.

Jurmann, Walter
* 12.10.1903   † 1971

Geboren in Wien, Karriere als Komponist von U-Musik in Berlin. Mit Textautor F. Rotter Schlager wie »Veronika, der Lenz ist da«, Chansons (Interpreten: G. Keller, R. Tauber, A. Piccaver, H. Albers u.a.), 1933 Flucht nach Paris, dann in die USA. Musik zu mehr als 50 Filmen, darunter zwei Marx-Brothers-Filme, sowie unzählige Schlager. Jurmann wurde die Ehrenbürgerschaft von San Francisco verliehen.

Kálmán, Emmerich
* 24.10.1882   † 30.10.1953

Geboren in Siófok, 1897 Debüt als Konzertpianist sowie Jusstudium in Budapest. 1900–1904 Studium an der Musikakademie in Budapest, bis 1907 komponiert er kleine symphonische Werke und Lieder. 1908 übersiedelt er nach Wien, wo er sich dem Genre der Operette zuwendet, 1938 emigriert er nach Frankreich, 1940 in die USA, 1949 Rückkehr nach Europa. Er starb in Paris.

Werke: 1912 »Zigeunerprimas«, 1915 »Csárdásfürstin«, 1917 »Die Faschingsfee«, 1924 »Gräfin Mariza«, 1926 »Die Zirkusprinzessin«, 1928 »Herzogin von Chicago«, 1945 »Marinko«, 1964 »Arizona Lady«.

Kalmus, Alfred (August Ulrich)
* 16.5.1889   † 25.9.1972

Geboren in Wien, Jusstudium in Wien, Studium der Musikwissenschaft bei G. Adler an der Wiener Universität. 1909 Eintritt in die Wiener Universal Edition, 1936 Emigration nach England. Mit Beginn des Zweiten Weltkrieges kooperiert er für den Musikverlag Boosey and Hawkes mit der Universal Edition, 1949 wird die Universal Edition, London, unabhängig. Kalmus nimmt u.a. Berio, Boulez, Stockhausen, R.R. Bennett, H. Birtwistle, D. Bedford und H. Wood unter Vertrag.

Kalter, Sabine
* 28.3.1889   † 1.9.1957

Geboren in Jaroslaw (Galizien), aufgewachsen in Budapest, studiert Sabine Kalter am Wiener Konservatorium Gesang bei R. Papier. 1911 debütiert sie an der Volksoper (*Ortrud* im »Lohengrin«). Von 1915/16 bis 1934/35 am Hamburger Stadt-Theater (nach 1933 in Hamburger Staatsoper umbenannt) engagiert, in den zwanziger Jahren Gastspiele in Belgien, Frankreich, Spanien und 1924 erstmals an der Wiener Staatsoper. 1928 singt sie die *Jocaste* in Strawinskys »Oedipus Rex«. Letztes jüdisches Ensemblemitglied an der Hamburger Staatsoper, tritt sie erfolgreich als Verdis *Lady Macbeth* (!) und Wagners *Ortrud* (!) auf. Jänner 1935 Flucht nach England, im April desselben Jahres Debüt am Royal

Opera House Covent Garden als *Brangäne* in »Tristan«. Als Wagner-Sängerin an diesem Opernhaus kommt Kalter vor dem Ausbruch des Krieges immer wieder mit Künstlern aus Nazideutschland in Berührung, so etwa singt sie unter dem Dirigenten W. Furtwängler. Auftritte in Brüssel und Paris, Tournee durch die Niederlande. 1937 Auftritt in Hamburg auf Einladung des Jüdischen Kulturbundes, bei dem Kalter u.a. Lieder von Mahler singt. Während des Krieges Tätigkeit als Liedsängerin und Gesangslehrerin. Erster und letzter Auftritt in Hamburg nach dem Krieg im Jahre 1950 mit einem Liederabend.

Kanitz, Ernest
* 9.4.1894   † 7.4.1978

Geboren in Wien, 1912–1914 Studium der Musiktheorie und Komposition bei R. Heuberger, 1914–1920 bei F. Schreker. 1918 Erlangung des Dr. jur. an der Universität Wien. In den Jahren 1918–1922 wirkt Kanitz als Privatmusiklehrer, 1921 wird mit Erfolg sein Oratorium »Das Hohelied« uraufgeführt. Von 1922 bis 1938 unterrichtet er am Wiener Konservatorium Musiktheorie, zwischen 1930 und 1938 dirigiert er den Wiener Frauenkammerchor, der auch in Budapest, Paris und Brünn Gastspiele gibt. 1938 Emigration in die USA, 1938–1941 Assistenzprofessor für Musiktheorie und Komposition am Winthrop College in South Carolina, 1945–1949 Fakultätsmitglied der University of Southern California, Los Angeles. 1953–1959 Professor für Komposition und Kontrapunkt, 1960–1964 Lehrer am Marymount College, Palos Verdes, California.

Werke: 1928 »Cyrano de Bergerac«, Oper; 3 Symphonien; 1929 »Balletmusik« für Frauenchor und Orchester; 1931 »Zeitmusik«, Radiokantate; 1951 »Concert Piece for Trumpet and Orchestra«; 1957 »Concerto for Chamber Orchestra«; 1960 »Perpetual«, Oper; »Cantata 1961« für gemischten Chor und zwei Klaviere; 1962 »Visions at Twilight« für Flöte, Streichquartett, Klavier und Frauenstimmen sowie »Concerto for Bassoon and Orchestra«.

Karp, Richard
* 5.3.1902   † 2.2.1977

Geboren in Wien, 1911 Übersiedlung mit den Eltern nach Deutschland. Besuch des Realgymnasiums in Dresden, Gastdirigent in Dresden an der Oper sowie beim Dresdner Philharmonischen Orchester. Mitglied des Düsseldorfer Streichquartetts, 1933 2. Dirigent des Prager Symphonie Orchesters. 1934–1937 Generalmanager und Dirigent des Jüdischen Kulturbund Symphonie Orchesters in Frankfurt am Main, 1937 Emigration in die USA, 1939–1944 Violinist des Pittsburgh Symphony Orchestra. Lehrtätigkeit 1938–1944 an der Kaufman Settlement Music School, 1942–1977 Generalmusikdirektor der Pittsburgher Oper, 1944–1949 Produzent, Kommentator der Radiostation KDKA, Pittsburgh. 1955–1977 Musikdirektor und Dirigent des Adirondack Symphony Orchestras, Saranac Lake, New York, 1958–1977 Dirigent der Philadelphia Lyric Opera.

Karlweis, Oscar Leopold
* 10.6.1894   † 24.1.1956

Geboren in Hinterbrühl nahe Wien, Jusstudium in Wien. Spielt unter M. Reinhardt im Theater in der Josefstadt sowie in Berlin in Operetten – beispielsweise in R. Benatzkys »Im weissen Rössl« und »Meine Schwester und ich«, V. Baums »Menschen im Hotel«, aber auch in Hofmannsthals »Der Schwierige« und in M. Reinhardts Produktion von J. Strauß' »Die Fledermaus«. Mitwirkung in vielen deutschen Filmen als Schauspieler. 1938 emigriert er über die Tschechoslowakei nach Frankreich, wo er einige antifaschistischen Rundfunksendungen mitgestaltet. Im Jahr 1940 emigriert er über Spanien in die USA, wo er am Broadway debütiert. Zahlreiche Schauspielaufführungen folgen. In den späten 40er Jahren kehrt er mit dem amerikanischen Stück »Harvey« – in eigener Übersetzung – als Akteur nach Wien zurück. Ebenso tritt er an der Wiener Staatsoper in »Tausend und eine Nacht« auf.

Katscher, Robert Franz
* 20.5.1894   † 23.2.1942

Geboren in Wien, Studium: Philosophie und Jura, anschließend Komposition bei H. Gál. Operetten- und Filmkomponist, weiters Komposition von Tanzmusik, Wienerliedern, Schlagern. 1935/36 Musik zu den Walter-Reisch-Filmen »Episode« und »Silhouetten«. 1938 Emigration in die USA, Los Angeles. Er komponiert in Hollywood seinen ›Welthit‹ »When Day is Done« und arbeitet an der Musik zu zwei Filmen mit: Bei M. Nossecks »Gamblings Daughters« und J. Duviviers »Tales of Manhattan«. Er starb in Hollywood.

Werke: Musikalische Komödien: »Bei Kerzenlicht«, »Essig und Öl«, »Die Wunderbar«.

Kauder, Hugo
* 9.6.1888   † 22.7.1972

Geboren in Tobitschau, Studium der Musikgeschichte und Violinunterricht in Wien. In den Jahren 1910–1919 Mitglied des Konzertverein-Orchesters in Wien als Geiger. Von 1918–1938 freischaffender Komponist und Musiklehrer, in den Jahren 1919–1922 Beiträge für die Zeitschrift *Musikblätter des Anbruch*. 1938 Emigration nach Holland, 1940 nach England, anschließend in die USA. In New York lernt Kauder H. Grab kennen und unterrichtet an dessen Musikschule Komposition.

Werke: »Die Sonne sinkt«, Kantate; »Requiem« für Altsolo und Doppelchor; »Gesang der Geister über den Wassern« nach Goethe für Chor und Streichorchester; »Ten Poems« nach der »Kammermusik« von James Joyce für Sopran, Alt, Tenor und Streichquartett. Über 200 Instrumentalwerke, insbesondere Konzerte für Soloinstrumente und Streicher, vier Klaviersonaten, Bläserquartette, 5 Klaviertrios, 19 Streichquartette, fünf Symphonien, ein Cellokonzert, Préludes, Passacaglien und Fugen für Streichorchester.

Keller, Hans Heinrich
* 11.3.1919

Geboren in Wien, Musikstudium (Violine) bis zum »Anschluß« Österreichs, 1938 Inhaftierung und anschließende Emigration nach Großbritannien. 1943 Violin- und Violaunterricht, danach Musiker (Viola) in zahlreichen Orchestern sowie Quartetten (Adler- und Huttenbach-Streichquartett). 1945 wird er Musikkritiker für die *Basler Nachrichten*, in den Jahren 1949–1952 ediert er gemeinsam mit C.H. Stephan die Zeitschrift *Music Survey*, die 1947 gegründet wurde. Zahlreiche Beiträge in diversen Zeitschriften, Übersiedlung in die Schweiz (Schaffhausen).

Kentner, Louis Philip
* 19.7.1905 † 22.9.1987

Geboren in Karwin, Klavierstudium an der Budapester Königlichen Musikakademie bei A. Szekely und L. Weiner sowie 1911–1912 Kompositionsstudium bei H. Koessler und Z. Kodály. 1920 als Pianist Tournee durch mehrere Länder Europas. Kentner erlangt Berühmtheit durch zwei wichtige Preise für Pianisten: Er gewinnt den Chopin-Wettbewerb in Warschau und den Liszt-Wettbewerb in Budapest. 1933 realisiert er die Erstaufführung von B. Bartóks zweitem Klavierkonzert, zwölf Jahre später mit A. Boult die europäische Erstaufführung von Bartóks drittem Klavierkonzert, mit seiner ersten Frau Ilona Kabos bringt er Bartóks »Konzert für zwei Klaviere« zur Erstaufführung. 1935 emigriert er nach England, 1949 widmet W. Walton ihm und Y. Menuhin eine Violinsonate. Kentner ist auch die Uraufführung von M. Tippets Klavierkonzert zu verdanken.

Kestenberg, Leo
* 27.11.1882 † 14.1.1962

Geboren in Ruzomberok (Rosenberg, Ungarn), Klavier- und Kompositionsstudium bei F. Busoni und bei F. Draeseke. 1898 schließt er seine Studien an der Berliner Musikakademie ab, 1904–1914 ist er Konzertpianist in Berlin, 1916–1918 ist er beim Verlag Cassirer tätig. Seit 1918 als Musikreferent, seit 1929 als Ministerialrat im Ministerium für Wissenschaft, Kunst und Volksbildung tätig. Zusätzlich seit 1921 Professor an der Hochschule für Musik in Berlin. Kestenberg wird durch seine Reform im Bereich der Musikerziehung bekannt. 1933 erfolgt seine Entlassung, er emigriert nach Prag, wo er die Internationale Gesellschaft für Musikerziehung gründet. 1938 geht er nach Palästina, wo er die administrative Leitung des Palestine Orchestra übernimmt. Kestenberg ist der Begründer der Musikakademie in Tel Aviv.

Schriften: Musikerziehung und Musikpflege (Leipzig 1921), Schulmusikunterricht in Preußen (Berlin 1927), Musikpflege im Kindergarten (Leipzig 1929).

Kiepura, Jan
* 15.5.1902 † 15.8.1966

Geboren in Sosnowiec; erste Ausbildung durch den Gesangslehrer des Gymnasiums, später durch T. Leliwa u. W. Brzezinski in Warschau. Erste Auftritte als Sänger ab 1922 in Lemberg und Posen. Engagement an der Warschauer Oper, 1926 debütiert er an der Seite von M. Jeritza an der Wiener Oper in »Tosca«. 1928 singt er zum erstenmal an der Pariser Oper (»Tosca«), ebenfalls in diesem Jahr wirkt er auch in der Uraufführung von Korngolds »Das Wunder der Heliane« mit. 1929 gastiert er zum erstenmal in der Scala, 1930 am Teatro Colón in Buenos Aires, 1931 an der Civic Opera in Chicago. Ab 1931 arbeitet er sehr erfolgreich für den Film. 1936 Heirat mit Martha Eggerth, zusammen mit ihr emigriert er 1938 in die Vereinigten Staaten. Im selben Jahr erfolgt sein Debüt an der Metropolitan Opera in New York (*Rodolphe* in »Bohème«), 1939 singt er in Paris in »Manon« von Massenet und »Rigoletto« von Verdi, 1943 zum erstenmal Operette: In der »Lustigen Witwe«. In den Jahren 1949–1950 interpretiert er mit Martha Eggerth die

Titelrollen in »Czárdásfürstin« von Kálmán. Er starb in Harrison, New York.

Kleiber, Erich
* 8.5.1890   † 27.1.1956

Geboren in Wien, Studium am Prager Konservatorium (Violine und Komposition) sowie Philosophie und Kunstgeschichte. 1911 Dirigent und Korrepetitor am Deutschen Theater in Prag, 1912 Berufung an die Darmstädter Oper als Kapellmeister, wo er bis 1919 bleibt. Weitere Stationen seiner Karriere: Barmen-Elberfeld (1919), Düsseldorf (1922), Mannheim (1923). Im selben Jahr geht er als Generalmusikdirektor nach Berlin, wo er bis 1934 tätig ist. In seine Ära fallen wichtige Uraufführungen: Bergs »Wozzeck«, Schrekers »Der singende Teufel« und Milhauds »Christophe Colombe«. 1936 führt er die ihm gewidmete »Rhapsodie flamande« von A. Roussel erstmals auf. Kleiber setzt sich u.a. auch für den Komponisten P. Hindemith ein. Sein Engagement für die zeitgenössische Musik bringt ihn in Gegensatz zu den Nationalsozialisten. 1934 legt er die Generalmusikdirektorfunktion nieder, setzt aber eine musikalische Geste des Widerstandes: Er leitet die Uraufführung der »Symphonischen Stücke aus der Oper Lulu für den Konzertgebrauch«. Er dirigiert in den nächsten Jahren in Amsterdam (1933–1938); 1936 arbeitet er als Chefdirigent des Symphonie-Orchesters der UdSSR sowie als Gastdirigent in Südamerika. Von 1937–1949 leitet er die deutschsprachigen Opern im Teatro Colón in Buenos Aires, 1944–1947 ist er Leiter des Philharmonischen Orchesters von Havanna, 1945–1946 principal guest conductor des Symphonieorchesters des NBC. Nach 1945 kehrt er nach Europa zurück und leitet in den Jahren 1950–1953 kontinuierlich Opernvorstellungen an der Covent Garden Opera, die Deutsche Oper Berlin (Ost) leitet er in den Jahren 1954–1955, legt die Leitung aber aufgrund von politischen Pressionen zurück und übersiedelt nach Köln.

Klein, Rudolf
* 6.3.1920

Geboren in Wien, Musikstudium in Wien, Privatunterricht (Orgel) bei L. Dite. 1939 emigriert er nach Belgien, wo er am Brüsseler Konservatorium sein Orgel- und Theoriestudium vervollständigt, 1940 wird er in Frankreich deportiert, nachdem er zweieinhalb Jahre in Konzentrationslagern inhaftiert war, gelingt ihm die Flucht in die Schweiz, wo er in Freiburg sein Orgelstudium wieder aufnimmt und 1946 abschließt. Im selben Jahr kehrt er nach Wien zurück, 1947 wird er Musikkritiker der Zeitung *Kurier* in Wien. 1955 wird er Herausgeber der *Österreichischen Musikzeitschrift* und schreibt Konzertprogramme für die Wiener Konzerthausgesellschaft, von 1963–1968 publiziert er zusätzlich Beiträge für die Programme der Wiener Staatsoper. Klein verfaßt auch Bücher über F. Martin und J. N. David.

Klein, Walther
* 23.6.1882   † 1961

Studium an der Universität Wien, Komponist und Musiktheoretiker. Neben seiner Kompositionstätigkeit dirigiert er und betätigt sich als Musiklehrer. 1939 emigriert er in die USA.

Kleiner, Arthur
* 20.3.1903   † 31.3.1980

Geboren in Wien, Studium an der Wiener Musikakademie in den Fächern Klavier und Orgel. 1920–1938 Orgelkonzerte in Wien, Pianist und Komponist für Modern Dance, 1925–1938 Pianist und Komponist, Dirigent an der Dalcroze Schule, Laxenburg, 1933 Dirigent des Mozarteum Orchesters für M. Reinhardts »Sommernachtstraum« in Salzburg. 1931–1938 lehrt er am Reinhardt-Seminar und dirigiert am Theater in der Josefstadt in Wien. 1938 Emigration in die USA, wo er 1938–1939 Musikbegleiter des Choreographen

G. Balanchine ist. Von 1939–1967 Musikdirektor der Filmabteilung des Museum of Modern Art in New York und Begleiter von Stummfilmen, von 1968–1980 ist er in dieser Funktion am Walker Art Center in Minneapolis tätig. In den Jahren 1953–1954 als Pianist, Dirigent und Komponist für das Agnes De Mille Dance Theatre tätig, ebenso tritt er als Solopianist für TV-Stationen auf. 1965–1966 Stummfilmpianist am New Yorker Theater.

Werke: Ballette: »Birthday of the Infanta«, »Hares of the Mountain«; Bühnenmusik: 1945 »Anna Lucasta«, 1953 »I am a Camera«; über 250 Kompositionen für Filme – erwähnt sei insbesondere die Neufassung von E. Meisels Filmmusik zu Eisensteins »Panzerkreuzer Potemkin« (1972).

Knepler, Georg
* 21.12.1906

Geboren in Wien, Sohn des Musikverlegers und Operettenkomponisten und -librettisten Paul Knepler (s.u.). Studiert Klavier bei E. Steuermann, Komposition und Dirigieren bei H. Gál, Musikwissenschaft bei G. Adler, W. Fischer, R. Lach, R. v. Ficker und E. Wellesz. Dissertation über Brahms. Von Ende 1928 bis März 1930 (fallweise bis Juni 1931) begleitet er K. Kraus am Klavier bei dessen Offenbach-Lesungen. Nach 1932 ist Knepler als Kapellmeister in Mannheim, Wiesbaden und Wien tätig und wirkt in Berlin im Umkreis von Brecht und Eisler. 1933 Flucht nach Wien, Verhaftung im Zuge der Februarunruhen, 1934 Emigration nach London; dort gründet Knepler gemeinsam mit E. Schoen die Opera Group, die u.a. für BBC musikalische Programme produziert. Ab 1939 Vorstandsmitglied des Austrian Centres, verantwortlich für die kulturellen Programme und musikalischer Leiter der Kabarettbühne Laterndl. Nach der Rückkehr nach Österreich zunächst Tätigkeit in der KPÖ, dann Berufung nach Ostberlin als Leiter der dortigen Musikhochschule. Seit 1964 Ordinarius für Musikwissenschaft an der Humboldt-Universität, Herausgabe der *Beiträge der Musikwissenschaft.*

Schriften: Musikgeschichte des 19. Jahrhunderts (Berlin/DDR 1961), Geschichte als Weg zum Musikverständnis (Berlin/DDR 1977), Karl Kraus liest Offenbach (Wien 1984), Mozart (Berlin 1991).

Knepler, Hugo
* 10.8.1872   † 1944(?)

Bruder von Paul Knepler (s.u.), zunächst als Bankbeamter tätig; seit 1905 Musikalienhändler, seit 1908 Inhaber der Konzertdirektion Gutmann die u.a. B. Hubermann, E. D'Albert, A. Schnabel, E. Morini, J. Heifetz, P. Casals, die Schwestern Wiesenthal, A. Nikisch, M. Jeritza vermittelte. Mitarbeiter Hugo Kneplers waren C. Voss und A. Hohenberg. 1931 erschien sein Buch »O diese Künstler. Indiskretionen eines Managers.« Hugo Knepler emigriert 1939 nach Frankreich; gerät später in die Gewalt der deutschen Besatzer. Er wurde vermutlich 1944 in Auschwitz ermordet.

Knepler, Paul
* 29.10.1879   † 17.12.1967

Vater von Georg Knepler, Bruder von Hugo Knepler (s.o.). Wie sein Bruder war Paul K. zunächst Bankbeamter, übernahm dann die Wallishaussersche Hofbuchandlung; Anfang der 20er Jahre schreibt er Musik und Text für zwei Operetten (»Josephine Gallmayer«, »Wenn der Hollunder blüht«). 1925 verfaßt er das Textbuch für Lehárs Operette »Paganini«, danach Verkauf der Buchhandlung und Existenz als erfolgreicher Operettenlibrettist im deutschsprachigen Raum bis 1938: Textbücher u.a. für E. Künneke »Die lockende Flamme« (1933); R. Stolz »Der verlorene Walzer« (1933; nach dem Tonfilm »Zwei Herzen im Dreivierteltakt«); O. Strauss »Drei Walzer« (1935); E. Kálmán »Kaiserin Josephine« (1936). Sein größter Erfolg in Österreich ist die Aufführung der Operette »Giuditta« mit der Musik von Lehár in der Wiener Staatsoper 1934 mit J. Novotna und R. Tauber in den Titelpartien. Paul Knepler emigriert mit seiner Frau

1938 nach England. Vorstandsmitglied des Austrian Centre, Mitarbeiter (als Komponist und Autor) des Laterndl sowie Mitautor der *Kulturblätter* und der Kulturellen Schriftenreihe des Free Austrian Movement. 1946 Rückkehr nach Wien.

Kohn, Karl
* 1926

Komponist und Pianist, 1938 Emigration in die USA (New York), 1950 nach Claremont (Kalifornien). Professor für Musik am Pomona College und der Claremont Graduate School.

Kolisch, Rudolf
* 20.7.1896 † 2.8.1978

Geboren 1896 in Klamm/Niederösterreich, als Sohn eines Internisten. Kolisch studiert 1906–1912 Violine bei Egghard in Wien und Musiktheorie bei K. Grädener. 1913 wechselt er zu O. Sevcik, bei dem er sich im Violinspiel perfektioniert, studiert Musiktheorie bei F. Schreker und Musikwissenschaft bei G. Adler. 1919 Mitglied des Vereins für musikalische Privataufführungen, 1922 ist das Gründungsjahr seines nach ihm benannten Streichquartetts, dem noch F. Khuner (zweite Violine), J. Lehner, V. und B. Heifetz (Violoncello), angehören. 1927 veranstaltet das mittlerweile erneut vereinigte Quartett die Uraufführungen des 3. Streichquartettes von Schönberg sowie 1937 des 6. Streichquartetts von Bartók. Nach dem Einmarsch Hitlers in Österreich übersiedelt Kolisch nach Paris, 1939 löst sich sein Quartett auf. 1940 emigriert Kolisch von Paris in die USA, wo er das Pro Arte Quartett gründet. 1944 wird er Professor für Violine und Kammermusik an der University of Wisconsin, eine Funktion die er bis 1967 ausübt. Von 1967 an ist er Artist in residence am New England Conservatorium of Music in Boston. Nach dem Ende des Zweiten Weltkrieges arbeitet er wieder in Europa – bei den Darmstädter Kursen für Neue

Musik und in Donaueschingen. Von 1974–1978 lehrt er bei den Sommerkursen für Kammermusik in Schönbergs Geburtshaus in Mödling, Niederösterreich. Das Kolisch-Quartett ist an zahlreichen Uraufführungen von Werken des Schönberg-Kreises beteiligt: 3. und 4. Streichquartett, »Serenade«, Suite für sieben Instrumente und Konzert für Streichquartett und Orchester von A. Schönberg, »Lyrische Suite« von A. Berg sowie Streichquartett und Streichtrio von A. v. Webern.

Konta, Robert
* *12.10.1880* † *19.10.1953*

Geboren in Wien, Musikstudium bei Novak, Jusstudium. 1911–1938 Lehrer für Musiktheorie am Wiener Konservatorium, ab 1913 auch als Dirigent tätig. Musikkritiker bei der *Wiener Allgemeinen Zeitung*, beim *Wiener Extrablatt* und bei der *Mittagszeitung*. Gründer der *Apollinischen Feste*, 1938 Emigration in die Schweiz, Vortragstätigkeit.

Werke: 1908 »Das kalte Herz«, 1916 revidierte Fassung: »Kohlenpeter«, 1909 »Der bucklige Geiger«, eine Pantomime, 1909 eine Symphonie, ein Violinkonzert und Lieder.

Korngold, Erich Wolfgang
* *29.5.1897* † *29.11.1957*

Geboren in Brünn als zweiter Sohn des renommierten Musikkritikers und Rechtsanwaltes Julius Leopold Korngold (s.u.), der als Nachfolger E. Hanslicks in der *Neuen Freien Presse* publizierte. 1901 Übersiedlung nach Wien, wo er bei R. Fuchs, H. Grädener und A. Zemlinsky studiert. Tritt bereits in jungen Jahren als erfolgreicher Komponist hervor: Neben dem Ballett »Der Schneemann« (Uraufführung 1910 in der Wiener Hofoper) verfaßt er ein von B. Walter uraufgeführtes Klaviertrio, eine Violinsonate und zwei Klaviersonaten, die u.a. A. Schnabel interpretiert. Lieder und vor allem die von ihm komponierten Orchesterwerke stoßen auf beträchtliche Resonanz. Sowohl Nikisch, Weingartner, Mengelberg als auch Busch, Walter und R. Strauss dirigieren seine Werke, bis 1913 perfektioniert er sein Handwerk bei F. Löwe, O. Nedbal und K. Weigl. Kapellmeistertätigkeit am Stadttheater in Hamburg (1921–1922), das 1920 seine Oper »Die tote Stadt« uraufführt. 1927 erhält er eine Professur für Musiktheorie und Dirigieren an der Musikakademie in Wien, 1928 den Kunstpreis der Stadt Wien. 1934 übersiedelt er in die USA, wo er vorwiegend als Operndirigent und Filmkomponist tätig ist und auf Einladung von M. Reinhardt an dessen »Midsummernight's Dream« arbeitet. 1938 emigriert er endgültig in die USA, wo er Filmmusik in Hollywood komponiert. Von 1939–1942 ist er der Firma Warner Brothers verpflichtet, für die er zahlreiche Kompositionen zu Filmen produziert. Er arbeitet aber auch am Max-Reinhardt-Seminar und dirigiert in den Jahren 1942–1944 an der New York Opera Operetten von J. Offenbach und O. Straus. 1945 erhält er die US-amerikanische Staatsbürgerschaft, in den folgenden Jahren wendet er sich wieder der E-Musik zu und komponiert sein Violinkonzert – Jascha Heifetz gewidmet –, die »Sinfonische Serenade für Streicher«, sein drittes Streichquartett und die »Sinfonie in Fis-Dur«. Die 1949 erfolgte Rückkehr nach Europa gestaltet sich für den Komponisten zu einem enttäuschenden Erlebnis – 1951 kehrt er erneut in die USA zurück.

Werke: Musik zu Filmen: 1935 »Captain Blood«, 1937 »The Prince and the Pauper«, 1938 »Adventures of Robin Hood«, 1939 »Juarez«, »Elizabeth and Essex«, 1941 »Kings Row«, 1943 »Devotion«, 1945 »Of Human Bondage«, 1946 »Escape Me Never«; Opern: 1920 »Die tote Stadt«, 1916 »Der Ring des Polykrates«, »Violanta«, 1927 »Das Wunder der Heliane«, 1939 »Die Kathrin«, 1954 »Die stumme Serenade«; Bühnenmusik zu Shakespeares »Viel Lärm um nichts« (1920); Orchesterwerke, Kammermusik: 1923 »Klavierkonzert für die linke Hand« (geschrieben für P. Wittgenstein).

Korngold George W.
* *1928*

Geboren in Wien, 1938 Emigration in die USA, Music editor für die Filmgesellschaft »Twentieth Century Fox« und unabhängige Produzenten. Er starb in den Vereinigten Staaten.

Korngold, Julius Leopold
* *24.12.1860* † *25.9.1945*

Geboren in Brünn, Vater von Erich Wolfgang Korngold (s.o.); 1881–1887 Jusstudium an der Universität Wien, in den Jahren 1887–1891 Arbeit als Rechtsanwalt. Studium der Musiktheorie bei A. Bruckner und F. Krenn am Wiener Konservatorium, bis 1901 Musikkritiker des *Tagesboten* in Brünn, in den Jahren 1902–1934 Redaktionsmitglied der Wiener *Neuen Freien Presse*, von 1904–1934 als Nachfolger von E. Hanslick Musikkritiker. 1938 emigriert er in die USA, wo er sich in Hollywood niederläßt.

Kosma, Joseph
* *22.10.1905* † *7.8.1969*

Geboren in Budapest, Studium an der dortigen Musikakademie, in den Jahren 1926–1928 Korrepetitor an der Staatsoper in Budapest. 1929 erhält er ein Stipendium für ein Musikstudium in Berlin, 1933 emigriert er nach Paris, wo er zunächst beim Emigrantenkabarett Die Laterne mitwirkt, später schreibt er die Musik zu drei Filmen von J. Renoir. Auch die Bekanntschaft mit J. Prevert hat Folgen: Er komponiert zahlreiche Chansons für den Poeten. Während der deutschen Okkupation hält er sich in Südfrankreich auf, 1945 kehrt er nach Paris zurück.

Werke: Neben einer Unzahl von Chansons sind die Filmmusiken zu nennen: 1935 »La grande illusion«, »La Marseillaise«, »La bête humaine«, 1944 »Les enfants du paradis« (Kinder des Olymp), 1947 »Les ports de la nuit«, 1951 »Juliette ou La clef des songes«;

Opern: 1959 »Les canuts«, 1961 »Amour électronique«, 1969 »Les Hussards«; Balette: 1945 »Le rendezvous«, 1949 »Baptiste«; Bühnenmusiken, Orchester-, Kammermusik- und Vokalwerke.

Kraemer, Franz
* 1.6.1914

Geboren in Wien, Privatstudien bei A. Berg in den Jahren 1932–1935, 1938 Instrumentationsstudien bei H. Scherchen. Er emigriert 1940 nach Kanada, wo er Komposition und Dirigieren bei A. Walter und E. Mazzoleni studiert. Ab 1946 Produzent bei CBC IS, sodann wechselt er zu CBC TV, wo er in den Jahren 1952–1970 arbeitet. Er setzt sich intensiv für die Verwirklichung von Opernproduktionen ein und realisierte 1958 B. Brittens »The Turn of the Screw« sowie 1959 »Peter Grimes«, R. Strauss' »Elektra«, G. Verdis »Otello«, W.A. Mozarts »Die Zauberflöte« 1966. Kraemer produzierte auch Dokumentarfilme über den 80. und 85. Geburtstag von I. Strawinsky sowie Recitals von berühmten Instrumentalisten wie z.B. M. Rostropovitsch und G. Gould. 1971 wird er Musikdirektor der »Toronto Arts Foundation«.

Kraus, Leo
* 22.5.1890

Geboren in Wien, Studium in Berlin, 1913 Debüt als Dirigent an der dortigen Kroll-Oper, ab 1919 Dirigent an der Wiener Volksoper, wo er in der Ära Felix Weingartner mehr als 1.000 Vorstellungen leitet. Später ist er wiederum in Berlin als Opernkapellmeister beschäftigt, 1933 emigriert er nach Österreich, wo er Direktor der Wiener Volksoper wird. 1939 flieht er vor den Nationalsozialisten nach Argentinien.

Kraus, Lily
* 4.3.1905   † 6.11.1986

Geboren in Budapest, bereits 1913 tritt sie in das Budapester Königliche Konservatorium ein, wo sie Klavier bei B.

Bartók und Z. Kodály studiert. 1922 wechselt sie nach Wien an die dortige Musikakademie und studiert bei A. Schnabel und E. Steuermann. Drei Jahre später übernimmt sie an der Wiener Musikakademie selbst eine Professur für Klavier – sie unterrichtet von 1925–1931. Fortan ist sie nicht mehr in den pädagogischen Lehrbetrieb eingebunden. Sie wird 1942 in Japan interniert. Ab 1945 lebt sie einige Jahre in Neuseeland, übersiedelt aber dann in die USA. Kammermusikalische Partner sind die Geiger S. Goldberg und W. Boskovsky.

Kreisler, Fritz
* 2.2.1875   † 29.1.1962

Geboren in Wien, erhält er Violinunterricht von seinem Vater, einem Amateurgeiger, in dessen Haus Th. Billroth und S. Freud verkehren. Bereits 1882 tritt er in einem Kinderkonzert auf. Er wechselt dann zu J. Aubert, dem Konzertmeister des Wiener Ringtheaters und wird schlußendlich in den Jahren 1882–1885 von J. Hellmersberger und A. Bruckner unterrichtet, obwohl das Eintrittsalter für Studierende am Wiener Konservatorium 14 Jahre ist. In den darauffolgenden zwei Jahren wird er am Pariser Konservatorium Schüler von L. Massart (Violine) und L. Delibes (Komposition). Kreisler beendet sein Studium mit zwölf Jahren. Seine erste Tournee unternimmt er mit dem Pianisten M. Rosenthal in die USA (1889), wieder zurück in Wien, beendet er die mittlere Reife und beginnt ein Medizinstudium. 1895–1896 absolviert er den Militärdienst, 1898 gibt er wieder sein erstes Konzert. Danach tourt er regelmäßig in der ganzen Welt. In den Jahren 1901–1902 musiziert er mit dem Pianisten J. Hofmann und dem Cellisten J. Gerardy, einige Jahre später spielt er mit dem Pianisten H. Bauer und dem Cellisten P. Casals. 1925–1933 lebt er in Berlin, das er fluchtartig nach Hitlers Machtergreifung verläßt. Er läßt sich in Paris nieder, nimmt die französische Staatsbürgerschaft an und bleibt bis 1939. In diesem Jahr wechselt er in die USA, wo er u.a. mit dem Komponisten und Pianisten S. Rachmaninow zusammenarbeitet. 1940 erhält er die amerikanische Staatsbürgerschaft, erleidet 1941 bei einem Verkehrsunfall schwere Verletzungen, gibt aber nach einer Erholungsphase ab 1942 wieder Konzerte, wenngleich er nie mehr zu seiner alten Form zurückfindet. Sein Abschiedskonzert findet am 1.11.1947 statt. Kreisler komponierte Musik für Violine, aber auch Operetten. Dem Geiger Kreisler sind folgende Werke gewidmet: E. Elgars »Konzert für Violine und Orchester« sowie E. Ysayes »Sonate für Violine solo Nr. 4« wie auch Kompositionen, die nicht für die Violine komponiert wurden: B. Martinůs »Tschechische Rhapsodie« und S. Rachmaninows »Variationen über ein Thema von Corelli«.

Werke: Violinwerke: »Caprice Viennois«, »Tambourin Chinois«, »Recitative and Scherzo«, »Polichinelle«, »Serenade«, u.a. ein Streichquartett, zahlreiche Lieder, Operetten, u.a. »Sissy«.

Kreisler, Georg
* 18.7.1922

Geboren in Wien, Musikstudium in Wien, 1938 Emigration in die USA (Hollywood). Fortsetzung des Musikstudiums an der Universität von Southern California, Los Angeles. Arbeit als Pianist in verschiedenen Kabarettproduktionen, so in W. Wicclairs Freie Bühne in Los Angeles. Kreisler schreibt Revuen, komponiert für Radio und Fernsehen und dirigiert in Hollywood. Nach 1945 Dirigent und Arrangeur in Hollywood, von 1951–1955 Sänger in New Yorker Nachtclubs. 1955 Rückkehr nach Wien, 1956–1958 Pianist in der legendären »Marietta-Bar«, Co-Direktor des »Intimen Theaters«. Gemeinsam mit G. Bronner, H. Qualtinger, C. Merz und G.K. After Produktion von Kabaretts, mit seiner damaligen Frau Topsy Küppers. Schreibt unzählige Chansons und kreiert für das TV die Sendung »Die heiße Viertelstunde«.

Krenek, Ernst
* 23.8.1900   † 22.12.1991

Geboren in Wien als Sohn eines Offiziers, in den Jahren 1916–1920 Besuch der Wiener Musikakademie bei F. Schreker (Komposition). Als Schreker 1920 eine Berufung an die Staatliche Musikakademie nach Berlin erhält, folgt ihm Krenek. 1922 heiratet er Anna Mahler, die Tochter von G. Mahler. In den Jahren 1924–1925 ist er Komponist in Zürich, von 1925–1927 ist er Assistent von P. Bekker an den Opernhäusern in Kassel und Wiesbaden. 1927 findet die Uraufführung von Kreneks populärster Oper, »Jonny spielt auf« statt, die von mehr als 100 Opernhäusern nachgespielt wird. 1928 übersiedelt er nach Wien, wo er als freischaffender Komponist bis 1937 tätig ist. Krenek schreibt zahlreiche Artikel für die *Frankfurter Allgemeine Zeitung* und andere Zeitschriften. 1930–1937 ist er Präsident der Genossenschaft dramatischer Komponisten in Wien sowie Editor des Magazins *23*. 1933 wird Krenek in Deutschland als »Kulturbolschewik« denunziert, seine Werke werden nicht mehr gespielt. Die Uraufführung von »Karl V.« an der Wiener Staatsoper wird 1934 verhindert, obwohl sie vom Direktor der Wiener Staatsoper, C. Krauss, angeregt und angenommen wurde. Bei einer Konzerttournee vom Einmarsch Hitlers überrascht, kehrt Krenek nicht wieder nach Österreich zurück und emigriert 1938 über London in die USA. Er hält Vorträge und gibt Konzerte, ist im Zeitraum 1938–1939 freischaffender Autor und Komponist und wird 1939 Professor of Music am Vassar College, Poughkeepsie, in der Nähe von New York, eine Funktion die er bis 1942 ausübt. Im selben Jahr wird er Professor für Musik, School of Fine Arts, Hamline University, in St. Paul, Minnesota. 1945 amerikanische Staatsbürgerschaft, 1947 nimmt er seinen ständigen Wohnsitz in Kalifornien. Zahlreiche Konzerte, Radiovorträge, Fernsehauftritte ab 1950 in den USA und Europa. In den letzten Jahren seines Lebens kehrt Krenek relativ häufig in seine Geburtsstadt Wien zurück und verbringt die Sommermonate im Schönberg-Haus in Mödling.

Werke: 20 Opern, davon 14 eigene Libretti: 1927 »Jonny spielt auf«, 1935 »Zwingburg«, 1926 »Orpheus und Eurydice«, 1928 »Der Diktator«, »Das geheime Königreich«, »Schwergewicht oder die Ehre der Nation«, 1931 »Leben des Orest«, 1934 »Cefalo e Procri«, 1941 »Tarquin«, 1946 »What Price Confidence?«, 1951 »Dark

Waters«, 1955 »Pallas Athene weint«, 1957 »The Bell Tower«, 1964 »The Golden Ram«, 1970 »Sardakai«. Zahlreiche Orchesterwerke, darunter 5 Sinfonien, 2 concerti grossi, ein Cellokonzert, 4 Klavierkonzerte, 2 Violinkonzerte, 4 große Liederzyklen, 7 Streichquartette, 6 Klaviersonaten und Kammermusik.

Krips, Henry Joseph
* 10.2.1912   † 25.1.1987

Geboren in Wien, Bruder von Josef Krips, dem bekannten Mozart-Dirigenten; Studium an der Musikakademie und am Konservatorium in Wien. Von 1932–1937 arbeitet er vorwiegend als Dirigent in Österreich: 1932 am Wiener Burgtheater, 1933 debütiert er als Kapellmeister in Innsbruck, für die Saisonen 1934–1935 wird er in Salzburg engagiert, 1935–1938 dirigiert er an der Wiener Volksoper. 1939 emigriert er nach Australien und gründet die Krips-de-Vries Opera Company, zusätzlich wird er 1941 als Musikdirektor des Kirsova-Ballets nach Sidney berufen. 1948 übernimmt er als Chefdirigent das West Australia Symphony Orchestra von Perth, 1949 das South Australia Symphony Orchestra in Adelaide. 1954 dirigiert er bei einer Tournee in Großbritannien. Ab 1967 regelmäßig Tourneen nach England und ständiger Gast der Sadler's Wells Opera. 1969 leitet er die Wiener Symphoniker und das ORF-Sinfonierorchester, 1970 das Wiener Staatsopernorchester und das San Francisco Symphony Orchestra. 1972 übersiedelt er nach England und ist fortan als Gastdirigent tätig.

Werke: 1936 »Fiordaliso«, Oper, 1944 »Faust«, »Revolution of Umbrellas«, Ballette; Orchesterwerke: »Blaue Berge«, »Legende« sowie Filmkompositionen zu folgenden Werken: »Smithy«, »Son of Matthew«, »Power and Glory«. Lieder und Instrumentalstücke.

Kurt, Melanie
* 8.1.1880   † 11.3.1941

Geboren in Wien, zunächst Klavierstudium bei Th. Leschetizky in Wien, sodann Gesang bei F. Müller und M. Lehmann in Berlin. In den Jahren 1897–1900 gibt sie Konzerte als Pianistin, als Sängerin debütiert sie 1902 am Stadttheater von Lübeck als *Elisabeth* im »Tannhäuser«, in den Jahren 1903–1904 ist sie am Opernhaus von Leipzig engagiert, 1905–1908 am Hoftheater von Braunschweig. In den Jahren 1908–1912 Mitglied der Berliner Hofoper, von 1912–1915 am Deutschen Opernhaus in Berlin-Charlottenburg. Melanie Kurt gastiert am Covent Garden, an der Mailänder Scala, an der Oper von Budapest, an den Hofopern von Dresden und München. Von 1914–1917 singt sie an der Metropolitan Opera, Anfang 1919 wird sie als Pädagogin in Berlin, später in Wien tätig. 1938 emigriert sie in die USA und unterrichtet in New York.

Lanner, Max Robert (bis 1943 Lamm)
* *1907*

Geboren in Kaltenleutgeben bei Wien, von 1922–1925 am Neuen Wiener Konservatorium, in den Jahren 1924–1926 Privatschüler (Klavier) von E. Steuermann, von 1925–1938 arbeitet er als Klavierlehrer und in den Jahren 1930–1938 als Pianist und Dirigent am Theater an der Wien. 1939 emigriert er in die USA, von 1939–1946 ist er Klavierbegleiter von E. Morini, N. Milstein, Z. Francescatti u.a. Von 1946–1975 ist er Professor am Colorado College in Colorado Springs.

Laszlo, Alexander
* *1895*

Geboren in Budapest, 1903–1914 Studium an der Musikakademie in Budapest. Von 1915 an als Pianist beschäftigt, Dirigent an der Reinhardt-Bühne in Berlin, in den Jahren 1921–1924 Studium bei Sandberger und Becker an der Münchner Universität, von 1927–1933 arbeitet er an Filmmusiken. Er wird Professor an der Staatlichen Filmschule in München, 1933 emigriert er nach Ungarn, 1938 in die

USA. Vorerst in Chicago, von 1944–1948 in Hollywood, Erfinder des Sonchromatoskop.

Werke: 1919 »Der schöne O-sang«; Klavier- und Orchesterwerke.

Lehmann, Lotte
* 27.2.1888   † 26.8.1976

Geboren in Perleberg nahe bei Hamburg, Besuch der Hochschule für Musik in Berlin, Gesangsstudium bei E. Thiedke, H. Jordan, M. Mallinger und E. Reinhold, 1910 Debüt an der Hamburger Oper. Lehmann etabliert sich bald als Wagner-Sängerin. Sie ist von 1914–1939 Mitglied der Hofoper/Staatsoper in Wien, 1919 gestaltet sie in der Uraufführung von R. Strauss' »Die Frau ohne Schatten« die *Färbersfrau*, 1933 wirkt sie in der Titelrolle von »Arabella« mit. Von 1922 an unternimmt Lehmann regelmäßig Tourneen, die ihren Ruhm sowohl in den USA als auch in Europa festigen. In den USA tritt sie 1930 an der Chicago Civic Opera, in den Jahren 1934–1935 an der Metropolitan Opera in New York und von 1928–1935 unter A. Toscanini in Salzburg bei den dortigen Festspielen auf. 1933 verläßt sie Deutschland – sie unterwirft sich nicht Hermann Görings Wunsch, ausschließlich in Deutschland zu singen. 1937 Österreich-Tournee, 1938 bricht sie ihre Kontakte zur Wiener Staatsoper ab und emigriert in die USA, wo sie auch Recitals gibt. 1945 tritt sie das letzte Mal in einer Oper auf, 1951 gibt sie ihr Abschiedsrecital in der Town Hall in New York. Lehmann betreut in den Jahren 1945–1961 Meisterklassen für Gesang und Opernaufführungen, 1962 produziert sie R. Strauss' Oper »Der Rosenkavalier« an der Metropolitan Opera.

Leinsdorf, Erich
* 4.12.1912   † 11.9.1993

Geboren in Wien, Studium an der Universität und an der Musikakademie, wo er die Fächer Klavier, Cello und Komposition bei P. Emerich, P.A. Pisk und H. Kammer-Rosenthal belegt. In den Jahren 1932 und 1934 arbeitet er für A. v. Webern als Begleiter im Singverein der Sozialdemokratischen Kunststelle, 1934–1938 ist er Assistent von B. Walter und A. Toscanini bei den Salzburger Festspielen, 1936 dirigiert er in Italien, Frankreich und Belgien. 1937 emigriert er in die USA, wo er über Vermittlung von L. Lehmann als Dirigenten-Assistent an die Metropolitan Opera vermittelt wird, 1938 erfolgt sein Debüt mit R. Wagners »Die Walküre« an der Met, von 1939 bis 1943 ist er Dirigent und Musikdirektor des Cleveland Orchestra. 1944 folgt seine Einberufung zum amerikanischen Militär. Nach dem Ende des Zweiten Weltkrieges dirigiert er für kurze Zeit in Europa (Großbritannien, Frankreich, Niederlande und Österreich), nimmt dann aber die Stelle eines Musikdirektors und Dirigenten des Rochester Philharmonic Orchestras in New York an, wo er von 1947–1956 wirkt. In den Jahren 1955–1956 ist er Direktor der New York City Opera, 1958 kehrt er nach Unstimmigkeiten an die Metropolitan Opera zurück, wo er von 1957–1962 als Berater und Dirigent tätig ist. 1962 wechselt er zum Boston Symphony Orchestra, als dessen Chefdirigent er bis 1969 fungiert. Von 1969 an wirkt er als freier, reisender Dirigent, der sowohl mit namhaften Orchestern in den USA als auch in Europa zusammenarbeitet.

Lendvai, Erwin
* 1882   † 1949

Geboren in Budapest, Studium bei H. Koessler, 1905 bei Puccini in Mailand. 1913–1914 unterricht er an der Jaques-Dalcroze-Schule in Hellerau bei Dresden, von 1914–1920 am Klindworth-Konservatorium in Berlin, 1922–1923 in Weimar und Jena, 1923–1925 in Hamburg, 1926–1927 im Rheinland, 1928–1930 in München und Erfurt. 1933 emigriert er ins Saarland, 1935 in die Schweiz, 1938 nach England. Er unterrichtet als Lehrer in Kennighall bei Norwich.

Werke: 1914 »Elga«, Oper; Chorwerke, Kammermusik, Kantaten, Psalme.

Lengsfelder, Hans (Harry Lenk)
*? †?

Autor und Komponist, Librettist von L. Märkers »Warum lügst Du Chérie«. 1939 emigriert er in die USA und kann dort Erfolge erzielen – beispielsweise mit »The Typewriter Concerto«.

Lenya, Lotte
* 18.10.1898 † 27.11.1981

Geboren in Wien, tritt Lenya bereits als Kind im Zirkus als Tänzerin auf. Besuch der Schule in Wien, in den Jahren 1914–1920 Besuch der Ballettschule am Stadt-Theater in Zürich, sodann Mitglied des Balletts des Städtischen Theaters. Schauspielerin in kleinen Theatern, ab 1926 – nach der Heirat mit Kurt Weill – vorwiegend Auftritte in Stücken ihres Ehemannes (Weltpremieren: 1928 »Die Dreigroschenoper«, 1930 »Aufstieg und Fall der Stadt Mahagonny«). Als Schauspielerin tritt Lenya in bedeutenden Theaterrollen u.a. unter der Regie von L. Jessner auf, wirkt aber auch in Spielfilmen mit. 1933 emigriert sie nach Zürich, wo sie in kleinen Rollen am Corso-Theater eingesetzt wird. In den Jahren 1933–1935 tritt sie als Schauspielerin und Sängerin in Paris auf, ebenso in Gastrollen in London. 1935 ermöglicht eine Einladung M. Reinhardts dem Ehepaar Lenya-Weill die Emigration in die USA. Während des Zweiten Weltkrieges spielt Lenya in zahlreichen englischsprachigen Theaterproduktionen, bekundet aktiv ihre Gegnerschaft zum Nationalsozialismus durch die Mitarbeit an amerikanischen Radioserien wie »We Fight Back of Aufbau«. Nach Kurt Weills Tod (1950) widmet sich Lenya dem Erbe und der künstlerischen Verwaltung von Werken ihres Mannes. 1950 kehrt sie erneut auf die Bühne zurück – Weills »Dreigroschenoper« – und tritt in unzähligen Stücken und Liederabenden auf, die nur Weill gewidmet sind.

Leopoldi, Hermann (Ferdinand Kohn)
* 15.8.1888   † 28.6.1959

Geboren in Wien, von 1906 an Pianist. 1907 Leiter einer Varieté-Kapelle, in den Jahren 1915–1918 Kriegsdienst, im Jahr 1916 Auftreten als Pianist und Varietékapellmeister im Etablissement Ronacher, Wien. Während des Ersten Weltkrieges wird er als Wiens bester Klaviersänger populär, 1922 Mitbegründer des Kabaretts L.W. in Wien, in dem u.a. H. Moser auftritt. In den 20er und 30er Jahren einer der populärsten Wienerlied- und Schlagerkomponisten, unzählige Auftritte mit seinem Partner B. Milskaja und seinem Bruder Ferdinand. Gastspiele in Deutschland, Frankreich, Ungarn und Rumänien. 1938 nach dem Einmarsch Hitlers arrestiert, in den Jahren 1938–1939 mit den Kabarettautoren F. Grünbaum und Paul Morgan in den Konzentrationslagern Dachau und Buchenwald interniert. Auf Anordnung des Kommandanten des Konzentrationslagers Buchenwald, schuf er mit F. Beda-Löhner das »Buchenwald-Lied«, das die KZ-Insassen singen mußten. 1939 wird Leopoldi freigelassen und emigriert in die USA, wo er in New York und anderen Städten mit Wienerliedern und Liedern in einer neugeschaffenen Mischsprache aus Deutsch und Englisch brilliert. 1947 kehrt er auf Einladung von Bürgermeister Th. Körner nach Wien zurück. In den verbleibenden Jahren bis zu seinem Tode 1959 spielt er Schallplatten mit eigenen Liedern ein, wirkt in Filmen mit und absolviert Kabarettauftritte.

Levarie, Siegmund
* 24.7.1914

Geboren in Wien, 1932–1933 Northwestern University, Evanston, 1933–1938 Universität Wien. 1938 Erlangung des Dr. phil. musicol., summa cum laude. Von 1933–1935 Studium am Neuen Wiener Konservatorium, 1935 Abschluß. Privater Unterricht bei H. Kauder, L. v. Jung und J. Mertin. 1938 emigriert er in die USA, in den Jahren 1938–1952 ist er Fakultätsmitglied der Universität Chicago, wo er das Collegium Musicum gründet und es in mehr als 100 Konzerten dirigiert. 1952–1954 Dekan des Chicago Musical College. Von 1954 Professor, Abteilung für Musik, Brooklyn College, New York. In den Jahren 1952–1956 Executive Director der Fromm Music Foundation. Von 1954–1958 wirkt Levarie als Dirigent des Brooklyn Community Symphony Orchestra.

List, Emanuel
* 22.3.1891   † 21.6.1967

Geboren in Wien, Chormitglied am Theater an der Wien, Sänger im Chor des Westens. Gesangsstudium bei E. Steger in Wien, Europatourneen als Baß mit einem Vokalquartett. 1914 erste Emigration in die USA, Studium in New York bei J. Zuro. 1921 Rückkehr nach Österreich, 1922 Debüt als *Mephistopheles* in Gounods »Faust« unter F. Weingartner an der Wiener Volksoper. In den Jahren 1923–1934 ist er als Ensemblemitglied an die Berliner Oper engagiert, wo er vorwiegend Partien in Opern von R. Strauss und R. Wagner singt. 1931 bis 1935 ist er auch bei den Salzburger Festspielen beschäftigt, wo er u.a. in Beethovens »Fidelio«, Wagners »Tristan und Isolde« und Mozarts »Die Entführung aus dem Serail« mitwirkt. 1933 ist er beim Ring-Zyklus in Bayreuth engagiert, im selben Jahr emigriert er in die USA, 1934–1939 Mitglied der Metropolitan Opera, wo er vorwiegend in Wagner-Partien singt. Von 1950–1952 ist er in der Ära Tietjen an die Berliner Oper engagiert, 1952 kehrt er nach Wien zurück.

List, Kurt
* 21.6.1913   † 16.11.1970

Geboren in Wien als Sohn eines Rechtsanwaltes, Studium der Musikwissenschaft bei Lach und Wellesz, Dirigieren bei Nilius und Komposition bei J. Marx. Zusätzlich nimmt er Privatunterricht bei A. Berg und A. v. Webern. Webern beauftragt ihn testamentarisch mit der Vollendung seines

Klavierquintetts. 1938 Emigration nach New York, seither freischaffender Komponist, Kunstschriftsteller und künstlerischer Direktor eines Musikverlages.

Werke: 2 Sinfonien, ein Streichquartett, ein Bläserquintett, Variationen über ein Thema von Alban Berg, Lieder, eine Kinderoper.

Löwenstein, Arthur
* 18.9.1890   † 5.7.1939

Geboren in Wien, Studium: Horn, Klavier und Musiktheorie am Wiener Konservatorium, Dirigieren bei K. Grille (Hofkapellmeister in Wien). Später Kompositionsstudium bei Mahler. Seine musikalische Karriere beginnt er als Hornist, komponiert aber auch Musik für Ballett für die Wiener Hofoper. Im Jahr 1908 präsentiert er einen Kompositionsabend mit eigenen Werken, 1909 dirigiert er den Frauenchor an der Döblinger Akademie, die Wiener Symphoniker und das Opernorchester. In Deutschland dirigiert er in Hamburg, Baden-Baden und Dortmund. 1913 ist er Theaterdirektor in Saarbrücken, 1922 Musikdirektor am Linzer Stadttheater, später wird er Generalmusikdirektor in Königsberg. 1926 arbeitet er in den Niederlanden: Er ist Professor am Royal Conservatorium in Den Haag und Dirigent des Symphonieorchesters in Rotterdam. Aufgrund der politischen Machtübernahme der Nationalsozialisten übersiedelt er vorerst nach Wien, 1936 nach Belgien, wo er zuerst in Antwerpen das Orchester Synfonia da camera leitet, 1937 die Vlaamse Philharmonie.

Werke: Symphonische Werke: »Tatra«, »Elfriede«, »Bilder aus Österreich«, »Lyrische Skizzen«. Vokalmusik: ein Requiem, ein Te Deum, ein Liederzyklus und unzählige Lieder.

Lustgarten, Egon
* 17.8.1887   † 5.5.1961

Geboren in Wien, von 1906–1908 Studium an der Hochschule für Musik bei R. Heuberger und F. Schalk, Musikgeschichte bei G. Adler. 1921–1938 Professor für Musiktheorie und Komposition am Wiener Konservatorium, 1927 Mitarbeit bei M. Reinhardts Inszenierung von K. Vollmöllers »Mirakel«, 1928–1933 Chorleiter des Arbeitergesangsvereins. 1938 Emigration in die USA, 1941 Leiter der Musikabteilung Edgewood School, Greenwich. 1942 lehrt er am Master Institut for United Arts, New York, in den Fächern Theorie, Kontrapunkt, Instrumentation, Klavier und Komposition. 1953 Rückkehr nach Wien.

Werke: Opern: 1938/1952 »Dante in Exile«, 1942 »Der blaue Berg«, 1943 »Die goldene Schürze«, »Sweethart Roland«, 1946 »Die zertanzten Schuhe«; Sakrale Musik; 1956 »Das Märchen von der grünen Schlange und der Schönen Lilie«; Musik für Rudolf Steiners Drama »Die Pforte der Einweihung«; Vokale Werke, Kammermusik, Concerto Capriccioso für Violine und Streichorchester, diverse Klavierwerke.

Lustig-Prean, Karl
* 20.1.1892

Geboren in Prachatitz (Böhmerwald). Wirkt als Musikpublizist und Regisseur in Wien. Direktor der Wiener Volksoper. Lustig-Prean emigriert 1937 nach Brasilien. In Sao Paulo ist er zeitweilig als Opernregisseur tätig. Seine Frau, die Opernsängerin Charlotte Silbinger, lehrt Gesang am Konservatorium in Santos bei Sao Paulo. Rückkehr nach Wien.

Magg, Fritz (Friedrich Wolfgang Paul)
* 18.4.1914

Geboren in Wien, 1932–1933 Hochschule für Musik in Berlin und 1933–1934 in Köln. In den Jahren 1934–1935 erster Cellist bei den Wiener Symphonikern. 1938 emigriert er in die USA, 1938–1940 arbeitet er als Cellist beim New Friends of Music Orchestra, New York. Von 1940 an ist er Mitglied des Gordon and Berkshire String Quartett, von 1947–1948 erster Cellist im Metropolitan Opera Orchestra, von 1948 an Fakultätsmitglied der University Indiana School of Music, Bloomington.

Mahler, Fritz
* *16.7.1901   † 24.6.1973*

Geboren in Wien, Studium bei A. Schönberg, A. v. Webern und A. Berg. 1936 Emigration in die USA. Gastdirigent bei vielen amerikanischen Orchestern, Leiter des Symphonieorchesters von Hartford, Lehrer an der Indiana School of Music. Fritz Mahler dirigiert die Erstaufführung von G. Mahlers Fragment der 10. Symphonie. Er starb in Winston Salem, USA.

Mahler, Hellgart
* *1931*

Geboren in Wien, verwandt mit Gustav Mahler, Emigration nach Großbritannien, Studium der Komposition bei Ph. Cannon am Royal College of Music in London. Sie komponiert überwiegend für Orchester, wenngleich auch zahlreiche Klavierkompositionen von ihr existieren.

Werke: »Capriccio«, »Nocturne«, »Scherzo«, »Sea Rhapsody«, »Sonata«, »Sonata concertante«, »Strange Fruit«, »3 Galactic Fragments«.

Mahler-Werfel, Alma
* *31.8.1879   † 11.12.1964*

In Wien geboren als Tochter des bekannten Wiener Malers Schindler. Klavier- und Kontrapunktunterricht bei J. Labor. Erste Kompositionen mit neun Jahren. Unterricht bei A. Zemlinsky. 1902 Heirat mit G. Mahler, der sie auffordert, das Komponieren aufzugeben. 1915 Ehe mit W. Gropius; 1929 mit F. Werfel, mit dem sie in die USA emigriert. Mit ihren vielfältigen Beziehungen zu Künstlern, Komponisten und Schriftstellern der Zeit (Klimt, Kokoschka, Krenek, Berg, Schönberg) verbindet sie die Kultur der Jahrhundertwende mit der der zwanziger Jahre und des Exils. Von ihren zahlreichen Kompositionen sind nur 14 Lieder erhalten. Berühmter wurde ihre Autobiographie »Mein Leben« (Frankfurt am Main 1960). Sie starb in New York. Ihre Tochter ist die Bildhauerin Anna Mahler.

Mann, Paul
* 1910 † 1983

Geboren in Wien, Musikstudium bei J. Marx, in den 30er Jahren komponiert er mit seinem langjährigen Partner S. Weiss in Wien und Berlin Schlager. Er schreibt die Filmmusik zu R. Wilmots »Bünzli's Großstadt-Erlebnisse« und K. Gerrons »Heut' kommt's drauf an«. 1937 Emigration in die USA, nach der Trennung von seinem Partner komponiert er die Musik zu »The Quarterback« und zu TV-Shows.

Marcus, Erwin
* 1904 † April 1956

Geboren in Wien, Studium der Musikwissenschaft an der Universität in Wien. Zwischen 1920 und 1938 ist er Musiklehrer, Chordirigent und Komponist. Er leitet Operngruppen, bei denen u.a. auch L. Slezak und V. Schwarz teilnehmen. 1938 Emigration nach China, er dirigiert in Shanghai an der Grand Opera, wechselt aber 1949 nach Kanada, wo er am National Conservatorium lehrt. Er starb in Montreal.

Massary, Fritzi (Massaryk Friederike)
* 31.3.1882 † 31.1.1969

Geboren in Wien, früher Gesangsunterricht. Mit knapp 16 Jahren feiert sie ihr Debüt als Chansonette, das erste Engagement als Schauspielerin bekommt sie 1899 am Landestheater in Linz. Von Linz wechselt sie an das Carl-Schultze-Theater nach Hamburg, wieder in Wien arbeitet Massary mehrere Jahre im Vergnügungs-Etablissement Venedig in Wien bei G. Steiner. 1904 wird sie für Berlin engagiert – sie spielt in der Metropol-Revue »Die Herren vom Maxim«. Dies ist der Beginn ihrer Berliner Karriere, die über 25 Jahre lang andauert. 1911 singt sie in Offenbachs »Die schöne Helena«. Massary gestaltet die Titelrollen in folgenden Operetten: »Die Kaiserin« von L. Fall, 1917 »Die Rose von Stambul«, 1918 »Die Faschingsfee«. Hervorzuheben ist noch die Mitwirkung in Uraufführungen von Operetten O. Straus': 1920 »Der letzte Walzer«, 1922 »Eine Frau, die weiß, was sie will«, 1923 »Die Perle der Cleopatra«. Mitte der 20er Jahre singt sie unter B. Walter an der Städtischen Oper Berlin in »Die lustige Witwe« und »Die Fledermaus«, 1926 gestaltet sie die Titelpartie in »Die lustige Witwe« bei den Salzburger Festspielen. Massary singt in Berlin die »Csárdásfürstin«, L. Fall schuf für sie die »Madame Pompadour«. Ab 1929 tritt sie auch als Schauspielerin hervor. Im Jahr 1931 verläßt sie mit ihrem Mann, Max Pallenberg, Deutschland. Sie verabschiedet sich mit einem Werk von O. Straus – »Eine Frau, die weiß, was sie will«. Von 1932–1934 wohnt sie in Wien und unternimmt von dieser Stadt aus Tourneen, 1934 verunglückt Max Pallenberg bei einem Flugzeugabsturz tödlich. 1938 emigriert sie nach Großbritannien, wo sie in Noel Coward's »Operetta« auftritt, 1939 übersiedelt sie in die USA.

May, Hans (Johann Mayer)
* 1891   † 1958

Geboren in Wien, Studium an der Musikakademie. Er arbeitet als Pianist in Varietés sowie als Opern- und Kapellmeister und übersiedelt Anfang der 20er Jahre nach Berlin, wo er mit P. Leni das Kabarett Gondel begründet. May schreibt die Musik zu mehreren Filmen und ab 1929 die musikalischen Einlagen zu mehreren Filmen von H. Albers. 1933 übersiedelt er nach Österreich, ist aber auch in den Niederlanden und in Frankreich und England tätig. 1938 emigriert er über Paris nach London. Kompositionen zu vielen Filmen in den Jahren 1925 bis 1958.

Mayreder, Rudolf
*? †30.10.1978

Geboren in Mariazell, Mitglied der Comedian Harmonists. 1935 Emigration in die USA. Lange Jahre Mitglied des Chors der Metropolitan Opera, 1963 Rückkehr nach Österreich. Letzte Beschäftigung in Österreich: Angestellter in einem Photogeschäft in Mariazell.

Menasce, Jacque de
*19.8.1905 †28.1.1960

Geboren in Bad Ischl, Klavierstudium bei E. Friedberger sowie E. Sauer an der Musikakademie, Komposition bei J. Marx. Kompositionsstudium bei P.A. Pisk und A. Berg, 1932 Debüt als Pianist. Es folgen Konzerte in Europa. 1939 emigriert er in die Schweiz, 1941 in die USA.

Werke: 1937 »Improvisations on a Chorale Theme«, 1940 »Divertimento« für Klavier und Streichorchester, 1942 »Le Chemin d' ecume«, für Sopran und Orchester, 1943 »Five Fingerprints« für Klavier, 1944 »Perpetuum mobile«, 1945 »The Fate of My People«, Ballett, 1947 »Status Quo«, Ballett, 1947 »Pour une princesse«, 1950 »Romantic Suite« für Klavier. Kammermusik, Lieder, 2 Klavierkonzerte.

Meyerowitz, Jan
*1913

Geboren in Breslau, Studium der Komposition bei W. Gmeindl und A. Zemlinsky an der Hochschule für Musik in Berlin, 1933 Emigration nach Italien, Kompositionsstudium bei A. Casella und O. Respighi sowie Dirigieren bei B. Molinari an der Accademia di Santa Cecilia in Rom. 1946 Übersiedlung in die USA, wo er als Pianist und Dirigent arbeitet. 1948–1951 an der Opernschule des Berkshire Music Center in Tanglewood (Massachusetts), 1954–1961 am Brooklyn College und 1962–1980 am City College in New York.

Werke: 7 Opern, Vokal- und Orchesterwerke: 1957 Silesian Symphony, Kammermusik: 1955 Streichquartett, 1946 Trio für Flöte, Cello und Klavier.

Mildner, Poldi
* 27.7.1915

Geboren in Wien, Klaverstudium bei A. Schnabel, R. Teichmüller, H. Rosenthal und S. Rachmaninow, Debüt mit 11 Jahren in Wien. Mildner absolviert ihre erste Konzerttournee durch die USA, 1938 Emigration, 1938–1945 in Südamerika, seit 1946 Auftritte in Europa und den USA.

Miller, Martin
* 1899 † 1969

Geboren in Kremsier. Miller gibt sein Debüt als Bühnendarsteller 1921 am Wiener Raimundtheater. Er spielt, singt und inszeniert in Österreich und in der Tschechoslowakei, namentlich für Wiener Kabaretts wie das »ABC« und die »Literatur am Naschmarkt«. Ab November 1938 ist er für den Jüdischen Kulturbund in Berlin tätig, geht Anfang März 1939 nach England. Wenig später gründet er in London zusammen mit österreichischen Kabarettisten das Emigranten-Kabarett Laterndl, für das er Texte schreibt, Regie führt und als Schauspieler und Sänger wirkt. Besonders bekannt werden seine Hitler-Parodien. Mitarbeit beim deutschen Dienst der BBC, Mitwirkung in mehr als 50 englischen Spielfilmen. Miller starb bei Außenaufnahmen zu dem Film »A Last Valley« in Innsbruck.

Mittler, Franz
* 14.4.1893 † 27.12.1970

Geboren in Wien, Klavierschüler von Leschetizky, Kompositionsstudien bei R. Heuberger und F. Prohaska sowie am Konservatorium in Köln bei F. Steinbach und C. Friedberg. Teilnahme am Ersten Weltkrieg. In den Jahren 1919–1921

Dirigent in Gera, von 1921–1938 ist Mittler als Pianist in Wien tätig, internationale Anerkennung findet er vor allem als Liedbegleiter u.a. von L. Slezak, F. Steiner und M. Gutheil-Schoder. Von April 1930 bis März 1936 begleitet er K. Kraus bei dessen Lesungen. Er gilt als dessen wichtigster Begleiter. 1938 Emigration in die USA, nachdem er auf einer Holland-Tournee vom »Anschluß« überrascht worden ist. Mittler muß zahlreiche Manuskripte in Wien zurücklassen, die für immer verschwinden, darunter die Ballettmusik »Die goldene Gans«. In New York Heirat mit der Musikerin und Emigrantin Regina Schilling. Mittler arbeitet in den folgenden Jahren für den Verlag Musicord, den er zusammen mit D. Hirschberg leitet. Für ihn schreibt er zahlreiche Bearbeitungen und eigene Kompositionen. Von 1943–1963 ist er einer der Pianisten des First Piano Quartet. 1964 übersiedelt er nach Siegsdorf (Bayern). 1965–1967 arbeitet er als Begleiter bei der Salzburger Sommerakademie. Er starb in einem Altersheim in der Nähe von München.

Werke: 1930 »Rafaella«, Oper; Klaviermusik: »Manhattan Suite«, »Suite in 1/4 time«, »Newsreel Suite«, »Boogie-Woogie«, »Waltz in Blue«, »One-Finger Polka« (dedicated to Chico Marx's second finger); Lieder nach Texten von K. Kraus, H. Hesse u.a.

Morawetz, Oscar
* 1917

Geboren in Svetla/Ostböhmen, studiert in den Jahren 1917–1936 Klavier bei K. Hoffmeister und A. Mikes, 1933–1936 Komposition bei J. Kricka in Prag. Weitere Perfektionsstudien in Wien und Paris, 1940 Emigration nach Kanada. Er geht nach Toronto, wo er an der Universität studiert und 1944 promoviert. In den Jahren 1946–1951 unterrichtet er am Royal Conservatory, 1951 nimmt er eine Professur für Musik an der Universität in Toronto an.

Werke: Neben 2 Sinfonien (1953, 1959) Vokal-, Film- und Kammermusik, darunter 3 Streichquartette (1944, 1955, 1958) und Klavierwerke, komponiert er: 1945 »Sonata tragica«, 1947 »Scherzo«, 1948 »Fantasie d-moll«, 1950 »Ballada«, 1951 »Fantasie über ein hebräisches Thema«, 1953 »Scherzino«, 1962 »Konzert für Klavier und Orchester«.

Morini, Erica
* 5.1.1904

Geboren in Wien, erster Violinunterricht mit dreieinhalb Jahren beim Vater, sodann in seiner Musikschule. Als Siebenjährige beginnt sie ein Studium am Konservatorium bei O. Sevcik, 1916/17 feiert sie ihr Debüt in Wien, 1919 beim Gewandhausorchester Leipzig, 1920 in den USA unter der Stabführung A. Bodzankys. In den nächsten Jahrzehnten erringt sie durch zahlreiche Konzerte – meistens in den USA – Weltgeltung und gilt gemeinsam mit I. Haendel und G. Neveau als führende Geigerin ihrer Zeit. Ihr Repertoire reicht von Bach bis zur Violinmusik des beginnenden 20. Jahrhunderts, sie spielt unter Dirigenten wie E. Kleiber, O. Klemperer, W. Mengelberg, G. Szell und L. Bernstein. Vom Smith College in Northampton (Massachusetts) wird ihr ehrenhalber das Doktorat verliehen.

Müller, Leo (im Exil: Mueller)
* 19.9.1906

Geboren in Wien. Studiert an der Musikakademie Klavier bei Hoffmann, theoretische Fächer bei J. Marx. 1926/27 Korrepetitor an der Volksoper, danach bis 1937 an der Prager Oper, mit einem Jahr Unterbrechung: 1934/35 Reise nach Leningrad. Als Korrepetitor, später Chordirektor und Dirigent arbeitet er in Prag eng mit H.W. Steinberg und G. Szell zusammen. Ende Oktober 1937 Emigration nach Amerika, Mitarbeit an verschiedenen Opernproduktionen in Kalifornien sowie beim Film, nach 1941 in New York, Mitwirkung bei Produktionen am Broadway, 1942/43 musikalische Betreuung von Rundfunksendungen in tschechischer Sprache für die besetzten Gebiete; danach Mitarbeiter des Office of War Information. 1945 Engagement als Chordirigent und Korrepetitor an der Metropolitan Opera. Seit 1950 verschiedene Engagements in Europa und Nordamerika. 1976 Rückkehr nach Wien, Leitung des Opernstudios der Wiener Staatsoper.

Nettl, Paul
* 10.1.1889   † 8.1.1972

Geboren in Hohenelbe, Geigenunterricht. In den Jahren 1908–1913 Besuch der Prager Universität, Studium bei G. v. Keussler (Musiktheorie) und H. Rietsch (Philosophie), von 1919–1920 in Wien bei G. Adler. 1920 Assistent von Rietsch in Prag, in den Jahren 1920–1939 ist Nettl Privatdozent am Musikwissenschaftlichen Institut in Prag, 1939 Emigration in die USA über Holland. Von 1939–1943 Deutschlehrer am Westminster Choir College in Princeton, in den Jahren 1946–1964 in Blomington an der University of Indiana, von 1959–1963 schreibt er u.a. für den Südwestdeutschen Rundfunk, Stuttgart.

Neurath, Herbert
* 1903

Geboren in Wien, nach dem Musikstudium in Wien Engagement bei den Wiener Symphonikern. 1938 Emigration in die USA, wo er bald nach seiner Ankunft am Allegheny College in Meadville/Pennsylvania die Leitung der Musikabteilung übernimmt.

Neurath, Lily
* 1900

Geboren in Debrecen, Studium an der Musikakademie, Cellistin. Emigration in die USA.

Novotna, Jarmila
* 23.9.1907   † 9.2.1994

Geboren in Prag, Gesangsstudium bei E. Destin, später in Mailand. 1925 debütiert sie in Prag als *Marenka* in »The Bartered Bride«, 1928 singt sie die *Gilda* in der Arena von Verona, von 1933 bis 1938 ist sie an der Wiener Staatsoper engagiert – u.a. in der Titelrolle von Lehárs »Giuditta« mit R. Tauber. 1939 gibt sie ihr amerikanisches Debüt in San Francisco, von 1940–1956 ist sie Mitglied der Metropolitan Opera, nach Beendigung des Zweiten Weltkrieges kehrt sie wieder nach Europa zurück und singt in Salzburg, Paris und Wien. Spielt in zahlreichen Filmen mit.

Odnoposoff, Riccardo
* 24.2.1914

Geboren in Buenos Aires, 1928–1932 Violinunterricht bei C. Flesch in Berlin. Ausgedehnte Konzertreisen in den dreißiger Jahren. Die Wiener Philharmoniker engagieren ihn als Konzertmeister, Mitglied des Orchesters seit 1935. Im September 1938 entlassen, geht er nach Südamerika ins Exil. 1944–1956 ist er in New York, ab 1956 Professor an der Wiener Musikakademie (Violine) und ab 1964 an der Stuttgarter Hochschule für Musik. Er unterrichtet auch an den Sommerakademien in Nizza und Salzburg. Th. Bergers »Konzert für Violine und Orchester« und F. Mignones »Variationen über ein brasilianisches Thema« sind ihm gewidmet.

Ormandy, Eugene (eigtl. Jernö Blau)
* 18.11.1899   † 12.2.1985

Geboren in Budapest, bereits als Fünfjähriger wird er Mitglied der dortigen Musikakademie und beginnt ein Studium der Violine. 1906 feiert er sein Konzertdebüt, 1908 wird er Schüler von J. Hubay, 1916 lehrt er selbst Violine. Ein Jahr später wird er Konzertmeister des Blüthner-Orchesters in Berlin, 1921 wechselt er nach New York zum Capitol Theatre Orchestra, dessen Konzertmeister er innerhalb kürzester Zeit wird. 1924 debütiert er im amerikanischen Rundfunk als Dirigent, 1931 dirigiert er als Ersatz für A. Toscanini das Philadelphia Orchestra. Ebenfalls 1931 wird er Chefdirigent des Minneapolis Symphony Orchestra, einige Zeit später leitet er gemeinsam mit L. Stokowski das Philadelphia Orchestra, dem er ab 1938 bis 1979 als alleiniger Chefdirigent vorsteht. Zusätzlich unterrichtet er in den Jahren 1968–1977 am Curtis-Institute in Philadelphia, 1973 leitet er die erste Tournee eines amerikanischen Orchesters durch China. Ormandy ist für zahlreiche Uraufführungen, die bereits Musikgeschichte gemacht haben, verantwortlich, u.a.: 1941 S. Barbers »Violinkonzert« und S. Rachmaninows »Sinfonische Tänze«, op. 45, 1942 B. Brittens »Diversions on a Theme«, 1945 B. Martinůs »Sinfonie Nr. 4«, 1952 G.C. Menottis »Violinkonzert«, 1958 G. Rochbergs »Sinfonie Nr. 1« sowie 1958 und 1966 R.L. Finneys »Sinfonien Nr. 2 und 3«.

Paalen, Bella
* 9.7.1881   † 28.7.1964

Geboren in Paszthö, Gesangsstudium bei R. Papier-Paumgartner und J. Resz am Konservatorium in Wien, 1904 Debüt als *Fides* in Meyerbeers »Le Prophete« am Düsseldorfer Staatstheater. 1905–1906 Sängerin in Graz, 1906–1937 Sängerin an der Wiener Staatsoper auf Empfehlung Mahlers, nachdem er ihre Interpretation des Gesangssolos in seiner 3. Symphonie hörte. 1933 erhält sie den Titel »Kammersängerin« für ihre Verdienste um die Wiener Staatsoper. Ihre Hauptpartien sind: *Azucena* in »Il Trovatore«, *Amneris* in »Aida«, *Annina* in »Der Rosenkavalier«, *Erda* und *Fricka* in »Der Ring des Nibelungen«, *Herodias* in »Salome«, *Klytemnästra* in »Elektra«, *Ortrud* in »Lohengrin« und *Venus* in »Tannhäuser«. 1939 emigriert sie mit Hilfe L. Lehmanns in die USA und unterrichtet Gesang bis 1959.

Pahlen, Kurt
* 26.5.1907

Geboren in Wien, Studium an der Musikakademie, 1929 Promotion mit einer Arbeit über das Rezitativ bei Mozart bei G. Adler und R. Lach. Zunächst als Musikkritiker beschäftigt, dann musikalischer Leiter der Wiener Volkshochschule und als Vortragender und Dirigent beim Österreichischen Rundfunk tätig. 1938 befindet sich Pahlen in der Schweiz, wo er ein Gastspiel absolviert. Dies ermöglicht ihm, in Zürich um ein Visum für ein südamerikanisches Land anzusuchen. Emigration nach Südamerika, in Buenos Aires Chefdirigent der Filharmonica Metropolitania, später Direktor der Philharmonie in Rosario, Direktor des Teatro Colón, Begründer eines Klubs österreichischer Exilanten in Argentinien. Nach dem Ende des Zweiten Weltkrieges übersiedelt Pahlen nach Montevideo. Dort nimmt er eine Professur an der Universität an, wird Chorleiter und unternimmt Konzertreisen nach Südamerika. Zahlreiche populärwissenschaftliche Publikationen über Musik.

Partos, Ödon
* 1907 † 1977

Geboren in Budapest, Geigenstudium bei Hubay und Studer, Komposition bei Kodály. 1924 erster Geiger des Luzerner Orchester, dann Geiger und Konzertmeister in Deutschland, Ungarn und in der Schweiz. Er lebt 1928–1933 in Berlin, 1933 emigriert er in die UdSSR, wo er in den Jahren 1936–1938 Lehrer am Baku-Konservatorium in Aserbeidschan wird. 1938 Emigration nach Palästina. Ab 1953 an der Musikakademie in Tel Aviv, seit 1961 Professor an der Universität in Tel Aviv.

Werke: 1934 »Konzertstück«, 1945 »Shir Tehillah«, 1946 »Yizkor«, 1948 »Alu Seh be Negev«, Werke für Orchester, Klavier, Geige.

Pataky, Koloman von
* 14.11.1896   † 28.2.1964

Geboren in Also Neudra, Militärakademie in Budapest, Musikstudium (Gesang) an der Musikakademie in Budapest. 1921–1926 Mitglied der Nationaloper in Budapest, 1926–1938 Mitglied der Wiener Staatsoper. Gastspiele in Mailand (La Scala), Berlin und München. Patakay wird vor allem für seine Gestaltung der Mozartschen Rollen berühmt (z.B. des *Don Ottavio*), die er bei den Festspielen in Glyndebourne und Salzburg übernimmt. In den Jahren 1939–1940 singt er in Mailand. 1940 emigriert er nach Argentinien, wo er am Teatro Colón engagiert ist. Weitere Emigration nach Chile, wo er als Gesangslehrer in Santiago de Chile arbeitet, später neuerliche Emigration in die USA.

Patera, Paul (eigtl. Paul Michael Deutsch)
* 11.6.1917

Geboren in Wien, 1932–1934 Mitglied der sozialistischen Mittelschülerbewegung, 1935 Matura, 1936–1938 Medizinstudium in Wien, 1938 Emigration nach Schweden. Die Untersagung für Flüchtlinge, in Schweden zu studieren, zwingt Patera einer Beschäftigung in einem medizinischen Labor in der Nähe Uppsalas nachzugehen. In den Jahren 1939–1941 ist Patera Zeitungsausträger und Privatlehrer, von 1941–1943 ist er Korrektor bei einem Verlag in Uppsala. 1943 gründet er ein Forum für zeitgenössische Musik – Värmslands national musical circle, in den Jahren 1943–1954 organisiert er Konzerte und Konzerttourneen. Ab 1944 arbeitet er als freier Journalist für verschiedene Zeitungen und Zeitschriften unter dem Namen Paul Patera.

Pauly-Dreesen, Rose
* 15.4.1894   † 14.12.1975

Geboren in Eperjes, studiert sie Gesang bei R. Papier-Paumgartner in Wien. Sie gibt ihr Operndebüt 1918 als

Desdemona in »Otello« an der Wiener Staatsoper, als *Aida* in Hamburg und ist in den kommenden Jahren an folgenden Opernhäusern engagiert: 1919–1920 in Gera, 1921–1922 am Stadttheater in Karlsruhe, 1923–1925 am Opernhaus in Köln, 1926–1927 am Nationaltheater in Mannheim, 1927–1931 an der Kroll-Oper in Berlin über Empfehlung von O. Klemperer. 1927 singt sie unter Klemperer in Beethovens »Fidelio«, ihr Repertoire umfaßt mittlerweile mehr als 60 Rollen. Von 1929–1935 ist sie an der Wiener Staatsoper engagiert, wo sie vorwiegend in Wagner- und Strauss-Opern auftritt, 1938 emigriert sie in die USA. Sie interpretiert mit großem Erfolg die »Elektra« an der Metropolitan Opera und singt in den Opernhäusern von San Francisco, Moskau, Leningrad, Odessa und Buenos Aires. 1941 emigriert sie nach Palästina.

Paumgartner, Bernhard
* 14.11.1887 † 27.7.1971

Geboren in Wien. Sein Vater war Pianist und Musikschriftsteller, die Mutter, Rosa Papier, k.k. Kammersängerin. Paumgartner studiert in Wien bei B. Walter (Musiktheorie, Dirigieren), R. Dienzl (Klavier), K. Stiegler (Horn), nebenbei promoviert er in Rechtswissenschaften. 1911/12 Solokorrepetitor an der Wiener Oper, 1914–1917 Dirigent des Wiener Tonkünstlerorchesters; 1915/16 Lehrer an der Wiener Musikakademie, 1915–1917 Leiter der musikhistorischen Zentrale im Österreichischen Kriegsministerium; 1917–1938 und 1945–1953 Direktor, danach bis 1959 Präsident des Salzburger Mozarteums, dessen Verstaatlichung er 1922 durchsetzen kann. Einer der Mitbegründer der Salzburger Festspiele, für die er auch Schauspielmusiken schreibt (»Jedermann« 1920, »Faust« 1933). Er geht 1938 zunächst nach Italien, wo er sich mit der Florentiner Musikgeschichte und den Anfängen der Oper beschäftigt, später in die Schweiz und kehrt 1945 nach Salzburg zurück.

Werke: Opern: 1923 »Die Höhle von Salamanca«, 1936 »Rossini in Neapel«.
Schriften: Mozart (Berlin 1927); Franz Schubert (Zürich 1943).

Pelleg, Frank (Franz Pollak)
* *1910 † 1968*

Geboren in Prag, Musikstudium, danach arbeitet er als Dirigent, in den Jahren 1932–1935 ist er als Musikkonsulent der Filmstudios in Prag tätig. 1936 emigriert er nach Palästina, wo er sowohl als Dirigent als auch als Konzertpianist arbeitet.

Piccaver, Alfred
* *5.2.1883 † 23.9.1958*

Geboren in Lone Sutton, Lincolnshire, Großbritannien, 1893 Übersiedlung mit den Eltern in die USA. Bei einem Urlaub mit den Eltern wird seine Stimme vom Direktor des Deutschen Theaters in Prag, Angelo Neumann, entdeckt. Piccaver studiert Gesang bei Prochazkova-Neumanova in Prag und bei Rosario in Mailand. Er ist von 1907–1912 am Deutschen Theater in Prag engagiert. 1910 debütiert er an der Wiener Hofoper, wo er eingeladen wird, weiterhin zu singen. In den Jahren 1912–1937 ist er erster Tenor an der Wiener Oper, 1917 erhält er die Auszeichnung »Kammersänger«. Er unternimmt drei erfolgreiche Tourneen in die USA und singt 1923 an der Chicago Lyric Opera, 1938 emigriert er nach Großbritannien und gibt in London Konzerte und Gesangsunterricht. 1955 erfolgt die Remigration nach Österreich.

Pisk, Paul Amadeus
* *16.5.1893 † 1981*

Geboren in Wien, Studium: Klavier bei J. Epstein, Dirigieren bei F. Hellmesberger, Kompositionsstudien bei F. Schreker und A. Schönberg, Musikwissenschaft bei G. Adler. Dissertation über Jacob Gallus. Vorübergehende Tätigkeit als Kapellmeister in deutschen Provinzstädten, 1918 Sekretär des von Schönberg gegründeten Vereins für Privataufführungen, aktive Teilnahme an der Organisation der IGNM (Internationale Gesellschaft f. Neue Musik), 1924–1934 Mitarbeiter von D.J. Bach im Rahmen der musikalischen Volksbildung, 1925–1926 Lehrer für Musiktheorie am Wiener Konservatorium, 1920–1928 gibt er gemeinsam mit P. Stefan die *Musikblätter des Anbruch* heraus, 1923–1934 Musikkritiker der *Arbeiter-Zeitung*, 1925 Kompositionspreis der Stadt Wien. Pisk begründet die Reihe »Musik der Gegenwart«, in der Werke der Moderne verschiedener Schulen zur Aufführung gelangen. 1936 Emigration in die USA, 1937 Musikdirektor des Camp Oquago, New York. Von 1937–1951 Professor für Musik an der Universität Redlands in Kalifornien, 1951–1963 Professur für Musik an der Universität Texas, in Austin, 1963–1972 Professur für Musik an der Washington University in St. Louis.

Werke: 1925 »Symphonische Ouverture/Partita«, 1926 »Die neue Stadt«, Kantate; 1931 »Schattenseite«, Monodram für die Bühne; »Der große Regenmacher«, Ballade für Erzähler und Orchester; »Requiem« für Bariton und Orchester; 1944 »Suite on American Folksongs«; 1946 »Bucolic Suite« für Streichorchester; 1953 »Rococo Suite« für Viola und Orchester; »Baroque Chamber Concerto« für Violine und Orchester. Umfangreiche Kammermusik, darunter Klavierstücke, Lieder, Streichquartette.

Pleskow, Raoul
* 12.10.1931

Geboren in Wien, 1939 Emigration in die USA, Julliard School of Music. 1954 Bachelor of Arts, Queens College, New York, 1959 M.A. Columbia University, Privatstudium bei St. Wolpe. Von 1961 an Fakultätsmitglied, Abteilung für Musik, C.W. Post College, New York: 1961 Assistent Prof., 1965 Assoc. Prof., 1970 Professur.

Werke: Kammermusik: Sextett für 3 Bläser, Klaviertrio, Streichquartett, »Movement« für Flöte, Cello und Klavier. Klaviermusik, »Music« für 7 Spieler, »Movement« für 9 Spieler.

Pollak (Pelled), Josef
* *1915*

Geboren in Wien, Besuch der Opernklasse des Neuen Wiener Konservatoriums, Gesangsstudium bei H. Fröhlich. Engagement in Island, Solist (Baßbariton) des Isländischen Nationalorchesters.

Prawy, Marcel (Marcel Frydmann Ritter von Prawy)
* *29.12.1911*

Geboren in Wien, 1929 Matura in Wien, in den Jahren 1929–1934 Studium des Rechts und der Musikwissenschaft an der Universität Wien, 1934 Abschluß, in den nächsten beiden Jahren Rechtsanwaltspraxis, Rechtsanwalt für viele Künstler, 1936 leitende Position bei der Sascha-Tobis-Film in Wien. 1938 Emigration in die USA, Arbeit für verschiedene Theaterproduktionen. 1946 Rückkehr nach Wien, in den Jahren 1946–1950 unter Ernst Haeussermann Arbeit bei einer US-Zeitschrift in Österreich, in den Jahren 1952–1955 Produktion von Shows im Kosmos-Theater, von 1955–1957 Chefdramaturg an der Volksoper in Wien. Nach 1972 Chefdramaturg an der Wiener Staatsoper. Produzent und Ausführender von Theatershows in Wien, Brüssel und Triest, Übersetzer von Stücken und Musicals – beispielsweise von »Kiss Me, Kate«, »Annie Get Your Gun« und »West Side Story«. Zahlreiche Radio- und TV-Sendungen.

Prüwer, Julius
* *20.2.1874* † *8.7.1943*

Geboren in Wien, von 1888–1891 Besuch der Musikakademie, Klavierstudium bei Friedheim und M. Rosenthal, Musiktheorie bei R. Fuchs, F. Kreun und Brahms, Dirigieren bei H. Richter. Enge Freundschaft mit Brahms. Als Dirigent engagiert in Bielitz (1894–1896), Esseg (1893–1894), Köln (1894–1895). 1896–1918 Kapellmeister am Staatstheater in Breslau, 1919 Intendant, 1922 Operndirektor. 1923–1924 Dirigent des Weimarer Orchesters, 1924–1933 Professur an der Berliner Hochschule für Musik. 1933 dirigiert er Opern in der Sowjetunion und Österreich, von 1936–1938 ist er künstlerischer Leiter des Orchesters des Jüdischen Kulturbundes in Frankfurt. 1939 emigriert er in die USA.

Rankl, Karl Franz
* 1.10.1898   † 6.9.1968

Geboren in Gaaden, Niederösterreich, Kompositionsstudium bei Schönberg und A. v. Webern in den Jahren 1918–1921. 1922–1925 Dirigent an der Wiener Volksoper, von 1925–1927 Dirigent und Operndirektor am Städtischen Theater in Liberec. Von 1927–1928 Dirigent am Stadttheater in Königsberg, zusätzlich Dirigent von Rundfunkkonzerten, in den Jahren 1928–1931 Assistent von O. Klemperer und Dirigent an der Kroll-Oper in Berlin. In den Jahren 1931–1933 Hauptdirigent des Hessischen Staatstheaters in Wiesbaden, von 1933–1937 Operndirigent am Landestheater in Graz. In den nächsten beiden Jahren ist er als Kapellmeister in Prag engagiert, wo er die Weltpremiere von E. Kreneks »Karl V.« betreut. Von 1944 an Gastdirigent des London Philharmonic Orchestra, des Liverpool Philharmonic Orchestra sowie des BBC Symphony Orchestra. 1946–1951 Chefdirigent am Covent Garden in London. 1951 schreibt er eine Oper, »Deirdre of the Sorrows« nach einem Libretto von J.M. Synge, im diesem Jahr dirigiert er auch »Fidelio« an der Berliner Staatsoper. In den Jahren 1952–1957 ist er Hauptdirigent des Scottish National Orchestra, 1958–1960 Musikdirektor des Elizabeth Opera Trust in Sydney.

Werke: Zwei Opern, Vokalmusik, ein Oratorium und über 60 Lieder und Choralmusik. Orchestermusik, acht Sinfonien, 1953 »Sinfonietta«, Violinkonzert, »Suite for strings«, Kammermusik.

Rathaus, Karol (Leonhard Bruno)
* 16.9.1895   † 21.11.1954

Geboren in Tarnopol, Klavierstudium in früher Kindheit in Wien, erste Komposition mit sieben Jahren. 1909 verfaßt er seine erste Orchesterkomposition, in den Jahren 1913–1914 und 1918–1919 Besuch der Musikakademie in Wien, Unterricht bei F. Schreker. Von 1920–1922 Besuch der Hochschule für Musik in Berlin, wo er selbst in den Jahren 1925–1933 als Kompositionslehrer tätig ist. Als Komponist ist sein Stil beeinflußt von Schreker und Szymanowski. Seine Orchesterkompositionen werden von E. Kleiber und W. Furtwängler dirigiert, an der Berliner Staatsoper werden 1927 das Ballett »Der letzte Pierrot« und 1930 die Oper »Fremde Erde« uraufgeführt. 1933 emigriert er nach Frankreich, wo er als Kompositionslehrer tätig ist. In den Jahren 1934–1938 ist er Kompositionslehrer in London, 1938 emigriert er in die USA, wo er gelegentlich als Filmkomponist tätig ist. In den Jahren 1940–1954 ist er Fakultätsmitglied der Musikklasse am Queens-College in New York.

Werke: 1919 »Variationen«, 1924 2. Symphonie, 1927 »Der letzte Pierrot«, Ballett, 1930 »Fremde Erde«, Oper, »Suite für Orchester«, 1937 »Le Lion Amoureux«, Ballett, 1938 »Jakob's Dream« für Orchester, 1941 »Adagio for strings«, 1944 »Polonaise symphonique«, 1948 »Vision dramatique«, 1950 »Serenade«, »Diapason« für Chor; drei Symphonien (1922, 1923, 1942), fünf Streichquartette, Lieder Kammermusik, Klavierwerke, Filmmusik.

Rebner, Adolf Franklin
* 21.11.1876   † 19.6.1967

Geboren in Wien, Studium am Wiener Konservatorium bei Grün, 1891 Abschluß und Gewinner des ersten Preises. Weiterführendes Studium bei Marsick in Paris, 1896 läßt er sich in Frankfurt am Main nieder, wo er für einige Jahre Konzertmeister der Frankfurter Oper wird. Von 1904 an ist er Professor für Violine am Hoch-Conservatorium, bekannt wird er durch die Gründung eines eigenen Streichquartetts, das unter seinem Namen spielt. Eines der Ensemblemitglieder ist P. Hindemith – er spielt Viola. 1934 emigriert er nach Österreich, 1938 in die USA. Im Jahr 1950 kehrt er nach Österreich zurück.

Rebner, Arthur
* 30.7.1890   † 8.12.1949

Geboren in Lemberg, übersiedelt er in den Jugendjahren nach Wien. Er schreibt Texte, komponiert Lieder und Chansons. In Berlin, wo er auch als Conferencier auftritt, schreibt er Libretti für Operetten und Revuen, 1933 kehrt er zurück nach Wien. Rebner ist Koautor von Lehárs Operette »Blaue Mazurka«. 1938 emigriert er über die Schweiz nach Frankreich, wo er 1940 interniert wird. Im selben Jahr gelingt ihm die Emigration nach Mexiko, 1947 emigriert er in die USA und läßt sich in Hollywood nieder.

Werke: Liedertexte, die R. Stolz vertonte; Operetten und Revuen, zu denen R. Stolz (1918 »Leute von heute«), H. Hirsch (1918 »Die Scheidungsreise«), L. Fall (1921 »Der heilige Ambrosius«), H. May (1935 »Die tanzende Stadt«) die Musik komponierten.

Rebner, Edward Wolfgang
* 1910

Geboren in Wien, Pianist und Komponist, emigriert 1939 in die USA. Klavierbegleiter u.a. von E. Steuermann. 1955 Übersiedlung in die BRD, ab 1962 Dozent am Richard Strauss-Konservatorium in München.

Redlich, Hans Ferdinand
* 11.2.1903   † 27.11.1968

Geboren in Wien, Sohn des k.k. Finanzministers. Klavierstudium bei P. Weingarten und E. Friedberger, Komposition und Kontrapunkt bei H. Kauder und C. Orff (München). Studium der Germanistik und der Musikwissenschaft an der Universität Wien (1921) und an der Universität München

(1922–1934), in den Jahren 1924–1925 Korrepetitor an der Städtischen Oper Berlin-Charlottenburg. 1925–1929 Dirigent am Stadttheater in Mainz, von 1929–1931 setzte er sein Studium an der Universität Frankfurt am Main fort und promovierte dort über Monteverdi. Die geplante Habilitation scheiterte infolge der Machtübernahme der Nationalsozialisten. Redlich lebt bis 1937 als Komponist in Mannheim, 1937 kehrt er nach Österreich zurück, 1939 emigriert er nach Großbritannien. 1941–1945 ist er Direktor der Rural Music School in Hitchin, 1943 Dirigent der Albion Oper in London. In den Jahren 1948–1952 leitet er die Musikabteilung bei den Internationalen Hochschulwochen in Alpbach in Tirol, 1949–1955 ist er Dozent an der Universität Birmingham, von 1955–1962 Direktor an der Reid School of Music, Universität Edinburgh. In den Jahren 1962–1968 Professur für Musikgeschichte an der Universität Manchester.

Werke: 1927 »Concerto grosso« für Orchester, 1930 »Apostelgesänge« für Orchester, 1932 »Slowakische Lieder« für Gesang und Klavier, 1946 »Hölderlin-Triologie« für Tenor und Orchester.
Schriften: Gustav Mahler (Nürnberg 1919); Claudio Monteverdi (Olten 1949); Alban Berg (Wien, Zürich 1957).

Reich, Willi
* 27.5.1898 † 1.5.1980

Geboren in Wien, Privatstudium der Musiktheorie und Komposition bei A. Berg und A. v. Webern. Studium der Musikwissenschaft an der Universität Wien bei Lach und Haas, in den Jahren 1924–1937 Musikkritiker in Wien. Von 1927–1935 nimmt er Privatstunden bei A. Berg, 1928–1938 ist er Mitglied des Verbandes deutscher Musikkritiker, weiters ist er von 1932–1937 Gründer und Editor der Musikzeitschrift *23*, 1938 emigriert er in die Schweiz. Von 1938–1947 ist er Musikkritiker in Basel, zusätzlich Opernregisseur am Teatro San Carlo in Neapel und am Basler Stadttheater. Beginnend mit 1948 ist er Musikkritiker der *Neuen Zürcher Zeitung*, zusätzlich übt er eine Professur an der

Technischen Hochschule in Zürich aus (1959–1970) und publiziert u.a. die Biographien von A. Berg und A. Schönberg. Willi Reich starb in Zürich.

Reif, Paul
* 23.3.1910   † 7.7.1978

Geboren in Prag, musikalische Karriere als Wunderkind (Violine) in Wien, 1925–1929 Besuch der Wiener Musikakademie. Unterricht im Dirigieren bei B. Walter, F. Schalk und R. Strauss, Violinstudium bei E. Morini und Komposition bei R. Stöhr und F. Schmidt, danach (1929–1931) Studium an der Sorbonne in Paris. Reif komponiert Operetten für Theater und Film sowie Revuen und Kabaretts. Im März 1938 emigriert er nach Stockholm, 1939 nach Norwegen, danach nach Haiti. 1941 Emigration in die USA, wo er als Musiklehrer arbeitet, in den Jahren 1942–1945 Armeedienst.

Werke: 1948 »Dream Concerto for Piano and Orchestra«, 1952 »Petticoat Waltzes«, 1958 »Five Finger Exercises«, Liederzyklus nach T.S. Eliot, 1960 »Reverence for Life«, 1963 »Requiem to War« für gemischten Chor und Schlaginstrumente, »Mad Hamlet«, Oper, »Portrait in Brownstone«, Oper, 1969 »Fanfare and Fugato« für großes Orchester, 1971 »Pentagram« für Klavier, 1972 »Episoden« für Streichorchester.

Reisfeld, Bert
* 1906   † 1991

Arbeit als Musiker, Texter und Musikjournalist in Paris, London, Oslo, Stockholm, Helsinki, New York und Hollywood. 1930 komponiert er seine erste Filmmusik, 1933 übersiedelt er nach Frankreich, 1938 in die USA. Er arbeitet als Musik- und Filmjournalist für die deutsche Presse und als Filmkomponist in Hollywood. Zusammenarbeit u.a. mit F. Waxmann und D. Tiomkin sowie Komposition von Evergreens wie »The Tree Bells«.

Reitler, Josef
* 25.12.1883   † 12.3.1948

Geboren in Wien, Besuch der Universitäten Berlin und Wien, 1905–1907 Musik- und Theaterkritiker für die *Vossische Zeitung* in Paris. Von 1907–1936 Musikkritiker der *Neuen Freien Presse* in Wien, 1915–1938 Professor und Direktor des Neuen Wiener Konservatoriums. 1920 gründet er gemeinsam mit R. Strauss, H. v. Hofmannsthal und M. Reinhardt die Salzburger Festspiele, 1938 emigriert er in die USA. Von 1940–1945 ist er Leiter der Opernabteilung des New York College of Music, gemeinsam mit F. Stiedry und L. Wallerstein lehrt er am Hunter College Opera Workshop.

Reti, Rudolf
* 27.11.1885   † 7.2.1957

Geboren in Uzice, Studium: Musiktheorie und Klavier an der Musikakademie. 1911 führt er erstmals die »Drei Klavierstücke« von Schönberg auf, 1922 ist er Gast der Salzburger Festspiele. Von 1930–1938 ist er Chefkritiker der Wiener Zeitung *Das Echo*, 1938 emigriert er in die USA, 1939 ist er Mitglied der Yale University und arbeitet als Kritiker für die Zeitschrift *Musical Digest*.

Werke: 1924 »Klavierkonzert«, 1933 »Ivan and the Drum«, Oper, 1935 »David and Goliath«, Ballett-Oper, 1943 »The Greatest of All«, für Solisten, Chor und Streicher, 1948 »Violinsonate in Form einer Passacaglia«, 1951 Streichquartett, »Symphonia Mystica«, 1952/53 »Tryptychon« für Orchester; Klavierstücke, Lieder.

Robert, Walter (Walter Robert Spitz)
* 14.4.1908

Von 1927–1931 Besuch der Musikakademie, Dirigieren und Komposition bei F. Schmidt, 1931 Abschluß. In den Jahren 1931–1933 Postgraduate-Studium, 1931 gewinnt er den Bösendorfer-Wettbewerb in Wien. Anschließend ist er Lehrer am Konservatorium des Vereins für volkstümliche Musikpflege, 1932–1938 arbeitet er als Solist und als Begleiter – beispielsweise mit dem Violinvirtuosen B. Huberman. Im Juni 1938 emigriert er nach Italien, im September in die USA. Karriere als Konzertsolist und Begleiter, 1942–1947 ist er Assistenz-Professor (Klavier) am North Texas State College in Denton, 1946–1947 zusätzlich Pianist des Dallas Symphony Orchestra. Von 1947 an ist er Professor für Klavier an der Indiana University in Bloomington.

Römer, Ernst
* 28.12.1893

Geboren in Wien, Studium: Komposition und Musiktheorie bei G. Adler, Schreker und Schönberg, Dirigieren bei F. Weingartner. In den Jahren 1922–1933 Dirigent am Großen Schauspielhaus, später an der Komischen Oper in Berlin, 1938 emigriert er von Österreich aus nach Mexiko. Römer gehört zu den Gründern des Heinrich-Heine-Klubs, für den er zahlreiche musikalische Veranstaltungen organisierte, u.a. eine Aufführung der »Dreigroschenoper«. Von 1939–1957 arbeitet er vorwiegend in Mexiko und Guatemala als Dirigent des Orchesters der Radiostation XEW, ab 1951 arbeitet er als Professor für Gesang und Kammeroper am Staatlichen Konservatorium in Mexico City.

Roger, Kurt Georg
* 3.5.1895   † 4.8.1966

Geboren in Auschwitz, Besuch der Universität und der Musikakademie in Wien, Studium bei K. Weigl und G. Adler sowie bei Schönberg. 1921–1938 ist er Professor am Wiener Konservatorium und Musikkritiker für Wiener Zeitungen. 1939/40 (?) emigriert er in die USA, in den Jahren 1943–1945 ist er Referent in der Bibliothek an der Julliard School für Musik in New York, 1945–1951 Leiter der Theorie-Abteilung am 3rd Street Music Settlement in New York. Von 1950–1964 an der Washington University in Seattle, ab 1964 Professor an der Queen's University in Belfast.

Werke: 1934 »Jephta's Weib«, Oper, 3 Sinfonien, ein Konzert für zwei Hörner, Pauken und Streichorchester, ein Streichsextett, 2 Streichquintette, 4 Streichquartette, Solosonaten für Bratsche, für Violine, für Cello.

Rollin, Marguerite
* 1905

Studium an der Musikakademie in Wien, Geigerin, Schwester des Geigers Felix Galimir. Emigration über Frankreich in die USA.

Rosé, Alfred
* 11.12.1902   † 7.5.1975

Geboren in Wien, seine Mutter ist G. Mahlers Schwester. Klavierstudium bei R. Robert und Musiktheorie bei F. Schmidt, A. Schönberg und K. Weigl. Er wird Dirigentenassistent an der Wiener Staatsoper in den Jahren 1922–1927. Seit dieser Zeit unternimmt er Tourneen als Pianist des Rosé-Quartetts, das von seinem Vater, dem Geiger Arnold Rosé gegründet wurde. Er wird Musikdirektor des Max Reinhardt-Theaters und des Calderon-Festivals des Wiener Burgtheaters in den Jahren 1923–1924. Nach drei Jahren in Berlin kehrt er nach Wien zurück, dirigiert an der Wiener Volksoper und lehrt in den Jahren 1932–1938 am Volkskonservatorium. 1938 emigriert er in die USA, Cincinnati, wo er Klavier und Musiktheorie bis 1948 unterrichtet. Von 1948–1973 lehrt er an der Universität of Western Ontario, ab 1950 wird er Organist und Chorleiter der St. Martins Church. Rosé war ein Pionier der Musiktherapie, die er am Westminster Hospital und am London (Ontario) Psychiatric Hospital praktizierte.

Werke: Viele Lieder, von denen die meisten in den Jahren 1927–1928 bei Doblinger publiziert wurden; 1941 »Adagio für Violoncello und Orchester«, 1936 Klaviersonate, 1937 »Triptychon« für großes Orchester.

Rosé, Arnold Josef (Arnold Josef Rosenblum)
* 24.10.1863   † 25.8.1946

Geboren in Iaszi, studiert von 1874–1877 am Konservatorium der Gesellschaft der Musikfreunde in Wien bei K. Heißler Violine. Sein Debüt als Solist erfolgt 1879 mit dem Gewandhausorchester, 1881 tritt er erstmals mit den Wiener Philharmonikern auf, bis 1938 bleibt er mit Unterbrechungen Mitglied dieses Orchester, lange Zeit Konzertmeister. 1881 wird er vom damaligen Direktor Jahn als erster Konzertmeister und Solist an die Wiener Hofoper verpflichtet, der er bis 1938 angehört. 1882 Gründung eines Streichquartetts, das seinen Namen trägt und von Schönberg sowohl die »Verklärte Nacht« als auch das 2. Streichquartett uraufführt. Von 1889–1896 gastiert er fallweise als Konzertmeister der Bayreuther Festspiele, 1902 Heirat mit der Schwester G. Mahlers, von 1909–1924 Professor für Musik an der Wiener Musikakademie. M. Regers »Suite im alten Stil«, op. 93 ist Rosé gewidmet. 1938 Emigration nach England, wo er das Rosé-Quartett weiterführt, Mitarbeit in der Austrian Academy. Er starb in London. Sein Bruder Eduard und seine Tochter Alma wurden im KZ ermordet.

Rosenstock, Joseph
* 27.1.1895   † 1968

Geboren in Krakau, sogenanntes Klavierwunder – erster Auftritt mit elf Jahren – in Wien. Besuch des Krakauer Konservatoriums, 1912–1920 der Universität Wien und der Wiener Musikakademie. Er studiert Komposition bei F. Schreker, 1919 ist er Dirigenten-Assistent des Philharmonischen Chors in Wien, 1920 Lehrer an der Musikhochschule in Berlin, 1921 Künstlerischer Leiter des Württembergischen Landestheaters. In den Jahren 1922–1925 Chefdirigent, 1925–1927 Generalmusikdirektor in Darmstadt, 1927–1929 Generalmusikdirektor am Staatstheater in Wiesbaden, Hessen-Nassau. 1929–1930 Dirigent für deutsche Opern an der Metropolitan Opera in New York, von 1930–1933 Generalmusikdirektor in Mannheim. 1933 Rücktritt aus politischen Gründen, in den Jahren 1933–1936 Direktor des Jüdischen Kulturbundes in Berlin. 1936 emigriert er nach Japan, von 1936–1941 sowie von 1945–1946 dirigiert er das Nippon Philharmonia Orchestra in Tokio. In den Jahren 1941–1945 wird er mit japanischer Hilfe vor der Gestapo versteckt, 1946 emigriert er in die USA. Von 1948–1956 dirigiert er an der New York City Opera, 1952–1956 ist er dort Generalmusikdirektor. Zusätzlich leitet er in den Jahren 1949–1953 das Musikfest in Aspen, Colorado, von 1958–1960 Generalmusikdirektor an den Städtischen Bühnen in Köln, 1961–1969 ist er Dirigent an der Metropolitan Opera in New York. Er starb in New York.

Werke: 1918 »Klaviersonate«, op. 3; 1919 »Konzertsymphonie für Klavier und Orchester«, op. 4; 1945 »Ouvertüre zu einem heiteren Spiel«, op. 5; »Ouverture and Variations for the Orchestra«; Klavierstücke, Werke für Chor und Orchester, Lieder.

Rosenthal, Moriz
* 17.12.1862   † 3.9.1946

Der in Lemberg geborene Rosenthal studiert am dortigen Konservatorium bei K. Mikuli, einem Chopin-Schüler, der auch als Partner bei seinem Debüt auftritt. 1875 wechselt er mit seiner Familie nach Wien, wo er bei R. Joseffy studiert, die ihn nach der Taussigschen Klaviermethode unterrichtet. Er geht zu F. Liszt nach Weimar und folgt ihm nach Rom, wo er von 1876–1880 mit Liszt lebt. Von 1880–1886 studiert er Philosophie in Wien, ab 1884 tritt er wieder als Pianist auf und erringt triumphale Erfolge. 1938 emigriert er in die USA und bekommt am renommierten Curtis-Institut eine Professur. Rosenthal gilt als der führende Pianist seiner Generation. Von ebenso großer Bedeutung ist sein Wirken als Klavierlehrer. Er starb in New York.

Rosenthal-Kanner, Hedwig
* 1882   † ?

Geboren in Budapest, Klavierstudium bei Th. Leschetizky und bei ihrem späteren Mann, Moriz Rosenthal. Klavierunterricht in Wien, 1939 Emigration in die USA.

Rostal Max
* 7.8.1905

Geboren in Teschen, tritt zum ersten Mal mit sechs Jahren als sogenanntes Geigenwunderkind auf. Besuch der Schwarzwaldschen Schule in Wien, in den Jahren 1915–1920 Violinstudium bei A. Rosé in Wien, 1920–1925 an der Hochschule für Musik in Berlin bei C. Flesch. 1925 gewinnt er den Mendelssohn-Preis in Berlin, 1927–1928 ist er Konzertmeister des Philharmonischen Orchesters in Oslo, von 1928–1930 Privatassistent von C. Flesch in Berlin. In den Jahren 1930–1933 ist er Professor an der Hochschule für Musik in Berlin, 1934 emigriert er nach Großbritannien, wo er konzertiert. Von 1944–1957 Lehrer an der Guildhall School of Music and Drama in London. Zusätzlich spielt er in diesen Jahren noch viele Schallplatten ein, beispielsweise sämtliche Violinsonaten Beethovens sowie das Gesamtwerk für Violine und Begleitung von Schubert. Er setzt sich ebenso für die Moderne ein. Von 1957 an übt er eine Professur an der Hochschule für Musik in Köln aus, von 1958 lehrt er am Konservatorium in Bern, wo er eine Meisterklasse leitet.

Roth, Ernst
* 1.6.1896   † 17.7.1971

Geboren in Prag, beginnt sein Klavierstudium mit fünf Jahren. Besuch der Prager Universität, Studium bei G. Adler in Wien. Von 1922–1928 Chef des Wiener Philharmonischen Verlages, in den Jahren 1928–1938 arbeitet er für die Universal Edition in Wien. 1938 emigriert er nach

Großbritannien und arbeitet bis 1971 beim Musikverlag Boosey and Hawkes. Roth war mit vielen Komponisten – beispielsweise A. Schönberg, R. Strauss, I. Strawinsky und A. v. Webern befreundet – und verfaßte diverse Publikationen.

Rotter, Fritz
* 3.3.1900   † 11.4. 1984

Geboren in Wien; Autor zahlreicher Operetten und Revuen, Textdichter der Filmlieder von R. Tauber und J. Kiepura, Zusammenarbeit mit R. Stolz und R. Benatzky. Texte zu über 1.200 Schlagern; die bekanntesten: »Ich küsse Ihre Hand Madame«, »Was macht der Mayer am Himalaya«. Rotter starb in Ascona, Tessin.

Rubin, Marcel
* 7.7.1905

Geboren in Wien, Studium an der Musikakademie bei F. Schmidt, in den Jahren 1925–1931 Privatstudium bei D. Milhaud in Paris. Von 1931 an übernimmt Rubin gemeinsam mit F. Wildgans die von P.A. Pisk gegründete Konzertreihe »Musik der Gegenwart«. 1938 flüchtet er nach Frankreich, wo er nach seinem Anschluß an die Résistance interniert wird. Eintritt in die illegale KPÖ. Noch in Frankreich komponiert Rubin seine 3. Symphonie. 1942 emigriert er nach Mexiko, Korrepetitor der Mexico City Opera unter Alwin, Leiter des »Chors der freien Deutschen«. Seine 2. Symphonie wird von der Symphonica Mexicana unter seiner Leitung uraufgeführt; die geplante Uraufführung im April 1938 in Wien unter H. Scherchen wurde durch den »Anschluß« verhindert. Im mexikanischen Exil komponiert Rubin seine 4. Symphonie. Mitglied im Vorstand des Heine-Clubs und leitende Funktionen in der Acción Republicana Austriaca de México. 1947 kehrt Rubin nach Österreich zurück und arbeitet als Komponist und Musikkritiker der Tageszeitung

Volksstimme sowie der Kulturzeitschrift *Österreichisches Tagebuch*.

Werke: 1933 »Musik der Großstadt«, Tanzpoem nach Maxim Gorki mit verbindenden Worten von Elias Canetti, 1941 Violinkonzert, 1948 »Österreichische Ouvertüre«, »Gegenwart«, Orchesterliederzyklus, 1973 »Kleider machen Leute«; 7 Symphonien, Lieder, Kammermusik, Klaviersonaten.

Rudel, Julius
* 6.3.1921

Der in Wien geborene Rudel studiert von 1937–1938 an der Wiener Musikakademie und emigriert 1938 in die USA, wo er sein Kapellmeisterstudium an der Mannes School of Music fortsetzt. Die New York City Opera engagiert ihn 1943 als Korrepetitor. Sein Debüt erfolgt 1944 als Dirigent des »Zigeunerbarons« von J. Strauß, von 1957–1979 leitet er die New York City Opera, in den Jahren 1979–1981 nimmt er die Chefdirigentenposition ein. Zusätzlich ist er noch von 1974–1978 Direktor des Kennedy-Centers in Washington, 1967 dirigiert er die Uraufführung der Oper »Bomarzo« von A. Ginastera sowie die amerikanischen Erstaufführungen von R. Strauss' »Die schweigsame Frau« sowie S. Prokofjews »Der feurige Engel«. 1968 wird der »Julius Rudel-Preis« für junge Dirigenten geschaffen, von 1979 an dirigiert er das Buffalo Philharmonic Orchestra. Zahlreiche internationale Gastdirigate.

Werke: 1 Streichquartett, 2 Kurzopern, Lieder.

Salander, Berthold
* 26.10.1887

Mitglied der Wiener Philharmoniker seit 1913: 2. Violine. Entlassen im September 1938. Flucht nach New York, Anstellung beim Orchester der Metropolitan Opera.

Salter, Hans Julius
* 14.1.1896   † 23.7.1994

Geboren in Wien, Matura 1914, Studium an der Wiener Musikakademie, Kriegsdienst, Privatstunden bei H. Gál, E. Rußgarten, A. Berg, F. Schreker, L. Kaiser. Kapellmeister an der Wiener Volksoper. Ab Herbst 1923 in Berlin, Korrepetitor und Dirigent an der Komischen Oper, am Metropol Theater und an der Staatsoper Berlin. Ab 1930 als Leiter der Musikabteilung der UFA und Terra tätig, 1933 Rückkehr nach Wien, wo er für die Europäische Universal Filmgesellschaft arbeitet. 1937 emigriert er in die USA. Salter wird einer der meistbeschäftigten Filmkomponisten Hollywoods, schrieb mehr als 200 Partituren für diverse Filme (u.a. für die Regisseure F. Lang, R. Siodmak und M. Ophüls, ab Mitte der 50er Jahre auch für das Fernsehen), er wird sechsmal für den Oscar nominiert.

Salzer, Felix
* 13.6.1904

Geboren in Wien, 1922–1926 Besuch der Universität Wien, Studium der Musikgeschichte bei G. Adler. In den Jahren 1922–1930 Studium der Musiktheorie und Komposition bei H. Weisse, von 1930–1935 Privatstudium bei H. Schenker (Komposition) und bei M. Bree (Klavier). Von 1935–1938 Professur für Musiktheorie am Wiener Konservatorium, zusätzlich arbeitet er 1935 am Salzburger Mozarteum, in den Jahren 1937–1938 ist er Koeditor der Wiener Monatszeitschrift *Der Dreiklang*, die er 1937 mit O. Jonas begründet hat. 1939 Emigration in die USA, in den Jahren 1940–1956 und 1962–1964 arbeitet er am Mannes College of Music in New York: 1942–1956 ist er Leiter der Klasse für Komposition und Theorie, 1948–1955 Direktor, 1962–1964 Professor. Im Zeitraum 1963–1974 lehrt er am Queens College of the City University of New York.

Schalit, Heinrich
* 2.1.1886   † 3.2.1976

Geboren in Wien, 1904–1906 Kompositionsstudium bei R. Fuchs, Klavier bei Th. Leschetizky. 1906 erhält er den Großen Österreichischen Staatspreis für sein Klavierquartett in E-Dur, 1907 übersiedelt er nach München als Privatmusiklehrer und Komponist. Er studiert dort an der Akademie für Musik, 1929–1930 Gastdirigent des Temple British Kodesh, in Rochester, New York, 1926–1933 als Organist, Pianist und Komponist an der Großen Synagoge in München. 1933 wird er im Konzentrationslager Dachau interniert, in den Jahren 1934–1939 ist er Musikdirektor der Großen Synagoge in Rom. 1939 emigriert er nach Großbritannien, 1940 in die USA, von 1940–1950 ist er Musikdirektor und Organist in Rochester, in Providence und in Hollywood.

Werke: Kompositionen für die jüdische Liturgie, beispielsweise 1925 die »Hymnischen Gesänge«, 1929 »In Ewigkeit«, Hymnus für 5 Gesangspartien, Orgel, Streicher und Harfe, 1935 »Eine Freitagabend Liturgie« für Kantor, Chor und Orgel, 1935 »Tanzsuite für Streichorchester«, 1948 »Psalm 98«; 1951 »Sabbath Eve Liturgy«; Kammermusik, Lieder, Liederzyklen, Klavierwerke, Kantaten.

Schidlof, Peter
* 9.9.1922   † 15.8.1987

Geboren in Wien, 1932–1938 Besuch des Gymnasiums in Wien, 1938 Emigration nach England, Violinunterricht bei M. Rostal, ab 1947 Mitglied des Amadeus-Quartetts (Viola).

Schnabel, Artur
* 17.4.1882   † 15.8.1951

Geboren in Wien, Klavierstudium in den Jahren 1889–1891 bei H. Schmitt, 1892–1897 bei Th. Leschetizky. Widmet sich vor allem den Sonaten und Variationswerken von Beethoven und Schubert. Von 1900–1933 lebt er in Berlin, seine

Kammermusikpartner sind C. Flesch und H. Becker, später P. Casals, E. Feuermann, P. Fournier, P. Hindemith, B. Hubermann, W. Primrose, J. Szigeti, Zusammenarbeit mit dem Pro-Arte-Quartett; Schnabel nimmt auch an der Uraufführung von Schönbergs »Pierrot lunaire« teil. 1925–1930 Professur an der Berliner Hochschule für Musik, wo u.a. C. Curzon und P. Frankl zu seinen Schülern zählen. 1927 spielt er zu Beethovens 100. Todestag alle Klaviersonaten. Er wiederholt den Zyklus nach seiner 1933 erfolgten Emigration 1934 in London, seiner neuen Heimat, und 1936 in New York. 1939 übersiedelt er in die USA, von 1940–1945 unterrichtet er an der University of Michigan. Nach Kriegsende verlegt er seinen Wohnsitz in die Schweiz.

Schönberg, Arnold
* 13.9.1874   † 13.7.1951

Geboren in Wien, ab 1882 Violin- und Violoncellounterricht, Mitglied des Orchestervereines »Polyhymnia«, 1895–1896 Studium des Kontrapunktes bei A. Zemlinsky. 1891–1895 Angestellter in einer Wiener Privatbank, 1895 wird er Chormeister des Metallarbeiter-Sängerbundes in Stockerau. 1897 komponiert er ein Streichquartett und arbeitet an der Instrumentierung von Schlagern und Operetten, um seinen Lebensunterhalt zu sichern. 1901 heiratet Schönberg A. Zemlinskys Schwester Mathilde und übersiedelt mit ihr nach Berlin. Er erhält eine Stellung am Sternschen Konservatorium, zusätzlich arbeitet er als Dirigent an E. v. Wolzogens »Überbrettl«. Über Vermittlung von R. Strauss erhält er 1902 den Liszt-Preis des Allgemeinen Deutschen Musikvereines, 1903–1911 lebt Schönberg erneut in Wien, wo er G. Mahler kennenlernt. Die Phase ist durch einen regen Gedankenaustausch mit Mahler gekennzeichnet. Ab 1904 unterrichtet er und hat seinen eigenen Schülerkreis – u.a. A. Berg und A. v. Webern –, der als die »Zweite Wiener Schule« bezeichnet wird. Neben seiner Lehr- und Kompositionstätigkeit malt Schönberg im Zeitraum von 1908 und 1910 einen Großteil seiner 58 Gemälde und 150 Aquarelle. W.

Kandinsky stellt einige Bilder 1911 in München aus. 1911–1915 lebt er wieder in Berlin und unterrichtet erneut am Sternschen Konservatorium. Konzerte, bei denen er eigene Werke dirigiert, führt er 1914 auch in England und in den Niederlanden auf. 1915/16 und 1917 leistet er Militärdienst, nach dem Ende des Ersten Weltkrieges gründet er den berühmten Verein für musikalische Privataufführungen, der sich vorwiegend der Pflege zeitgenössischer Musik widmet. Die Interpreten der in den Räumen der Schwarzwaldschulen stattfindenden Konzerte sind u.a. E. Steuermann, R. Serkin und das Kolisch-Quartett. Zu seinen Schülern gehören u.a. H.E. Apostel, H. Eisler, E. Ratz, J. Rufer, N. Skalkottas, E. Stein und W. Zillig. 1923 stirbt seine Frau Mathilde; 1924 heiratet er Gertrud Kolisch, die Schwester seines Freundes und Schülers R. Kolisch. 1926 übernimmt er als Nachfolger von F. Busoni dessen Meisterklasse an der Akademie der Künste in Berlin. 1933 Emigration über Paris in die USA, wo er zunächst am Malkin Conservatory in Boston unterrichtet. Ab 1934 absolviert er eine Lehrtätigkeit an der University of Southern California in Los Angeles, 1940 wird er amerikanischer Staatsbürger. Schönbergs Ausgangspunkt ist das Werk von Brahms und Wagner, seine ersten Werke sind deutlich unter einem spätromantischen Einfluß entstanden. Ab etwa 1920 wendet Schönberg die von ihm entwickelte »Methode der Komposition mit zwölf nur aufeinander bezogenen Tönen« konsequent an.

Werke u.a.: 1899 Streichsextett »Verklärte Nacht«, 1905 symphonische Dichtung »Pelleas und Melisande«, op. 5, 1906 »1. Kammersinfonie«, 1909 »Erwartung«, Monodram für Sopran und Orchester, op. 17, 1930–1932 »Moses und Aron«, Oper, 1934–1936 Violinkonzert, op. 36, 1936 4. Streichquartett, op. 37, 1947 »Ein Überlebender aus Warschau«, op. 46.

Schöne, Lotte
* 15.12.1894   † 22.12.1977

Geboren in Wien, 1909 erste musikalische Studien (Gesang) bei J. Ress in Wien, später Studium bei L. Ress und M.

Brossement. 1912 Debüt an der Wiener Volksoper in Webers »Freischütz«, 1917–1925 singt sie an der Wiener Hofoper beziehungsweise Staatsoper. In den Jahren 1922–1928, 1935 und 1937 wirkt sie bei den Salzburger Festspielen mit. Sie singt u.a. in Mozart-Opern: die *Susanna* in der »Hochzeit des Figaro«, die *Despina* in »Così fan tutte«, die *Pamina* in der »Zauberflöte«. Von 1926–1933 singt sie auch an der Berliner Volksoper, zusätzlich übernimmt sie Gastrollen an den Opernhäusern in München und Dresden. 1927 kreiert sie die Rolle der *Liu* in Puccinis »Turandot« in einer Premiere am Covent Garden, 1933 erfolgt ihre Emigration nach Frankreich. Konzerttourneen führen sie nach Belgien, Frankreich, in die Niederlande und die Schweiz. Nach der deutschen Invasion in Frankreich versteckt sie sich in den französischen Alpen. 1948 gastiert sie an der Berliner Volksoper, 1953 beendet sie ihre Karriere und gibt Gesangsunterricht in Paris.

Schorr, Friedrich
* 22.9.1888   † 14.8.1953

Geboren in Nagyvarad, Jus-Studium in Wien. Gesangsstudium bei A. Roinson in Brünn, 1911–1916 ist er in Graz engagiert, wo er als *Wotan* in Wagners »Walküre« debütiert. Zusätzlich singt er in den Jahren 1911–1912 an der Chicago Opera, 1916–1918 am Deutschen Theater in Prag. In den Jahren 1918–1923 tritt er an der Oper in Köln auf, 1918 unternimmt er eine Tournee mit Wagner-Partien, von 1924–1943 ist er an der Metropolitan Opera in New York engagiert, wo er sein Debüt als *Tannhäuser* feiert. Zusätzlich singt er ab 1924 am Covent Garden vorwiegend Wagner-Rollen, in den Jahren 1925–1931 wirkt er bei den Bayreuther Festspielen mit. 1929 gibt er in der amerikanischen Premiere von Ernst Kreneks Oper »Jonny spielt auf« an der Metropolitan Opera die Titelrolle, 1938 emigriert er in die USA, 1943 beendet er dort seine Karriere. Danach produziert er Opern an der New York City Opera.

Schreiber, Frederick C.
* 13.1.1895

Geboren in Wien, Studium: Klavier, Cello und Komposition an der Wiener Musikakademie und am Wiener Konservatorium. 1920–1921 ist er Dirigent des Städtischen Theaters in Klagenfurt, 1924–1926 Organist in der Dorotheer-Kirche in Wien. In den Jahren 1926–1938 lehrt er Musiktheorie am Wiener Konservatorium, 1939 emigriert er in die USA. Von 1939–1958 ist er Organist und Chordirektor an der Reformierten Protestantischen Kirche in New York.

Werke: 9 Symphonien, die er in den Jahren 1927, 1933, 1936, 1951, 1952, 1956 und 1957 komponierte; 1950 »The Beatitudes«, symphonische Triologie für Orchester und gemischten Chor; 2 Violinkonzerte; 2 Klavierkonzerte; Cellokonzert; 1949 »Sinfonietta in G«; 1955 »Concerto Grosso 1936«; 1967 »Christmas Suite«; 1972 »Magnificat« für Orchester, Sopran und gemischten Chor; 1974 »7 Songs of Love and Death«. Kammermusik, Orgelmusik, Klaviermusik, Lieder, Chorwerke.

Schwarz, Emil
* 1874   † 1946

Geboren in Wien, 1906–1913 Besitzer des Königlichen Belvederes in Dresden, 1913–1926 Aufführung der Revue »Femina« in Wien, 1915–1923 am Lustspieltheater im Prater. Zusammenarbeit mit K. Farkas, H. Moser, L. Harvey, 1924–1925 am Varietétheater Ronacher, ab 1926 am Theater des Westens in Berlin, ab 1928 am Stadttheater in Wien. 1929–1930 Tourneen in Italien, 1940 Emigration in die USA.

Werke: 1913 »So leben wir«, 1923 »Wien gib acht«, 1924 »Alles per Radio«, 1928 »Sie werden lachen«.

Schwarz, Paul
* 30.6.1888   † 24.12.1980

Geboren in Wien, Debüt am Stadttheater in Bielitz (Biala), wo er von 1909–1910 engagiert ist. In den Jahren 1910–1912 singt er an der Wiener Volksoper, ab 1912 an der Hamburger Staatsoper als Tenor-Buffo. Bis 1933 singt er dort 145 Partien in mehr als 4.000 Vorstellungen, Gastspiele führen in an die Opernhäuser nach Berlin, Wien, Amsterdam und Paris. 1933 wird er zwangspensioniert und emigriert in die USA, 1945 erfolgt seine Rückkehr nach Hamburg, wo er 1949 als *Basilio* in Mozarts »Figaros Hochzeit« auf der Bühne steht.

Schwarz, Vera
* 10.7.1889 † 4.12.1964

Geboren in Zagreb, Gesangs- und Klavierstudium in Wien, vorwiegend bei Ph. Forsten. 1912 debütiert sie am Theater an der Wien, 1914 singt sie an der Hamburger Oper, 1921 an der Wiener Staatsoper. Schwarz wird als Operettensängerin bekannt – so singt sie 1925 in der Premiere von Lehárs »Zarewitsch« mit R. Tauber. Sie singt mit Tauber ca. 600 Vorstellungen, darunter auch in Lehárs »Land des Lächelns«. 1929 gibt sie den *Octavian* in R. Strauss' »Rosenkavalier« bei den Salzburger Festspielen, 1933 gastiert sie an den Opernhäusern von Chicago, New York und San Francisco. 1938 Emigration in die USA, ab 1939 gibt sie Gesangsunterricht in Hollywood, 1948 kehrt sie nach Österreich zurück. Ab 1948 gibt sie kontinuierlich Gesangskurse am Mozarteum in Salzburg.

Seiber, Matyas György
* 4.5.1905 † 24.9.1960

Geboren in Budapest, in den Jahren 1919–1924 Kompositionsstudium bei Z. Kodály, Cellounterricht bei A. Schiffer an der Budapester Musikakademie. 1925 beteiligt er sich an einem ungarischen Kompositionswettbewerb, wird allerdings nicht mit einem Preis bedacht. Dies veranlaßt Bartók und Kodály zum Protest, sie treten aus der Jury aus. Im selben Jahr unterrichtet Seiber an einer privaten Musikschule in Frankfurt am Main, von 1926–1928 arbeitet er als

Cellist mit einem Schiffsorchester in Nord- und Südamerika. Nach 1928 ist er als Dirigent beschäftigt, aber auch Cellist beim Lenzewski-Quartett. 1933 Rückkehr nach Budapest, 1935 Emigration nach England, wo er 1942 von M. Tippet eingeladen wird, am Morley College in London zu lehren. Seiber gründet einen Workshop für Komponisten, der später in eine Society for Promotion of New Music übergeht, seine Schüler sind u.a. Fricker, Banks, Milner, Lidholm, Schat, Wood und Gilbert. 1945 gründet er die Dorian Singers, die sowohl Musik des 16. Jahrhunderts als auch die Moderne pflegen.

Werke: 1934 »Eva spielt mit Puppen«, Oper, 2 Operetten, 9 Choralwerke, Orchesterwerke, Kammermusik, Filmmusik, Lieder.

Sendrey, Alfred
* 1884

Geboren in Budapest, von 1900–1904 Studium an der Budapester Universität, in den Jahren 1901–1905 am Konservatorium in Budapest, Studium bei H. Koessler (Komposition). Als Dirigent ist Sendrey in folgenden Städten tätig: 1905–1907 in Köln, 1907 in Mühlhausen, 1909 in Brünn, 1911–1912 an der Grand Opera in Chicago, 1912–1913 an der Hamburger Oper, 1913–1914 an der Century Oper in New York, 1914–1915 am Deutschen Opernhaus in Berlin, 1915–1916 an der Volksoper, 1918–1924 an der Leipziger Oper, von 1924–1933 bei den Leipziger Symphonikern. 1933 wird er entlassen und emigriert nach Frankreich, 1940 weitere Emigration in die USA, wo er als Lehrer arbeitet, in den Jahren 1948–1952 ist er Professor am Westlake College of Music in Los Angeles, 1950–1965 in Hollywood, u.a. Lehrer von H. Mancini, G. Antheil, J. Hayes. Beginnend mit 1958 Professor an der University of Judaism in Los Angeles.

Werke: 1920 »Der türkisblaue Garten«, Oper, Orchesterstücke.

Senn, Walter
* 11.1.1904

Geboren in Innsbruck als Sohn des Organisten, Dirigenten und Musikkritikers Karl S. Orgelunterricht bei seinem Vater, bei J. Prembaur d.Ä. und E. Schennich lernt er Klavier und Musiktheorie; in Wien studiert er Musikwissenschaft bei G. Alder, R. Lach und promoviert 1927 mit einer Dissertation über Beethoven. Er besucht die Wiener Musikakademie (Musiktheorie bei J. Marx, Klavier bei F. Wührer, K. Prohaska). Ab 1928 lehrt Senn in Innsbruck an Mittelschulen, Lektor an der Universität (Musiktheorie, Chorgesang), Studien zur Musik- und Theatergeschichte Tirols. 1938 aus politischen Gründen vom Staatsdienst entlassen, geht er nach Südtirol und setzt dort seine musikwissenschaftlichen Forschungen fort. 1947 habilitiert sich Senn an der Wr. Universität und wird 1950 Dozent, 1961 Professor an der Universität Innsbruck.

Schriften: Musik, Schule und Theater der Stadt Hall in Tirol (Innsbruck, Wien, München 1938); Musik und Theater am Hof zu Innsbruck (Innsbruck 1954).

Serkin, Rudolf
* 28.3.1903 † 9.12.1991

Geboren in Eger als Sohn des russischen Sängers Mordko Serkin und der Sängerin Augusta Schargel, Studium bei dem Klavierpädagogen R. Robert, einem Schüler von Epstein, Krenn und Bruckner, der auch G. Szell und C. Haskill unterrichtete. Zusätzlich Kompositionsstudium bei J. Marx, 1915 Debüt mit Mendelssohns Klavierkonzert in g-Moll, op. 25. Gegen Ende des Ersten Weltkrieges Berührung mit dem Kreis um Schönberg, damit verbunden Konzerttätigkeit im Verein für musikalische Privataufführungen, der sich die Aufführung von zeitgenössischer Musik zum Ziele setzte. 1920 Bekanntschaft mit dem Geiger A. Busch, die zu einer jahrzehntelangen kammermusikalischen Verbindung führte. 1921 absolviert Serkin gemeinsam mit A. Busch und P. Grümmer das Debüt bei den Wiener Philharmonikern mit Beethovens Trippelkonzert, 1928 und 1932 spielt er weitere Konzerte mit dem Orchester in Salzburg. 1933 verlassen sowohl A. und H. Busch als auch Serkin Deutschland und emigrieren vorerst in die Schweiz, später in die USA, nachdem antisemitische Demonstrationen gegen den Pianisten anläßlich eines Duo-Abends erfolgt waren. Über Vermittlung von A. Toscanini, den er neben Busch und Schönberg als Leitfigur seines Lebens bezeichnete, wird Serkin am angesehen Curtis Institute of Music eine Lehrstelle offeriert, die er auch annimmt. Ab 1939 unterrichtet er an diesem Institut, in den Jahren 1968–1977 leitet er es. Unter Toscaninis Leitung feierte er auch 1936 sein erfolgreiches Amerika-Debüt mit Mozarts Klavierkonzert in B-Dur, KV 595, in der Saison 1937/38 interpretiert er mit A. Busch sämtliche Beethoven-Violinsonaten. 1950 gründen Serkin und Busch das Marlboro-Festival im amerikanischen Bundesstaat Vermont. Serkin erlangt Ruhm durch seine Interpretationen von Werken der Wiener Klassik, die nach 1945 fast ausnahmslos sein Repertoire prägen. 1957 findet die Uraufführung der ihm gewidmeten Klaviersonate von Bohuslav Martinů statt – eine der seltenen Interpretationen zeitgenössischer Musik des »späten« Serkin.

Simon, Eric (vor dem Exil: Erich)
* 2.10.1907

Geboren in Wien; Akademisches Gymnasium in Wien, Studium der Jurisprudenz an der Universität Wien. Danach Tätigkeit bei der Universal Edition. Private musikalische Ausbildung u.a. Klavier bei F. Mittler, Klarinette bei V. Polatschek; später Dirigieren bei H. Scherchen, dessen Assistent er wird. Zusammen mit H. Zipper gründet er 1932 das Wiener Konzertorchester, dessen erster Klarinettist er wird. 1935/36 Engagement an der Moskauer Philharmonie. Danach organisatorischer Leiter des internationalen konzert büros in Wien. Flucht über die Schweiz nach New York.

Dort Assistent conductor von F. Stiedry und erster Klarinettist beim Orchestra of the New Friends of Music. Kammermusik mit E. Krenek, A. Schönberg, D. Mitropoulos, L. Bernstein, dem Kolisch-Quartett. Auftritt bei internationalen Musikfesten (Casals Festival in Prades, Coolidge Festival in Washington etc.) Solo-Klarinettist des New York City Symphony Orchestra unter L. Stokowski. Unterricht an der New School of Social Research, dem Mannes College of Music und den Dalton Schools. Lehrer von Benny Goodman in der klassischen Literatur für Klarinette. Orchestrierung verschiedener Klavierwerke von Schubert, Schumann, Brahms, Mussorgsky, die von D. Mitropoulos, A. Wallenstein, V. Golshman u.a. zur Aufführung gebracht wurden. Seine Lieder-Orchestrierungen wurden von M. Anderson, E. Pinza, A. Kipnis u.a. interpretiert.

Singer, George
* 6.8.1908 † 1.10.1980

Geboren in Prag, Kompositionsstudium bei A. Zemlinsky in den Jahren 1924–1926, Debüt als Dirigent 1926 am Neuen Deutschen Theater in Prag mit Kienzls »Der Evangelimann«. Er dirigiert an diesem Theater bis 1930, sodann wechselt er nach Hamburg zur dortigen Oper. 1934 verläßt er Hamburg und wechselt wieder nach Prag. 1939 emigriert er nach Palästina, 1947 wird er an der Israel National Opera »permanent guest conductor«. Auf Gastspielen dirigiert er in Europa, der UdSSR sowie der USA, wo er sein spätes Debüt im Jahr 1968 mit Puccinis »La Bohéme« an der New York City Opera gibt.

Solti, Georg
* 21.10.1912

Geboren in Budapest, er studiert an der Franz-Liszt-Akademie in Budapest bei E. v. Dohnányi, Z. Kodály und B. Bartók Klavier und Komposition. Als Zwölfjähriger gibt er sein erstes Klavierkonzert. Ab 1930 Engagement an der

Budapester Oper, zunächst als Assistent, dann als Kapellmeister. Im Sommer 1936 und 1937 ist er bei den Salzburger Festspielen Assistent Toscaninis. 1939 Emigration nach Zürich, wo er als Pianist in Erscheinung tritt. 1947–1951 Generalmusikdirektor der Münchner Oper und 1952–1961 an der Frankfurter Oper. 1961–1971 Musikdirektor des Covent Garden London. Ab Ende der 50er Jahre Schallplattenaufnahme von Wagners »Ring« mit den Wiener Philharmonikern. Von 1969–1991 ist er Leiter des Chicago Symphony Orchestra. 1992 übernimmt er als Nachfolger H. v. Karajans die Leitung der Salzburger Osterfestspiele.

Spiegl, Fritz
* 27.1.1926

Geboren in Zurndorf (Burgenland), wirkt als Flötist und Musikschriftsteller. Spiegl geht nach England ins Exil und wird Flötist im Royal Liverpool Orchestra. Er schreibt Essays für einschlägige englische Musikzeitschriften über verschiedene musikgeschichtliche Themen (u.a. über Beethoven) und gestaltet seit Jahrzehnten regelmäßig musikalische Programme für BBC. Er lebt in Liverpool.

Spielmann, Fritz
* 20.11.1906

Geboren in Wien, Besuch der Mittelschule und anschließend (1918–1927) der Musikakademie, Lehrer: J. Meyer (Klavier), J. Marx (Kontrapunkt, Komposition). 1931 Debüt als Pianist mit einem Recital für die Konzerthausverwaltung in Wien. Spielmann widmet sich der »leichten« Musik, sein erstes Engagement im Kabarett ist 1933 »Der liebe Augustin«. In den nächsten beiden Jahren spielt und singt er im Wiener Nachtlokal »Der Fiaker« eigene Lieder und Chansons, Mitautoren sind H. Haller, S. Tisch, F. Rotter, R. Gilbert, F. (Beda-)Löhner und St. Weiss. Spielmann komponiert musikalische Komödien, die u.a. in den Wiener Kammerspielen und im Theater an der Wien aufgeführt werden.

1938 emigriert er über Frankreich nach Kuba, 1939 Übersiedlung in die USA. Er läßt sich in New York nieder, spielt und singt nun am Broadway, komponiert aber von Beginn an vor allem amerikanische Songs. Nach 1945 Auftragsarbeiten für Hollywood-Studios. Größte Popularität erlangen seine Songs durch Interpretationen von B. Crosby, E. Presley, D. Day, M. Osmond, F. Sinatra, J. Garland und L. Melchior. Von 1944–1952 in Hollywood, dann wieder Rückkehr nach New York.

Werke: Unzählige Chansons, Lieder und Songs; musikalische Komödien: »Achtung Großaufnahme«, »Herzklopfen«, »Pam-Pam«; 1972 ORF-Show: »Spielmanns Geschichten«.

Spinner, Leopold
* 1906   † 1980

Geboren in Lemberg, Studium der Musikwissenschaft bei Adler, Ficker und Lach. Weiterführende Kompositionsstudien bei P.A. Pisk in den Jahren 1926–1935 und A. v. Webern (1935–1938). 1939 Emigration nach Großbritannien, freischaffender Komponist und Musiklehrer, seit 1958 arbeitet Spinner auch als Verlagslektor.

Werke: Vokal- und Kammermusik, Klavierwerke: 1943 Sonate, 1954 Fantasie, 1958 5 Inventionen, 1969 Sonatine, 1947 Konzert für Klavier und Kammerorchester.

Stadlen, Peter
* 14.7.1910

Klavierstudium bei P. Weingarten, Komposition bei J. Marx und M. Springer an der Wiener Musikakademie. Stadlen lernte außerdem Klavier bei L. Kreuzer und Komposition bei Gmeindl an der Berliner Hochschule für Musik, 1935 emigriert er nach Großbritannien und konzertiert vorwiegend in Europa. Sein Repertoire stützt sich sowohl auf die Wiener Klassik als auch auf die Zweite Wiener Schule, Stadlen spielt auch die Uraufführung von Weberns »Variationen für Klavier« und wirkt bei der Premiere von Schönbergs »Septett« mit. Nach 1945 spielt er Schönbergs Klavierkonzert, op. 42 u.a. in Großbritannien, Belgien und Österreich, sein Einsatz gilt aber auch E. Kreneks Klavierkonzert Nr. 3 und P. Hindemiths Werken »4 Temperamente« und »Konzertmusik«. Er konzipiert für den Österreichischen Rundfunk Sendungen, die sowohl klassische als auch im Vergleich dazu atonale Musik bieten. Ab 1960 ist er Musikkritiker des Londoner *Daily Telegraph*.

Starer, Robert
* 8.1.1924

Geboren in Wien, Cousin von J. Berg. Studium an der Wiener Musikakademie mit 13 Jahren (Klavier bei V. Ebenstein), 1938 exmittiert, gelangt zu einem »immigration certificate«, um in Jerusalem am Konservatorium zu studieren. J. Tal wird hier Starers wichtigster Lehrer. Auseinandersetzung mit arabischer Musik. Übersiedelt 1947 nach New York. Arbeit als Begleiter. Seinen Durchbruch als Komponist erlebt er mit knapp 30 Jahren, als die New Yorker Philharmoniker eines seiner Werke aufführen. Zusammenarbeit mit M. Graham, W. Steinberg, L. Bernstein, I. Perlman und S. Ozawa.

Werke: Balett: »Phädra«; Oper: »The Last Lover«; Orchesterwerke mit Gesang: »Images of Man«, »Journals of a Songmaker«. *Schriften:* »Continuo – A Life in Music« (London 1987).

Stefan, Paul (Paul Stefan Grünfeld)
* 25.11.1879   † 12.11.1943

Geboren in Brünn, Studium der Philosophie, Kunstgeschichte und Musikgeschichte an der Universität Wien. 1904 Dr. jur. Studium der Musiktheorie bei H. Grädener und Komposition bei Schönberg. Nach Militärdienst und kurzer Beamtentätigkeit lebt Stefan als freier Schriftsteller und Kritiker in Wien, 1922 gehört er zu den Gündern der IGNM (Internationale Gesellschaft für Neue Musik), in den Jahren 1922–1928 Editor der Zeitschrift *Musikblätter des Anbruchs*. Stefan ist auch Musikkritiker für *Die Stunde*, *Die Bühne* und die Tageszeitung *Neue Zürcher Zeitung* sowie Lehrer am Max Reinhardt-Seminar. Er emigriert 1938 in die Schweiz, 1939 nach Frankreich, 1940 nach Portugal, 1941 in die USA. Stefan stirbt in New York.

Schriften: Gustav Mahler (München 1910); Arnold Schönberg (Wien 1924); Arturo Toscanini (Wien 1935); Bruno Walter (Wien 1936).

Stein, Erwin
* *7.11.1885* † *19.7.1958*

Geboren in Wien, Privatstudium von 1905–1910 bei Schönberg, zusätzlich in den Jahren 1905–1909 Musikwissenschaft an der Universität Wien. Von 1910–1919 Dirigent in verschiedenen Städten Österreichs sowie der Tschechoslowakei und Deutschland, im Zeitraum 1920–1923 organisiert er gemeinsam mit Schönberg die Konzerte des »Vereins für musikalische Privataufführungen«. Von 1921–1931 dirigiert er das Wiener Pierrot lunaire Ensemble, von 1924–1929 ediert er die Zeitschrift *Pult und Taktstock*, die er auch begründet hat. In den Jahren 1924–1938 arbeitet er als Editor (Universal Edition Wien) und gestaltet Radiosendungen. Er ist Wiener Korrespondent der Bostoner Zeitschrift *The Christian Science Monitor* und engagiert sich insbesondere für Bergs Oper »Lulu«, von deren III. Akt er auch einen vollständigen Klavierauszug anfertigt. 1938 emigriert er nach Großbritannien, arbeitet bei der Firma Boosey and Hawkes in London und wird Mitbegründer der Londoner vierteljährlich erscheinenden Musikzeitschrift *Tempo*. Stein ist ab 1947 Direktor der English Opera Group.

Stein, Hanns
* *1926*

Geboren in Prag, aufgewachsen in Neuern (Tschechoslowakei), März 1939 Emigration nach England, von dort Ende 1939 nach Chile. Tätigkeit in verschiedenen Berufen, Gesangsstudium. Stein unterrichtet an der Abendschule der Musikfakultät der staatlichen Universität. Eintritt in die Kommunistische Partei. Stein trägt viel zur Verbreitung der Lieder H. Eislers in Chile bei. 1966 geht Stein mit einem Stipendium nach Prag, Studien am dortigen Konservatorium, 1968 Professor für Gesang in Santiago de Chile, 1973 bis 1980 Lehr- und Konzerttätigkeit in Ostberlin, lebt in Santiago de Chile.

Steiner, Karl
* 10.3.1912

Geboren in Wien, mit 20 Jahren Schüler der Klavierlehrerin O. Novakovic, die dem Kreis um A. Berg sehr nahe stand. Studium der Musikwissenschaft an der Universität Wien in den Jahren 1931–1934, Lehramtsprüfung an der Musikakademie Wien, Genehmigung zur Eröffnung einer privaten Musikschule im Konservatorium des Volksbildungsvereines Apolloneum. Nach dem Einmarsch der deutschen Truppen in Österreich wird Steiner verhaftet und ins Konzentrationslager Dachau gebracht. Steiner gelingt die Entlassung aus dem KZ, er emigriert, nachdem ihm die Einreise nach Frankreich untersagt wird, nach China (Shanghai). Nach Kriegsende bleibt Steiner in Shanghai bis zum Einmarsch der kommunistischen Truppen und emigriert ein zweites Mal – diesmal nach Kanada. Er läßt sich in Montreal nieder, ab 1964 unterrichtet er an der dortigen McGill-Universität. In seinen Konzerten führt er periodisch Klavierwerke der Zweiten Wiener Schule auf.

Steiner, Max(imilian Raoul Walter)
* 10.5.1888   † 28.12.1971

Geboren in Wien als Kind einer musikalischen Familie, studiert Steiner bereits als Kind und komponiert mit 14 Jahren eine Operette, die am Orpheum Theater über ein Jahr lang gegeben wird. Von 1905–1914 dirigiert er in London, Paris, Berlin, Moskau und Johannesburg, ab 1914 arbeitet er am

Broadway als Arrangeur und Dirigent, 1929 übersiedelt er nach Hollywood. Er arbeitet für RKO Radio Pictures, Selznick International und Warner Brothers und komponiert die Musik zu mehr als 300 Filmen.

Steininger, Franz
* ? † 1974

Emigration 1935 in die USA, arbeitet von 1935–1960 in den USA als Show- and Light-Opera-Kapellmeister. Späte Rückkehr nach Wien, wo er 1974 verstarb.

Stekel, Erich Paul
* 27.6.1898

Geboren in Wien, von 1908–1915 Besuch des Gymnasiums in Wien, in den Jahren 1911–1915 Besuch des Wiener Konservatoriums. Er studiert Violine bei F. Ondricek, Musikgeschichte bei E. Wellesz, Dirigieren bei R. Konta, Komposition bei C. Horn und Klavier bei R. Robert. Von 1915–1916 besucht er die Wiener Musikakademie, wo er Dirigieren bei F. Schalk und Komposition bei F. Schreker, M. Graf und K. Prohaska studiert. 1919–1921 spielt er Viola im Wiener Staatsopernorchester, dann ist er Korrepetitor. In den Jahren 1921–1923 ist er Dirigent am Stadttheater in Lübeck, 1923–1925 erster Dirigent am Deutschen Landestheater in Prag. 1925 (!) wird eine Berufung an die Wiener Staatsoper trotz Empfehlung von Direktor F. Schalk aus vermutlich »rassischen« Gründen abgelehnt, von 1925–1926 dirigiert er an der Wiener Volksoper, in den Jahren 1928–1930 ist er erster Dirigent am Stadttheater in Saarbrücken. Er gastiert u.a. an den Opernhäusern in Zürich und Mannheim, 1931 emigriert er – nach Attacken durch die NS-Zeitschrift *Der Stürmer* – nach Frankreich. Er dirigiert am Grand Theatre in Bordeaux, später leitet er in Algerien eine Aufführung des kompletten »Ring des Nibelungen« von Wagner. Von 1932–1936 gibt er Konzerte in der UdSSR, in Frankreich, Österreich und der Tschechoslowakei, gründet das Armati-

Quartett und wird 1939 in Stade Roland, Garosse und Damigny interniert. In den Jahren 1941–1945 lebt er in Nimes, von 1945–1947 leitet er Sinfoniekonzerte in Algier und von 1951–1970 ist er Direktor des Conservatoriums in Grenoble. Er ist auch Gründer des Grenoble Symphonie Orchesters.

Werke: 1930 »Weiße Nächte«, Oper, 4 Symphonien, 1 Violinkonzert, 1 Klavierkonzert.

Sternberg, Daniel Arle
* 29.3.1913

Geboren in Lemberg, 1931–1935 Besuch der Universität Wien, zusätzlich Studium der Komposition bei K. Weigl. In den Jahren 1935–1936 studiert er Dirigieren bei F. Stiedry, 1933–1934 ist er Lehrer an der Wiener Volkshochschule, 1935 emigriert er in die Sowjetunion. Er ist Gastdirigent bei den Leningrader Philharmonikern und an der Leningrader Oper, 1936 dirigiert er in Leningrad und in Moskau (Radio-Symphonieorchester Moskau). In den Jahren 1936–1937 Musikdirektor in Georgien, 1939 emigriert er in die USA, wo er von 1940–1942 eine Berufung als Leiter der Klavierabteilung am Hockaday Institute of Music in Dallas, Texas, bekommt. Von 1942 an ist er Dekan der School of Music, Baylor University, Waco, Texas, zusätzlich dirigiert er 1952 und 1965 das Dallas Symphony Orchestra. Sternberg arbeitet in diesem Zeitraum auch als Begleiter.

Sternfeld, Frederick William (Friedrich Wilhelm)
* 25.9.1914

Geboren in Wien, Besuch der Universität Cambridge, von 1933–1938 Universität Wien. Er studiert bei R. Lach und E. Wellesz Komposition und emigriert 1938 nach Großbritannien. Im selben Jahr übersiedelt er in die USA, wo er Bibliothekswesen am New York College of Music studiert. In den Jahren 1940–1943 Besuch der Yale University (Studium bei Schrader), von 1940–1946 ist er Fakultätsmitglied der Wesleyan University, Middletown, in den Jahren 1946–1956 Fakultätsmitglied des Hannover College in New Hampshire. Sternfeld ediert in den Jahren 1954–1961 die Zeitschrift *Renaissance News*, 1956 übersiedelt er, einem Ruf der Oxford University folgend, nach Großbritannien.

Steuermann, Eduard
* 18.6.1892   † 11.11.1964

Geboren in Lemberg, erhält der junge Steuermann von 1904–1910 Privatunterricht (Klavier) bei V. Kurz, wechselt in der Folge zu F. Busoni nach Berlin (1911–1912), sodann für die Jahre 1912–1914 zu E. Humperdinck und A. Schönberg (Komposition). Die Wertschätzung Schönbergs drückt sich darin aus, daß er Steuermann den Klavierpart bei der Uraufführung des »Pierrot Lunaire« (1912) anvertraut, später die Uraufführung der Klaviersuite op. 25, des Septetts op. 29, der Ode to Napoleon Buonaparte op. 41b und des Klavierkonzerts op. 42. Von 1918 bis 1936 gibt Steuermann in Wien Privatunterricht und tritt als Pianist auf. 1932–1936 unterrichtet er auch in Polen, an der Paderewski-Schule in Lwow wie auch am jüdischen Konservatorium von Krakau. 1936 wandert er in die USA aus, 1948–1963 lehrt er am Konservatorium von Philadelphia und von 1952–1964 an der Julliard School of Music in New York. Steuermann wird zu den bedeutendsten Interpreten der Zweiten Wiener Schule gezählt, er hält nach dem Zweiten Weltkrieg u.a. Meisterkurse in Darmstadt und Salzburg ab. Zu Steuermanns Schülern zählen z.B. A. Brendel, J. Kalichstein und L. Kraus.

Stiedry, Fritz
* 11.10.1883   † 9.8.1968

Der in Wien geborene Stiedry studiert an der dortigen Universität Rechtswissenschaften und an der Musikakademie bei E. Mandyczewski Komposition. 1907–1908 ist er auf Empfehlung Mahlers bei E. v. Schuch an der Dresdner

Oper Assistent. Es folgen Engagements in Teplitz, Posen und Prag, sodann wird er als zweiter Kapellmeister nach Kassel berufen. In den Jahren 1914–1923 erster Kapellmeister an der Berliner Oper, wird er 1924 Nachfolger F. Weingartners an der Wiener Volksoper. 1926 geht er nach Berlin zurück und übernimmt in den Jahren 1928–1933 die Chefdirigentenposition der Städtischen Oper, 1933–1937 wird er nach einer aus politischen Gründen erzwungenen Emigration künstlerischer Leiter des Philharmonischen Orchesters in Leningrad. 1938 emigriert er in die USA, 1941 ist er an der New Opera Company in New York engagiert, 1945–1946 an der Oper in Chicago und von 1946–1958 an der Metropolitan Opera in New York. Sporadische Engagements in Europa – u.a. 1947 in Glyndebourne »Orphee et Eurydice« (Gluck). Stiedry leitet zahlreiche Uraufführungen, so z.B. 1924 »Die glückliche Hand« von Schönberg, 1940 dessen Kammersymphonie Nr. 2, 1933 das Konzert für Klavier, Trompete und Orchester, op. 35 von Schostakowitsch sowie »Die Bürgschaft« von Weill. 1960 übersiedelt er in die Schweiz.

Stöhr, Richard Franz (Stern)
* 11.6.1874   † 11.12.1967

Geboren in Wien, abgeschlossenes Medizinstudium, Kompositionsstudium bei R. Fuchs, in den Jahren 1903–1938 Lehrer am Wiener Konservatorium. Er ist u.a. Lehrer von E. Leinsdorf und A. Rodzinski, 1938 emigriert er in die USA, in den Jahren 1939–1941 ist er Lehrer am Curtis Institute of Music in Philadelphia. Von 1942–1943 ist er Lehrer am Cincinnati Conservatorium in Ohio, in den Jahren 1942–1950 Musikprofessur am St. Michaels College in Winooski.

Werke: »Der verlorene Sohn«, Oratorium; Kammermusik, 7 Sinfonien, 2 Opern: »Ilse« und »Der Gürtelspanner«; Klavierstücke; Werke für Chor.

Stolz, Robert Elisabeth
* 25.8.1880   † 27.6.1975

Der gebürtige Grazer konnte auf ein musikalisches Elternhaus verweisen: Sein Vater, Jacob, war Dirigent und Schüler von Bruckner, von seiner Mutter Ida Bondy erhielt er den ersten Musikunterricht. Studium am Wiener Konservatorium (R. Fuchs) und bei E. Humperdinck in Berlin, 1897 bekommt er in Graz die Stelle eines Korrepetitors, 1898 wird er als zweiter Kapellmeister nach Marburg berufen. 1899 wird seine erste Operette gedruckt, 1902 wird er als Kapellmeister an das Salzburger Theater verpflichtet, 1907 ebenfalls als Kapellmeister an das Theater an der Wien. Stolz übersiedelt während des Ersten Weltkrieges nach Berlin. Zwei Jahre vor der Besetzung durch Hitler läßt er sich wieder in Österreich nieder, 1938 emigriert er nach Paris, obwohl ihn die Nationalsozialisten für die Mitwirkung im deutschen Kulturleben gewinnen wollen. 1940 Übersiedlung in die USA. 1943 komponiert er für den René-Clair-Film »It happened tomorow« die Musik, 1946 übersiedelt er erneut nach Wien. Er übernimmt die musikalische Betreuung der Produktionen der »Wiener Eisrevue«.

Werke: »Die Rosen der Madonna«, Oper, 27 Operetten, ca. 20 Musicals, annähernd 1.200 Lieder und Musik zu mehr als 100 Filmen. Operetten: 1909 »Die lustigen Weiber von Wien«, 1919 »Zwei Herzen im Dreivierteltakt«, 1932 »Wild Violets«, 1949 »Frühling im Prater«. Musik zu den Filmen: 1930 »Das Lied ist aus«, »Une Nuit à Tabarin«, »Zwei Herzen im Dreivierteltakt«, »Liebeskommando«, 1934 »Spring Parade«, 1936 »Rise and Shine«, 1937 »Charme de la Bohème«, 1948 »Rendezvous im Salzkammergut«, 1951 »Tanz ins Glück«, 1958 »Die Deutschmeister«.

Straus, Oscar
* 6.4.1870   † 11.1.1954

Besuch der Musikakademie, anschließend Privatstudium. In den Jahren 1895–1900 Dirigent an den Theatern in Brünn, Teplitz, Mainz und Berlin. 1901–1902 Dirigent in E. v. Wolzogens Kabarett Überbrettl in Berlin, für den er auch Musicals – »Der lustige Ehemann«, »Die Haselnuß«, »Die Musik kommt« – schreibt. Bis 1927 wirkt er in Berlin, danach lebt und arbeitet er bis zu seiner 1938 erfolgten Emigration in Wien. Er flüchtet nach Frankreich, 1940 in die USA und wohnt in New York und Hollywood. 1948 kehrt er wieder nach Österreich zurück und lebt in Bad Ischl.

Werke: Opern: 1894 »Die Waise von Cordoba«, 1904 »Colombine«, 1909 »Das Tal der Liebe«, »Der tapfere Kassian«; Operetten: 1906 »Hugdietrichs Brautfahrt«, 1909 »Didi«, 1910 »Mein junger Herr«, 1920 »Der letzte Walzer«, 1928 »Marietta«, 1935 »Drei Walzer«, 1950 »Ihr erster Walzer«. Musik zu folgenden Filmen: 1950 M. Ophüls »La Ronde« (basiert auf A. Schnitzlers »Reigen«), 1952 »Madame de ...«.

Stutchewsky, Joachim
* 1891

Geboren in Romny, 1905–1909 in russischen Orchestern tätig, von 1909–1912 Studium (Cello) am Leipziger Konservatorium. In den Jahren 1912–1914 Mitglied des Jenaer Streichquartetts, ab 1914 Lehrer, Musikerzieher, Cellist und Komponist. Von 1924–1938 arbeitet er mit verschiedenen Wiener Kammerorchestern zusammen. Er begründet den Verein zur Förderung jüdischer Musik in Wien, 1938 emigriert er nach Palästina; in den Jahren 1938–1948 in Vaad Leummi.

Werke: 1929 »Vier jüdische Tanzstücke«, 1940 »Suite für Violine«, 1953 »Israelische Tänze«, 1955 »Verschollene Klänge«, 1956 »Klaviertrio«.

Süsskind, Hans Walter
* 1.5.1913 † 25.3.1980

Geboren in Prag, studiert an der Prager Akademie für musische Künste Komposition bei J. Suk und A. Haba, bei K. Hoffmeister Klavier, anschließend wechselt er zu G. Szell. In den Jahren 1934–1938 arbeitet er als Assistent von Szell am Deutschen Theater in Prag, 1938 emigriert er nach London, wo er von 1938–1942 als Pianist des Tschechischen Trios auftritt. Von 1943–1945 arbeitet er als Chefdirigent der Carl Rosa Opera, in den Jahren 1946–1954 dirigiert er am Londoner Sadler's Wells Theatre. Süsskind arbeitet auch in Schottland: Von 1946–1952 ist er Chefdirigent des Scottish National Orchestra, 1953–1955 leitet er das Symphonieorchester von Melbourne, 1956–1965 ist er Chefdirigent des Symphonieorchesters von Toronto, von 1962–1968 ist er Leiter des Musikfestivals von Aspen. Verdienste erwirbt er sich durch die Erstaufführungen von Symphonien Bruckners und Mahlers in Kanada. 1968 wechselt er nach St. Louis, USA, wo er die Chefdirigentenstelle des dortigen Orchesters erhält, 1969 übernimmt er die Leitung des Festivals von Mississippi. Von 1978–1980 ist er Direktor des Cincinnati Symphony Orchestra.

Szell, George
* 7.7.1897   † 30.7.1970

Der in Budapest geborene Szell übersiedelt nach Wien und wird dort von R. Robert, E. Mandyczewski und K. Prohaska ausgebildet. In Leipzig unterrichtet ihn M. Reger. In Wien debütiert er als zehnjähriger Pianist mit den Wiener Symphonikern, mit siebzehn leitet er die Berliner Philharmoniker mit einer eigenen Komposition, von 1914–1917 arbeitet er als Korrepetitor mit R. Strauss an der Berliner Oper zusammen. Die Jahre 1917–1919 gastiert er als Nachfolger O. Klemperers in der Funktion eines Chefdirigenten an der Straßburger Oper, 1919–1921 ist er am Deutschen Theater in Prag engagiert. Weitere Stationen: 1921–1922 als erster Kapellmeister in Darmstadt, 1922–1924 in Düsseldorf und 1924–1929 in Berlin an der Staatsoper in derselben Funktion. Von 1927–1930 unterrichtet er noch zusätzlich an der Berliner Hochschule für Musik, weiters dirigiert er das Berliner Symphonie-Orchester. Die Jahre 1930–1936 verbringt er in Prag als Generalmusikdirektor, von 1936–1939 leitet er das Scottish National Orchestra, weiters dirigiert er von 1937–1939 noch das Residenzorchester von Den Haag. 1939 unterrichtet er an der Mannes School in New York, 1941–1942 leitet er das NBC Symphony Orchestra. Kammermusik mit P. Hindemith und R. Serkin spielt er in den Jahren 1940–1942, von 1942–1946 dirigiert er kontinuierlich an der Metropolitan Opera, 1946 übernimmt er die Chefdirigentenposition des Cleveland Orchestra, die er bis 1970 behält. Mit dem Orchester erlangt Szell Weltruhm, seine Interpretationen werden großteils als legendär bezeichnet. Zusätzlich arbeitet er nach 1945 noch in Salzburg, wo er zwei Opern von R. Liebermann erstmals aufführt: 1954 »Penelope« und 1957 »Die Schule der Frauen«. Weitere Uraufführungen: 1964 Samuel Barbers »Night Flight«, 1957 Boris Blachers »Music for Cleveland« und 1958 Gottfried von Einems »Ballade für Orchester«. Er komponierte Klavier- und Kammermusik.

Szenkar, Alexander Michael
* 24.10.1896   † 27.8.1971

Geboren in Budapest, Studium an der Budapester Musikakademie. Szenkar beginnt mit 19 Jahren zu dirigieren. Kapellmeister in Stettin, Saarbrücken, Detmold und an der Deutschen Oper in Mährisch-Ostrau und Gera-Allenburg, 1930 Nachfolger von C. Krauss als Generalmusikdirektor in Graz. Von 1936–1938 leitet er die Philharmonie in Charkow, Gastdirigate der Moskauer Philharmonie, 1938 Emigration nach Argentinien, Gründer der Camerata Academica de Buenos Aires. 1959/60 dirigiert er das Symphonieorchester des uruguayischen Rundfunks.

Szenkar, Eugen
* 1891   † 1977

Geboren in Budapest, Pianistendebüt mit sieben Jahren, Dirigentendebüt mit neun Jahren. Studium bei seinem Vater sowie an der Musikakademie in Budapest, in den Jahren 1912–1913 am Deutschen Landestheater in Prag, 1913–1915 Dirigent an der Budapester Volksoper. 1915 Dirigent in

Salzburg, Lehrer am Mozarteum, von 1916–1920 Hofkapellmeister in Altenberg, Thüringen. 1920–1923 Dirigent an der Frankfurter Oper, 1923–1924 Generalmusikdirektor an der Großen Volksoper in Berlin, 1924–1933 Generalmusikdirektor in Köln. 1934 Emigration in die UdSSR, in den Jahren 1934–1937 künstlerischer Leiter der Staatlichen Philharmonie in Moskau, 1939 Emigration nach Brasilien. Von 1939–1949 Gründer und Dirigent der Brasilianischen Symphoniker, 1950 Rückkehr nach Deutschland. Von 1950–1952 Engagement in Mannheim, von 1952–1960 Direktor des Opernhauses in Düsseldorf.

Werke: 1 Symphonie, 1 Klaviersonate, 1 Streichquartett.

Tauber, Richard (Ernst Seiffert)
* 16.5.1892   † 8.1.1948

Geboren in Linz, Studium: Klavier und Violine bei verschiedenen Kammermusikern in Wiesbaden. 1908 Besuch des Hochschulkonservatoriums in Frankfurt am Main, 1911 Gesangsstudium bei K. Beines an der Universität Freiburg/Breisgau. 1913 Debüt als *Tamino* in Mozarts »Zauberflöte« in Chemnitz, in den Jahren 1913–1922 in Dresden an der Staatsoper engagiert, wo er in vielen Hauptrollen eingesetzt ist. Er singt auch in Salzburg, München, Berlin, Genf, Paris und Stockholm. Von 1919 an ist er Mitglied der Berliner Staatsoper, nach 1925 Mitglied der Wiener Staatsoper. Ab 1924 singt er vorwiegend Operetten, große Erfolge feiert er in Lehár-Operetten. Lehár schreibt bestimmte Rollen für ihn – im »Zarewitsch«, in »Das Land des Lächelns« und »Giuditta«. Sein amerikanisches Debüt gibt Tauber 1931, 1938 emigriert er nach Großbritannien, 1947 erfolgt sein Abschied von der Bühne am Covent Garden.

Werke: 3 Operetten: 1934 »Der singende Traum«, 1942 »Old Chelsea«, 1946 »Yours in my Heart«.

Taussig, Walter
* 9.2.1908

Geboren in Wien. Studiert bis 1928 an der Wiener Musikakademie: Harmonielehre, Kontrapunkt, Komposition und Klavier bei F. Schmidt; Oboe bei A. Wunderer; Dirigieren bei D. Fock und R. Heger; Philosophie und Musikwissenschaft an der Universität Wien. Von 1929 bis 1933 Assistent, Chorleiter und Dirigent an verschiedenen deutschen Opernhäusern; von 1933 bis 1935 Tourneen durch Italien, Baltikum, Türkei, Finnland als Dirigent und Begleiter; ab 1935 Dirigent an der Volksoper und am Theater an der Wien; 1937 bis 1939 Tourneen nach Ägypten (mit R. Tauber), USA und Kanada (International Opera Guild, under the management of Sol Hurok). 1939 Konzertdirigent bei Havana Philharmonic (Cuba). 1941 Assistent von F. Busch und A. Dorati bei der New Opera Company. Assistant conducor an der Montreal Opera (1946–1949), Chicago Opera (1946), San Francisco Opera (1947–1949), seit 1949 an der Metropolitan opera (Assistant-, dann Associate chorus master, seit 1968 Associate conductor). Von 1964 bis 1982 Assistent und Dirigent bei den Salzburger Festspielen. 1982 erhält er die Auszeichnung Medal of the Metropolitan opera, 1983 »Emmy Award« (Television).

Tintner, Georg
* 22.5.1917

Geboren in Wien, 1935 Besuch der Musikakademie, Kompositionsstudium bei J. Marx, Dirigieren bei F. Weingartner. In den Jahren 1937–1938 dirigiert er an der Wiener Volksoper, 1938 emigriert er nach Jugoslawien, danach weiter nach Großbritannien, wo er aber Arbeitsverbot bekommt. 1940 übersiedelt er nach Neuseeland. Dort arbeitet er als Klavierlehrer, später als Dirigent. In den Jahren 1946–1954 ist er Dirigent der Auckland Choral Society, von 1947–1954 Dirigent der Auckland String Players. In den Jahren 1954–1964 ist er Dirigent der Elizabethan Opera, 1965 Direktor der New Zealand Opera, von 1966–1967 musikalischer Direktor des Capetown Symphony Orchestra, 1967–1970 der Sadler's Wells Opera in London. Ab 1974 Musikdirektor des Queensland Theatre Orchestra.

Tischler, Hans
* 18.1.1915

Geboren in Wien, 1928–1933 Mitglied der zionistischen Jugendbewegung in Wien, 1930–1933 Besuch des Neuen Wiener Konservatoriums. Er studiert bei P. Wittgenstein, E. Steuermann und B. Jahn-Beer Klavier, in den Jahren 1933–1935 Besuch der Musikakademie, wo er Komposition bei F. Schmidt und R. Stöhr studiert. Von 1933–1937 Besuch der Universität Wien – Studium bei E. Wellesz, A. Orel, R. Lach und R. Haas. Promoviert 1937 mit einer Arbeit über Mahler. 1938 emigriert er nach Großbritannien, im selben Jahr in die USA. In den Jahren 1939–1943 gibt er Privatunterricht (Klavier) mit seiner Frau in Bridgeport, zusätzlich studiert er von 1940–1942 an der Yale University bei L. Schrade. 1942/43 arbeitet er in einer Fabrik, schließlich dient er bis Kriegsende in der US-Army. Von 1945–1947 ist er Professor am West Virginia Wesleyan College in Buckhannon, 1947–1965 Professor am Chicago Musical College of Roosevelt der Universität Chicago.

Toch, Ernst
* 7.12.1887 † 1.10.1964

Geboren in Wien, Studium der Philosophie und der Medizin an den Universitäten Wien und Heidelberg, als Komponist zunächst Autodidakt. Gewinner des Mozart-Preises, von 1909–1913 Kompositionsstudium bei R. Fuchs, dann Klavierstudium bei W. Rehberg in Frankfurt am Main. In den Jahren 1913–1916 Lehrer für Klavier und Komposition an der Zuschneid's Hochschule für Musik in Mannheim. Von 1929–1933 lebt er in Berlin und gibt Klavier- sowie Kompositionsunterricht, 1932 besucht er zum ersten Mal die USA und spielt mit dem Boston Symphony Orchestra sein Klavierkonzert, 1933 emigriert er nach Großbritannien, 1934 schreibt er die Musik zum Film »Katharina die Große«. 1934/35 emigriert er weiter in die USA auf Einladung der New School of Social Research, 1937 läßt er sich in Hollywood nieder und komponiert die Musik zu Filmen wie »Outcast« (1937), »The Cat and the Canary« (1940), »Ladies in Retirement« (1941). In den Jahren 1940–1941 übt er eine Professur an der University Southern California, Los Angeles, aus, von 1949–1952 lebt er in Europa. Im Jahr 1952 kehrt er wieder in die USA zurück.

Werke: 1927 »Die Prinzessin auf der Erbse«, Kammeroper, 1928 »Egon und Emilie«, Oper, 1930 »Der Fächer«, »Gesprochene Musik«, Suite, 1932 »Symphonie für Klavier und Orchester«, 1934 »Big Ben«, »Variationes on the Westminster chimes for Orchestra«, 1941 »Cantata of the Bitter Herbs«, 1948 »Hyperion, a dramatic prologue«, 1956 »Job, cantata«, »Peter Pan« Orchesterwerk, 1962 »The Last Tale«, Oper, 1964 »Enamored Harlequin«, Marionettenspiel.

Turnau, Josef
* 10.10.1888   † 1.10.1954

Geboren in Prag, Jugend in Wien, Jus- bzw. Gesangsstudium in Wien und Dresden. Ab 1918 Arbeit als Regisseur an verschiedenen Opernbühnen, u.a. als Mitarbeiter von R. Strauss an der Wiener Staatsoper, Intendant in Frankfurt und Breslau, Lehrtätigkeit an der Universität Breslau, Leitung der Opernklasse des Hoch-Konservatoriums in Frankfurt. 1933 Emigration in die Tschechoslowakei, Engagement am Nationaltheater in Prag, 1939 Emigration in die USA. Er arbeitet an Opernproduktionen in der Carnegie Hall, Lehrtätigkeit an der New School for Social Research, deren Opernabteilung er leitet, sowie gemeinsam mit dem Dirigenten F. Stiedry als Leiter des Opera Workshop am Hunter College in New York.

Ulanowski, Paul
* *1908* † *4.8.1968*

Geboren in Wien, 1926–1930 Besuch der Universität Wien, Studium bei J. Marx. Begleiter von Sängerinnen und Sängern wie z.B. L. Lehmann, I. Seefried, E. Schwarzkopf, H. Hotter, E. Haefliger, J. Tourel, D. Fischer Dieskau, M. Singher, S. Danco und A. Schlotz. Ab 1952 an der Universität in Illinois, 1960 Fakultätsmitglied, später Professor. Zusätzlich betreut er ab 1955 Kammermusiker und Sänger(innen) der Yale University Summer School in Norfolk.

Ullrich, Hermann (Josef)
* *15.8.1888* † *16.10.1982*

Geboren in Mödling, Jus-Studium und Studium der Musikwissenschaft bei G. Adler, Unterricht bei F. Petyrek (Klavier) und B. Paumgartner (Dirigieren und Instrumentation). Er arbeitet als Richter in Salzburg und Wien, zusätzlich als Rezensent für die Tageszeitung *Neue Freie Presse*. 1939 emigriert er nach England, wo er im leitenden Ausschuß des Free Austrian Movement (FAM) tätig ist; zahlreiche Aufsätze für die Publikationen aus dem Umkreis dieser Organisation über kulturelle und insbesondere musikhistorische Themen. Er ediert ab 1944 die periodisch erscheinenden *Kulturblätter* des FAM, die ab Mai in verbesserter Ausstattung unter dem Namen *Kulturelle Schriftenreihe des FAM* weitergeführt werden. Ullrich kehrt 1946 nach Wien zurück, setzt seine richterliche Tätigkeit fort und rezensiert erneut für Tageszeitungen und Musikzeitschriften (*Neues Österreich* 1946–1967, *Österreichische Musikzeitschrift* ab 1949); ebenso schreibt er Beiträge für englische Publikationen (z.B. *Musicology*). Einige wenige Kompositionen sind von ihm erschienen.

Schriften: Salzburg, Bildnis einer Stadt (Wien 1948); Fortschritt u. Tradition – 10 Jahre Musik in Wien 1945–1955 (Wien 1956).

Ungar, Benjamin
* 1907

Geboren in Jaslo, Studium am Konservatorium in Wien und 1926 in Magdeburg. 1938 Emigration nach Palästina, 1939–1959 Kantor in Tel Aviv, seit 1959 Hauptkantor an der Großen Synagoge in Tel Aviv.

Urbancic (Urbantschitsch), Viktor
* 9.8.1903   † 4.4.1958

Geboren in Wien, Besuch der Universität Wien in den Jahren 1919–1925, Studium an der Universität Wien und an der Musikakademie bei G. Adler, P. Weingarten, J. Marx, C. Krauss, D. Fock. In den Jahren 1923–1925 betreut er die Opernschule der Musikakademie, von 1924–1926 arbeitet er als Dirigent am Theater in der Josefstadt. 1927–1930 dirigiert er am Stadttheater Mainz, in den Jahren 1932–1934 übt er eine Lehrstelle (Klavier, Musiktheorie, Dirigieren) am Mainzer Konservatorium aus, 1934–1938 arbeitet er am Konservatorium des Steiermärkischen Musikvereins in Graz. Zusätzlich lehrt er in den Jahren 1935–1938 an der Universität Graz, 1938 emigriert er nach Island. In den Jahren 1938–1958 dirigiert er das Symphonieorchester des Konservatoriums Reykjavík. Er komponierte Kammermusik, Klavierwerke, Orchesterstücke, Lieder und Bühnenmusik.

Vernon, Ashley (eigtl. Kurt Manschinger)
* 25.7.1902   † 23.2.1968

In Wieselburg geboren, Kompositionsstudium bei A. v. Webern, Musikwissenschaft bei G. Adler an der Wiener Universität. 1938 emigriert er nach London, ist dort Musiker bei der Kleinkunstbühne Das Laterndl, übersiedelt 1940 in die USA und wird amerikanischer Staatsbürger. Sodann freischaffender Komponist und Redakteur für diverse Zeitschriften. Er starb in New York.

Werke: 4 Opern: »The Barber of New York«, »Cupid and Psyche«, »The Triumph of Punch«, »Grand Slam«; Kammermusik, Chorwerke, Lieder, eine »Sinfonie in zwei Sätzen«, eine »Sinfonietta« und die Suite »Millefleurs«.

Waldman, Frederic
* 17.4.1903

Geboren in Wien, Studium an der Universität Wien sowie Privatstudium in Deutschland. In den Jahren 1924–1933 als Dirigent in Deutschland tätig, 1933 Rückkehr nach Österreich, 1936 Emigration nach Großbritannien, dort als Pianist und Dirigent tätig, 1939 USA-Tournee, 1941 Emigration in die USA, von 1942–1944 Fakultätsmitglied des Mannes College of Musik, New York. In den Jahren 1944–1964 Lehrer an der Julliard School of Music und musikalischer Direktor des Julliard Opera Theatre in New York. Er lehrt auch beim Berkshire Festival und ist Gründer und Dirigent des Musica Aeterna Orchestra in New York, wo u.a. auch N. Milstein, Z. Francescatti, E. Morini, C. Arrau, R. Firkusny, H. Prey, J. Sutherland und M. Arroyo auftreten.

Wallerstein, Lothar
* 6.11.1882 † 13.11.1949

Geboren in Prag, Studium an den Universitäten in Prag und München, 1908–1910 Konservatorium für Musik in Genf, von 1910–1911 Korrepetitor und Regisseur an den Opern in Dresden und Posen. Nach Beendigung des Ersten Weltkrieges zahlreiche Gastregien an diversen Opernhäusern, von 1926–1927 Regietätigkeit bei den Salzburger Festspielen. In den Jahren 1927–1938 ist er Regisseur an der Wiener Staatsoper, wo er ca. 75 Opern inszeniert, seit 1924 leitet er zusätzlich eine Meisterklasse für Regie am Hoch-Konservatorium in Frankfurt. 1938 erfolgt seine Entlassung – er emigriert in die Niederlande, wo er eine Opernklasse am Konservatorium der Stadt Haag begründet. 1940 emigriert er in die USA, im selben Jahr begründet er mit J. Reitler und F. Stiedry den

Hunter College Opera Workshop in New York, 1941–1946 arbeitet er als Regisseur an der Metropolitan Opera.

Walter, Arnold Maria
* 30.8.1902   † 6.10.1973

Geboren in Hannsdorf/Mähren, Studium der Komposition bei B. Weigl in Brünn sowie Jus an der Universität in Prag, wo er auch 1926 promoviert. Weiters Klavierstudium bei R.M. Breithaupt und F. Lamond, Kompositionsstudium bei F. Schreker an der Berliner Hochschule für Musik und Studium der Musikwissenschaft an der Berliner Universität. Walter emigriert 1933 nach Spanien, später nach Kanada. Ab 1937 lebt er in Toronto, wo er in den Jahren 1937–1949 am Upper Canada College, in den Jahren 1948–1952 am Royal Conservatory und 1952–1968 an der Musikfakultät der Universität lehrt.

Werke: Orchesterwerke (1942 Sinfonie in g-Moll), Lieder, Kammermusik, u.a. ein Klaviertrio sowie Klavierwerke.

Walter, Bruno (Bruno Walter Schlesinger)
* 15.9.1876   † 17.2.1962

Geboren in Berlin, erster Klavierunterricht bei der Mutter. Studium bei H. Ehrlich, L. Bussler und R. Radecke am Stern-Konservatorium für Musik in Berlin, 1894 Dirigentendebüt mit A. Lortzings »Waffenschmied« in Köln. Von 1894 an Dirigentenassistent und Chordirektor am Hamburger Staatstheater unter Mahler, von 1896–1897 zweiter Dirigent am Breslauer Stadttheater. In den Jahren 1898–1900 ständiger Dirigent in Riga, von 1900–1901 an der Berliner Staatsoper, dann Wechsel als Mahlers Assistent an die Wiener Hofoper, wo er bis 1912 bleibt. 1909 tritt er zum ersten Mal mit dem Royal Philharmonic Orchestra auf, 1910 dirigiert er erstmals am Covent Garden in London. 1911–1912 dirigiert er die Uraufführungen von Mahlers »Das Lied der Erde« und der 9. Sinfonie, von 1913–1922 ist er Musikdirektor der

Münchner Oper. 1916 leitet er die Uraufführungen von zwei Opern E.W. Korngolds: »Violanta« und »Der Ring des Polykrates«. Von 1913–1922 ist er auch Generalmusikdirektor des jährlich stattfindenden Festivals in München, das Mozart und Wagner gewidmet ist. 1923 amerikanisches Debüt mit der New York Symphony Societey, von 1925–1929 Dirigent und Generalmusikdirektor der Städtischen Oper in Berlin. Zusätzlich dirigiert er von 1919–1933 die Berliner Philharmoniker und stellt in einem der Konzerte auch den jungen Y. Menuhin dem Berliner Publikum vor. 1924–1932 Dirigent am Covent Garden, Dirigent der Musikfestspiele in Florenz, ab 1925 bei den Salzburger Festspielen, ab 1932 Gastdirigent und Pianist mit dem New York Philharmonic Orchestra. Von 1929–1933 ist er auch als Dirigent des Gewandhausorchesters Leipzig tätig. 1933 werden Walters Konzerte in Deutschland von den Nationalsozialisten boykottiert – er verläßt Deutschland und läßt sich vorerst in Österreich nieder. In den Jahren 1936–1938 ist er Dirigent der Wiener Staatsoper, 1936 dirigiert er einen großen Mahler-Zyklus in Wien. Von 1934–1938 ist er auch Gast beim Concertgebouw Orchester, wo er u.a. die Erstaufführung von K. Weills Sinfonie Nr. 2 (1934) gibt. 1938 emigriert er nach Frankreich, 1939 in die USA. Walter läßt sich in Kalifornien nieder, leitet 1940 das NBC Symphony Orchestra, 1941–1945 dirigiert er an der Metropolitan Opera, 1942 realisiert er die Uraufführung von Samuel Barbers Werk »Second Essay«. In den Jahren 1947–1949 leitet er erneut die New Yorker Philharmoniker und ist als künstlerischer Berater des Orchesters tätig.

Wang, Alfredo
* *1918*

Geboren in Wien, Besuch der Wiener Musikakademie. Erster Geiger des Wang-Quartetts, Tourneen und Radiosendungen in der Schweiz, Norwegen, Dänemark, Schweden, Italien, Frankreich, Holland, England, USA, Kanada, Indonesien, Thailand und Israel.

Weigl, Karl
* 6.2.1881   † 11.8.1949

Geboren in Wien, Klavierstudium bei A. Door und Musiktherapie bei R. Fuchs am Wiener Konservatorium, Kompositionsstudium bei A. Zemslinsky und Musikgeschichte bei G. Adler an der Universität Wien, Promotion 1903. 1904–1906 assistiert er Mahler an der Wiener Hofoper, ab 1918 lehrt er am Neuen Wiener Konservatorium, ab 1930 Musiktheorie an der Universität Wien. Weigl wirkt auch als Privatlehrer für Musiktheorie und Komposition, unter seinen Schülern sind H. Eisler, E.W. Korngold, F. Waldman und P.P. Fuchs. 1938 emigriert er in die USA, wo er 1943 Staatsbürger wird. 1941–1942 arbeitet er am Hart College of Music der Universität Hartford, Connecticut, in den Jahren 1943–1945 ist er Lehrer am Brooklyn College in New York. Von 1945–1948 leitet er eine Klasse für Musiktheorie und Komposition am Boston Conservatorium, zusätzlich ist er 1946–1949 Lehrer an der Philadelphia Music Academy. Seine Kompositionen wurden u.a. von G. Szell und W. Furtwängler sowie dem Busch-Quartett aufgeführt.

Werke: 6 Sinfonien (1908, 1922, 1931, 1945, 1947, 1956); 1909 »Frühlingsfeier« für Chor, 1922 »Weltfeier«, sinfonische Kantate, »Phantastisches Intermezzo«; 3 Ouvertüren (1933, 1938, 1939); 4 Konzerte (Klavier für die linke Hand, durch P. Wittgenstein uraufgeführt, Cello, Violine, Klavier); 1939 »Tänze aus dem alten Wien«; 8 Streichquartette, 1 Trio, über 130 Lieder, Theatermusik.

Weigl, Vally
* 11.9.1894

Geboren in Wien, Besuch des Lyceums für Beamtentöchter in Wien, Privatstudium bei R. Robert (Klavier), K. Weigl (Komposition). Von 1913–1918 Studium der Musikwissenschaft an der Universität Wien, unterrichtet ausländische Studenten in Sommerkursen nahe Salzburg. 1938 Emigration in die USA, in den Jahren 1942–1949 Lehrerin der Society of Friends Westtown School, Pennsylvania, 1947–1958 Lehrerin am amerikanischen Theater Wing in New York, 1950–1951 bekommt sie eine Berufung an das Hunter College in New York, 1951–1953 Studium am Teachers College an der Columbia University. In den Jahren 1955–1969 arbeitet sie als Musiktherapeutin an der Roosevelt Cerebral Palsy School in Roosevelt, New York, zusätzlich 1966 in derselben Funktion am Jewish Home for the Aged in New York. Von 1974–1976 lehrt sie in Musiktherapiekursen an der New School for Social Research in New York.

Werke: 1944 »Hymn« für 5 Chorstimmen a capella, 1955 »New England Suite« für Klarinette, Violine und Klavier, 1956 »Lyrical Suite«, 1960 Lyrische Zyklen: »Dear Earth«, »Echoes from Poems«, »Songs of Remembrance«, »Songs Beyond Time«. »Requiem for Allison«, »Andante for Strings«, »Adagio for Strings«, »Burlesque«, »Nature Moods«; Chorwerke.

Weinberger, Jaromír
* 8.1.1896 † 8.8.1967

Geboren in Prag-Vinohrady. Unterricht bei J. Kricka u. R. Karel. Erste Kompositionen mit elf Jahren. Studium am Prager Konservatorium 1910–1915 (Komposition bei V. Novák u. Klavier bei K. Hoffmeister). Anschließend studiert er bei M. Reger in Leipzig. Weinberger wandert 1922 in die USA aus, weil er im neugegründeten tschechoslowakischen Staat keine Stellung erhält, kehrt aber bereits 1923 zurück. Dramaturgenstelle am Slowakischen Nationaltheater in Preßburg; danach lebt er als freier Komponist in Prag und Baden bei Wien. 1938 flüchtet er zunächst nach Paris, dann kurze Zeit nach Prag und übersiedelt schließlich 1939 in die USA (New York, St. Petersburg). Er starb in St. Petersburg durch Freitod.

Werke: Opern: 1927 »Svanda dudák« (»Schwanda, der Dudelsackpfeifer«, deutsch v. M. Brod), 1931 »Milovany hlas« (»Die geliebte Stimme«), 1937 »Valdstejn« (Wallenstein, deutsch v. M. Brod); außerdem 4 Operetten, 1 Ballett, Kammermusik u. Orchesterwerke, darunter 1924 »Puppenspielouvertüre«.

Weingarten, Paul
* 20.4.1886 † 1948

Geboren in Brünn, Studium am Wiener Konservatorium (Klavier) bei E. Sauer, Musiktheorie bei R. Fuchs sowie Musikgeschichte bei G. Adler. Ausgedehnte Konzertreisen ins Ausland, 1922 Professor, später Leiter einer Meisterklasse für Klavier an der Musikakademie. Auf der Rückkehr nach Österreich von einer Konzerttournee aus Japan vom Einmarsch Hitlers überrascht, Emigration. Nach 1945 erneut Übernahme einer Meisterklasse an der Wiener Musikakademie. Weingartens Schwerpunkt lag auf Interpretationen der Romantik und der Klavierwerke des Impressionismus.

Weingartner Felix Paul, Edler v. Münzberg
* 2.6.1863 † 7.5.1942

Geboren in Zadar, Übersiedlung nach dem Tod des Vaters nach Graz. Erstes Musikstudium bei der Mutter, dann mit W. Mayer, dem Dirigenten und Direktor des Steiermärkischen Musikvereins. Weingartner komponiert Klavierstücke, Lieder und eine einaktige Oper und veröffentlicht sie mit 16 Jahren. 1881 studiert er Philosophie an der Universität Leipzig, in den Jahren 1881–1883 Besuch des Leipziger Konservatoriums, 1883 erhält er den Mozart-Preis. 1884 ist er in Königsberg engagiert, von 1885–1887 in Danzig, 1887–1889 in Hamburg, von 1889–1891 als Hofkapellmeister in Mannheim, Baden. In den Jahren 1891–1898 erster Dirigent der Berliner Oper sowie Dirigent des Königlichen Orchesters. 1898 verläßt er Berlin, in diesem Jahr beginnt er auch mit der Edition des kompletten Werks von H. Berlioz. Ab 1898 dirigiert er die Royal Philharmonic Society, das London Symphony Orchestra und das Scottish Orchestra. Begründer des Weingartner Trios mit R. Rettich, Violine und H. Warnke, Violoncello. 1905 feiert er sein Debüt mit den New Yorker Philharmonicern, 1906 unternimmt er eine Tour mit der New York Symphonic Society, in den Jahren

1907–1927 ist er Dirigent der Wiener Philharmoniker. Zusätzlich ist er von 1908–1910 Dirigent an der Wiener Hofoper, 1912 dirigiert er an der Boston Opera, 1912–1914 Gastdirigent an der Hamburger Oper, 1914–1919 ist er Generalmusikdirektor in Darmstadt und Direktor des Darmstädter Konservatoriums. 1919–1924 musikalischer Direktor an der Wiener Volksoper, 1927–1935 ist er Direktor am Basler Konservatorium und an der Hochschule für Musik und dirigiert Konzerte der Allgemeinen Musikgesellschaft in Basel. In den Jahren 1935–1936 ist er Generalmusikdirektor an der Wiener Staatsoper, im selben Jahr emigriert er in die Schweiz.

Werke: 1886 »Malawika«, Oper, 1892 »Genesius«, Oper, 1902 »Orest«, eine Triologie, 1914 »Kain und Abel«, 1916 »Dame Kobold«, 1920 »Die Dorfschule«, »Meister Andrea«; 6 Symphonien, »König Lear« und »Frühling«, symphonische Gedichte; »Lustige Ouverture«, op. 53, »Aus ernster Zeit«, op. 56, »Traumnacht und Sturmhymnus« für Chor und Orchester, op. 38, »Blütenspiel aus dem Osten«, Liederspiel für Sopran, Tenor und Klavier; Streichquartette, Klavierstücke, Quintett für Cello, Klarinette, Klavier, Viola; Violinsonate.

Weiss Erwin (Pseud. Peter Falk)
* 6.10.1912

Geboren in Wien, ab 1928 Studium an der Musikakademie bei A. Manhart, M. Springer und J. Marx. Musikalische Mitwirkung bei den »Roten Spielern«. Ab 1934 Konzertfach Klavier bei W. Kerschbaumer, Dirigieren bei F. Weingartner und J. Krips. 1936 Beginn der Konzerttätigkeit als Pianist in Wien. Weiss ist von 1934–1938 Mitglied der verbotenen »Revolutionären Sozialisten«. Er organisiert Konzerte, um Spenden für die während der austrofaschistischen Periode verbotene Sozialdemokratische Partei (SDAP) aufzubringen. 1938 Flucht aus Österreich via Schweiz, Frankreich nach England. 1940 für acht Monate interniert. Im Anschluß daran in der Flugzeugindustrie beschäftigt. Leiter des Chores Young Austria des Austrian Center. November 1945

Rückkehr nach Wien. Gründung eines Jugendchores der Sozialistischen Jugend, Klavierlehrer am Konservatorium der Stadt Wien. 1960 bis 1978 Direktor des Konservatoriums.

Werke: 1942 »Wir bahnen den Weg« (Text: E. Fried), 1946 »Nehmet den Hammer« (Text: W. Adametz), 1952 »Weihnachtskantate« (Text: G. Fritsch).

Weiss, Stefan
* 1902   † 1989

Geboren in Wien, veröffentlicht in den 30er Jahren zahlreiche Schlager. Zusätzlich komponiert er Filmmusik. 1937 emigriert er in die USA, wo er seine Karriere fortsetzt. Mit dem Song »Music, Music, Music« erlangt er einen großen Erfolg in den 40er Jahren. Er schreibt die Musik zu mehreren Filmen in den Jahren 1930–1940.

Wellesz, Egon Joseph
* 21.10.1885   † 9.11.1974

Geboren in Wien, Besuch der Cambridge University, Kompositionsstudium bei Schönberg. Studium der Musikgeschichte und Musikwissenschaft bei G. Adler und Harmonielehre bei C. Frühling, Dissertation über G. Bonno, Habilitation über F. Cavalli. 1911–1915 Privatdozent für Musikgeschichte am Konservatorium in Wien. 1926 Privatdozent an der Musikhochschule in Köln, 1929–1938 a.o. Prof. für Musik an der Universität Wien. Seit 1915 Beschäftigung mit der Musik des christlichen Orients, Spezialist für byzantinische Musik (Entzifferung der mittelbyzantinischen Notenschrift). 1938 Emigration nach Großbritannien, im selben Jahr lehrt er am Royal College of Music, London, und an der Cambridge University, ab 1939 Fellow und musikalischer Tutor am Lincoln College, Universität Oxford, 1944–1956 Fakultätsmitglied der Abteilung für Musik der Universität Oxford. Ab 1947 Coeditor der Zeitschrift *New Oxford History of Music*.

Werke: 9 Sinfonien (1946, 1948, 1952, 1957, 1965, 1968, 1970, 1971), 6 Opern: 1921 »Die Prinzessin Girnara«, 1924 »Alkestis«, 1926 »Opferung des Gefangenen«, 1928 »List, Scherz und Rache«, 1931 »Die Bakchantinnen«, 1951 »Incognita«; 4 Ballette: 1924 »Das Wunder der Diana«, 1924 »Persisches Ballett«, 1927 »Achilles auf Skyros«, 1924 »Die Nächtlichen«; 1912 »Vorfrühling«, sinfonisches Poem, 1919 »Festlicher Marsch«, 1936–1938 »Prosperos Beschwörung«, aus »Der Sturm«; 1924 »Suite für Violine und Kammerorchester«; 1935 Klavierkonzert, 1961 Violinkonzert; Kammermusik, 9 Streichquartette, ein Oktett, Lieder.

Schriften: Arnold Schönberg (Wien 1921); A History of Byzantine Music and Hymnography (Oxford 1949).

Werner, Eric (Erich)
* 1.8.1901

Geboren in Wien, 1919–1928 Studium an den Universitäten in Graz, Prag, Wien, Göttingen – bei Sachs und Schünemann in Musikwissenschaft, bei Buber in Judaistik, in den Jahren 1921–1924 Kompositionsstudium an der Staatlichen Hochschule für Musik in Berlin bei Schreker und Busoni. Von 1925–1926 ist er Studienreferendar am Landesschulheim am Solling sowie Lehrer in Holzminden, 1926–1934 Fakultätsmitglied des Konservatoriums in Saarbrücken. In den Jahren 1935–1938 ist er Dozent am jüdisch-theologischen Seminar in Breslau, 1938 emigriert er in die USA, von 1939–1941 ist er Lehrer für jüdische Musik am H.U.C., Cincinnati, von 1941–1967 Fakultätsmitglied am selben Institut.

Weschler, Angela
* 2.10.1896   † 23.3.1961

Geboren in Wien, von 1905–1909 Besuch des Wiener Frauenerwerbsvereines, in den Jahren 1915–1930 zahlreiche Konzerte nach einem Klavierstudium bei Th. Leschetizky. Von 1935–1938 übt Weschler eine Professur für Klavier an der Wiener Musikakademie aus. 1938 Emigration in die

USA, von 1938–1960 Lehrerin am New York College of Music, später Direktorin des Brooklyn Philharmonia Orchestra.

Wiener, Hugo
* 16.2.1904   † 17.5.1993

Geboren in Wien, Privatstudium (Musik) in Wien, Dirigent am Raimund Theater, am Apollo Theater und am Varieté Ronacher in Wien. Autor von unzähligen Operetten und Revuen, in den Jahren 1928–1938 Autor, Komponist und Pianist der Revue »Femina«. 1938 während einer Tournee in Bogota vom Einmarsch Hitlers in Österreich überrascht, Emigration nach Venezuela (Caracas). Wiener arbeitet als Pianist für Radio Continente, als Pianist und Klavierlehrer, 1946 Übersiedlung nach Mexiko, 1947 Rückkehr nach Caracas. In den Jahren 1947–1948 arbeitet er in Kabaretts und Revuen in Caracas, 1948 besucht er Wien, wo seine Produktionen erneut gespielt werden. 1948–1949 spielt er im Jockey Club in Caracas, von 1949 an schreibt er für die Wiener Kabaretts Casanova und Simpl. 1954 Rückkehr nach Wien, Arbeit mit K. Farkas im Kabarett Simpl bis 1965. Autor und Koautor vieler Revuen, Kabaretts, Operetten, arbeitet u.a. mit R. Stolz zusammen. Für seine Frau, die Sängerin Cissy Kraner, schreibt er Text und Musik zu über 500 Chansons.

Willner, Arthur
* 5.3.1881   † 20.4.1959

Geboren in Teplitz-Schönau, Klavierstudium bei A. Ruthardt und Komposition bei C. Piutti und C. Reinecke am Leipziger Konservatorium sowie Studium bei J. Rheinberger und L. Thuille in München. In den Jahren 1904–1924 Lehrer für Komposition am Stern-Konservatorium in Berlin, von 1924–1938 lebt er in Wien und unterrichtet an einer Volkshochschule und am Wiener Konservatorium. Zusätzlich arbeitet er als Konsulent für die Universal Edition, 1938 Emigration nach Großbritannien.

Werke: »Sinfonisches Scherzo«, »Concerto for Strings«, »Suite of Fugues«, »The Instruments Present Themselves«, Sinfonie in A-Dur; Chorwerke, Klavier-, Cello- und Violinkonzerte, 6 Streichquartette, Sonaten und Sonatinen für Violine und Klavier, Klaviermusik.

Wilzin, Leo
* ? † ?

Geboren in Lettland, aufgewachsen in Wien, Studium der Staatswissenschaften in Wien, 1937 Dissertation bei W. Winkler über »Musikstatistik – Logik und Methodik gesellschaftsstatistischer Musikforschung«, die im Verlag Deutikke erscheint. Exil in der Sowjetunion, Internierung in einem sibirischen Lager.

Winternitz, Emanuel
* 4.8.1898

Geboren in Wien, Musikstudium, 1938 Emigration in die USA. Winternitz bekommt eine Stelle als Vortragender am Fogg Museum of Harvard University (1938–1941), 1941–1949 ist er Kustos der Abteilung für Musikinstrumente am Metropolitan Museum of Art in New York, von 1949–1973 leitet er diese Abteilung. Gastprofessuren an den Universitäten in Yale, Rutgers, City University sowie State University in New York.

Wittels, Ludwig
* 21.3.1896 † 13.12.1956

Seit 1919 Mitglied der Wiener Philharmoniker: 1. Violine. Entlassen im September 1938. Flucht nach New York und Anstellung beim Orchester der Metropolitan Opera.

Wittgenstein, Paul
* 5.11.1887 † 3.3.1961

Geboren in Wien als Sohn einer Wiener Familie, deren Freundeskreis Cl. Schumann, Brahms und Mahler angehörten. Bruder des Philosophen Ludwig Wittgenstein. Schüler von M. Bree, Th. Leschetizky und J. Labor. Im Ersten Weltkrieg verliert er einen Arm, gibt aber trotzdem seinen Wunsch, Pianist zu werden, nicht auf. Er erweitert das schmale Repertoire für einarmige Pianisten um Auftragskompositionen, zahlreiche mittlerweile berühmte Komponisten des 20. Jahrhunderts schreiben für ihn: Ravel sein »Konzert für Klavier und Orchester für die linke Hand«, Prokofjew sein Klavierkonzert Nr. 4 B-Dur, op. 60, das Wittgenstein aber nicht aufführt, B. Britten seine »Diversions on a theme«, op. 21. Weniger bekannt sind die Kompositionen von R. Strauss – »Parergon zur Sinfonia domestica,« op. 73 sowie der »Panathanäenzug«, op. 74 – und F. Schmidts »Konzertante Variationen für Klavier und Orchester über ein Thema von Beethoven«. Auch P. Hindemith und E.W. Korngold komponieren für Wittgenstein, der von 1931–1938 eine Professur für Klavier am Neuen Wiener Konservatorium ausübt. 1938 emigriert er in die Vereinigten Staaten, wo er von 1940–1945 am Manhattanville College of the Sacred Heart lehrt. 1946 wird er amerikanischer Staatsbürger, 1957 publiziert er eine dreibändige Klavier-Schule für die linke Hand.

Wolfson, Juliusz
* 1880 † 1944

Geboren in Warschau, Klavierstudium bei A. Michalowski, Kompositionsstudium bei Z. Noskowski am Warschauer Konservatorium. Weiteres Klavierstudium bei R. Pugno in Paris, bei I. Friedmann und Th. Leschetizky in Wien. In den Jahren 1902–1904 arbeitet er als Musikkritiker in Warschau, 1906 schreibt er in dieser Funktion in Wien für österreichische und polnische Zeitungen. 1933 emigriert er in die USA.

Werke: »Hebräische Suite«, »12 Paraphrasen über altjüdische Volksweisen«, »Jüdische Rhapsodie«, »2 Doppelgriff-Studien nach Chopins Etüde f-Moll«, »Suite für Klavier und Orchester«.

Zador, Eugene (Jenö Zucker)
* *1894   † 1977*

Geboren in Bataszek, Studium in den Jahren 1911–1912 an der Musikakademie bei R. Heuberger, von 1913–1914 Kompositionsstudium in Leipzig bei M. Reger. In den Jahren 1915–1920 Musikkritiker beim *Fünfkirchner Tageblatt* in Pecs, von 1922–1938 Lehrer am Wiener Konservatorium, 1939 Emigration in die USA, ab 1940 Privatlehrer und Komponist in Hollywood. Im selben Jahr Vertrag bei MGM, dirigiert und komponiert die Musik zu mehr als 120 Filmen.

Werke: 1923 »Diana«, Oper, 1930 »X-mal Rembrandt«, 1936 »Azra«, 1966 »The Magic Chair«, Ballettmusik, Orchesterwerke.

Zeisl, Eric (vor dem Exil: Erich)
* *18.5.1905   † 18.2.1959*

Geboren in Wien, Studium an der Wiener Musikakademie bei R. Stöhr, J. Marx und H. Kauder. 1922 erste Veröffentlichung von Liedern – bis 1938 schreibt Zeisl ca. 100 Lieder, die weitgehend in der tonal-romantischen Tradition stehen (Texte u.a. aus »Des Knaben Wunderhorn«). Seinen Lebensunterhalt verdient der junge Komponist weitgehend durch privaten Klavierunterricht. Bekanntschaft mit H. Spiel. 1934 erhält er den Österreichischen Staatspreis für sein »Requiem Concertante«. Die eben beginnende Karriere als Komponist wird durch den »Anschluß« unterbrochen, die geplante Uraufführung seines Singspiels »Leonce und Lena« (nach G. Büchner, Text von H.P. Königsgarten) im Schönbrunner Schloßtheater kann nicht mehr stattfinden.

Zeisl emigriert zunächst nach Frankreich, wo er D. Milhaud kennenlernt, 1939 läßt er sich in den Vereinigten Staaten nieder. 1940 wirkt er mit eigenen Kompositionen an der Dramatisierung von J. Roths »Hiob«-Roman mit, die im Rahmen einer Gedenkveranstaltung für den Schriftsteller in New York präsentiert wird. In den folgenden Jahren schreibt er Filmmusiken für Hollywood und unterrichtet am Los Angeles City College. Seine Werke wurden u.a. von K.H. Adler, K. Bamberger, O. Klemperer, W,. Steinberg, L. Stokowski und A. Wallerstein aufgeführt. Seit der Flucht aus Wien schreibt er kein einziges Lied mehr, seine im Exil begonnene Oper nach J. Roths Roman »Hiob« bleibt unvollendet. Er starb in Los Angeles.

Werke: 2 Opern; 3 Ballette; Chorwerke: »Requiem Concertante«, »Requiem Ebraico«; Orchesterwerke: »Kleine Sinfonie«, »6 Stücke für kleines Orchester«, »Suite für Kammerorchester«, ein Klavierkonzert, ein Concerto grosso für Cello und Orchester; Kammermusik.

Zemlinsky, Alexander v.
* 4.10.1872 † 16.3.1942

Geboren in Wien, 1884–1890 Klavierstudium bei A. Door, Studium der Komposition bei J.N. Fuchs und Dirigieren bei F. Krenn und R. Fuchs. Ab 1900 Kapellmeister am Wiener Carl-Theater, 1904 erster Kapellmeister an der Wiener Volksoper. 1908 bekommt er auf Intervention von Mahler die Kapellmeisterfunktion an der Wiener Hofoper. Er ist Lehrer und Freund Schönbergs, mit dem er den Verein schaffender Tonkünstler organisiert. 1909 wird er zum ersten Kapellmeister am Hoftheater in Mannhein ernannt. 1911 Direktor der deutschen Oper in Prag, 1920 bekommt er zusätzlich auch die Leitung der deutschen Musikakademie. In den Jahren 1927–1930 engagiert ihn die Kroll-Oper in Berlin als Gastdirigent, 1930–1933 arbeitet er als Gastdirigent an der Berliner Staatsoper Unter den Linden und als Lehrer an der Hochschule für Musik in Berlin. 1933 kehrt er nach Wien zurück, dirigiert hier das Wiener Konzertorchester. Die in Wien entstandene »Sinfonietta« wird im Frühjahr 1935 unter der Leitung von Heinrich Jalowetz in Prag mit großem Erfolg uraufgeführt. Die Oper »Der Kreidekreis« wird ebenfalls außerhalb von Österreich, nämlich in Zürich, zum ersten Mal aufgeführt (14.10.1933). 1928 Emigration über Prag und Paris in die USA.

Werke: 8 Opern, darunter 1897 »Sarema« (Text: A. Schönberg), 1910 »Kleider machen Leute« (Text: L. Feld nach G. Keller), 1922 »Der Zwerg« (Text: G.C. Klaren nach O. Wilde); 3 Symphonien, Chorwerke, Lieder und Kammermusik, 4 Streichquartette, ein Klavierquartett, Klavierwerke.

Zipper, Herbert
* 27.4.1904

Geboren in Wien, Kompositionsstudium bei J. Marx, übernimmt 1929 von H. Gál die Leitung der Wiener Madrigalgemeinde, in den Jahren 1931–1933 als Dirigent in Düsseldorf, wo er auch am Konservatorium unterrichtet. 1933 Rückkehr nach Wien; zusammen mit E. Simon organisatorische Leitung des Wiener Konzertorchesters, das Zipper auch mehrmals dirigiert. 1935 Reise nach Moskau: Gastdirigent des dortigen Radio-Symphonieorchesters. Ab 1936 Kompositionen für Wiener Kleinkunstbühnen, vor allem der Literatur am Naschmarkt unter dem Pseudonym Walter Drix: »Das Lied vom Krieg« und »Der Tag der Musikpflege« – Text H. Weigel, »Zeitungsoper« – Text R. Spitz, und die Bühnenmusik von »Der ewige Danubius« von R. Weys sowie verschiedene Lieder nach Texten von E. Kästner und L. Metzel. Nach der »Okkupation« Österreichs 1938 wird Zipper verhaftet und in das Konzentrationslager Dachau gebracht. Er komponiert dort das »Dachau-Lied« mit den Worten von J. Soyfer, der ebenfalls in Dachau gefangengehalten wird. 1939 wird er aus dem KZ entlassen, es gelingt ihm, nach Frankreich zu emigrieren. 1940 Berufung zum Musikdirektor des Manila Symphony Orchestra, 1939–1946 Direktor der Musikakademie von Manila auf den Philippinen und Dirigent des Symphonischen Orchesters von Manila, 1947–1953 Mitglied der Musikfakultät der New School for Social Research in New York, von 1957–1961 Präsident der National Guild of Community School of the Arts. Zipper ist Gastdirigent zahlreicher Orchester in den USA, 1965–1974 Leiter von musikpädagogischen Projekten auf den Philippinen, in Südkorea, Taiwan und Thailand, Gastdirigent des Philharmonischen Orchesters in Seoul, des Städtischen Orchesters Taipei und des Radio-Orchesters Taipei. Seit 1972 Projektleiter und Berater der University of Southern California, School of Performin Arts in Los Angeles, ab 1981 Kompositionskurse an den Konservatorien von Peking und Tianjin, Volksrepublik China. Dirigent von Orchestern in Peking, Tianjin, Hangzhou, Jinan, Guangzhou. Zipper lebt derzeit in Los Angeles.

Werke: Von 1933–1938 Arbeiten für Radio Wien (RAVAG), 2 Suiten für Orchester, 2 Ballette, 1939 Oper »La Parapluie«. Umfangreiche Kompositionstätigkeit für Kinder und junge Musikstudenten.

Zweig, Fritz
* 8.9.1893 † 28.2.1984

Geboren in Olmütz, in den Jahren 1910–1913 Studium der Komposition und Musiktheorie bei Schönberg in Wien und Berlin. 1913 Kapellmeister in Mannheim am Hoftheater, in den Jahren 1918–1921 zweiter Dirigent in Mannheim, von 1921–1923 an der Oper in Barmen-Elberfeld, von 1923–1925 an der Großen Volksoper in Berlin, 1925–1927 erster Dirigent an der Städtischen Oper in Berlin, in den Jahren 1927–1933 erster Dirigent der Berliner Staatsoper. 1933 Entlassung, im selben Jahr Emigration nach Frankreich, 1934 Emigration in die Tschechoslowakei. Von 1934–1938 am Deutschen Theater in Prag, 1938 neuerliche Emigration nach Frankreich, in den Jahren 1938–1940 Engagement an der Grand Opera und am Covent Garden in London. 1940 Emigration in die USA, 1944–1946 Dirigent in den USA, seit 1952 Unterricht an der Music Academy of the West in Santa Barbara. Er starb in Los Angeles.

LISTE österreichischer Musikerinnen und Musiker im Exil mit keinen oder wenigen weiteren Lebensdaten

Achter Leopold (* 15.7.1905 in Wien; Geiger und Saxophonist)
Adler Bela (* 22.7.1874 in Budapest; Pianist)
Adler Felix (* 1876 in Wien; Musikschriftsteller)
Adler Ferdinand (* 6.5. 1903 in Klausenburg; Geiger und Bratschist)
Adler Franz (* 4.4.1882 in Prag; Kapellmeister)
Adler Gisela (* 11.7.1896 in Wien; Klavier- und Kontrapunktlehrerin)
Agay Denes (* 1911 in Budapest; 1938 in die USA)
Albach Rosi (* 1898 in Wien, Exil in Shanghai; Operettensängerin)
Allers Franz (* 1905 in Karlsbad, 1938 Exil in Großbritannien)
Alter Gerhard (eigtl. Walter Gutmann; Geiger, Exil in Türkei)
Antoni Moritz Anton (* 7.9.1877 in Wien; Geigen- und Klavierlehrer)
Aramesco Leonardo (* 27.1.1898 in Temesvar)
Arma Paul (* 1905 in Budapest; 1933 nach Paris)
Auber Stefan (* 11.3.1903 in Wien; 1938 Exil in den USA; Cellist)
Aubram Alexander (* 4.2.1902 in Wien; Geiger)
Axel Gertrud (* 24.3.1911 in Czernowitz; Musikschriftstellerin)
Axelrad Samuel (* 27.11.1883 in Czortkow; Geiger)
Bachrich Ernst (* 30.5.1893 in Wien; Pianist, Dirigent)
Back Gilbert (* 10.1.1902; Geiger)
Back Josefine (geb. Freund; * 6.4.1886 in Wien; Sängerin)
Balaban Baruch Markus (* 20.2. 1882 in Brody/Galizien; Sänger)
Balint Elisabeth (* 22.1.1902 in Neusiedl am See; Klavierlehrerin)
Balling Maria L. (* in Wien; Klavierlehrerin)
Ballon Hedda (geb. Weizmann; * 16.6.1893 in Wien; Pianistin, 1938 Exil in den USA)
Bamberger Gertrud (* 1904 in Wien, † 1966 in Ascona; Exil in den USA)
Band Moritz (* in Rczesczow/Galizien; Librettist)
Bauer Camilla (* 11.5.1883 in Wien; Geigerin)
Bauer Emil (* 4.3.1874 in Wien; Komponist)
Bauer Richard (* 6.3.1891 in Wien; Cellist und Pianist)

Baumgarten Anton (* 4.4.1897 in Gänserndorf; Pianist und Geiger)
Baurose Herta (* 23.2.1914 in Wien; Komponistin)
Bayer Elisabeth (* 25.11.1921 in Artstetten; Harfenistin)
Beer Gustave (* 16.6.1888 in Wien; Schriftsteller, Publizist; nach der Emigration Präsidet der Am. League of Authors and Composers from Austria incl. Publishers)
Beer Victor (* 9.2.1907 in Wien)
Belai Bela (* 2.8.1885 in Wien; 1939 Exil in den USA, Komponist)
Benatzky Melanie (geb. Hofmann; * 21.7.1905; Sängerin)
Berdach, Rudolf (* 14.7.1899 in Wien; Komponist)
Berens Fritz (* 1907 in Wien; Exil in den USA, Dirigent)
Bergl Hugo (* 30.1.1881 in Wien; Musiklehrer)
Berl Paul (* 1907 in Wien; 1938 Exil in den USA, Pianist)
Berliawsky Joseph (* 1911 in Przemysl; Geiger)
Bikel Theodor (* 2.5.1924 in Wien; Sänger)
Biron Alfons Josef (eigtl. Joseph Blau; * 10.6.1893 in Wien; Komponist)
Bittgen Rudolf (* 13.3.1904 in Wien; Saxophonist und Pianist)
Blau Ferdinand (* 19.4.1913 in Wien)
Blaustein Georg Heinrich (* 21.4.1895 in Lemberg; Komponist)
Bloch Egon (* 17.5.1875 in Wien; Kapellmeister)
Bloch Friedrich (* 30.8.1899 in Wien, † 1945 in New York; 1938 Exil in den USA, Komponist)
Bodenstein Lotte (* 1891 in Wien, † 1977 in Bobigny/Paris; Opernsängerin)
Böhm-Silberknopf Friedel (Sängerin)
Bondi Samuel (* 17.9.1873 in Budapest; Geiger und Komponist)
Bondy Oscar (1945 in New York, Sammler und Musikliebhaber)
Book Johanna (* 2.1.1899 in Wien; Sängerin)
Born Claire (* 1898 in Wien; Sängerin)
Borowicka Franz (* 17.1.1920 in Wien; Geiger)
Borsony Käthe (* 7.12.1906 in Lobositz)
Brahn Alfred (* 9.11.1898 in Wien)
Brammer Alfred (* 14.8.1891 in Venedig; Pianist)
Brandeis Camilla (* 24.8.1878 in Prag; Pianistin)
Brandmann Israel (* 1.12.1901 in Kamenetz-Podolsk; Geiger, Komponist)
Braslavsky Salomon (* 24.4.1885 in Kaligorka; Dirigent, Komponist)
Braun Heinrich (* 4.12. 1891 in Wien; Sänger)

Braun-Prager Käthe (* 12.2.1888 in Wien, † 18.6.1967 in Wien; Musikschriftstellerin)
Briefer Albine (* 20.3.1906 in Wien; Pianistin)
Briess Friedrich (* 14.9.1901 in Wien; Sänger)
Brückner Ernst (* 13.10.1922 in Neudek/Böhmen; Schlagzeuger)
Brüll Karl (* 29.1.1895 in Boskowitz; Komponist)
Bryk Hugo (* 4.2.1874; Theaterkapellmeister, Emigration in die USA)
Buchbinder Berndt (* 24.8.1886 in Wien; Dirigent)
Buchwald Theo (* 27.9.1907 in Wien, † 1960 in Lima; Dirigent)
Bulla Maximilian (* 7.4.1915 in Salzburg; Geiger)
Bund Wilhelm (* 7.9.1902 in Lemberg; Musikschriftsteller, Komponist)
Bunzel-Westen Lotte (geb. Wallerstein; * 26.10.1876 in Prag; Sängerin)
Bürger Julius (* 11.3.1897 in Wien; Komponist)
Bush Margaret (* 1.6.1887; Musikologin, Präsidentin des Austrian Forum)
Carter Adele (* 7.5.1911; Pianistin)
Cohen Yehuda Walter (* 1910 in Prag, † 1988; Kunsthistoriker, Komponist)
Collin Erich (* 1899; Sänger)
Deman Rudolf (* 20.4.1880 in Wien; Geiger)
Dessoff Margarete (* 11.6.1874 in Wien; Chordirigentin)
Deutsch Alfred (Pseud. German; * 1870 in Wien; Librettist)
Deutsch Imre (* 12.12.1891 in Budapest; Komponist)
Deutsch Julius (* 21.7.1877 in Graz; Geiger)
Deutsch Leonhard (* 26.1.1887 in Wien, † 1952 in den USA; Komponist)
Diamant Karl (* 3.12.1907 in Wien; Geiger, Trompeter)
Dieterle Tilli (* in Feldkirch; Pianistin)
Dlholnezky Alexander (* 29.11.1906 in Wien; Sänger)
Doktor Karl (* 1885, † 1949 in New York; Violinvirtuose, Musikpädagoge)
Donath Ludwig (* 1900 in Wien; Direktor der New York City Opera)
Draganitz Ludwig (* 26.7. 1901 in Wien; Geiger)
Dröthan Julius (* 20.1.1913 in Wien; Pianist)
Dub Oskar (* 16.9.1879 in Prag; Komponist)
Dürer Rudolf (* 16.1.1892 in Klosterneuburg; Pianist)
Ebenstein Julius (* 10.8.1901 in Wien; Geiger)
Eckstein Wilhelm (* 27.9.1877 in Zagreb; Dirigent)

Ehrenstein Jakob (* 15.12.1875 in Krakau; Komponist)
Ehrenthal Wilhelm (* 31.5.1898 in Wien; Trompeter, Flügelhornist)
Ehrlich Pauline (* 15.6.1895 in Wien, Pianistin)
Eibenschütz Julius (* 5.8.1875 in Krakau; Komponist)
Eisenberg Irma (geb. Körbel; * 28.3.1876 in Wien; Sängerin)
Eisenstein Ladislaus Walter (* 12.2. 1915 in Wien; Komponist)
Eisler Paul (* 9.9.1875 in Wien; Pianist, Begleiter v. E. Caruso)
Eisner Gustav (* 8.8.1888 in Wien; Schlagzeuger)
Eisner Olga (* 9.10.1887 in Bielitz; Sängerin)
Engel Ernst
Engel Yehuda (* 1924 in Wien; Dirigent, Komponist, Exil in Palästina)
Eppstein Friedrich (* 13.6.1887 in Behalaz; Instrumentalist)
Epstein Richard (* 26.1.1869 in Wien; Pianist)
Erdstein Leon (* 2.9.1874 in Odessa; Komponist)
Ernst Paul (* 1907 in Wien; Exil 1937 nach Ankara)
Ewen David (* 26.11.1907 in Lemberg; Exil in USA, Musikschriftsteller)
Exinger Maria (* 6.6.1898 in Wien; Klavier- und Harmonielehrerin)
Falcon Bruni (Sängerin)
Falk Daniel (* 17.1.1898, † 1990 in Wien; Geiger bei den Wr. Philharmonikern)
Fall Siegfried (* 13.11. 1877 in Olmütz; Komponist)
Fein Alexander (* 8.2.1902 in Wien; Pianist)
Felber Erwin (* 1921 in Wien; Exil 1938 in USA)
Feller Sylvia (* 8.9.1903 in Czernowitz; Sängerin)
Fellner Rudolf (1921 in Wien; Dirigent, Exil in USA)
Fernbach Hermine (* 3.10.1918 in Geras)
Feuermann Romberg (Geiger)
Feuermann Sigmund (* 15.8.1900 in Kolomea; Geiger)
Fienemann Rose (* 12.9.1891 in Wien; Pianistin)
Filgur Adolf (* 4.10.1878 in Chmelnik; Trompeter, Geiger)
Filgur Sigmund (* 26.6.1886 in Chmelnik; Posaunist, Kontrabassist)
Fisch Emil (* 19.2.1892 in Wien; Geiger)
Fischer Friedrich (* 24.12.1904 in Wien; Pianist)
Fischer Heinrich (* 12.7.1886 in Ungarn; Kantor)
Fischer Oskar (* 5.11.1890 in Graslitz; Pianist)
Fischer Oskar (* 18.10.1895 in Wien; Cellist, Schlagzeuger)
Fischer Walter (* 24.3.1897 in Wien; Pianist)

Fleischer Arthur (* 14.12.1884 in Wien, † 1948 in San Francisco; Sänger, Exil in USA)
Forst Hans (Musikkritiker)
Fraenkel Nikolaus (* 6.12.1900 in Wien; Kontrabassist)
Frank Emmy (* 1896 in Susice; Mitglied des Laterndl London)
Frank Marcel (* 1906 in Wien; 1938 in USA)
Frankl Paul Josef (* 21.12.1892 in Brünn; Komponist, Pianist)
Frederick Kurt (Mitglied des Kolisch-Quartetts; Bratschist)
Friedländer Ernst (* 1906 in Wien, † 1966 North Vancouver; Komponist, Cellist, Exil in USA)
Friedlander Ernst Peter (* 6.10.1906 in Wien; Komponist, Exil in USA)
Frischler (* 22.3.1890 in Bielitz; Sänger)
Frohlich Otto (* 10.4.1905 in Mährisch Ostrau; Komponist)
Fuchs Guido († 1880; Komponist, Exil in Großbritannien)
Gabe Hans († 1890 in Budapest; Exil in Großbritannien, Komponist, Dirigent)
Gal Erna (* 1899 in Wien; Exil 1938 in Großbritannien, Pianistin)
Galston Gottfried (eigtl. Galitzenstein, * 31.8.1879 in Wien, † 1950 in St. Louis, USA; Pianist)
Gans Isaak (* 1888 in Przemysl; Bratschist)
Garcia Werner (* 9.6.1905 in Heiligenstadt; Pianist)
Gartenberg Egon (* 1911 in Wien, † 1982 in Chambersburg, USA; Musikologe)
Gartner Emil (* 1914 in Wien, † 1960 in Kanada; Exil in Kanada)
Gatz Felix Maria (eigtl. Goldner; 1892 in Berlin, † 1942 in Scranton, USA; Musikwissenschaftler, Dirigent, Emigration 1933 in die USA)
Geber Wilhelm (* 11.9.1902 in Wien; Komponist)
Geiger Ernö (* 21.9.1885 in Budapest; Kapellmeister)
Geiger Isy (eigtl. Isidor Israel; * 20.1.1886 in Jaroslau; Geiger, Komponist)
Geiger Julius (* 20.12.1886 in Budapest; Kapellmeister)
Geiringer Hans (* 12.11.1899 in Wien; Komponist)
Geiringer Irene (Musikschriftstellerin)
Georg Rita (* 1897 in Wien; Sängerin)
Gilboa Jacob (* 1920 in Kosice, ČSR, 1939 Exil in Palästina, Komponist)
Glauber Gertrud (* 6.3.1904 in Wien; Komponistin)
Glück Richard (* 12.6.1879 in Wien; Komponist)
Goldmark John (* 1907 in Budapest, † 1967 in Stamford, Conn., USA; Exil 1938 in die USA, Pianist, Musikpädagoge)

Goldner Richard (Geiger, Exil in Australien)
Goldschmidt Nicholas (* 1908 in Tavikovice, Mähren; Dirigent, Pianist, Musikpädagoge, 1937 Exil in den USA)
Goldschmidt Therese (geb. Wallerstein; * 8.2.188? in Prag; Pianistin)
Gombrich Dea (Geigerin, 1938 Exil in Großbritannien)
Gorin Igor (* 26.10.1908 in Gradizhak; Sänger, Exil in USA)
Gotthelf Maja (* 12.5.1899 in Wien; Musiklehrerin)
Graf Polly (Sängerin; Exil in USA)
Gramisch Lore (geb. Brauchbar,* 24.1.1911 in Wien, Musikschriftstellerin)
Grand Anselm (* 2.5.1913 in Knittelfeld; Komponist)
Greissle Felix (* 15.11.1894 in Wien; Emigration 1938 in die USA)
Gruber Hans (* in Wien; Dirigent; Exil in Nordamerika)
Gruenberg Eric (* 12.10.1924 in Wien; Geiger, 1938 Exil in Palästina)
Grun Bernard (* 11.2.1901 in Stratsch; Komponist, Dirigent)
Guenter Felix (* 5.12.1886 in Trautenau; Dirigent, Pianist, Exil in USA)
Guth Otto (* 22.6.1911 in Wien, † 1979; Korrepetitor, Studium am Wiener Konservatorium, 1938 Exil in USA)
Guttmann Artur (* 21.8.1891 in Wien, † 1945 in Hollywood; 1936 Exil in die USA, Komponist)
Gyring Elisabeth (* in Wien; Komponistin)
Halasz (* 6.6.1905 in Debrecen; Dirigent, Exil in USA)
Halban Desiree (* 10.4.1912 in Wien; Sängerin)
Halpern Stella (* 18.5.1923 in Wien; Pianistin, Komponistin)
Hamlisch Max (* 1907 in Wien; Klarinettist, Saxophonist, 1938 Emigration in die USA)
Hammerschlag Maria Charlotte (* 1904 in Wien; 1936 Exil in Palästina, 1938 in die USA, Bratschistin)
Hart Margarete (* 15.10.1917 in Wien; Sängerin)
Hartmann Anna Maria (* 30.9.1892 in Wien; Musiklehrerin)
Haslinger Theo (* 10.10.1893 in Wels; Dirigent, Komponist)
Hausner Ernst (* 10.10.1879 in Wien; Komponist)
Hautzig Walter (* 28.9.1921 in Wien; Pianist, 1938 Exil in USA)
Hecht Manfred H. (* 6.12.1918 in Wien; 1938 Exil in den USA, Kantor)
Heifetz Benar (* 11.12.1899 in Moghilev; Cellist Kolisch Quartett, Exil in USA)
Heim Emery (* 1908 in Budapest; Filmkomponist, Exil in USA)
Heim Victor Emanuel (* 27.7.1878 in Wien, Sänger)

Heller Erika (geb. Neuberger, * 22.12.1896 in Czernowitz; Sängerin)
Heller Hans Ewald (* 17.4.1894 in Wien; Komponist, Exil in USA)
Hellwig Judith (* 1906 in Neuschl/Böhmen; 1938 Exil in den USA, Opernsängerin)
Herbert Ralph (* 1909 in Wien; Opernsänger)
Herliczka Gertrud (* 1902 in Wien; Dirigentin, 1940 Exil in USA)
Herlinger Ruzena (* 8.2.1890 in Tabor; Sängerin, Exil in Nordamerika)
Herlord Elisabeth (geb. Rostra; * 1900; Pianistin; Komponistin)
Hilberger Klara (* 20.4.1886 in Wien; Kontrabassistin)
Hilberger Otto (* 1.7.1888 in Wien; Cellist)
Hiller Charlotte (* 1886 in Vucovar/Kroatien; Sängerin, 1938 Exil in Großbritannien, 1941 Exil in USA)
Hoffmann Richard (* 20.4.1925 in Wien; Komponist, Exil in Neuseeland)
Holländer Hans (* 1899 in Lundenburg/Mähren; Emigration 1939 nach England)
Holt Henry (Pianist, Exil in USA, Mitglied des First Piano Quartet, Prof. an der University of Southern California)
Holzer Hans (* 1920 in Wien; Komponist, Exil in USA)
Horwitz Hans (* 1909 in Jung-Bunzlau/Böhmen; † 1969; 1938 Exil in USA, Pianist)
Huber Josephine (* 19.4. 1914 in Wien; Pianistin)
Hurtig Renee (geb. Galimir, * 1908; Geigerin, Exil in USA)
Hutter Gertrud (* 1905 in Prag; † 1952 Bloomington; 1938 Emigration in USA, Pianistin)
Isepp Martin (* in Wien; Pianist, Exil in GB)
Isserlis Julius (Pianist, Komponist, Exil in England)
Jascha Oskar (* 4.6.1881 in Wien, † 9.1.1948 in Wien; Komponist)
Jaschke Anna (* 7.4.1901 in Wien; Sängerin)
Jemnitz Alexander
Jezek Jaroslav (* 25.9.1906 in Prag; Komponist, Exil in USA)
Jokl Georg (* 31.7.1896 in Wien, † 29.7.1954 in New York; Komponist)
Jonas Erna (* 1906 in Wien; 1939 Exil in den USA, Pianistin, Musikpädagogin)
Kabos Ilona (* in Ungarn; Pianistin, Exil in GB)
Kalmar Helene (* 15.6.1883 in Eisenstadt; Sängerin)
Kanner-Rosenthal (geb. Loewy, * 3.6.1882 in Budapest, † 1959 in Ashville, USA; Pianistin, Exil in USA)

Kaper Bronislaw (* 5.2.1902 in Warschau; Komponist, Exil in USA)
Karp Richard (* 1902 in Wien; † 1977 Pittsburgh; Dirigent)
Kassner Eli (* 27.5.1924 in Wien; Gitarristin)
Kassowitz Gottfried (* 23.4.1897 in Wien; Dirigent)
Kastner Rudolf (* 2.5.1879 in Wien; Musikkritiker)
Katay Julius (* 7.7.1883 in Wien; Dirigent, Komponist)
Katscher Robert(* 25.5.1894 in Wien, † 23.2.1944 in Hollywood; Komponist)
Kaufmann Fritz (* 9.3.1905 in Wien; Schlagzeuger)
Keller Greta (* 8.2.1903 in Wien, † 4.11.1977; Sängerin)
Kern Kurt (* 27.9.1886 in Wien; Komponist)
Kern Walter (* 10.3.1881; Musikschriftsteller)
Kerry Friedrich (* 10.11.1916 in Rodaun; Geiger)
Khuner Felix (* 1906 in Wien; Studium an der Musikakademie, Kolisch-Quartett)
Kleiner Arthur (* 1903 in Wien; † 1980 in den USA; Musikpädagoge)
Kleinmann Jankel (* 9.11.1893 in Przemyslany; Geiger)
Kling Paul (* in Wien; Geiger, Exil in USA)
Klopfer Irene (* in Budapest; Sängerin)
Knecht Erna Jonas (* in Wien; Pianistin, Klavierstudium bei Emil Sauer)
Knepler Guillermo (* 1899 in Wien, † 1987 Buenos Aires; Musikkritiker, Cousin v. Georg Knepler)
Kobias Baruch (* in Krumau; Komponist, Exil in Palästina)
Kolessa Lubka (* 1904 in Lemberg; Exil 1938 in USA, Pianistin, Musikpädagogin)
Koller Karl (* 12.3.1894 in Wien; Cellist, Posaunist)
Komorn Maria Sara (geb. Rebhan, * 13.1.1883; Pianistin, Autorin)
Korngold Hans Robert (* 1892 in Brünn, † 1965; Emigration 1938 in USA)
Korngold Luise (* 1900, † 1962; 1936 Emigration in USA. Sängerin)
Kortschak Hugo (* in Graz; Dirigent, Geiger, Exil in USA)
Kozen Marguerite (* in Czernowitz; Sängerin, Exil in USA)
Krämer Franz (* 1.6.1914 in Wien; Exil in Canada)
Kraus Felix (Oboist, Exil in USA)
Kraus Greta (* 3.8.1907 in Wien; Harfenistin, Pianistin, Musikpädagogin, 1939 Exil in Kanada)
Kritz Karl (* 1906 in Wien; Exil in USA)
Krokowsky Vishka (Geigerin, Exil in Mexiko)

Kurzweil Fredric (* 20.8.1912 in Wien; 1940 Exil in USA)

Landau-Bernstein (Pianistin, Musikwissenschaftlerin, Exil in USA)

Landauer Walter (* 1909 in Wien, † 1983 in London; Exil in Großbritannien)

Lanner Max Robert (* 1907 in Kaltenleutgeben; 1939 Exil in USA, Pianist, Dirigent, Musikwissenschaftler)

Laszlo Alexander (* 1895 in Budapest, † 1970 in Los Angeles; 1938 Exil in den USA, Dirigent, Pianist, Komponist, Musikverleger)

Lehner Eugene (* 5.7.1906 in Preßburg; Mitglied des Kolisch-Quartetts)

Lengsfelder Hans Jan (* 17.1.1899 in Wien; Pianist, Exil in USA)

Lert Ernst J.M. (eigtl. Löw; * 12.5.1883 in Wien; Komponist, 1938 Exil in USA)

Lert Richard Johann (eigtl. Löw, * 19.9.1885 in Wien; Dirigent, 1938 Exil in USA)

Lustgarten Egon (* 1887 in Wien, † 1961 Syosset, New York; 1938 Exil in USA)

Maag Fritz (* 1914 in Wien; 1938 Emigration in die USA)

Maier Karl M (Pseud. May; * 9.8.1893 in Wien; Filmkomponist)

Paul Manelski (* 11.6.1906 in Wien; Komponist)

Mann Eric (* 1902; Sänger)

Maril Konrad (* 1889 in Wien, † 1956 in Washington; 1936 Exil in Großbritannien)

Märker Leonhard (Schönberg-Schüler, Emigration in die USA)

Martin Thomas Philipp (* 28.5.1909 in Wien; Sohn v. A. Fleischer; Librettist, Dirigent, Exil in USA)

May Hans (eigtl. Mayer; * 11.7.1886 in Wien, † 1958 in London; Filmkomponist, 1938 Exil in GB)

Meitner Auguste (* 1877 in Wien, † 1951 in Cambridge)

Morawetz Oskar (* 17.1. 1917; Komponist; Exil in Canada)

Morini Albert (* 1902; Pianist, Manager, Exil in USA)

Muhlmann Metzger Zerline (* in Wien; Sängerin, Exil in den USA)

Nadel Siegfried (* 1903 in Wien, † 1956 in Canberra)

Neumann Egon (Musikwissenschaftler, Pianist, Exil in Frankreich, Großbritannien und Mexiko)

Neurath Lilly (* 1900 in Debrecen; Cellistin, Exil in USA)

Nissel Siegmund (* 3.1.1922 in Wien; Geiger, 1938 Exil in Großbritannien, Amadeus-Quartett)

Pashkus Theodore (* in Poszony, Ungarn; Geiger, Exil in USA)

Pammer Josef (Gitarrist, Musikpädagoge; 1932–1936 in der SU, ausgeliefert an Deutschland, überlebte die NS-Herrschaft)
Paulsen Fritz (* in Wien; Librettist, Exil in USA)
Pella Paul (* 1892 in Wien, † 1965 in Enschede; Dirigent, Exil in den Niederlanden)
Pessl Yella (* 1906 in Wien; Cembalistin, Musikwissenschaftlerin, Exil in USA)
Philipp Isidore (* 1863 in Budapest, † 1958 in Paris)
Piket Frederick (* 6.1.1903; Komponist, Exil in USA)
Pisk Irene Hanna (* 1895, † 1981; 1938 Emigration in die USA, Sängerin)
Plamenac Dragan (1939 Exil in den USA)
Prüwer Julius (eigtl. Priever, * 20.2.1874 in Wien; Dirigent, Exil in New York)
Rauter Ferdinand (Pianist, Organisator der Austrian Musicians Group in Großbritannien bis 1941, später Anglo-Austrian Music Society in Großbritannien)
Rawicz Maryan (Pianist)
Rawski Conrad H. (* 1914 in Wien; Musikwissenschaftler, 1938 Exil in den Niederlanden, 1939 in den USA)
Reiner Otto (* 1872 in Wien; 1939 Exil in den USA, Musikschriftsteller)
Renardy Ossy (eigtl. Reiss, * 1921 in Wien, † 1953 in Santa Fee; Geiger, 1938 Exil in USA)
Riesenfeld Hugo (* 1879; 1938 Emigration in die USA, Geiger)
Rollin Marguerite (geb. Galimir, * 1938 in den USA; Geigerin, Exil in USA)
Rosenbaum Susi (Musikerin, Exil in Großbritannien)
Rosenzweig Alfred (Sänger, Komponist, 1938 Exil in GB, Briefwechsel mit E. Krenek)
Rostal Leo (* 23.4.1901 in Tarnow; Cellist, Exil in USA)
Roy Klaus George (* 24.1.1924 in Wien; Komponist, 1940 Exil in USA)
Rubinstein Kurt (* 26.6.1910 in Wien; Dirigent, Exil in den USA)
Ruhdörfer Ida († in Vancouver; Musikerin)
Salzer Hans Egon (* 1904 in Wien, † 1960 in New York; 1939 Exil in den USA)
Schein Harry (1938 Exil in Schweden)
Schimmerlink Hanus Aldo (* 1900 in Brünn; 1939 Exil in USA)
Schlamme Martha (* 25.9.1925 Wien; Sängerin, Exil in GB und USA)
Schlesinger Paul (* 1905 in Wien; Emigration in die USA)

Schmal Rene Richard (* 1897 in Wien; Exil in Montevideo, Komponist, Kunsthändler)

Schönthal-Ochoa Ruth (1938 Exil in Mexiko, Komponistin, Dirigentin, Pianistin)

Scholz Robert (* 16.10.1902 in Steyr; Dirigent, Pianist; Exil in USA)

Schönfeld Friedrich (* 2.11.1895 Wien; Flötist, Exil in Türkei)

Schuhmann Elisabeth (* 1885 in Merseburg, † 1952 in New York; 1938 Exil in USA)

Schulhof Otto (* 9.3.1889 in Wien, † 16.4.1958 in Wien; Pianist, Exil in USA)

Schurig Arthur (* 27.9.1879, † 18.11.1956 in Wien; Schlagzeuger)

Schwartz Erwin Paul (* 22.7.1907 in Wien; Komponist, Dirigent, Exil in USA?)

Schwarz Artur (* 1863 in Wien, † 1949 in New York; Exil in Frankreich u. USA)

Schwarz Irene Hanna (* 1895 in Wien; Sängerin, Exil in USA, Frau v. P.A. Pisk)

Schwarz Julia (* 1895 in Wien; Sängerin, 1938 Exil in USA)

Schwarz Rudolf (* 29.44.1905 in Wien; Dirigent, KZ Belsen, Exil in GB)

Sebastian George (* 17.8.1903 in Budapest; 1938 Emigration in die USA; Dirigent)

Serkin Robert (* 1908 in Eger, Böhmen, † 1943, Freitod in Guilford/USA; Bruder v. Rudolf Serkin)

Singer George (* 1908 in Prag, † 30.9.1980 in Tel Aviv; Dirigent, 1939 Exil in Palästina)

Somer Hilde (* 11.2.1922 in Wien, † 24.12.1979 Bahamas; Pianistin, Exil in USA)

Stauber Greta (* in Wien; Sängerin, Exil in USA)

Steiner Franz (* 1876 in Wien, † 1954 in Mexico City; Sänger, Gesangspädagoge)

Stempel Maxim (Exil in Schweden, Musiker, Musikschriftsteller)

Stempel Paul (Opernregisseur, Exil in Schweden)

Stiasny Walter (Dirigent)

Storm (Sängerin, Exil in GB?)

Strakosch-Feldringen Lily von (* 1911 in Wien; Geigerin, 1938 Emigration in die Schweiz, später USA)

Strehn Eugen (Gesangslehrer, Exil in Bogota)

Swoboda Henry (* 29.10.1897 in Prag, † 13.8.1990 in der Schweiz; Dirigent, Exil in USA)

Teutsch Walter Siegfried (* 1909; Exil in USA, Prof. am S. Diego Mesa College)

Tintner Georg (* 1917 in Wien; 1938 Emigration nach London)

Trapp Maria Augusta von (* 1905 in Wien; 1938 Exil in USA, Chorleiterin)

Trauneck Joseph (eigtl. Travnicek, * 1898 in Wien, † 1975 in Wien; Dirigent, ging 1934 nach Südafrika)

Trenk-Trebitsch Willy (* 1902 in Wien, †1983 in Berlin; Sänger, z.B. Dreigroschenoper)

Treumann Edward E. (* in Wien; Pianist, Exil in USA)

Troll Hans (* 1919 in Wien; Dirigent, 1938 Exil in USA)

Turnau Joseph (* 10.10.1888 in Prag, † 1.10.1954 in New York; Opernmanager)

Violin Moritz (Exil in USA)

Wagner Eva (* in Wien; Musikkritikerin, Exil in Australien)

Wagner Joseph (* 13.1.1909 in Ohlau; Komponist, Exil in USA)

Wagner Wolfgang (* in Wien; Musikkritiker, -verleger, Exil in Australien)

Waghalter Ignaz (* 1882 in Warschau; 1933 Exil in die ČSR, 1934 Exil in Österreich, 1939 Exil in USA, Komponist, Dirigent)

Wallerstein Maria (* in Wien; Opernsängerin, Exil in USA)

Wallis Alphons (* in Wien; Musikkritiker, Exil in USA)

Wasservogel Ernst (Exil in Schweden, Pianist)

Weber Milton (* 30.5.1910 in Graz; Dirigent, Exil in USA, Wisconsin)

Weiss Eugenie (* 1884 in Wien, † 1959; Sängerin, 1940 Exil in USA)

Weisse Hans (* 31.3.1892 in Wien, † 10.2.1940 in New York; Komponist, Musiktheoretiker, Exil in USA)

Weissenstein Karl (Exil in Belgien, Sänger)

Weissel William L. (* in Wien; Assistent beim New York Philharmonic Orch.)

Welcher Angela (* 1896 in Wien, † 1961 in New York; 1938 Emigration)

Welter Armin (* 1894 in Wien, 1933 Exil in der Schweiz, Opernsänger)

Werner Eduard (* 1891 in Wien; Dirigent, Exil in USA, Detroit)

White John Simon (eigtl. Hans Schwarzkopf, * 4.3.1910 in Wien; Opernmanager, Musikschriftsteller, Exil in USA)

Williams Paul (* in Wien; Dirigent, Exil in Australien)

Winge Hans (* 1903 in Wien; Exil in USA)

Wohlmuth Hans (* 1900 in Wien; Dirigent, Emigration 1938 in USA, Gründer der Philadelphia Opera)

Wolsky Alice (* in Wien; Pianistin, Schwester von Erica Morini, Exil in USA)

Wymetal William von (* 1890 in Brünn, † 1970 Wybbewood, USA; Opernregisseur. Emigration 1935 in USA)

Zeisl Egon (* 1901, † 1963 in San Francisco; Bruder von Eric und William Zeisl, Sänger, Exil in USA)

Zeisl William (* 1907 in Wien, † 1974; Bruder von Eric und Egon Zeisl, Synagogen-Cantor, 1939 Exil in USA)

Zeissner Hans (* 1911 in Wien; Exil in Shanghai, Unterhaltungs- und Filmmusik-Komponist)

Zimbler Joseph (* 29.10.1878 in Sadagora/Bukovina, † 11.4.1959 in Boston; Geiger, Exil in USA, Boston Symphony Orch., Dirigent)

Zuckerkandl Gertrud (geb. Bamberger, * in Wien, † 12.10.1965 in Zürich; Musiklehrerin, Exil in USA)

Zuckerkandl Victor (* 2.7.1896 in Wien, † 1964; Pianist, Dirigent, Exil in USA)

LITERATUR UND QUELLEN

Diverse Privatarchive

Alfred Baumgartner, Musik des 20. Jahrhunderts, Salzburg 1985
Thomas Brezinka, Max Brand (1896–1980). Sein Leben und sein Werk, Wien 1989
Robert Dachs: Sag beim Abschied ... Wiener Publikumslieblinge in Bild & Ton. Wien 1992
Carl Dahlhaus (Hg.), Riemann Musik Lexikon, Mainz 1972
Encyclopedia of Music in Canada, Toronto 1982
David Ewen (Hg.), The Book of Modern Composers, New York 1943
Franz Farga, Geigen und Geiger, Rüschlikon-Zürich, Stuttgart, Wien 1983
Josef Häusler, Musik im 20. Jahrhundert, Bremen 1969
Hanns-Werner Heister, Claudia Maurer Zenck, Peter Petersen (Hg.), Musik im Exil. Folgen des Nazismus für die internationale Musikkultur. Frankfurt am Main 1993
Clemens Hellsberg: Demokratie der Könige. Die Geschichte der Wiener Philharmoniker. Zürich, Wien, Mainz 1992
Herders Lexikon der Musik, Freiburg 1979
Gerhard Hirschfeld (Hg.), Exil in Großbritannien, Stuttgart 1983
Hugo Gold, Österreichische Juden in der Welt, Wien o.J.
Peter Hollfelder, Geschichte der Klaviermusik. Historische Entwicklungen, Komponisten mit Biographien und Werkverzeichnissen, Nationale Schulen, Band 1, Wilhelmshaven 1989
International Biographical Dictionary of Central European Emigrés 1933–1945. General Editors: Herbert A. Strauss, Werner Röder, München, New York, London, Paris 1983
Stefan Jaeger, Das Atlantisbuch der Dirigenten. Eine Enzyklopädie, Zürich 1955
Jürgen Kesting, Die großen Sänger, Düsseldorf 1986
K.J.Knutsch/Leo Riemens, Unvergängliche Stimmen. Sängerlexikon, München 1982
Karl-Josef Knutsch/Leo Riemens (Hg.), Großes Sängerlexikon, Bern/Stuttgart 1987
Otto Kolleritsch (Hg.), Die Wiener Schule und das Hakenkreuz. Das Schicksal der Moderne im gesellschaftspolitischen Kontext

des 20. Jahrhunderts (Studien zur Wertungsforschung 22), Wien-Graz 1990

Kunst in Österreich. Österreichischer Almanach und Künstler-Adreßbuch 1934, Leoben 1934

C. Steven Larwa (Hg.), International Dictionary of Opera, Detroit 1993, 2 Bde.

Darryl Lymann, Great Jews in Music, New York 1986

Diana Mittler-Battipaglia, Franz Mittler. Austro-American Composer, Musican, and Humorous Poet (Austrian Culture 8), New York 1993

Brian Morton/Pamela Collins (Hg.), Contemporary Composers, Chickago und London 1992.

Österreichische Musikzeitschrift 1946ff.

Die Musik in Geschichte und Gegenwart. Hg.v. Friedrich Blume. 17 Bde. Kassel, Basel, London 1989.

Alain Paris, Lexikon der Interpreten klassischer Musik im 20. Jahrhundert, Kassel 1992

Jüdische Portraits. Photographien und Interviews von Herlinde Koelbl, Frankfurt am Main 1989

Oliver Rathkolb, John J.Haag: A Database of Austrian Musicians 1933–1945. Second Edition. January 1993. Ludwig Boltzmann-Institut für Geschichte und Gesellschaft, Wien.

Hans Schafranek (Hg.), Die Betrogenen. Österreicher als Opfer stalinistischen Terrors in der Sowjetunion. Wien 1991.

Stanley Sadie (Hg.), The Grove Concise Dictonary of Music, London 1988

Bayerische Staatsbibliothek/Houghton Library/Havard University, Quellen zur Musikgeschichte des 20. Jahrhunderts. Alban Berg und die Zweite Wiener Schule. Musiker im amerikanischen Exil, München und Cambridge (Massachusetts) 1988

The New Grove. Dictionary of Opera. Edited by Stanley Sadie in four volumes, London, New York 1992

Die Vertreibung des Geistigen aus Österreich. Zur Kulturpolitik des Nationalsozialismus, Wien 1985

Horst Webert (Hg.), Metzlers Komponisten Lexikon. 340 werkgeschichtliche Porträts, Stuttgart 1992

DANK

Bedanken möchten wir uns zunächst bei Kurt Blaukopf und Georg Knepler, die das Projekt mit ihren vielen Gedanken und Informationen ins Rollen brachten. Besonders sei an dieser Stelle allen Gesprächspartnern Dank gesagt; einige von ihnen haben oft stundenlang, mit Verve und aufgewühlt von der Vergangenheit, unsere Fragen beantwortet – und sie haben eigentlich den größten Teil dieses Buches geschrieben, ohne für dessen Mängel verantwortlich zu sein: Helli Andis (New York), Gertrude Berg (New York), Kurt Blaukopf (Wien), Robert Breuer (New York), Eva Fox-Gál (York), Joseph Horovitz (London), Georg und Florence Knepler (Berlin), Nina Lobban-Baller (Palo Alto/USA), Leo und Tomiko Mueller (Wien), Marcel Rubin (Wien), Eric Simon (Connecticut/USA), Lore und Walter Taussig (New York), Erwin Weiss (Wien).

Last, but not least bedanken wir uns bei allen, die uns mit Hinweisen und Informationen unterstützten: Siglinde Bolbecher (Wien), Eva Brenner (New York/Wien), Roland Burger (Wiener Stadt- und Landesbibliothek), Gottfried von Einem (Wien), Herbert Exenberger (DÖW Wien), Beat Furrer (Wien), Sigwald Ganglmair (DÖW Wien), John Haag (University of Georgia/USA), Christian Heindl (Wien), Hanns-Werner Heister (Musikhochschule Dresden), Lynne Heller (Wien), Hanny Hieger (Wien), Horst Jarka (University of Montana/USA), Konstantin Kaiser (Wien), Josef Kucera (Wiener Stadt- und Landesbibliothek), Elisabeth Lafite (Wien), Viktor Matejka (†), Claudia Maurer Zenck (Musikhochschule Graz), Josef Mertin jun. (Klosterneuburg/ Wien), Christian Ofenbauer (Wien), Oliver Rathkolb (Stiftung Bruno Kreisky Archiv, Wien), Gerhard Renner (Wiener Stadt- und Landesbibliothek), Christa Scheuer (Wien), Alfred Schlee (Wien), Egon Seefehlner (Wien), Josef Stolz (Wien), Brigitte Unger (Wien), Barbara Zeisl-Schoenberg (Los Angeles).

Antifaschistische Literatur und Exilliteratur – Studien und Texte

Band 1
   Gerhard Scheit
   Theater und revolutionärer Humanismus.
   Eine Studie zu Jura Soyfer

   169 Seiten, öS 198,-/DM 29,-/sFr 30,20
   ISBN 3-900351-98-8

Band 2
   Berthold Viertel
   Die Überwindung des Übermenschen. Exilschriften

   416 Seiten, öS 348,-/DM 49,-/sFr 50,40
   ISBN 3-85115-104-6

Band 3
   Frederick Brainin
   Das siebte Wien. Gedichte

   149 Seiten, öS 198,-/DM 29,-/sFr 30,20
   ISBN 3-85115-112-7

Band 4
   Berthold Viertel
   Kindheit eines Cherub.
   Autobiographische Fragmente

   372 Seiten, öS 348,-/DM 49,-/sFr 50,40
   ISBN 3-85115-125-9

Band 5
>Stella Rotenberg
>„Scherben sind endlicher Hort..."

Ausgewählte Lyrik und Prosa

187 Seiten, öS 198,-/DM 29,-/sFr 30,20
ISBN 3-85115-147-X

Band 6
>Horst Jarka (Hg.)
>Sturmzeit. Die Briefe Jura Soyfers

256 Seiten, öS 228,-/DM 33,-/sFr 34,20
ISBN 3-85115-140-2

Band 7
>Leo Katz
>Brennende Dörfer. Roman

175 Seiten, öS 228,-/DM 33,-/sFr 34,20
ISBN 3-85115-166-6

Band 8
>Felix Pollak
>Lebenszeichen.
>Aphorismen und Marginalien

226 Seiten, öS 228,-/DM 33,-/sFr 34,20
ISBN 3-85115-167-4

Band 9
>Berthold Viertel
>Das graue Tuch. Gedichte
>
>*498 Seiten, öS 398,-/DM 57,-/sFr 58,60*
>*ISBN 3-85-115-174-7*

Band 10
>Else Feldmann
>Löwenzahn. Eine Kindheit
>
>*187 Seiten, öS 228,-/DM 33,-/sFr 34,20*
>*ISBN 3-85-115-182-8*

Band 11
>Robert Lucas
>Die Briefe des Gefreiten Hirnschal
>BBC-Radio-Satiren 1940-1945
>
>*272 Seiten, öS 278,-/DM 40,-/sFr 41,20*
>*ISBN 3-85115-186-0*

Band 12
>Friedrich Achberger
>Fluchtpunkt 1938
>Essays zur österreichischen Literatur
>zwischen 1938 und 1938
>
>*205 Seiten, öS 248,-/DM 36,-/sFr 37,20*
>*ISBN 3-85115-190-9*